**ESPORTE
PARALÍMPICO**

EDUCAÇÃO FÍSICA

Outros livros de interesse

A Ciência e a Arte de Ler Artigos Científicos – **Braulio Luna Filho**
As Lembranças que não se Apagam – Wilson Luiz **Sanvito**
Atividade Física e Obesidade – **Matsudo**
Atividade Física em Cardiologia – **Nóbrega**
Coleção Psicologia do Esporte e do Exercício – Maria Regina Ferreira **Brandão** e Afonso Antonio **Machado**
   Vol. 1 – Teoria e Prática
   Vol. 2 – Aspectos Psicologicos do Rendimento Esportivo
   Vol. 3 – Futebol, Psicologia e Produção do Conhecimento
   Vol. 4 – O Treinador e a Psicologia do Esporte
   Vol. 5 – O Voleibol e a Psicologia do Esporte
   Vol. 6 – Competências Psicológicas no Esporte Infanto Juvenil
   Vol. 7 – O Basquetebol e a Psicologia do Esporte
Coluna: Ponto e Vírgula 7ª ed. – **Goldenberg**
Cuidados Paliativos – Diretrizes, Humanização e Alívio de Sintomas – **Franklin Santana**
Epidemiologia 2ª ed. – **Medronho**
Epidemiologia da Atividade Física – **Florindo e Hallal**
Ergometria - Ergoespirometria, Cintilografia e Ecocardiografia de Esforço 2ª ed. – Ricardo **Vivacqua** Cardoso Costa
Exercício, Saúde e Desempenho Físico – **Turibio Barros**
Hidroginástica – Marcus Vinicius **Patente Alves**
Manual de Medida Articular – **Oliveira Poli**
Medicina: Olhando para o Futuro – **Protásio** Lemos da Luz
Nem só de Ciência se Faz a Cura 2ª ed. – **Protásio da Luz**
O Exercício - Preparação Fisiológica, Avaliação Médica, Aspectos Especiais e Preventivos – **Ghorayeb e Turibio Barros**
O que Você Precisa Saber sobre o Sistema Único de Saúde – **APM-SUS**
Paraolimpíadas de Sidney 2000 - Avaliação e Prescrição do Treinamento dos Atletas Brasileiros – **Marco Mello**
Politica Públicas de Saúde Interação dos Atores Sociais – **Lopes**
Promoção de Saúde na Terceira Idade – **Goldenberg**
Riscos e Prevenção da Obesidade – **De Angelis**
(Sociedade Brasileira de Medicina do Esporte) Clínicas Brasileiras de Medicina do Esporte – **SBME**
   Vol. 1 - Tópicos Especiais em Medicina do Esporte
Sociedade de Medicina do Esporte e do Exercício - Manual de Medicina do Esporte: Do Paciente ao Diagnóstico – Antônio Claudio Lucas da **Nóbrega**
Tratado de Cardiologia do Exercício e do Esporte – **Ghorayeb**
Um Guia para o Leitor de Artigos Científicos na Área da Saúde – **Marcopito Santos**
Vencendo Desafios – Quando o Desafio É o Principal Motivador para o Alcance do Sucesso – **Milan**

ESPORTE PARALÍMPICO

EDITORES

Marco Túlio de Mello

Licenciado em Educação Física pela Universidade Federal de Uberlândia, UFU. Especialista em Educação Física para Pessoas Portadoras de Deficiências pela UFU. Doutor em Ciência, Área de Concentração Psicobiologia pela Universidade Federal de São Paulo, UNIFESP. Pós-Doutorado pela UNIFESP. Livre Docente pela Universidade Estadual de Campinas, UNICAMP. Livre Docente pela UNIFESP. Coordenador do Programa de Pós-Graduação em Psicobiologia do Departamento de Psicobiologia da UNIFESP. Professor Associado I, do Departamento de Psicobiologia da UNIFESP. Pesquisador 1C CNPq. Diretor Técnico do Centro de Estudos em Psicobiologia e Exercício, CEPE. Coordenador da Comissão de Avaliação do Comitê Paralímpico Brasileiro, CPB, nos Jogos Paralímpicos de 1996, 2000 e 2004. Membro Titular da Comissão Científica da Academia Paralímpica Brasileira do Comitê Paralímpico Brasileiro, CPB

Ciro Winckler

Bacharel em Treinamento Esportivo FEF/UNICAMP. Doutor em Educação Física – UNICAMP. Professor do curso de Educação Física Universidade Federal de São Paulo Membro da Academia Paralímpica Brasileira APB/CPB. Coordenador Técnico do Atletismo Brasileiro nos Jogos Paralímpicos de Atenas e Pequim. Coordenador Técnico de Atletismo do Comitê Paralímpico Brasileiro

EDITORA ATHENEU

São Paulo — Rua Jesuíno Pascoal, 30
Tels.: (11) 2858-8750
Fax: (11) 2858-8766
E-mail: atheneu@atheneu.com.br

Rio de Janeiro — Rua Bambina, 74
Tel.: (21) 3094-1295
Fax: (21) 3094-1284
E-mail: atheneu@atheneu.com.br

Belo Horizonte — Rua Domingos Vieira, 319 — Conj. 1.104

CAPA: Paulo Verardo
PRODUÇÃO EDITORIAL/DIAGRAMAÇÃO: Fernando Palermo

Dados Internacionais de Catalogação na Publicação (CIP)
(Câmara Brasileira do Livro, SP, Brasil)

Esporte paralímpico / editores Marco Túlio de Mello, Ciro Winckler de Oliveira Filho.
-- São Paulo : Editora Atheneu, 2012.

Vários colaboradores
ISBN 978-85-388-0265-5

1. Aptidão física 2. Educação física para deficientes físicos 3. Esportes 4. Jogos
paralímpicos 5. Medicina esportiva I. Mello, Marco Túlio de. II. Oliveira Filho, Ciro
Winckler.

12-01975 CDD-613.7087

Índices para catálogo sistemático:
1. Esporte paralímpico: Deficientes físicos: Educação física   613.7087
2. Esporte paralímpico: Educação física: Deficientes físicos   613.7087

MELLO, M. T.; WINCKLER, C.
Esporte Paralímpico.

Direitos reservados à EDITORA ATHENEU — São Paulo, Rio de Janeiro, Belo Horizonte, 2012.

Colaboradores

Alberto Martins da Costa

Graduado em Educação Física. Doutor em Atividade Física e Adaptação. Professor de Esporte e Deficiência na Universidade Federal de Uberlândia. Chefe da Delegação Paralímpica do Brasil nas Paralimpíadas de Sydney, Atenas e Pequim. Coordenador do Centro Nacional de Formação de Profissionais para o Esporte Paralímpico – CEFEP/CPB. Membro da Academia Paralímpica Brasileira.

Alexandre Medeiros

Coordenador de Vôlei Paralímpico nos Jogos Parapanamericanos Rio 2007. Técnico de Vôlei UNIVERSO

Amauri Ribeiro

Presidente da Confederação Brasileira de Vôlei Paralímpico. Medalhista Olímpico de ouro (1992) e prata (1984) no Vôlei

Andressa da Silva de Mello

Especialista em Fisioterapia Traumatologia e Ortopedia, Universidade São Marcos. Especialista em Fisioterapia Musculoesquelética, Universidade São Marcos. Mestre em Ciências, UNIFESP. Doutoranda em Fisioterapia, UFSCAR. Membro do Centro de Estudos em Psicobiologia e Exercício (CEPE). Fisioterapeuta do Comitê Paralímpico Brasileiro

Andrew Parsons

Presidente do Comitê Paralímpico Brasileiro. Presidente do Comitê Paralímpico das Américas – 2005/2009. Presidente da Academia Paralímpica Brasileiro. Membro do Governing Board IPC

Antônio Ferreira Junior

Coordenador Técnico do Halterofilismo CPB. Árbitro Internacional de Halterofilismo IPC. Classificador Internacional de Halterofilismo IPC. Graduado em Educação Física pelas Faculdades Integradas de Guarulhos, FIG. Participou das Paralimpíadas de: Sidney 2000, Atenas 2004, Pequim 2008.

Berenice Chiarello

Fisioterapeuta, M.Sc. UNIFESP/EPM. Classificadora Vela Paralímpica CPB

Celso Toshimi Nakashima
Especialista em Ciências do Treinamento de Alto Rendimento, Universidade Gama Filho. Técnico nível 1 ITTF. Técnico da Seleção Brasileira Paralímpica

Claudio Civatti
Participou dos Jogos Paralímpicos de Pequim na modalidade Ciclismo

Christian Michael Ali Haensell
Técnico da Seleção Brasileira Paralímpica de Tiro com Arco

Edilson Alves da Rocha
Árbitro de Basquete em Cadeira de Rodas. Membro da Academia Paralímpica Brasileira APB/CPB. Diretor Técnico do Comitê Paralímpico Brasileiro

Edison Duarte
Professor Faculdade de Educação Física UNICAMP. Classificador Internacional de Esgrima. Membro da Academia Paralímpica Brasileira APB/CPB

Eliana Mutchnik
Classificador Internacional de Remo. Participou dos Jogos Paralímpicos de Pequim 2008

Ivaldo Brandão
Professor de Educação Física. Presidente da Associação Nacional de Deficientes

Jonas Freire
Licenciado em Educação Física e Bacharel em Treinamento Esportivo, FEF/UNICAMP. Coordenador Técnico – Comitê Paralímpico Brasileiro.

José Irineu Gorla
Doutor em Atividade Física, Adaptação e Saúde, FEF/UNICAMP. Chefe do Departamento de Estudos da Atividade Física Adaptada, FEF/UNICAMP. Autor de Livros na Área da Educação Física e Esporte Adaptado

José Júlio Gavião de Almeida
Professor da Faculdade de Educação Física da Universidade Estadual de Campinas, UNICAMP. Mestre em Educação na Área de Administração Escolar, UNIMED, 1990. Doutor em Educação Física na Área de Estudos da Atividade Física Adaptada e Adaptação - UNICAMP – 1995. Coordenador da Comissão Científica da Academia Paralímpica Brasileira – CPB

Julio Noronha
Coordenador-técnico da Confederação Brasileira de Remo. Participou dos Jogos Paralímpicos de Pequim 2008

Luciana Scheid

Mestre em Atividade Física Adaptada Programa Erasmus Mundus. Participou dos Jogos Paralímpicos de Pequim 2008. Trabalha no Departamento Técnico CPB

Luis Felipe Castelli Correia de Campos

Bacharel em Educação Física pela Faculdade Estadual de Campinas, UNICAMP. Membro do Grupo de Pesquisa em Atividade Motora Adaptada - GEPAMA. Técnico da equipe de Rugbi em Cadeira de Rodas ADEACAMP. Preparador Físico da Seleção Brasileira de Futebol de 5. Aluno Bolsista PIBIC

Marcia Campeão

Professora de Educação Física Adaptada da Faculdade de Educação Física da Universidade Federal Rural do Rio de Janeiro, UFRRJ. Doutoranda em Saúde Pública pela Escola Nacional de Saúde Pública ENSP/FIOCRUZ. Mestre em Educação Física Adaptada pela Universidade Estadual de Campinas, UNICAMP. Pós-Graduada em Ética Aplicada e Bioética pelo Instituto Fernandes Figueira, IFF/FIOCRUZ

Márcio Pereira Morato

Bacharel, Licenciado, Mestre e Doutorando pela Faculdade de Educação Física da Universidade Estadual de Campinas. Estágio de Doutorado na Faculdade de Desporto da Universidade do Porto, Programa PDEE CAPES. Atuou no Futebol de 5 como Assistente da Comissão Técnica da Seleção Brasileira e no Goalball como Técnico da Seleção Brasileira e como Coordenador Nacional da Modalidade

Marco Antônio Ferreira Alves

Graduado em Fisioterapia e Educação Física. Mestre em Ciências da Reabilitação Neuromotora e Doutorando no Setor Neuro Sono da UNIFESP. Docente da UNISANTA e UNIMES (Santos). Classificador de Basquete sobre Rodas da IWBF e da CBBC. Diretor de Classificação Funcional da Federação Paulista de BCR. Membro do Ambulatório de Esporte Adaptado do Setor Neuromuscular da UNIFESP. Vice-Presidente da Associação Paradesportiva da Baixada Santista, APBS

Mariana Simões Pimentel Gomes

Doutoranda em Atividade Física Adaptada pela FEF/UNICAMP. Mestre na Área de Concentração, Atividade Física, Adaptação e Saúde pela FEF-UNICAMP. Licenciada e Bacharel em Educação Física pela UNICAMP. Bolsista do Programa Santander de Mobilidade Internacional na Universidade da Coruña, Espanha (UDC – 2007/2008). Desenvolvedora de Projetos na Linha de Pesquisa de Atividade Física para Pessoas com Deficiência, Ensino das Lutas e Pedagogia do Esporte.

Marília Passos Magno e Silva

Fisioterapeuta, Universidade da Amazônia, UNAMA. Especialista em Fisioterapia Aplicada a Ortopedia e Traumatologia, FCM-UNICAMP. Mestre em Educação Física, Universidade Estadual de Campinas, UNICAMP. Doutoranda em Educação Física, UNICAMP. Fisioterapeuta do Comitê Paralímpico Brasileiro

Mateus Betanho Campana
Professor de Educação Física. Mestre em Atividade Física, Adaptação e Saúde, FEF/UNICAMP. Doutorando em Atividade Física, Adaptação e Saúde, FEF/UNICAMP.

Patrícia Silvestre de Freitas
Doutora. Coordenadora da classificação do Comitê Paralímpico Brasileiro

Paulo Cruz
Licenciado em Educação Física. Técnico da Seleção Brasileira de Futebol de 7 desde 1995. Membro do Comitê de Futebol da CP-ISRA (Cerebral Palsy - International Sports and Recreation Association)

Renato Valentim
M.Sc., PhD. Velejador. Ex-Coordenador de Vela paralímpica FBVM, CPB, CBVA. Coordenador Vela Paralímpica FEVESP

Roberto Vital
Coordenador Médico Comitê Paralímpico Brasileiro

Ronaldo Gonçalves de Oliveira
Pós Graduado em Metodologia do Ensino. Diretor Técnico da Associaçao Brasileira de Voleibol Paralímpico, ABVP. Introdutor do Voleibol Sentado no Brasil. Técnico da Seleçao Brasileira de Voleibol Paralímpico Feminino. Orientador de Esportes e Lazer do SESI-SP (Técnico das equipes de Voleibol Sentado Masculino e Feminino e Bocha Paralímpico)

Rui Marques
Bacharel em Educação Física. Começou no Basquetebol em Cadeira de Rodas em 1993 como Treinador. Árbitro e Coordenador Técnico da Confederação Brasileira de Basquetebol em Cadeira de Rodas. Apitou Duas Paralimpíadas e Três mundiais. Apitou as Finais das Paralimpíadas de Atenas (2004), Mundial de Amsterdam (2006) e Birmingham (2010)

Sílvio Soares dos Santos
Doutor. Classificador Internacional de Atletismo

Tatiane Jacusiel Miranda
Mestranda em Educação Física. Coordenadora de Esportes Paralímpicos CO-Rio 2007

Valber Lazaro Nazareth
Doutor em Educação Física pela UNICAMP. Mestre D'Armas pela Federação Internacional de Esgrima, FIE. Professor Adjunto IV da Cadeira de Esgrima – Academia da Força Aérea. Coordenador Técnico da Esgrima em Cadeira de Rodas do Comitê Paralímpico Brasileiro. Membro Executivo da IWAS Weelchair Fencing

Verena Junghähnel Pedrinelli

Mestre em Educação Física pela USP. Docente no Curso de Educação Física da Universidade São Judas Tadeu. Doutoranda no Curso de Pós-Graduação em Educação Física, USJT.

Wanderson Araujo Cavalcante

Licenciatura em Educação Física Universidade de Brasilia, UNB. Especialista em Psicologia do Esporte, UNB. Coordenador Nacional do Tênis em Cadeira de Rodas – CBT (2007/2010). Capitão da Seleção Brasileira Feminina no Mundial de Tênis em Cadeira de Rodas do Brasil (2006). Capitão da Seleção Brasileira Masculina nos Mundiais de Tênis em Cadeira de Rodas da Suécia (2007), Itália (2008), Inglaterra (2009) e Turquia (2010). Coordenador de Modalidade e Capitão da Seleção Brasileira Masculina de Tênis em Cadeira de Rodas nos Jogos Parapan-Americano do Rio (2007) e nos Jogos Paralímpicos de Pequim (2008). Capitão da Seleção Brasileira Junior de Tênis em Cadeira de Rodas nos Juniors Camp da Argentina (2008), Espanha (2009) e Estados Unidos (2010). Coordenador de Modalidade da Seleção Brasileira Junior de Tênis em Cadeira de Rodas nos II Jogos Juvenis Parapan-Americano da Colômbia (2009). Capitão da Seleção Brasileira Junior de Tênis em Cadeira de Rodas na Masters Cup Juvenil na França (2010).

Agradecimentos

Gostaríamos de agradecer a todos aqueles que contribuem na construção do Movimento Paralímpico Brasileiro.

Aos gestores do esporte, treinadores, profissionais da saúde, familiares e aos atletas peças fundamentais nessa caminhada.

Introdução

O Esporte Paralímpico é um fenômeno recente!

Seu embrião surge na década de 1940 com o atendimento dos soldados lesionados durante a Segunda Guerra Mundial. No Brasil essa prática tem seus primeiros passos na década seguinte. No entanto, os últimos anos têm sido marcados pela crescente velocidade nas mudanças, caracterizados por: Eventos cada vez maiores, mais pessoas praticando o esporte, melhores resultados, desenvolvimento tecnológico, aumento no número de patrocinadores e no número de expectadores.

O Brasil sem dúvida está no centro desse cenário, não só pelos excelentes resultados que os atletas brasileiros vêm alcançando internacionalmente, mas principalmente por ser sede dos Jogos Paralímpicos de 2016.

O Livro Esporte Paralímpico é um reflexo desse momento, não só por possibilitar a sistematização do conhecimento que permeia esse universo, mas por mostrar os caminhos a serem percorridos na busca, não só, da consolidação do Brasil como Potência Paralímpica, mas de possibilitar à pessoa com deficiência o acesso a prática esportiva.

A elaboração deste livro passou por alguns desafios, talvez, o maior deles, tenha sido o de identificar os profissionais especializados para contribuir com esta obra e transformando o seu conhecimento em um saber coletivo. No Brasil, temos algumas modalidades Paralímpicas pouco difundidas e com poucos profissionais que atuam nestas áreas do conhecimento e desta forma a contribuição pode ser mais escassa e ou num menor grau de aprofundamento técnico nos capítulos que serão apresentados.

Surfar a onda que esta sendo criada com a realização dos Paralímpicos de 2016 é o momento para reverter esse quadro, pois o interesse pelo esporte tende a aumentar e com isso um maior número de profissionais irão se aproximar do esporte praticado pelas pessoas com deficiência. Nesse sentido o livro Esporte Paralímpico será uma das ferramentas para auxiliar na disseminação do conhecimento para os treinadores do esporte olímpico e Paralímpico, profissionais da área da saúde que trabalhem com o esporte ou mesmo com a reabilitação da pessoa com deficiência e estudantes de graduação e pós-graduação.

Ao longo deste livro a terminologia utilizada será PARALÍMPICO, sem a letra "o", pois esta é a nomenclatura adotada pelo Comitê Paralímpico Brasileiro – CPB. Esta mudança deve-se a alguns fatores: primeiro ao alinhamento da terminologia aos outros países de língua portuguesa; além de adequar a terminologia para que não houvesse conflito de propriedade da terminologia adotada com o movimento olímpico e o seu principal produto os "Jogos Olímpicos". O Comitê Paralímpico Internacional há algum tempo solicitava ao Comitê Paraolímpico Brasileiro a mudança do nome, e o lançamento do Logotipo dos Jogos de 2016 foi o cenário escolhido para o essa mudança, que já esta em vigor desde o final de 2011.

Para reforçar este processo de construção e mudança, a primeira parte do livro abordará a história, filosofia, gestão esportiva e conceitos que permeiam o Esporte Paralímpico. Esses conceitos poderão ajudar não só no futuro entendimento do estado da arte do esporte, que é apresentado posteriormente, bem como nas características da população e dos ambientes de prática quer seja na competição do treinamento.

A segunda parte caracteriza os aspectos biológicos, etiológicos e funcionais das pessoas com deficiência. Esses tópicos são elementos fundamentais para a intervenção esportiva, já que o praticante tem como uma de suas características a deficiência. Entender as incapacidades e limitações causadas pela deficiência, bem como as potencialidades do indivíduo são aspectos fundamentais para o desenvolvimento do esporte. Este tópico tem como base, todas as ações que o CPB vem desenvolvendo desde 1994, com o processo de avaliação física, fisiológica, psicológica e médicas voltada ao Esporte Paralímpico, que já desencadearam em dois livros publicados, sendo um dos livros publicado em dois idiomas (Português e Inglês) e diversas publicações cientificas. O que desta forma, demonstra a evolução e o suporte que foi oferecido a todos os atletas durante todos os anos.

Na terceira parte do livro são apresentadas as 20 modalidades que serão disputadas nos Jogos Paralímpicos de Londres. As modalidades serão abordadas iniciando por sua história, aspectos mais relevantes e fundamentais das regras, princípios da classificação esportiva e aspectos importantes no processo pedagógico do esporte.

Desta maneira o conhecimento transmitido neste livro possibilitará que pessoas de várias áreas profissionais possam conhecer as modalidades e quem sabe até se interessarem a ingressar no movimento paraolímpico, em alguma área. Em um País com aproximadamente 24 milhões de pessoas com deficiência a difusão de conhecimento é um aspecto fundamental para que se promova a inclusão, nesse caso específico, através do esporte. Outro ponto importante é fomentar a prática esportiva, com embasamento científico e com abordagens práticas, por parte atletas com deficiência agregando novos elementos ao conhecimento usado em seu treinamento diário.

Desta forma, espera-se ver um Brasil com oportunidade de acesso ao conhecimento e com boa qualidade para a prática esportiva, e que desta forma, com certeza, estaremos dando um grande passo para que alcancemos as primeiras colocações nos Jogos de 2016, 2020, 2024.

Os Editores

Preface / Prefácio

I feel highly honoured to have been asked by Andrew Parsons, President of the Brazilian Paralympic Committee, to write a short preface to Brazilian Paralympic Committee's book entitled "Paralympic Sport".

I have observed the Brazilian Paralympic Team grow in numbers and grow in success over the past 10/15 years. Such success does not happen by chance but comes from careful planning by many enthusiasts and professionals within your nation.

I am particularly pleased by the way the book firstly sets out the history and philosophy of the Paralympic Movement, then moves onto one of the key aspects of Paralympic Sport which is Athlete Classification and then gives some considerable detail on the twenty Paralympic Sports which will take place later this year in London at the 14th Paralympic Games.

The Paralympic Movement is built on philosophy and that philosophy has been laid down by athletes over nearly seventy years of competition. The vision of the IPC is to "enable Paralympic Athletes to achieve sporting excellence and inspire and excite the world". Athletes are at the centre of everything that we all do and that is absolutely evident when we look at the progress that has happened in Brazil.

It was my great pleasure to witness first hand the enthusiastic manner in which your President, Dilma Rousseff greeted the two hundred Brazilian athletes upon their return

Sinto-me altamente honrado em ter sido solicitado por Andrew Parsons, Presidente do Comitê Paralímpico Brasileiro, para escrever um pequeno prefácio para o livro da Academia Paralímpica Brasileira, intitulado "Esporte Paralímpico".

Tenho observado o Time Paralímpico Brasileiro crescer em número e crescer em sucesso nos últimos 10 a 15 anos. Tal sucesso não acontece por acaso, e sim devido ao planejamento cuidadoso de muitos entusiastas e profissionais desta nação.

Estou particularmente satisfeito pela maneira com que o livro, a princípio, demonstra a história e a filosofia do Movimento Paralímpico, depois passa para um dos aspectos-chave do Esporte Paralímpico, que é a Classificação do Atleta, e então dá detalhes consideráveis sobre os 20 Esportes Paralímpicos que irão acontecer mais tarde este ano, em Londres, nos 14 Jogos Paralímpicos.

O Movimento Paralímpico é baseado em filosofia e esta filosofia foi construída por atletas ao longo de quase 70 anos de competição. A visão do IPC é "capacitar os Atletas Paralímpicos a alcançar excelência desportiva e inspirar e excitar o mundo". Atletas estão no centro de tudo que todos nós fazemos, e isto é absolutamente evidente quando vemos o progresso que ocorreu no Brasil.

Foi com grande prazer que assisti em primeira mão a maneira entusiástica com que sua Presidente, Dilma Rousseff, acolheu os 200 atletas brasileiros no retorno de sua

from their successful participation in the 2011 Para PanAmerican Games in Guadalajara, Mexico. There is a real enthusiasm in Brazil to have great sporting success through Paralympic Sport but also to ensure that you as a nation and you as Brazilian athletes contribute to the continuing strength and growth of the Paralympic Movement and the Paralympic Spirit.

I congratulate Professors Mello and Winckler and every one who has contributed to this book as a great first published book of the Brazilian Paralympic Academy. Well done!

Sir Philip Craven, MBE
President of the International Paralympic Committee

participação exitosa nos Jogos Parapan-Americanos de Guadalajara, em 2011, México. Há um real entusiasmo no Brasil para se ter ótimo sucesso no Esporte Paralímpico, mas também para assegurar que vocês, como nação, e vocês como atletas Brasileiros, contribuam para a contínua força e o crescimento do Movimento Paralímpico e para o Espírito Paralímpico.

Eu parabenizo os Professores Mello e Winckler, e a todos que contribuíram neste primeiro grande livro publicado da Academia Paralímpica Brasileira. Muito bem!

Sir Philip Craven, MBE
Presidente do Comitê Paralímpico Internacional

Sumário

Parte 1 – Introdução ao Esporte

1 Esporte e a Pessoa com Deficiência – Contexto Histórico, 3
Andrew Parsons
Ciro Winckler

2 A Educação Física e o Esporte Paralímpico, 15
Alberto Martins da Costa
Ciro Winckler

3 A Prática do Esporte pela Pessoa com Deficiência na Perspectiva da Inclusão, 21
Verena Junghahnel Pedrinelli
Marli Nabeiro

4 Pessoas com Deficiência: Aspectos Epidemiológicos, 27
Edison Duarte
Marilia Magno

5 Organização Administrativa do Desporto Paralímpico, 35
Luciana Scheid
Edilson Alves da Rocha

Parte 2 – Especificidades do Esporte Paralímpico

6 Fundamentos Básicos da Classificação Esportiva para Atletas Paralímpico, 45
Patrícia Freitas
Silvio Soares Santos

7 Deficiência, Incapacidades e Limitações que Influenciam na Prática do Esporte Paralímpico, 51
Andressa da Silva
Roberto Vital
Marco Túlio Melo

Parte 3 – Modalidades do Programa Paralímpico

8 Atletismo, 65
Ciro Winckler

9 Basquete em Cadeira de Rodas, 75
Rui David Marques
Marco Antônio Ferreira Alves

10 Bocha, 83
Ivaldo Brandão Vieira
Márcia Campeão

11 Ciclismo, 93
Claudio Civatti

12 Esgrima em Cadeira de Rodas, 105
Valber Nazareth
Edison Duarte

13 Futebol de Cinco, 115
Jonas Freire
Marcio Pereira Morato

14 Futebol de Sete, 125
Paulo Cruz

15 Goalball, 131
Marcio Morato
José Júlio Gavião de Almeida

16 Halterofismo, 141
Antônio Ferreira Junior

17 Hipismo, 149
José Júlio Gavião de Almeida
Isadora Augusta Carneiro da Fontoura do Carmo
Joyce Jamile Hiar Rodriguez

18 Judô, 161
Diego Cerqueira
Mariana Simões Pimentel Gomes
José Júlio Gavião de Almeida

19 Natação, 169
Gustavo Maciel Abrantes

20 Tênis em Cadeira de Rodas, 179
Wanderson Araújo Cavalcante

21 Tênis de Mesa, 187
Celso Toshimi

22 Tiro Esportivo, 197
Tatiane Jacusiel Miranda
Ciro Winckler

23 Tiro com Arco, 205
Christian Haensell

24 Vôleibol Sentado, 213
Alexandre Medeiros
Amauri Ribeiro
Ronaldo Gonçalves de Oliveira

25 Remo, 221
Julio Noronha
Eliana de Toledo

26 Vela, 227
Renato Valetin
Berenice Chiarello

27 Rugbi em Cadeira de Rodas, 237
José Irineu Gorla
Mateus Betanho Campana
Luis Felipe Castelli Correia de Campos

Parte 4 – Considerações Finais

28 Primeiros Passos, 249

Índice Remissivo, 251

PARTE 1

INTRODUÇÃO AO ESPORTE

capítulo 1

Esporte e a Pessoa com Deficiência – Contexto Histórico

Andrew Parsons
Ciro Winckler

O esporte praticado pelas pessoas com deficiência teve seu início entre o final do século XIX e começo do século XX.

Os primeiros a sistematizarem o esporte, prática que era feita de maneira isolada e pontual, em um movimento de abrangência mundial, foram as pessoas com deficiência auditiva, que, em 1924, já tinham sua federação, o Comitê Internacional de Esportes para Surdos – CISS (inicialmente o nome era Comitê Internacional de Esportes do Silêncio) e os Jogos denominados Deaflympics ou Jogos do Silêncio.

O movimento paralímpico teve um surgimento mais tardio em relação ao movimento esportivo dos surdos*, apesar de os primeiros relatos de competições esportivas de pessoas cegas e com amputação serem remotas ao começo do século XX. Foi apenas a partir da segunda metade desse século que o esporte para as pessoas com deficiência se consolidou e possibilitou a criação de um evento, que, mais tarde, seria chamado de Jogos Paralímpicos.

O surgimento do movimento paralímpico foi baseado num modelo centrado nas práticas de reabilitação e de lazer (Bailey, 2008). No ano de 1939, o neurocirurgião alemão Ludwig Guttman fugiu da Alemanha em decorrência da perseguição aos judeus. Ele se estabeleceu na Inglaterra para pesquisar sobre o sistema nervoso periférico em Oxford. No ano de 1944 começou a trabalhar na Unidade de Lesões Medulares de Stoke Mandeville, em Aylesbury, e a usar o esporte como parte do processo de reabilitação dos pacientes.

A Inglaterra passava por um período no qual muitos combatentes voltavam da Guerra com lesões severas e aproximadamente 80% dessas pessoas vinham a óbito durante a reabilitação. O esporte era uma forma de melhorar a qualidade de vida e a condição psicológica dessas pessoas. A prática de atividades competitivas pelas pessoas com lesão medular e outras deficiências similares servia como elemento motivador para que elas buscassem uma integração com o ambiente não hospitalar (Bailey, 2008).

Atividades como tiro com arco, polo e Netball em cadeira de rodas eram praticadas, sendo que o Netball era um estilo de basquete que tem como principal diferença a ausência da tabela (Scruton, 1979).

Os primeiros Jogos de Stoke Mandeville tiveram data coincidente com o dia da abertura dos Jogos Olímpicos de Londres, em 1948. Assim, o paralelo com os Jogos Olímpicos estava tendo sua origem. Guttman inclusive anunciou que, com esses jogos, as "pessoas deficientes" estavam tendo o seu equivalente aos Jogos Olímpicos.

Do outro lado do Atlântico, nos Estados Unidos, em 1946, estavam sendo realizados os primeiros movimentos do basquete em cadeira de rodas, através de competições entre vários hospitais e associações de veteranos de guerra.

Os Jogos Internacionais de Stoke Mandeville tiveram início em 1952, com dois países participantes (Scruton, 1979). O caminho para a internacionalização do esporte deu uma grande guinada no ano de 1960, quando foi realizada, na Cidade de Roma, a nona edição dos Jogos Internacionais de Stoke Mandeville, que passou a ser considerado posteriormente como os Primeiros Jogos Paralímpicos. As modalidades disputadas foram Sinuca, Esgrima,

---

* O movimento esportivo das pessoas surdas por questões culturais não ocorre de maneira conjunta com o paralímpico, tendo, desse modo, ações políticas, bem como os eventos que ocorrem em separado, apesar de o CISS ter sido um dos membros fundadores do IPC.

4 ESPORTE E A PESSOA COM DEFICIÊNCIA – CONTEXTO HISTÓRICO

Atletismo, Basquete em cadeira de rodas, Dardo, Natação, Tênis de Mesa, Tiro com Arco e Pentatlo (combinação de Tiro com arco, Natação, Arremesso de peso, Dardo e Lançamento de *club*).

Nos Jogos de 1964, em Tóquio, apesar de a imprensa batizar o evento de Paralímpiadas, Guttman referiu-se àqueles jogos como os 13º Jogos Internacionais de Stoke Mandevile ou Jogos de Tóquio para os Paralisados. A nomenclatura dos Jogos e do Movimento seria definida apenas em 1988, no evento realizado em Seul, denominado oficialmente de Jogos Paralímpicos. Os Jogos anteriores a esse foram chamados de Jogos Mundiais de Cadeira de Rodas, Jogos Internacionais dos Deficientes, Olimpíadas dos Deficientes Físicos, Torontolympiad e Olimpíadas dos Deficientes (Bailey, 2008).

A ideia de seguir a mesma periodicidade dos Jogos Olímpicos foi adotada; no entanto, o modelo de usar a mesma cidade sede ocorreu apenas nos primeiros dois Jogos, e voltaria a ocorrer após 34 anos na cidade de Seul.

O México desistiu de sediar os Jogos dois anos antes do evento de 1968, por não se considerar apto para realizá-lo, e Israel se ofereceu para sediar os Jogos. Já em 1972, questões estruturais e financeiras fizeram com que os jogos seguintes na Alemanha mudassem de Munique para Heidelberg, em 1972.

No ano de 1976, além dos Jogos Paralímpicos de Verão, em Toronto, ocorreram os primeiros Jogos Paralímpicos de Inverno, na cidade Sueca de Örnsköldsvik. O evento de Verão ocorreu em Toronto, já que os organizadores de Montreal não permitiram a utilização dos espaços utilizados nos Jogos Olímpicos. Esse foi o primeiro evento multideficiências com a inserção de modalidades para atletas com deficiência visual, amputação e outros tipos de deficiência, como as más formações ou os déficits de estatura.

Os Jogos de 1980 ocorreram na Holanda, pois a União Soviética não teve interesse de realizá-los, usando o argumento de que não haviam "pessoas deficientes" na União Soviética (Bailey, 2008). Nesse

Ano	Local	Logomarca	Deficiências Incluídas	Nº de Países	Nº de Atletas	Mesmo Local	Fatos Importantes
1952	Stoke Mandeville		Lesão medular	2	130	Não	1º Jogos Internacionais de Stoke Mandeville
1960	Roma, Itália		Lesão medular	23	400	Sim	1º jogos para atletas com deficiência realizado no mesmo espaço que os jogos Olímpicos
1964	Tóquio, Japão		Lesão medular	21	357	Sim	Levantamento de peso adicionado como esporte
1968	Tel Aviv, Israel		Lesão medular	29	750	Não	Lawn Bowls adicionado como esporte
1972	Heidelberg, Alemanha		Lesão medular	43	984	Não	1ª competição para tetraplégicos. Eventos demonstração para atletas com deficiência visual
1976	Toronto, Canadá		Lesão medular Amputação Deficiência Visual Outras deficiências	38	1.657	Não	1º uso de cadeiras de corrida especializadas. Vôlei em pé, Goalball e Tiro são adicionados como esportes

Quadro 1.1 Informações sobre os Jogos Paralímpicos entre 1960 e 1976. Logotipo, número de países e atletas, tipo de deficiência e fatos importantes

Fonte: IPC, 2009.

evento foram distribuídas 3.000 medalhas em decorrência das classes esportivas e das provas para 1.973 atletas.

O período entre 1960 e 1980 foi chamado pelo pesquisador Bailey (2008) como a *Era do Desenvolvimento* no qual o crescimento do Movimento Paralímpico ocorreu, porém de maneira isolada e baseado em um modelo médico. Esse quadro só mudou com a criação e o fortalecimento de outras entidades de gerenciamento esportivo internacional, pois, no início, só havia a Federação dos Jogos Internacionais de Stoke Mandeville – ISMGF, que surgiu em 1960, assim como a criação da Organização Internacional de Esporte para Deficientes – ISOD, no ano de 1964, a Associação Internacional de Esporte e Recreação para Paralisados Cerebrais – CP-ISRA, em 1978, e a Federação Internacional de Esporte para Cegos – IBSA, em 1981[*]. Desse modo, o movimento paralímpico se consolidou (IPC, 2010).

Durante o Segundo Campeonato Mundial de Esportes de Inverno para Deficientes, especificamente no dia 11 de março de 1982, foi fundado o Comitê Coordenador Internacional das Organizações Mundiais de Esporte para Deficientes – ICC (Bailey, 2008). Esse órgão representou os interesses do movimento paralímpico na organização dos Jogos Paralímpicos entre 1982 e 1992 (IPC, 2010).

Os Jogos de 1984 foram marcados pela separação do evento em duas sedes, Stoke Mandeville e Nova Iorque. Essa separação ocorreu pela saída de última hora da Universidade de Illinois, que sediaria os eventos em cadeira de rodas, e pela disputa do nome Paralimpíadas, vetado pelo Comitê Olímpico Americano, que interpretou que o uso do mesmo causaria conflito e confusão de entendimento com os Jogos Olímpicos. Em decorrência desses fatores, os VII Jogos Mundiais de Cadeira de Rodas ocorreram na Inglaterra, e os VII Jogos Internacionais para deficientes, nos Estados Unidos.

Mesmo marcado por todos esses problemas, os Jogos seguintes já tinham uma sede anunciada, que seria em Seul – 1988. A intenção dos sul-coreanos foi marcada por forte influência religiosa, no sentido de que ao fazer o bem sediando os Jogos Olímpicos e Paralímpicos os coreanos teriam benefícios existenciais futuros.

Quadro 1.2
Informações sobre os Jogos Paralímpicos entre 1980 e 1992.
Logotipo, número de países e atletas, tipo de deficiência e fatos importantes

Ano	Local	Logomarca	Deficiências Incluídas	Nº de Países	Nº de Atletas	Mesmo Local	Fatos Importantes
1980	Arnhem, Holanda		Lesão medular Amputação Deificiência visual Paralisia cerebral Outras deficiências	42	1.973	Não	Volei sentado adicionado como disciplina. Evento para atletas com Paralisia Cerebral incluído
1984	Stoke Mandeville, Inglaterra e Nova York, EUA		Lesão medular Amputação Deificiência visual Paralisia cerebral Outras deficiências	41 (Ingl.) 45 (EUA)	1.100 (Ingl.) 1.800 (EUA)	Não	Futebol de 7, bocha e ciclismo de estrada adicionado como esportes. Evento de demonstração em L.A.: corrida de cadeira de rodas
1988	Seul, Coréia do Sul		Lesão medular Amputação Deficiência visual Paralisia cerebral Outras deficiências	61	3.013	Sim	Adicionadas as modalidades judô e tênis em cadeira de rodas
1992	Barcelona, Espanha		Lesão medular Amputação Deficiência visual Paralisia cerebral Outras deficiências	82	3.021	Sim	Evento de referência em organização

Fonte: IPC, 2009.

---

[*] A Associação Internacional de Esporte para Pessoas com Deciência Intelectual INAS – FID surgiu no ano de 1986

Esse evento foi considerado o ponto de virada do movimento paralímpico, pois a estrutura física e a condição dada para a participação dos atletas permitiram uma melhor condição de participação destes, dando início à era moderna dos Jogos Paralímpicos. Esse foi o primeiro evento a contar com a simbologia do movimento paralímpico, como a oficialização do nome, do símbolo (Tae-Geuks*), do hino e da bandeira paralímpica.

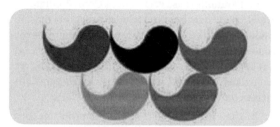

Figura 1.1. Primeiro Símbolo Paralímpico.

O termo paralímpico é uma associação entre o prefixo grego "para", que significa paralelo, e o termo "olímpico", que, segundo o IPC (2010b), representa a condição paralela entre os Jogos Olímpicos e Paralímpicos. E embora, muitas vezes, a palavra "paralímpico" tenha sido usada para representar o movimento Olímpico das pessoas paraplégicas, essa nunca foi considerada uma versão oficial.

O período entre 1980 e 1988 foi denominado por Bailey (2008) como a era do "Justo, não igual", já que as ações do período foram para trazer mais visibilidade e suporte financeiro ao movimento paralímpico, além de tentar dar uma voz política única aos seus representantes.

No ano de 1989, mais um importante passo foi dado para a unificação do Movimento Paralímpico Internacional com a criação, em Düsseldorf/Alemanha, do Comitê Paralímpico Internacional – IPC, que teve como o seu primeiro presidente eleito o canadense Dr. Robert Steadward (IPC, 2010).

Os Jogos Paralímpicos de Barcelona, em 1992, foram marcados pelo planejamento prévio e alinhado rumo à diminuição do número de provas e classes. Esse processo ocorreu através do fortalecimento do sistema de classificação, sustentado em um modelo mais próximo da situação funcional dos movimentos que os atletas realizam na competição. Foram durante

esses Jogos que foram registrados os primeiros casos de *doping*. Para muitas pessoas que trabalharam e competiram nesse evento, os Jogos Paralímpicos viraram um espetáculo que valorizava o desempenho dos atletas com deficiência e não somente a participação como forma de integração social (Paralympian, 2002). A organização dos Jogos apresentou um déficit financeiro, que foi coberto pela Organização Nacional de Cegos da Espanha – ONCE.

No ano de 1994, o logotipo do IPC mudou de formato em virtude de sua similaridade aos cinco anéis olímpicos. A mudança fez com que o símbolo passasse de cinco Tae-Geuks para três. Ao adotar esta simbologia, cada Tae-Geuks passou a representar os elementos que constituem o Ser Humano: Mente, Corpo e Espírito.

Figura 1.2. Segundo Logotipo Paralímpico.

O período entre 1988 e 1992, segundo Bailey (2008), foi a era da "Construção de pontes e não de muros", em decorrência da necessidade de consolidação do Movimento Paralímpico. Os elementos marcantes desse processo foram o estabelecimento de um sistema de classificação, a transição da gerência do movimento paralímpico do ICC para o IPC, a consolidação dessa entidade frente ao Comitê Olímpico Internacional – COI e a retomada das Paralimpíadas como um evento paralelo aos Jogos Olímpicos.

Os Jogos Paralímpicos de Atlanta marcaram a inclusão dos atletas com deficiência intelectual no programa de provas do atletismo e da natação. Nesses jogos, foram distribuídas 1.574 medalhas nas 20 modalidades, nas quais estavam distribuídos 3.195 atletas.

O período entre 1992 e 1996 é definido, por Bailey (2008), como "Espírito em Movimento", em virtude da evolução dos Jogos no sentido de se tornar um espetáculo e na busca pela sua universalização.

Os Jogos Paralímpicos de Sidney foram marcados pelo processo contínuo na diminuição do número

---

* Com a adoção de 5 Tae-Geuks coreanos alinhados e dispostos no formato de um W, representando a inicial da palavra World (Mundo), o número 5 foi adotado de maneira a representar os cinco oceanos e os cinco continentes, além de significar a harmonia e a unidade das pessoas com deficiência através do esporte ao redor do mundo (Bailey, 2008).

INTRODUÇÃO AO ESPORTE 7

Quadro 1.3
Informações sobre os Jogos Paralímpicos entre 1996 e 2008. Logotipo, número de países e atletas, tipo de deficiência e fatos importantes

Ano	Local	Logomarca	Deficiências Incluídas	Nº de Países	Nº de Atletas	Mesmo Local	Fatos Importantes
1996	Atlanta, EUA		Lesão medular Amputação Deificiência visual Paralisia cerebral Outras deficiências	103	3.195	Sim	Hipismo adicionado como esporte. Ciclismo de pista adicionado como disciplina. Primeiro patrocínio mundial
2000	Sidney, Austrália		Lesão medular Amputação Deificiência visual Paralisia cerebral Outras deficiências	122	3.843	Sim	Vela e Rúgbi em cadeira de rodas adicionados como esportes
2004	Atenas, Grécia		Lesão medular Amputação Deficiência visual Paralisia cerebral Outras deficiências	136	3.806	Sim	Futebol de 5 é adicionado como esporte. Recorde de inserção na mídia
2008	Beijing, China		Lesão medular Amputação Deficiência visual Paralisia cerebral Outras deficiências	150	3.970	Sim	Remo incluído no programa Paralímpico

Fonte: IPC, 2009.

de eventos valendo medalha. Esse processo teve como objetivo tornar os jogos um evento de mais fácil compreensão para a mídia e os espectadores, além de possibilitar que o mesmo se tornasse um produto mais interessante para os patrocinadores. Mesmo com essa redução numérica, os jogos paralímpicos tiveram 561 medalhas de ouro disputadas em 18 esportes, enquanto a versão olímpica teve 300 medalhas de ouro a serem alcançadas em 28 modalidades.

A grande mancha dos Jogos foi o escândalo promovido pelo Jornalista Carlos Ribagorda, do jornal espanhol Capital, que se infiltrou no time espanhol de basquete para atletas com deficiência intelectual. Para isso, burlou o teste aplicado como critério de seleção. O jornalista publicou a fralde e desencadeou uma crise no sistema de classificação que colocou o esporte para atletas com deficiência intelectual na berlinda, suspendendo a participação desses atletas até que fosse desenvolvido um sistema de classificação no qual esse problema não se repetisse.

O período entre 1996 e 2000 foi marcado como o período "Consertar o que precisa ser consertado"

(Bailey, 2008), no qual as questões políticas das entidades esportivas ficaram menos tensas, e os Jogos cresceram de tamanho e proporção. No entanto, a busca pelas medalhas começou a tomar uma direção que, por vezes, os atletas colocavam a medalha acima de sua condição de saúde.

No ano de 2001 foi eleito o segundo presidente do Comitê Paralímpico Internacinal, o inglês Phillip Crave, que foi atleta e dirigente do basquete em cadeira de rodas.

No ano de 2002, o COI e o IPC assinaram um acordo indicando que a organização dos Jogos Olímpicos e Paralímpicos deveria ser partilhada, não só no uso dos equipamentos, mas no planejamento e nas ações, além de condicionar a cidade postulante aos Jogos em organizar ambos os eventos. Essa última condição passou a valer a partir dos Jogos de Pequim, em 2008.

Assim, os Jogos Paralímpicos de Atenas foram beneficiados por esse acordo, já que o Comitê Organizador dos Jogos Olímpicos e Paralímpicos foi apenas um, bem como foi a primeira vez que os atletas não tiveram de pagar a taxa de inscrição. O acesso da mídia mundial foi muito grande e facilitado pelo fuso horário do País, pois esse era menor em comparação aos Jogos da Austrália.

Durante os Jogos Paralímpicos de Atenas, o IPC divulgou o seu novo logotipo e bandeira. O símbolo é composto por três Agitos, cuja expressão tem origem na equivalente expressão latina *Eu movo,* dando ênfase na capacidade dos atletas, por suas ações esportivas motivarem e excitarem as pessoas que acompanham o esporte (IPC, 2010b).

O ano de 2007 foi marcado pelos Jogos Parapanamericanos do Rio de Janeiro, o primeiro evento de abrangência regional, no caso a América, que teve organização e instalação conjuntas com o evento Regional Olímpico.

Os Jogos Paralímpicos de Pequim foram marcados pela grandiosidade das instalações esportivas e pela acessibilidade da vila paralímpica; a festa de abertura e de encerramento dos Jogos não deixaram a desejar em relação à abertura dos eventos olímpicos. As competições esportivas tiveram sempre grande público e a cobertura midiática atingiu seus maiores níveis.

Talvez por essa grandiosidade e representatividade, Bailey (2008) chame esse período sob a alcunha de "Esporte é sobre emoção", já que o legado

Figura 1.3. Terceiro e atual logotipo Paralímpico.

de Guttman tomou dimensões mundiais e estão possibilitando não só o acesso da prática esportiva por milhões de pessoas com deficiência ao redor do mundo, como também tem se tornado um espetáculo com dimensões semelhantes às dos Jogos Olímpicos.

A estrutura esportiva internacional está em uma fase de transição, na qual o gerenciamento dos esportes tem saído das Organizações Internacionais de Esporte para Deficientes – IOSD e passado a ser gerida de três formas diferentes, a saber: o IPC executando a função de Federação Internacional na gestão de modalidades; Federações Internacionais de

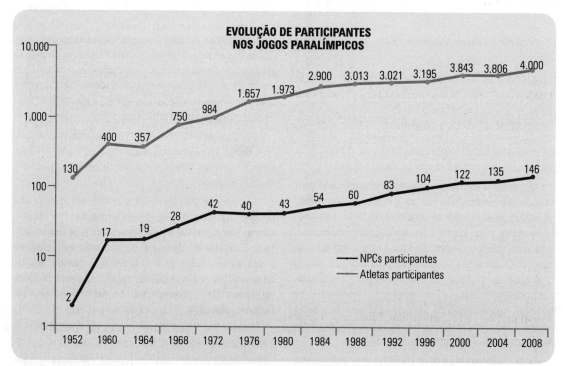

Figura 1.4. Número de atletas e países participantes em Jogos Paralímpicos.

INTRODUÇÃO AO ESPORTE

Esporte Paralímpico – IF e Federações de Esporte Convencional – IF que estão gerenciando modalidades paralímpicas. Algumas modalidades ainda permanecem sob a tutela das IOSDs.

As entidades de gerenciamento esportivo por área de deficiência são quatro, sendo essas: Associação Internacional de Esporte e Recreação para Paralisados Cerebrais – CPISRA; Federação Internacional de Esporte para Cegos – IBSA; Federação Internacional de Esporte para Pessoas com Deficiência Intelectual – INAS-FID; e a Federação Internacional de Esporte para Cadeira de Rodas e Amputados – IWAS (entidade que surgiu da união da ISMGF e ISOD).

São reconhecidas 11 IFs pelo IPC, a saber: Federação Internacional de Hipismo – FEI, Federação Internacional de Basquete em Cadeira de Rodas – IWBF, Federação Internacional de Tênis de Mesa – ITTF, Federação Internacional de Tênis – ITF, Federação Internacional de Vela para deficientes – IFDS, Federação Internacional de Remo – FISA, União Internacional de Ciclismo – UCI, Organização Mundial de Vôlei para Deficientes – WOVD, Federação Internacional de Rugby em Cadeira de Rodas e Federação Mundial de Curlling – WCF.

O IPC executa a função de Federação Internacional para os seguintes esportes: Atletismo, Biatlo, Dança em Cadeira de Rodas*, Esqui alpino, Esqui Cross Coutry, Halterofilismo, Hockey no gelo em trenó, Natação e Tiro.

O Esporte Paralímpico no Brasil

A chegada do esporte paralímpico no Brasil está associada com o retorno de duas pessoas dos Estados Unidos que foram buscar terapias para a reabilitação de suas lesões medulares. No Rio de Janeiro, no dia 1º de Abril de 1958, Robson Sampaio de Almeida, ao voltar de seu tratamento, em parceria com Aldo Miccolis, funda o Clube do Otimismo. Na cidade de São Paulo, no dia 28 de Julho, Sérgio Seraphin Del Grande cria o Clube dos Paraplégicos de São Paulo. A data foi escolhida como uma homenagem aos dez anos dos Jogos de Stoke Mandeville.

Elemento marcante dessa fase inicial foi a série de três jogos de basquete em cadeira de rodas disputados entre cariocas e paulistas, que terminou com duas vitórias e uma derrota para o time do Rio de Janeiro.

A primeira competição internacional que o Brasil participou foi em Buenos Aires, nos II Jogos Panamericanos, no ano de 1969, enquanto a primeira

Quadro 1.4 Modalidades Esportivas antigas e atuais dos Jogos Paralímpicos de Verão		
Esporte	Órgão Gestor	Período
Atletismo	IPC	1960–atual
Basquete DI	INAS-FID	1996–2000
Basquete em cadeira de rodas	IWBF	1960–atual
Lawn Bowls	IPC	1968–1988, 1996
Bocha	CP-ISRA	1984–atual
Ciclismo	IPC	1988–atual
Dardo		1960–1980
Esgrima em cadeira de rodas	IWAS	1960–atual
Futebol – 5	IBSA	2004–atual
Futebol – 7	CP-ISRA	1984–atual
Goalball	IBSA	1980–atual
Halterofilismo	IPC	1964–atual
Hipismo	FEI	1996–atual
Judô	IBSA	1988–atual
Levantamento de Peso		1964–1992
Luta Greco-romana		1980–1984
Natação	IPC	1960–atual
Remo	IFDS	2008–atual
Rugby em cadeira de rodas	IWAS	2000–atual
Sinuca	IWAS	1960–1976, 1984-1988
Tênis de Mesa	IPC	1960–atual
Tênis em cadeira de rodas	ITF	1992–atual
Tiro com Arco	IPC	1960–atual
Tiro Esportivo	IPC	1976–atual
Vela	IFDS	2000–atual

Fonte: IPC, 2010

participação paralímpica veio três anos mais tarde, nos Jogos de Heidelberg, em que o Brasil foi representado por dez atletas. Os atletas foram competir o Basquete em cadeira de rodas, mas participaram, também, das modalidades de Atletismo, Natação e Tiro com arco. Vale ressaltar que esta característica de valorizar a participação em detrimento do desempenho esportivo só cairia na década de 1980. No Basquete, o Brasil alcançou a quarta colocação, vencendo a Jamaica, a Irlanda e a Iugoslávia na fase

---

* A dança não é uma modalidade paralímpica, já que não é parte do programa das paralimpíadas de verão ou inverno.

classificatória, perdendo para a Bélgica na semifinal e para a Espanha na disputa do terceiro lugar.

As ações isoladas que ocorreram na fase embrionária do desenvolvimento do esporte paralímpico nacional tiveram o seu ápice em 1975, quando da participação nos Jogos Panamericanos para Pessoas com Deficiência Física no México. Nesses Jogos, o Brasil foi representado por duas Delegações Brasileiras, uma paulista e outra carioca. Esse fato desencadeou uma exigência da Federação dos Jogos Internacionais de Stoke Mandeville – ISMGF sobre a obrigatoriedade da formação de um órgão representativo nacional do esporte praticado pelas pessoas com deficiência. Desse modo, surgiu, em 18 de Agosto de 1975, a Associação Nacional de Desporto de Excepcionais* – ANDE, atual Associação Nacional de Desporto de Deficientes.

A Delegação Brasileira nos Jogos de 1976, em Toronto, foi composta por 23 atletas com deficiência física, e o País teve as suas duas primeiras representantes no feminino – Maria Alvares (Atletismo) e Beatriz Siqueira (Lawn Bowls). A representação brasileira conquistou a primeira medalha paralímpica de prata na Lawn Bowls na categoria duplas, com Robson Sampaio de Almeida e Luís Carlos de Costa*.

O Brasil realizou, em 1978, a quinta edição dos Jogos Panamericanos, na cidade do Rio de Janeiro. Uma marca muito forte dos eventos à época era a divisão na organização por área de deficiência, sendo esse em específico destinado aos atletas cadeirantes.

Nos Jogos de 1980, o Brasil teve a sua pior campanha, obtendo a 47ª colocação. A delegação era formada por atletas usuários de cadeira de rodas.

No ano de 1982, foi criada a Associação Brasileira de Desporto em Cadeira de Rodas – ABRADECAR e, em 1983, a Associação Brasileira de Desporto para Cegos – ABDC, que, mais tarde, passaria a se chamar Confederação Brasileira de Desporto para Cegos. A ANDE passou, assim, a gerenciar especificamente o esporte dos atletas com paralisia cerebral.

Nos Jogos Paralímpicos de 1984, a Delegação Brasileira teve, pela primeira vez, em sua composição atletas de diferentes grupos de deficiência, como os atletas com deficiência visual, amputados, cadeirantes e paralisados cerebrais. Um marco para o País. Outro fato importante foi a conquista de nossas primeiras medalhas de ouro com Maria Ferraz no Arremesso

de peso Classe 1A, Marcia Malsar nos 200 metros Classe C6, Luís Claudio Pereira no Arremesso de peso e no Lançamento de Disco classe 1C, Amintas Pereira no Disco e Peso feminino Classe 1C e Maria Jussara Matos no 4x50 metros Medley Classe 6, todas na parte do evento realizada na Inglaterra.

Para a participação nos Jogos Paralímpicos de 1988, as entidades esportivas de administração do esporte brasileiro impedidas pela legislação de constituir um órgão diretivo único, nos moldes do Comitê Olímpico Brasileiro, encontraram como opção a constituição da "Comissão Paradesportiva Brasileira" formada por dois representantes do Governo Federal, um da SEED/MEC e um da CORDE, e pelos presidentes da ABDC, ABRADECAR e ANDE" (CPB, 2006). Esse órgão foi responsável pela organização da delegação brasileira nos Jogos de Seul.

No ano de 1990 foram fundadas a Associação Brasileira de Desporto de Deficientes Mentais – ABDEM e a Associação Brasileira de Desporto para Amputados – ABDA. Na década de 2000, esta teria suas atividades englobadas pela ABRADECAR nos mesmos moldes da fusão das entidades de gestão do esporte de amputados e de cadeira de rodas que, internacionalmente, criou a IWAS.

Para os Jogos de Barcelona, o processo preparatório brasileiro foi marcado pelo mesmo entrave burocrático, e o responsável pela organização da delegação foi novamente a Comissão Paradesportiva Brasileira. O resultado no quadro de medalhas apresentou uma queda qualitativa em relação aos Jogos de Seul, em 1988 (CPB, 2006).

No dia 9 de Fevereiro de 1995 foi fundado o Comitê Paralímpico Brasileiro na cidade de Niterói, tendo como seu primeiro presidente João Batista de Carvalho e Silva. A fundação do CPB é um dos marcos do esporte paralímpico no Brasil, não só pela evolução nos resultados brasileiros em Jogos Paralímpicos que ocorrem a partir de 1996, mas, principalmente, pela difusão do esporte paralímpico no País.

A participação brasileira em Jogos Paralímpicos tem uma significativa mudança a partir da criação dos CPB. O Brasil melhorou progressivamente sua participação em Jogos Paralímpicos através do aumento do número de modalidades e de atletas participantes, o número de mulheres que compuseram a delegação e o seu posicionamento no quadro geral de medalhas.

Os Jogos Paralímpicos de Atlanta foram marcados pelo início de um trabalho diferenciado no esporte paralímpico, no qual o acompanhamento não se resumia a participação nos Jogos, mas a preparação

---

* Que, posteriormente, com a criação das Associações Nacionais Esportivas por área de Deficiência, tornaria-se o representante dos atletas com Paralisia Cerebral.

** Medalha de ouro para a Austrália e de Bronze para a Grã-Bretanha.

Quadro 1.5
Participação Brasileira em Jogos Paralímpicos

Cidade/País	Ano	Colocação Brasileira	Nº de Atletas do Brasil	Histórico de Medalhas			Total	Esportes com participação brasileira
				Ouro	Prata	Bronze		
Heildelberg, Alemanha	1972	32º	10	0	0	0	0	Basquetebol, atletismo, natação e tiro com arco
Toronto, Canadá	1976	32º	23	0	2	0	2	Atletismo, basquetebol, bocha paralímpica e bocha, dardo, sinuca, tênis de mesa, levantamento de peso
Arnhem, Holanda	1980	42º	15	0	0	0	0	Basquetebol e natação
Nova York, EUA	1984	24º	31	1	3	2	6	Atletismo e natação
Stoke Mandeville, Inglaterra				6	14	2	22	
Seul, Coréia do Sul	1988	25º	60	4	10	13	27	Atletismo, judô, natação, tênis de mesa e basquetebol em cadeira de rodas
Barcelona, Espanha	1992	30º	41	3	0	4	7	Atletismo, ciclismo, futebol de 7, judô, natação e tênis de mesa
Atlanta, EUA	1996	37º	60	2	6	13	21	Atletismo, basquetebol em cadeira de rodas, ciclismo, futebol de 7, judô, natação, levantamento de pso, tênis em cadeira de rodas e tênis de mesa
Sidney, Austrália	2000	24º	64	6	10	6	22	Atletismo, basquetebol DM, ciclismo, esgrima, futebol de 7, judô, natação, levantamento de peso e tênis de mesa
Atenas, Grécia	2004	14º	96	14	12	7	33	Atletismo, basquetebol DM, ciclismo, esgrima, futebol de 7, judô, natação, levantamento de peso e tênis de mesa
Pequim, China	2008	9º	186	16	14	17	47	Atletismo, basquetebol em cadeira de rodas, ciclismo, hipismo, futebol de 5, futebol de 7, *goalball*, judô, natação, levantamento de peso, tênis em cadeira de rodas, remo e tênis de mesa
Total			586	52	71	64	187	

por meio do suporte científico e de estágios de treinamento da equipe nacional. O resultado nos Jogos não refletiu o novo trabalho (37ª colocação), mas deu início a um novo ciclo no esporte paralímpico.

As ações implementadas com a criação do CPB possibilitaram a evolução dos resultados brasileiros nos Jogos Paralímpicos de 2000, de modo que o Brasil repetiu o seu melhor resultado no quadro geral de medalhas até aquele momento (24ª colocação).

O ano de 2001 marca o terceiro salto no desenvolvimento do esporte paralímpico brasileiro, com a criação da Lei AGNELO/PIVA, nº 10.264/01, a qual destina 2% do percentual dos recursos obtidos nas apostas lotéricas para o financiamento do esporte. Sendo que desse montante 85% é destinado ao esporte olímpico e 15% ao paralímpico. A lei regulamenta ainda que esse dinheiro deve ser aplicado no esporte de rendimento, escolar e universitário. Pela primeira vez o esporte paralímpico brasileiro passou a ter recursos para gerir suas ações de maneira profissional, sem depender da boa vontade e o altruísmo dos gestores, atletas e treinadores.

No ano de 2002, o CPB troca seu logotipo, aproximando-se da normativa de que os comitês paralím-

ESPORTE E A PESSOA COM DEFICIÊNCIA – CONTEXTO HISTÓRICO

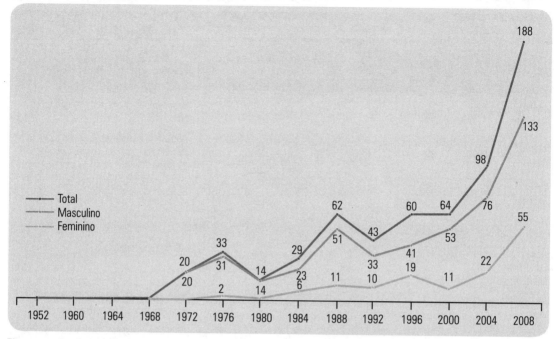

Figura 1.5. Evolução da Participação de Atletas Brasileiros em Jogos Paralímpicos.

Figura 1.6. Primeiro logotipo do Comitê Paralímpico Brasileiro.

picos nacionais deveriam adotar o Tae-Geuks usado pelo IPC, além de conter as cores nacionais e representar as letras CPB de madeira estilizada.

A participação brasileira nos Jogos Paralímpicos de 2004 refletiu esse momento do esporte com a 14ª posição no quadro geral de medalhas, fruto de um planejamento e preparação que possibilitou um grande salto no desempenho dos atletas brasileiros. Outro fator marcante nesses jogos foi a cobertura da mídia brasileira, que viabilizou um dos maiores acessos de informação sobre o esporte paralímpico, possibilitando ao brasileiro conhecer não só o esporte paralímpico, mas o atleta brasileiro.

Figura 1.7. Segundo Logotipo do Comitê Paralímpico Brasileiro.

No ano de 2005, o CPB estabelece um calendário de eventos para a modalidade Atletismo e Natação, através da criação do Circuito Loterias Caixa Brasil Paralímpico, que já alcançou mais de 3.000 atletas nesses cinco anos de evento.

No ano de 2007 foi realizada no Brasil a 3ª edição dos Jogos Parapanamericanos. O evento marcou não só o domínio esportivo brasileiro no quadro geral de medalhas, mas a boa organização do evento, que foi

Quadro 1.6
Evolução da participação Brasileira nos Jogos Paralímpicos de 1992 e de 2008

Classificação	Barcelona (1992)	Atlanta (1996)	Sidney (2000)	Atenas (2004)	Pequim (2008)
1º	EUA	EUA	Austrália	China	China
2º	Alemanha	Austrália	Grã-Bretanha	Grã-Bretanha	Grã-Bretanha
3º	Grã-Bretanha	Alemanha	Canadá	Canadá	EUA
4º	França	Grã-Bretanha	Espanha	EUA	Ucrânia
5º	Espanha	Espanha	EUA	Austrália	Austrália
6º	Canadá	França	China	Ucrânia	África do Sul
7º	Austrália	Canadá	França	Espanha	Canadá
8º	UT	Holanda	Polônia	Alemanha	Russia
9º	Holanda	China	Córeia do Sul	França	BRASIL
10º	Noruega	Japão	Alemanha	Japão	Espanha
11º	Dinamarca	Polônia	República Tcheca	Russia	Alemanha
12º	Córeia do Sul	Córeia do Sul	Japão	República Tcheca	França
13º	China	Suécia	África do Sul	África do Sul	Córeia do Sul
14º	Polônia	Itália	Russia	BRASIL	México
15º	Itália	África do Sul	Holanda	México	Tunísia
	32º BRASIL	37º BRASIL	24º BRASIL		

o primeiro evento, à exceção dos Jogos Paralímpicos, a usar a mesma estrutura de um evento com modalidades olímpicas, mesmo que em nível regional, como no caso dos Jogos Panamericanos.

A participação brasileira nos Jogos do Rio-2007 foi uma prévia dos resultados obtidos em Pequim-2008. O Brasil alcançou uma posição entre as dez potências do esporte paralímpico mundial. O Brasil estreou em novas modalidades e, em algumas dessas, já saiu laureado por medalhas, como no caso do remo.

No ano de 2011 houve uma mudança na terminologia do movimento, a palavra paraolímpica foi substituida por paralímpica. A letra "o" foi suprimida para adequar a terminologia usada em todos os países de lingua portuguesa e padronizar mundialmente a escrita, já que nas linguas inglesa, espanhola e outras o "o" da palavra olímpico é substituído pelo prefixo "para". O Brasil será foco das atenções do mundo em decorrência dos Jogos Paralímpicos de 2016 e esse ajuste fez-se necessário frente as demandas de políticas, nome do evento e de alinhamento mundial da imagem brasileira.

O Ciclo Paralímpico 2008-2012

O ciclo paralímpico que se iniciou após Pequim está sendo marcado por desafios para firmar o cres-

Figura 1.8. Terceiro Logotipo do Comitê Paralímpico Brasileiro.

cimento com qualidade do esporte paralímpico brasileiro.

No início desse novo ciclo foi eleita a terceira pessoa a presidir o Comitê Paralímpico Brasileiro, o carioca Andrew Parsons, que, durante o ciclo paralímpico anterior, foi presidente do Comitê Paralímpico das Américas.

O CPB, em conformidade com as diretrizes do IPC, adota o seu terceiro logotipo, que deve ter os três *agitos* associados a um símbolo nacional.

A consolidação do esporte paralímpico no cenário nacional e internacional tem sido uma das metas do Comitê Paralímpico. Nesse sentido, programas como o de suporte aos atletas executados através do Projeto Ouro ou o Programa de Seleções Permanentes, nas modalidades geridas pelo CPB, associado aos Programas de formação de atletas como as Paralimpíadas Escolares e o Projeto Clube Escolar Paralímpico são ações que visam com que o Brasil esteja preparado para 2012 e alinhado com o objetivo de realizar uma excelente campanha em 2016.

Os Jogos Paralímpicos do Rio 2016 possibilitaram ao CPB, em parceria com suas entidades filiadas e o Ministério do Esporte, realizar o planejamento estratégico 2010-2016, que tem por objetivo criar uma estrutura de suporte para a participação brasileira em 2016, cuja meta é a quinta colocação no quadro de medalhas. Um objetivo ousado, mas que reflete o momento atual de evolução do Esporte Paralímpico Brasileiro.

Considerações Finais

O desafio do CPB é grande, já que, além da árdua batalha do esporte, temos de ter consciência que vivemos no 73º país de índice de desenvolvimento humano no Mundo, o que deve pautar nosso planejamento e nossas ações.

Nesse sentido, dá-se o primeiro passo, que visa minimizar os efeitos da realidade social frente ao esporte de rendimento. Este processo engloba a busca, por parte do CPB, em possibilitar o acesso da pessoa com deficiência à informação ou à prática do esporte, seja através de competições ou de programas de incentivo ao desenvolvimento do esporte, mesmo sabendo que isso não é algo simples em um País com as dimensões do Brasil.

Ao contarmos aqui um pouco da história do nosso movimento no Brasil e no Mundo, acreditamos que esse seja um passo para que mais pessoas possam se engajar e trabalhar no esporte que envolve a pessoa com deficiência.

Bibliografia Consultada

1. Conde AJM, Sobrinho PAS, Senatore V. Introdução. In: CPB: Paraolímpicos do futuro. Brasília, 2006.
2. NWBA History Disponível em: http://www. nwba.org/index.php?option=com_content&view =article&id=13&Itemid=120 Obtido em: 20 de setembro de 2010.
3. IPC PARALYMPIC GAMES – FACTS AND FIGURES. Disponível em: http://www.paralympic.org/export/sites/ default/Media_Centre/Media_Information/2009_07_ Paralympic_Games_Facts_and_Figures.pdf 2009 Obtido em: 20 de setembro de 2010.
4. IPC IPC HANDBOOK Section 1Disponível em: http:// www.paralympic.org/export/sites/ default/IPC/IPC_ Handbook/Section_1/Sec_i_Preamble.pdf Obtido em: 20 de setembro de 2010.
5. IPC IPCVISION, MOTTO, SIMBOL Disponível em: http://www.paralympic.org/export/sites /default/Media_ Centre/Media_Information/2008_07_History_and_ Use_of_Term_Paralympic.pdf 2010b Obtido em: 20 de setembro de 2010.

capítulo 2

A Educação Física e o Esporte Paralímpico

Alberto Martins da Costa
Ciro Winckler

A educação física como um ambiente de educação do corpo para, pelo e do movimento (Freire, 1995) é um cenário extremamente rico para o desenvolvimento da pessoa com deficiência. Dentro desse contexto, o esporte transformou-se numa de suas melhores ferramentas para o Desenvolvimento Humano, não só pelas possibilidades de movimento, mas pela possibilidade de interação cultural e social que podem ocorrer através desse.

Nesse sentido, a educação física como área de conhecimento não é só ambiente para a prática pedagógica, mas espaço para a sistematização de conhecimento sobre a prática de atividade física e esportes para essa população com características tão peculiares quanto a sua adaptação biológica.

O esporte convencional por vezes é espaço para treinadores que têm como única experiência sua vivência como atleta. No esporte para pessoas com deficiência, isso até pode ocorrer, mas, além da possibilidade de sucesso também ser reduzida, a falta de conhecimento das características da deficiência pode comprometer a saúde, o desempenho ou a inclusão social dessas pessoas. Nesse sentido, o conhecimento sistematizado no Esporte pode ser o fator determinante não só para a performance desses atletas, mas para o acesso a informações e possibilidades para e através do esporte.

Contextualização da Educação Física e do Esporte para pessoas com deficiência

O modelo americano de atividade física adaptada apresenta um processo histórico com seis estágios em seu desenvolvimento. Passando do atendimento das pessoas sem deficiência, mas com características específicas, como as inaptidões ou problemas de saúde, e chegando ao atendimento da pessoa com deficiência em ambientes inclusivos.

No primeiro, com término no início do século XX, a base de sustentação das atividades eram os métodos ginásticos que tinham como finalidade a promoção da saúde e a busca pelo "vigor" do corpo e da mente. Nessa fase, surge o profissional da atividade física adaptada (Sherril, 2004); os primeiros relatos de atividade física para pessoas com cegueira remotam a década de 1830. A transposição dessa fase para a realidade brasileira mostra um domínio dos métodos ginásticos até a década de 1950, nas Instituições de Ensino Especializado, como no caso do Instituto Benjamim Constant, no qual encontram-se relatos dessa prática até a segunda metade da década de 1930 (Mataruna *et al.*, 2006).

O segundo estágio americano, de 1905 a 1930, é marcado por uma transição do modelo médico para um processo centrado no treinamento físico para o esporte. Essa condição leva à criação nas escolas de dois tipos de prática de educação física, sendo uma generalizada para as pessoas dentro dos padrões considerados como normais e outra com fins corretivos e medicinais, criando, assim, grupos e ambientes distintos, pois nem todos tinham condições de alcançar as metas desse ambiente. A terceira fase, entre 1930 e 1950, caracterizou-se pela educação física corretiva, embasada nos parâmetros biomédicos, que levavam o estudante a ser encaminhado a um dos dois modelos educacionais; no entanto, muitos alunos eram excluídos da educação física escolar. Nesse período surgem os esportes para a reabilitação dos veteranos de guerra nos Estados Unidos e na Europa.

No Brasil, a educação física influenciada pelo modelo esportivo tem maior ênfase nas décadas de 1960 e 1970. O acesso da pessoa com deficiência a esses ambientes era restrito, só ocorrendo nas Instituições de Ensino ou de Atendimento Especializados. Uma normativa ministerial exclui as pessoas com deficiência do ambiente escolar regular em 1938 (Mauerberg de Castro, 2005). O esporte para as pessoas com deficiência chega ao Brasil, em 1958, com ênfase num modelo competitivo baseado no americano, mas, também, como elemento complementar à reabilitação ou pós-reabilitação e restrito a apenas alguns ambientes.

A sistematização da educação física adaptada nos Estados Unidos ocorre na década de 1950-1970 em decorrência do aumento das pessoas com deficiência dentro das escolas. Nesse período surgem as primeiras leis que impedem a segregação das pessoas com deficiência dentro do ambiente escolar. Segundo Araújo (1997), as ações que permitiram a sistematização da educação física adaptada no Brasil ocorrem entre as décadas de 1980 e 1990.

Nos Estados Unidos, entre as décadas de 1970 e 1990, surgem as classes especiais, em que os estudantes eram divididos em salas de aula e agrupados pelo seu tipo de deficiência para receber sua educação, sendo a última fase relativa à atividade física inclusiva, que se inicia na década de 1990. O contexto educacional brasileiro segue a mesma tendência e busca modelos similares. No entanto, os ciclos nos Estados Unidos são mais longos, permitindo um tempo de adaptação àquela fase, enquanto no Brasil temos, muitas vezes, duas ocorrendo ao mesmo tempo. O que, por vezes, gera conflitos ou dificuldade de inserção da pessoa com deficência nesses ambientes.

A construção dessas fases, com base no contexto escolar, possibilita o entendimento da inserção da pessoa com deficiência na sociedade e seu acesso às práticas como educação, saúde e esporte. Esses ambientes apresentam suas inter-relações, e o acesso da pessoa com deficiência ao esporte está conectado aos ambientes que ele frequenta, como, por exemplo, escola, instituição de reabilitação e clubes esportivos ou, ainda, aos profissionais que interagem com ele, como professor, fisioterapeuta, médico, educador físico, terapeuta ocupacional ou assistente social.

Segundo Mauerberg de Castro (2005), o surgimento da educação física adaptada no Brasil tem uma relação muito estreita com o esporte para pessoas com deficiência.

O entendimento desse fato vem associado a outro aspecto: a prática do esporte pelas pessoas com deficiência na maioria das vezes era realizada em Instituições de Atendimento Especializado, ambiente no qual o esporte era apenas um dos aspectos contemplados no processo de intervenção. Isso, por vezes, limitava o tempo e a qualidade da prática.

Nessas instituições, o entendimento das possibilidades do esporte não era amplamente reconhecido e explorado quando disponibilizado. Outro aspecto limitador de qualidade era a falta de conhecimento sobre as possibilidades do esporte. E vale ressaltar que esse acesso limitado ao esporte ainda ocorre nos dias atuais.

Mesmo no cenário esportivo internacional, esse ambiente pouco organizado se fazia presente até nos Jogos Paralímpicos, pois até 1988 era comum o atleta não precisar de índice para a sua participação, além de poder participar de várias modalidades, mesmo nunca a tendo vivenciado previamente, dando um ar de festival aos Jogos.

Como apontado por Araújo (1997) e Mauerberg de Castro (2005), a sistematização do conhecimento da educação física adaptada ocorreu na década de 1990, pois antes as ações para a consolidação da área até podiam ocorrer, mas de maneira incipiente. No Esporte Adaptado ocorria da mesma maneira, buscando modelos que, por vezes, se assemelhavam ao do esporte convencional e, em outras, tentava buscar uma identidade própria, baseada nas experiências de outros países ou numa extensão das ações assistencialistas que ocorriam no Brasil.

O conhecimento sobre a estruturação da área é marcado por lacunas na falta de registro da história oral e pelas ações isoladas de pessoas e instituições. A melhora dessa estruturação ocorreu através de ações conjuntas que possibilitaram a criação, em 1994, da Sociedade Brasileira de Atividade Motora Adaptada – SOBAMA e do estabelecimento dos congressos científicos da área na década de 1990.

O Comitê Paralímpico Brasileiro – CPB, desde a sua criação em 1995, busca parceria com as Universidades e Instituições que produzam e sistematizem o conhecimento dentro da Educação Física. Foi assim a parceria com a rede *CENESP (Centros Nacionais de Excelência esportiva)* do Ministério do Esporte; ou a formação de uma Comissão de Avaliação, formada por especialistas, para a avaliação e preparação dos atletas brasileiros para os Jogos Paralímpicos de Sidney e Atenas, sendo que esse grupo era encabeçado por profissionais como os Doutores Antônio Carlos Silva – UNIFESP, Marco Túlio de Melo – UNIFESP, Benedito Sergio Denadai – UNESP, Silvio Santos – UFU e Dietmar Samulski – UFMG.

O conhecimento produzido por esse grupo possibilitou não somente encontrar mecanismos para a melhora do desempenho dos atletas brasileiros, mas, também, a divulgação desse trabalho em dois livros intitulados "Paralimpíadas Sidney 2000: Avaliação e Prescrição do Treinamento dos Atletas Brasileiros" e "Avaliação Física e da Aptidão Física dos Atletas Paralímpicos Brasileiros: Conceitos, Métodos e Resultados" (DeMELLO, 2002 e 2004).

Para continuar esse processo de evolução, o CPB, no ano de 2010, em parceria com as Universidades, criou a Academia Paralímpica Brasileira – APB, que tem como um de seus programas o Centro de Formação de Profissionais para o Esporte Paralímpico. O objetivo desses órgãos é capacitar, atualizar e habilitar recursos humanos das mais diversas áreas (médicos, fisioterapeutas, enfermeiros, árbitros, apoios, classificadores, dirigentes esportivos e, principalmente, técnicos nas diversas modalidades) para trabalhar no esporte paralímpico; sistematizar e disponibilizar o conhecimento científico produzido nos últimos anos no Brasil sobre esporte paralímpico, além de produzir novos materiais; e realizar a interlocução com as Instituições de Ensino Superior do Brasil e exterior.

O Esporte para Pessoas com Deficiência

Esporte é uma palavra polissêmica (Bento, 2000) de inúmeros significados e possibilidades. É nesse cenário que a educação física encontra uma de suas ferramentas de intervenção mais eficiente e valiosa.

A inserção da pessoa com deficiência num ambiente como esse possibilita construções e ressignificações que podem tanto facilitar a sua inclusão, como dificultá-la. Tudo depende dos valores que serão associados ao esporte, como, por exemplo, ao ser praticado simplesmente para obter a vitória a qualquer custo, o que pode aumentar a sensação de exclusão do indivíduo, quando ele não vencer.

O esporte adaptado é uma terminologia que engloba a prática esportiva realizada pelas pessoas com deficiência visando a inclusão ou a melhora de suas funções motoras, podendo ter um caráter mais generalista ou especialista (Sherril, 2004), baseado em modalidades que são adaptadas de esportes já existentes ou criadas especificamente para essa população, como o caso do Goalball.

O esporte paralímpico já é um ambiente mais restrito, pois remete à prática de uma das 20 modalidades de verão e as cinco de inverno do programa paralímpico. Essa restrição de acesso é ainda marcada pelo processo de classificação esportiva (médica ou funcional), que torna os atletas elegíveis ou inelegíveis para sua prática. Nesse sentido, o esporte para-

límpico não é acessível a todos, mas apenas àqueles que apresentem as características necessárias a serem elegíveis para a classificação esportiva de cada modalidade (deficiência mínima).

O esporte para pessoas com deficiência tem seus primeiros relatos no começo do século XX; no entanto, sua sistematização começa com as Olimpíadas do Silêncio, em 1924, e o evento que hoje é chamado de Jogos Paralímpicos, mas, inicialmente, era denominado Olimpíadas dos Paraplégicos, em 1960 (Bailey, 2007).

O Movimento Paralímpico tornou-se um fenômeno de grande proporção, por influência do Esporte Olímpico (Bailey, 2007). No entanto, os Esportes Olímpico e Paralímpico têm um processo histórico divergente, com origens e desenvolvimento diferentes, mas que podem convergir quanto às suas formas de manifestação e natureza de sua prática.

O Esporte Olímpico surge, na metade do século XIX, como forma de ocupação do tempo livre e tem na alta performance seu ambiente mais amplo e conhecido. Já o Esporte Paralímpico surge como uma ferramenta de reabilitação, na metade do século XX, e torna-se palco para o alto desempenho, apenas no final na década de 1990. Embora seja essa segunda manifestação mais conhecida, um fenômeno complexo como o esporte não se resume num ambiente no qual o mais importante seja, simplesmente, ganhar ou perder.

Nesse sentido o esporte pode ser visto através de diferentes ângulos, que constituem suas diferentes formas de manifestação:

- Esporte Saúde;
- Esporte Educacional;
- Esporte Lazer; e
- Esporte de Rendimento.

Cada uma dessas formas de manifestação apresenta uma ênfase maior em uma área específica, a saber:

O *Esporte Saúde* tem uma ênfase maior no exercício físico como forma de ação terapêutica, e pode ter como finalidades a profilaxia, a reabilitação ou a manutenção do estado de saúde do praticante. Os efeitos agudos e crônicos produzidos pelo exercício físico feito durante a prática do esporte, como, por exemplo, sobre os sistemas cardiorrespiratório, psicológico e hormonal são os elementos importantes dentro dessa manifestação. Através do esporte é possível diminuir os efeitos do sedentarismo e das deficiências secundárias associadas à condição hipocinética.

Esse foi o cenário de surgimento do Esporte Paralímpico. A reabilitação das pessoas com lesão medular foi o espaço no qual se introduziu o esporte como meio para melhorar a qualidade de vida e o estado de saúde dessa população. Mesmo com a evolução do processo é nesse ambiente que muitos atletas com deficiência física têm seu primeiro contato com a modalidade.

O *Esporte Educacional* tem no processo de ensino-aprendizado seu maior fator de impacto. O esporte é o canal para a modificação do conhecimento do e pelo corpo. No caso da pessoa com deficiência, permite o acesso às possibilidades de novas formas de movimento ou interação com o meio, possibilitando ao praticante o acesso a novos contextos de inserção, que, por vezes, eram limitados pela falta de informação ou pelo preconceito pessoal ou das outras pessoas. Essa manifestação não se limita ao ambiente escolar, um dos principais para a prática do esporte educacional, pois sua característica principal está no processo e não no ambiente.

As competições ambientadas na escola ou com ênfase no aspecto educacional devem ser caracterizadas por eventos que não repitam os modelos impostos aos adultos. Isso deve ocorrer em virtude de uma oportunização ao acesso à diversidade, às novas experiências, evitando a especialização esportiva nos jovens atletas na busca de resultados que podem cercear a evolução destes.

O *Esporte Lazer* tem seu foco na possibilidade de usar o esporte como ocupação do tempo livre e na obtenção do prazer. Essa prática possibilita o acesso de um número maior de pessoas; no entanto, essa questão junto às pessoas com deficiência pode ser limitada pela falta de ambientes sistematizados que estejam preparados para acolhê-las, devido às características arquitetônicas ou de preconceito às possibilidades. Nesse sentido, muitas vezes esse acesso está condicionado a pessoa com deficiência ter um conhecimento e domínio prévio das possibilidades de prática.

O *Esporte de Rendimento* é aquele no qual o resultado e a competição passam a ter um componente de relevância central no processo. O evento esportivo tem nessa manifestação um papel fundamental, no qual é o cenário onde se pode observar o desempenho do atleta em relação aos demais competidores e a si mesmo. Essa manifestação é a mais conhecida e notória do esporte, já que essa é a que mais atrai a atenção da mídia e das pessoas. O esporte de rendimento está associado com a questão do espetáculo, em que a estética está associada à possibilidade do esporte-negócio. Nesse ambiente é possível ao atleta ser profissional e viver por meio de seus ganhos provindos do esporte.

Ao entender um fenômeno complexo (Morin, 2002) como o esporte, percebe-se que este não apresenta somente características de apenas uma manifestação durante sua prática, mas várias acontecendo simultaneamente. Quando o atleta compete em um campeonato internacional, a manifestação principal é o rendimento; no entanto, aspectos educacionais, de saúde e lazer estão presentes, mesmo que em menor grau.

Entender a característica de cada uma dessas manifestações possibilita ao educador, terapeuta ou treinador traçar melhor os objetivos da prática, além de criar estímulos motivacionais adequados com a potencialidade e interesse do indivíduo. Um sujeito que queira buscar no esporte a motivação para sua reabilitação, pode se frustrar, ao ser inserido no esporte competitivo, com o processo de reabilitação e afastar-se.

Guttman (1976) aponta que o esporte para pessoas com deficiência segue os mesmos princípios do esporte para "corpos eficientes". No entanto, esse está permeado, também, de valores terapêuticos, já que o jogo pode funcionar como parte essencial na reabilitação física, psicológica e social. O esporte ajuda essas pessoas a restaurar o contato com o mundo ao seu redor, pois facilita e acelera sua reintegração ou integração. Esse conceito apresentado pelo "pai" do Esporte Paralímpico permite visualizar o esporte saúde, com grande ênfase na reabilitação, o que é bastante importante e válido, mas limitado e limitante quando o transpomos para o cenário atual do Esporte Paralímpico. Isso porque a associação da imagem da pessoa com deficiência praticando esporte como uma forma de reabilitação, faz com que as pessoas não entendam que aquela manifestação está associada à busca de resultados baseados no desempenho esportivo-tempo, distância ou o gol (DePauw; Gavron, 2005).

Outro aspecto importante com relação ao tipo de manifestação esportiva e o acesso à prática do Esporte Paralímpico está na classificação funcional/esportiva. Essa pode servir de ferramenta pedagógica, dependendo do ambiente em que o esporte é aplicado. No esporte educacional, a classificação pode utilizar outros modelos ou ser mais permissiva, para viabilizar a prática de todos; já no ambiente de reabilitação pode valorizar parâmetros médicos ou se adequar ao tempo ou fase da reabilitação. E quanto ao alto-rendimento, essa é imprescindível, pois é a condição de equidade de disputa.

Integração das Manifestações

As manifestações podem ocorrer de maneira paralela, na qual o sujeito pode praticá-las em ambientes distintos como forma de ocupação do tempo livre, como profissão ou parte de seu programa de reabilitação.

No entanto, algumas dessas manifestações podem ocorrer como base de sustentação para a outra. Como no caso da prática do esporte de reabilitação preceder o competitivo. A superexposição ao ambiente competitivo pode desmotivar a pessoa com deficiência em virtude de frustrações relacionadas a derrotas; por outro lado, vitórias podem encobrir falhas no processo de adaptação da nova condição do indivíduo frente a situações do dia-a-dia (Almeida; Oliveira Filho, 2001).

Nesse sentido, o processo de treinamento de muitos anos, quando realizado pelo atleta paralímpico, deve ter como estrutura básica inicial o processo de reabilitação – pode-se exemplificar, no caso da pessoa cega, a aprendizagem da orientação e mobilidade; ou para a pessoa com lesão medular, o processo de minimização/recuperação dos efeitos biológicos causados pelo trauma medular, além de adaptar-se à nova condição de deslocamento e técnicas para realizar as necessidades de vida diária, como evacuação ou sondagem.

Segundo Seelman (2003), a pessoa logo após sua lesão adota uma postura de defesa em relação ao meio, no qual será reativa, sem antecipação às necessidades; com a reabilitação e a aceitação de sua nova condição, existirá uma acomodação. Nessa fase, a pessoa passará a se preparar para as demandas do meio; no entanto, não estará totalmente preparada para as demandas do meio. O estágio de acessibilidade da pessoa com deficiência é decorrente de uma condição na qual esta torna-se pró-ativa e preparada para as demandas do meio e suas necessidades. Nesse estágio final, a pessoa está mais bem preparada para receber estímulos ou condições similares às pessoas sem deficiência, o que facilita o seu acesso. No caso do atleta paralímpico, possibilita que ela participe com maior desenvoltura em ambientes de treinamento em que acontece o esporte convencional.

Independente do estágio da reabilitação, é fundamental que a pessoa com deficiência encontre o conhecimento das características etiológicas do atleta. Não basta querer treinar um atleta tetraplégico em provas de resistência, conhecendo princípios de carga de treino e avaliação das capacidades físicas, se o profissional não tiver conhecimento, por exemplo, que, em decorrência da lesão comprometendo o sistema simpático, a pessoa terá uma frequência cardíaca máxima de, aproximadamente, 120-130 batimentos por minuto (FIGONI, 2009). O profissional deve saber que esse parâmetro deverá ser levado em conta no controle de carga, pois, caso contrário, o treinamento terá pouca efetividade.

Conclusão

A deusa alada Niké é a melhor representante para algo tão efêmero como a vitória. Suas asas servem não só para trazer rapidamente as notícias da vitória, mas, também, para falar sobre o próximo desafio. Isso

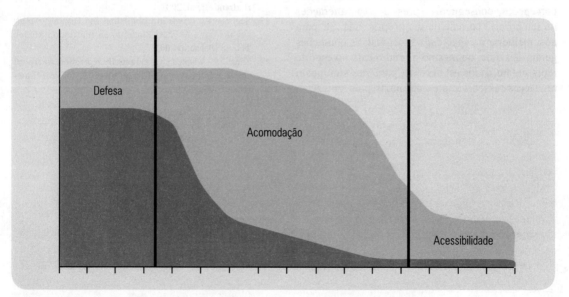

Figura 2.1. Estágios da reabilitação (Seelman, 2003).

torna a vitória algo passageiro, com um doce sabor, que pode levar a um vício de sempre querer experimentá-la novamente. Essa condição, por vezes, é cruzada pelo profundo objetivo do esporte, que está na luta e na busca do caminho do atleta e não simplesmente no momento do triunfo.

Talvez a representação da Niké de Samotrácia, deusa alada sem os braços e a cabeça, seja a melhor condição para conectá-la ao esporte das pessoas com deficiência. A busca real dos valores do e no esporte ocorre como uma analogia à vida, na qual os obstáculos encontrados devem ser superados e os objetivos alcançados independente de quem seja a pessoa que esteja no meio desse desafio. É com base nesta reflexão que encontramos a riqueza do Esporte Paralímpico, ou seja, dar acesso não só a novas possibilidades de movimento, mas buscar novos caminhos para o seu completo desenvolvimento, constituindo um importante elemento na busca da maior valorização do indivíduo na conquista da autorrealização, da autocapacitação e da melhoria da autoimagem, contribuindo na afirmação positiva do seu autoconceito e na sua autoestima.

Finalmente, uma dimensão que chama a atenção no Esporte Paralímpico, diz respeito à forma diferente com que esses indivíduos caracterizam a importância do esporte na sua vida. Se, por um lado, nós, profissionais do esporte, buscamos, através dos métodos científicos, avaliar e entender as condições objetivas da interferência do esporte na vida dessas pessoas, no que se refere à qualidade de vida, saúde, inclusão social e, principalmente, performance esportiva, por outro lado, os "atletas", através de suas próprias percepções, conseguem expressar essas alterações no seu próprio corpo e na sua própria vida. Se, para nós, melhorar a capacidade funcional, as condições gerais de saúde, ou mesmo o rendimento no esporte representam dados estatísticos, para eles significam mudanças pessoais importantíssimas, pois representa um novo horizonte, um novo estilo de vida na busca de potencializar as suas limitações.

Bibliografia Consultada

1. Almeida JJG, Oliveira Filho C. A iniciação e o acompanhamento do atleta deficiente visual. IN: Sociedade Brasileira de Atividade Motora Adaptada. Temas em Educação Física Adaptada. Curitiba: SOBAMA, 2001.
2. Araújo PF. Desporto Adaptado no Brasil: origem, institucionalização e atualidades; Tese (Doutorado) - Faculdade de Educação Física, UNICAMP, 1997.
3. Bailey S. Athlete First: A History of the Paralympic Movement London: Wiley and Sons, 2008.
4. Bento JO. Do futuro do desporto e do desporto do futuro. In: Júlio Garganta (Ed.): Horizontes e órbitas no treino dos jogos desportivos. FCDEF, Universidade do Porto, 2000.
5. Freire JB. Educação de corpo inteiro: teoria e prática da Educação Física. São Paulo: Scipione. 1995.
6. Demello MT. Paraolimpíadas Sidney 2000: Avaliação e Prescrição do Treinamento dos Atletas Brasileiros São Paulo: Editora Atheneu, 2002 .
7. Demello MT. Avaliação Física e da Aptidão Física dos Atletas Paraolímpicos Brasileiros: Conceitos, Métodos e Resultados. São Paulo: Editora Atheneu, 2004.
8. DePauw KP, Gavron SJ. Disability Sport Champaign, IL: Human Kinetics Publishers, 2005.
9. Figoni SF. Spinal cord disability: paraplegia and tetraplegia. ACMS Exercise Management for persons with chronic diseases and disabilities. Champaign: Human Kinetics, 2009. p. 298-305.
10. Guttman L. Textbook of Sport for the Disabled. Aylesbury: HM+M. Scruton, 1976
11. Mauerberg de Castro E. Atividade física adaptada. Ribeirão Preto, São Paulo: Tecmedd, 2005.
12. Morin E. A religação dos saberes: o desafio do século XXI. Trad. Flávia Nascimento. 3ª edição, Rio de Janeiro: Bertrand Brasil, 2002.
13. Seelman K. Trends in reabilitation and Disability: transition from a Medical Model to an Integration Model. Tóquio (Palestra) 2003.
14. Sherrill C. Adapted physical activity, recreation, and sport: crossdisciplinary and lifespan. 6 ed. Boston: McGraw-Hill, c2004. 783 p.

capítulo 3

A Prática do Esporte pela Pessoa com Deficiência na Perspectiva da Inclusão

Verena Junghähnel Pedrinelli
Marli Nabeiro

Promover a inclusão no esporte, entender o esporte como meio de inclusão, viabilizar a prática esportiva de forma inclusiva ou não, discutir a elegibilidade de atletas com deficiência (visual, física e intelectual) são questões essenciais que desafiam participantes e profissionais a refletirem sobre as diversas facetas da prática esportiva na perspectiva da inclusão.

A *inclusão da pessoa com deficiência no esporte* significa oferecer a oportunidade e incentivar a adesão de qualquer pessoa com deficiência à prática esportiva. A oferta ou propriamente a diversificação na oferta de programas esportivos constitui um verdadeiro desafio, uma vez que em muitas comunidades ou municípios a existência de programas esportivos estruturados é muitas vezes escasso. A elegibilidade, ou seja, os critérios mínimos de participação, determinados pelas organizações regulamentadoras, podem eventualmente restringir o acesso e, portanto, merecem constante revisão ou modificação para ampliar a adesão das pessoas com deficiência.

O esporte como meio para a inclusão visa, sobretudo, a promoção da aceitação social, e neste sentido convém considerar que em cada sociedade ocorre uma construção social da deficiência[8], cujos valores e preceitos norteiam as políticas de apoio e intervenção. A constante mudança destes valores e preceitos transformam o *status quo,* garantindo o direito à participação, contribuindo para o fortalecimento pessoal e social através do processo de empoderamento[18]. Ser diferente (neste caso, o atleta protagonista) e aceitar o diferente (neste caso, o espectador apreciador do esporte) é peça fundamental para a valorização e o reconhecimento da pessoa com deficiência que assume uma atividade comum da vida em sociedade[2,16,24].

A prática esportiva exercida de forma inclusiva parte da premissa de que a relação recíproca entre pessoas com deficiência e pessoas sem deficiência permite que passem a se conhecer e a se compreender mutuamente, descobrindo e respeitando os talentos e as limitações de cada um. Aprender a valorizar as diferenças individuais será determinante para otimizar a participação de pessoas com deficiência e sem deficiência em qualquer contexto de prática esportiva[9,11,17,33]. Diversidade e diferenças quando valorizadas transformam-se em valiosas ferramentas para fomentar a inclusão.

Somadas as diferentes facetas da prática esportiva da pessoa com deficência na perspectiva da inclusão temos um resultado favorável e otimista em relação ao desenvolvimento pleno de cada pessoa. Vale ressaltar que a escolha por um contexto mais ou menos inclusivo dependerá dos interesses e motivações de cada participante.

A pessoa com deficiência tanto pode desejar um *personal trainer* e treinar individualmente, como pode ingressar em uma academia de condicionamento físico e realizar a prática com outras pessoas que não tenham deficiência, pode desejar treinar em equipes unificadas® [37] (quando 50% das pessoas tem a deficiência e 50% não tem) ou participar de um grupo de treinamento aonde a maioria tem deficiência e poucos não tem (inclusão reversa). Pode também optar pela participação em equipes de treinamento em uma determinada modalidade específica para um determinado tipo de deficiência. Neste sentido, parte-se do princípio que a inclusão não é uma questão de tudo ou nada, mas de adequação, de acordo com os objetivos de um programa ou dos interesses de quem dele deseja participar[30].

A Pessoa com Deficiência, seu Corpo e o Universo de Possibilidades

Cada pessoa é única. Cada pessoa é singular. Se temos um desafio pela frente, este é o de aprender a lidar com o abundante potencial e talento das pessoas com deficiência[32]. A cada momento, mais e mais pessoas com deficiência surpreendem por demonstrarem ser possível praticar determinada modalidade com habilidade e bom nível de desempenho[35].

O foco de atenção se volta para a pessoa, com todo o seu potencial de desenvolvimento físico, cognitivo, psicológico e social. Um olhar para o que a pessoa pode fazer ao invés do que não pode fazer. Cabe a todos nós refletirmos se é preciso mesmo considerar que há uma limitação, se existe de fato uma deficiência e que, consequentemente, é necessário atribuir um valor de desvantagem à pessoa com deficiência. Parece mais oportuno considerar tais "desvantagens" como características, procurando olhar além da deficiência para as vantagens e possibilidades de desenvolvimento. Conceber a deficiência como uma condição favorável ao sucesso (ao invés de insucesso) determinará a construção de um caminho positivo para o pleno desenvolvimento das pessoas com deficiência[34].

Não cabe aqui detalharmos as características de cada tipo de deficiência, as quais podem ser encontradas na Classificação Estatística Internacional de Doenças e Problemas Relacionados à Saúde (CID-10)[25,26] e na Classificação Internacional de Funcionalidade, Incapacidade e Saúde (CIF)[27], também disponível na versão para Crianças e Jovens[8]. Ambas as classificações pertencem à Família de Classificações da Organização Mundial da Saúde. Ressaltamos, no entanto, que profissionais e atletas devem compartilhar as informações relacionadas às capacidades e limitações de cada condição peculiar apresentada para uma adequada intervenção e prática esportiva.

O leque de opções de modalidades aonde encontramos exemplos de participação de pessoas com deficiência vai de A a Z[38]. Vale a pena conferir! Eis algumas delas: acquaride (boia-cross), artes marciais, asa delta, atletismo, automobilismo, badminton, balonismo, basquetebol, basquetebol aquático, basquetebol em cadeira de rodas, beach soccer, beisebol, bike, bobsled, skeleton e luge, bocha, bodyboard, bolão, boliche, boxe, bumerangue, bungee jump, caiaque polo, canoagem, canoagem oceânica, canoagem slalom, canoagem velocidade, canyoning, capoeira, carro à vela, cascading, caving (espeleologia), ciclismo, corrida de aventura, cricket (críquete), curling, curling em cadeira de rodas, dança esportiva, dança em cadeira de rodas, dardos, disco (frisbee), equoterapia, escalada esportiva, esgrima, esgrima em cadeira de rodas, esportes unificados, esqui, esqui aquático, floor hockey, frescobol, futebol de campo, futebol de cinco, futebol de mesa, futebol de sete, futebol para amputados, futebol 7 society, futetênis, futevôlei, futsal, ginástica acrobática, ginástica artística, ginástica rítmica, goalball, golfe, halterofilismo, handebol, handebol em cadeira de rodas, hipismo, hóquei, hóquei sobre grama, hóquei sobre piso, jiu-jitsu, judô, karate, kickboxing, korfebol, lawn bowls, lacrosse, lian gong, luta olímpica, maratonas aquáticas, mergulho, mergulho adaptado, montanhismo, motociclismo, motonáutica, musculação, nado sincronizado, natação, netball, off-road, orientação de precisão, orientação em bicicleta, orientação pedestre, padel, paintball, paracanoagem, parapente, paraquedismo, patinação, patinação artística, patinação no gelo, patinação sobre rodas, pentatlo moderno, peteca, petra, pipa, polo, polo aquático, polybat, rafting, rally a pé, remo, rugby, rugby em cadeira de rodas, saltos ornamentais, sepaktakraw, showdown, skate, ski alpino, snowboarding, snowshoeing, squash, softbol, surf, taekwondo, tacobol, tênis de campo, tênis em cadeira de rodas, tênis de mesa, tiro, tiro com arco, torball, trekking, triatlo, ultimate frisbee, vela, voleibol, voleibol de praia, voleibol sentado, voleibol sentado de praia, voo livre, xadrez, xadrez (deficiência visual), yoga.

Todas as regras das modalidades acima mencionadas podem ser encontradas nas Confederações, Federações ou Associações Desportivas que as regulamentam. Apesar de nem todas estarem inseridas no movimento olímpico ou paralímpico, elas constituem exemplos reais dentro de um imenso universo de possibilidades.

Regras Adaptadas e Adaptação de Regras

Toda modalidade tem regras. Regras que foram estabelecidas para que exista igual condição de participação entre diferentes equipes ou atletas. Muitas modalidades esportivas foram criadas especificamente para uma determinada deficiência (p. ex., o goalball[1,10,23] para atletas com deficiência visual, ou a bocha[36] para atletas com importantes limitações motoras decorrentes de paralisia cerebral ou de danos não cerebrais ou de danos cerebrais degenerativos que afetam a coordenação e o controle dinâmico do corpo). Outras foram inspiradas em modalidades olímpicas e tiveram as suas regras adaptadas para garantir a participação com equidade, observando-se os critérios de justiça e igualdade (p. ex., o voleibol sentado[10]).

As regras definem também a elegibilidade das pessoas para a participação esportiva, configurando-se, desta forma, em um paradoxo, o de pretender acolher sem discriminação e o de restringir a participação de acordo com níveis de deficiência mínima estabelecidas.

Se por um lado temos regras rígidas estabelecidas para a participação no esporte de rendimento, na manifestação do esporte educacional ou no esporte de participação, a título de difusão cultural, estas regras poderão ser ensinadas na concepção original ou serem modificadas sempre que se fizer necessário para garantir a participação de todos. Esta diretriz pode orientar os professores dentro de um processo de inclusão, utilizando a simplificação das regras para iniciar o aluno com deficiência no esporte e depois gradativamente ir modificando e chegando às regras oficiais, avaliando para isto a progressão do desempenho dos alunos participantes.

Algumas questões que podem nortear o repensar de uma regra incluem: o material é adequado para todos (ou necessita ser adaptado, ser mais leve, ser mais colorido, ter outra textura, ser ajustado à estatura)? A atividade proposta é divertida para todos (ou necessita introduzir algum princípio usado em jogos cooperativos, como, por exemplo, não eliminar os perdedores, mas reconduzi-los para permanecerem em atividade)? A atividade possibilita a participação de todos (ou necessita de ajustes no espaço, na sequência de passes, na organização em duplas ou trios)? O sucesso é comemorado somente por aqueles mais talentosos (ou por todos, adotando um sistema de premiação por nível de habilidade[37])? A classificação funcional, adotada pelo Comitê Paralímpico Internacional[19], bem como pelo Comitê Paralímpico Brasileiro[10], neste sentido, é um bom exemplo de como é possível respeitar o comprometimento físico-motor de cada atleta, tendo como parâmetro o potencial de desenvolvimento que cada um pode alcançar[15].

Na medida em que se permite a reflexão e a discussão sobre as regras adotadas (ou a serem adotadas), estabelece-se a troca de ideias, o que é um excelente exercício para o desenvolvimento do relacionamento social[6]. Promover a discussão de regras em duplas ou em pequenos grupos, criando materiais adaptados ou sugerindo adequações no ambiente a favor da acessibilidade de todos favorecerá o processo de inclusão.

Estabelecer regras em comum acordo, chegando a um consenso entre todos no grupo, é também uma excelente estratégia para exercitar a coesão social. Consenso não é escolher por votação, é decidir em comum acordo. Esta situação obriga as pessoas a compartilharem suas opiniões e, à medida que surgem novas sugestões, elas aprendem a ceder ou a reconsiderar posições inicialmente determinadas. Experimente vez ou outra transformar jogos competitivos em jogos cooperativos. Ou melhor, misturar regras de jogos competitivos com jogos cooperativos e transformá-los em jogos "coopetitivos"[6]. São excelentes opções para motivar e manter a adesão ao programa.

O Respeito à Individualidade e a Garantia de Participação

Receber uma ou mais pessoas com deficiência, com o mesmo tipo de deficiência ou com diferentes tipos de deficiência. Que implicações isto tem para uma boa prática esportiva? Para alguns profissionais, nenhum impedimento; para outros, a necessidade de pensar em soluções que favoreçam o engajamento e a permanência no programa.

Muitas vezes o que mais se necessita é de um auxiliar. Neste caso, uma excelente estratégia é recorrer à tutoria, isto é, preparar outro atleta para ajudar o atleta com deficiência durante os treinamentos, fornecendo um maior número de informações e *feedback*, para que este possa assumir um efetivo papel de auxiliar do técnico. É preciso avaliar cada caso individualmente para decidir se há a necessidade de preparar este colega tutor. No processo de escolha ou indicação do colega tutor devem ser levadas em consideração a idade e os recursos que esta criança, adolescente ou adulto dispõem (por exemplo, se conhece ou não a linguagem brasileira de sinais (LIBRAS) para assessorar um atleta com deficiência auditiva). A preparação de um colega tutor deve incluir a sensibilização sobre a deficiência, esclarecendo os cuidados, as capacidades e as limitações da pessoa, podendo, para tanto, haver propostas de vivências corporais das limitações da deficiência. Será de fundamental importância instruir quanto à forma de dar a instrução (verbal, demonstração, modelo), à forma de dar assistência física, garantindo, na medida do possível, o maior nível de autonomia[22,24,29].

No processo de inclusão também é importante que o professor ou técnico, através da sua intervenção profissional, assuma o importante papel de mediador, devendo assegurar que haja reciprocidade, equilíbrio de poder e afetividade entre os alunos ou atletas de um determinado grupo[20]. É preciso considerar que os atletas apresentam atributos pessoais em constante desenvolvimento e que são influenciados (e influenciam) pelo contexto no qual estão inseridos. Ao longo do tempo podem apresentar mudanças de comportamento ou manter o mesmo comportamento, dependendo do processo pelo qual eles passarem[21]. Cada vez mais é preciso adotar uma abordagem baseada nas capacidades e nos interesses do participante[14].

Incentivar, elogiar, delegar responsabilidades, estruturar o ambiente para que as tarefas possam ser realizadas com autonomia e determinação são exemplos de uma intervenção baseada em fatores psicológicos, cuja adoção pelos profissionais da área favorece o desenvolvimento da percepção de competência[3]. Ao vivenciarem desafios e superá-los, os participantes percebem a importância emocional destes acontecimentos, estabelecendo novas perspectivas para o seu desenvolvimento pessoal e o seu relacionamento social.

Um Convite à Prática do Esporte na Perspectiva da Inclusão

A perspectiva de construção da identidade de atleta tem desencadeado o interesse cada vez maior das pessoas com deficiência em aderir ao esporte como um fim em si mesmo[5,31,13]. Outro fator que tem colaborado para a adesão é a diversidade de oferta através de propostas e campanhas de massificação[12]. Particularmente, desde 2006, quando foi decretada e sancionada a Lei nº 11.438, que dispõe sobre incentivos e benefícios para fomentar as atividades de caráter desportivo[4], um número cada vez maior de projetos tem sido submetido ao Ministério do Esporte, favorecendo a oferta diversificada de opções e, consequentemente, a adesão ao esporte[7].

Qualquer que seja o tipo de manifestação esportiva adotada (educacional, de participação ou de rendimento), qualquer que seja o contexto escolhido (escola, universidade, academia, clube ou centros esportivos, hospitais ou clínicas, espaços de lazer, acampamentos de férias, entre outros) e qualquer que seja a relação meio-fim estabelecida (escolarização, formação profissional e produção de conhecimento, condicionamento físico, estética, aprendizado e aprimoramento de habilidades, reabilitação, pessoalidade ou convivência)[30] espera-se que nos próximos anos o esporte adaptado possa ser conhecido e praticado por um número cada vez maior de pessoas com e sem deficiência.

Referências Bibliográficas

1. Almeida JJG, Oliveira Filho CW, Morato MP, Patrocínio RM, Munster MA (Orgs.) Goalball: invertendo o jogo da inclusão. Campinas, SP: Autores Associados, 2008. (Coleção Educação Física e Esportes; Série Manuais).
2. Aranha MSF. Inclusão social e municipalização. In: MANZINI EJ (Org.) Educação Especial: temas atuais. Marília, SP: UNESP-Marília Publicações, 2000.
3. Brandão MRF, Machado AA. O treinador e a psicologia do esporte. São Paulo: Editora Atheneu, 2010. (Coleção Psicologia do Esporte e do Exercício, v. 4).
4. Brasil. Presidência da República, Casa Civil, Subchefia para Assuntos Jurídicos. Lei no. 11.438, de 29 de dezembro de 2006: dispõe sobre incentivos e benefícios para fomentar as atividades de caráter desportivo e dá outras providências. Brasília, 2006. Disponível na internet: http://www.planalto.gov.br/ccivil_03/_Ato2004-2006/2006/Lei/L11438compilado.htm (20 ago. 2010).
5. Brazuna MR, Mauerberg-deCastro E. A trajetória do atleta portador de deficiência física no esporte adaptado de rendimento: uma revisão da literatura. Motriz, Rio Claro, 7(2):115-123, 2001.
6. Brotto FO. Jogos cooperativos: o jogo e o esporte como um exercício de convivência. Santos: Projeto Cooperação, 2001.
7. Cavazzoni PB, Bastos FC, Kurle G. Lei de Incentivo ao Esporte: aplicação nas manifestações do esporte e captação de recursos. Revista Digital, Buenos Aires, n. 146, p., 2010. Disponível na internet: http://www.efdeportes.com/efd146/lei-de-incentivo-ao-esporte-captacao-de-recursos.htm (21 ago. 2010).
8. Cidade R. A construção social da deficiência e do deficiente: uma breve incursão. In: Rodrigues D. (Org.) Atividade motora adaptada: a alegria do corpo. São Paulo: Artes Médicas, 2006. Parte I, Cap. 2, p. 17-27.
9. Cidade REA, Freitas PS. Introdução à educação física adaptada para pessoas com deficiência. Curitiba: Ed. da UFPR, 2009.
10. Comitê Paraolímpico Brasileiro. Esportes. Classificação Funcional. Disponível na internet: http://www.cpb.org.br/area-tecnica/modalidades (15 out.2010).
11. Cruz GC. Formação continuada de professores de Educação Física em ambiente escolar inclusivo. Londrina: EDUEL, 2008.
12. Darido SC. As Olimpíadas de Sydney, o desempenho do Brasil e algumas implicações pedagógicas. Motriz, Rio Claro, 6(2):101-106, 2000.
13. Davis, RW. Inclusion through sport: a guide enhancing sport experiences. Champaign: Human Kinetics, 2002.
14. Emes, C, Longmuir P, Downs P. An abilities-based approach to service delivery and professional preparation in Adapted Physical Activity. Adapted Physical Activity Quarterly. Champaign, 19(4):403-419, 2002.
15. Freitas PS, Cidade RE. Desporto e deficiência. In: Freitas PS (Org.) Educação física e esporte para deficientes: coletânea. Uberlândia, MG: UFU, 2000.
16. Gaio R, Porto E. Educação física e pedagogia do movimento: possibilidades do corpo em dialogo com as diferenças. In: Demarco A (Org). Educação física cultura e sociedade. Campinas, SP: Papirus, 2006.

INTRODUÇÃO AO ESPORTE 25

17. Gil M (Coord.) Educação inclusiva: o que o professor tem a ver com isso? São Paulo: Imprensa Oficial do Estado de São Paulo, 2005.

18. Hutzler Y, Sherrill C. Disability, physical activity, psychological well-being, and empowerment: a life-span perspective. In: Lidor R, Bar-Eli M. (Eds.) Sport psychology: linking theory and practice. Morgantown, WV: Fitness Information Technology, 1999.

19. International Paralympic Committee. Sport. Classification. Disponível na internet: http://www.paralympic.org/Sport/ (15 out.210)

20. Krebs RJ. A Teoria Bioecológica do Desenvolvimento Humano e o contexto da educação inclusiva. Inclusão – Revista da Educação Especial, Brasília, 1:40-45, 2006.

21. Krebs RJ. A psicologia e o treinador esportivo: uma discussão fundamentada na Teoria Bioecológica do Desenvolvimento Humano. In Brandão MRF, Machado AA. O treinador e a psicologia do esporte. São Paulo: Editora Atheneu, 2010. Cap. 1, 1-16. (Coleção Psicologia do Esporte e do Exercício, v. 4).

22. Lopes AC, NABEIRO M. Educação física escolar e o contexto inclusivo: o que pensam os educandos sem deficiências? Revista Motriz, 14, 4 (sup.1), p. s1-s11, 2008.

23. Menescal A. A criança portadora de deficiência visual usando o seu corpo e descobrindo o mundo. In: Lazer, atividade física e esportiva para portadores de deficiência. Brasília: SESI-DN, Ministério do Esporte e Turismo, 2001. Cap. 4, p. 135-176.

24. Nabeiro M. O colega tutor nas aulas de educação física inclusiva. In: Mendes EG (Org.) Das margens ao centro: perspectivas para as políticas e práticas educacionais no contexto da educação especial inclusiva. Ed. UFSCAR, no prelo.

25. Organização Mundial da Saúde. Classificação Estatística Internacional de Doenças e Problemas Relacionados à Saúde. 10. ed. São Paulo, SP: Edusp, 2008.

26. Organização Mundial Da Saúde. CID-10 Classificação Estatística Internacional de Doenças e Problemas Relacionados à Saúde. Décima Revisão, Versão 2008, Volume I. Disponível na internet: http://www.datasus.gov.br/cid10/v2008/webhelp/cid10.htm (14.out.2010).

27. Organização Mundial Da Saúde; Organização Pan-Americana De Saúde. CIF: Classificação Internacional de Funcionalidade, Incapacidade e Saúde. São Paulo: EDUSP, 2003.

28. Organização Mundial Da Saúde; Organização Pan-Americana De Saúde Classificação Internacional de Funcionalidade, Incapacidade e Saúde: Versão para Crianças e Jovens – Actividades e Participação, Fatores Ambientais. Versão Experimental traduzida e adaptada, com base na CIF (2003) e ICF-CY (2007). Centro de Psicologia do Desenvolvimento e Educação da Criança. Faculdade de Psicologia e de Ciências da Educação da Universidade do Porto, 2007. Disponível na internet: http://www.fsp.usp.br/~cbcd/ (14 out.2010).

29. Orlando PA. Implementação e avaliação da estratégia do colega tutor de alunos com deficiência nas aulas de educação física. 2009. Dissertação (Mestrado em Educação Especial). Universidade Federal de São Carlos, 2009.

30. Pedrinelli VJ, Verenguer RCG. Educação Física Adaptada: introdução ao universo das possibilidades. In: Gorgatti MG, Costa RF (Orgs.) Educação Física Adaptada: qualidade de vida para pessoas com necessidades especiais. 2. ed. revisada e ampliada. São Paulo: Editora Manole, 2008. Cap. 1, p. 1-27.

31. Pensgaard AM, Sorensen M. Empowerment through the sport context: a model to guide research for individuals with disability. Adapted Physical Activity Quarterly. Champaign, 19(1):48-67, 2002.

32. Reid G. Defining Adapted Physical Activity. In: Steadward RD, Wheeler GD, Watkinsons ED (Eds.) Adapted Physical Activity. Edmonton, AB: University of Alberta Press, 2003.

33. Rodrigues D. A educação e a diferença. In: Rodrigues D (Org.) Educação e diferença: valores e práticas para uma educação inclusiva. Porto, Portugal: Porto Editora, 2001. Cap. 1, p. 13-34. (Coleção Educação Especial, v. 7).

34. Rodrigues D (Org.) Atividade motora adaptada: a alegria do corpo. São Paulo: Artes Médicas, 2006.

35. Sodré LHM. Mergulho autônomo: aprimorando sensações e percepções. In: Verardi PH, Pedrinelli VJ (Orgs.) Desafiando as diferenças. 2ª ed. São Paulo: SESC, 2004. p. 51-59.

36. Souto EC Bocha adaptada. Apostila. Simpósio SESC de Atividades Físicas Adaptadas, São Carlos, 2008.

37. SPECIAL OLYMPICS The Special Olympics Unified Sports Handbook. Washington, DC: Special Olympics, Inc., 2003. Disponível na internet: http://media.specialolympics.org/soi/files/sports/UnifiedSports.pdf (23 ago.2010).

38. Verardi PH, Pedrinelli VJ (Orgs.) Desafiando as diferenças. 2ª ed. São Paulo: SESC, 2004.

capítulo 4

Pessoas com Deficiência: Aspectos Epidemiológicos

Edison Duarte
Marília Passos Magno e Silva

Introdução

São escassos no Brasil os estudos que apresentam dados quantitativos sobre a população com algum tipo de deficiência e que determinem questões específicas como tipo, causa, nível sócio-econômico da população afetada, idade, e outros aspectos importantes para viabilização de políticas públicas em relação às ações preventivas e de atenção diretas. Esta lacuna de informações também é encontrada no âmbito internacional.

As grandes dificuldades de realizar as pesquisas epidemiológicas estão na variedade de definições e metodologias utilizadas nas pesquisas e na variedade do perfil demográfico e das questões culturais e sociais entre os países. Com isso, os dados estatísticos apresentam-se com valores muito diferentes, já que cada país utiliza diferente conceito sobre a deficiência.

A deficiência sempre foi definida como uma condição, mental, física ou psicológica que limita a atividade do indivíduo, sendo relacionado com uma condição médica. Esse modelo médico foi recentemente substituído por um modelo social da deficiência, que abrange questões físicas, culturais e de políticas públicas.

Nesse sentido, a International Classification of Functioning, Disability and Health (ICF) apresentou conceituações e terminologias internacionais recomendadas pela Organização Mundial da Saúde (OMS). Esta padronização auxilia na caracterização da população com deficiência e permitindo que os dados possam ser utilizados para estudos e comparação internacionais (Mont, 2010).

Ao redor do mundo, estima-se que 600 milhões de pessoas vivem com algum tipo de deficiência, a maioria em países em desenvolvimento e subdesenvolvidos. A pobreza é um dos fatores que ocasiona a deficiência, já que isto envolve aspectos como a desnutrição, os serviços de saúde insuficientes, o sistema de saneamento precário, as condições de moradia e de trabalho. Por outro lado, a deficiência cria uma barreira limitando o processo educacional, a oportunidade de emprego e a participação em atividades sociais, quando não ocorre a participação de políticas públicas.

Uma parte significativa dessas deficiências são causadas por lesões, incluindo as resultantes de acidentes de trânsito, quedas, queimaduras, atos de violência, guerras e conflitos (ONU, 2010).

Exemplos de lesões relacionadas que resultam na deficiência incluem:

- Limitação física e/ou cognitiva relacionadas a trauma recente.
- Paralisia relacionada a trauma na medula espinhal.
- Amputação completa ou parcial de membros.
- Malformação de membros, resultando em deficiência na mobilidade.
- Trauma psicológico.
- Deficiência sensorial, como visual ou auditiva.

A deficiência não acarreta apenas modificações físicas no indivíduo. Quando ocorre uma limitação desta capacidade, sua autonomia é diminuída, e causa diminuição na qualidade de vida. Qualidade de vida engloba fatores diversos, como moradia, alimentação, emprego, lazer cultura, entre outros. Sendo assim, a capacidade de realizar movimentos corporais de forma competente é um elemento básico e que interliga esses fatores (REID, 1993). Isto posto, as limitações que ocorrem devido à deficiência alteram substancialmente as Atividades de Vida Diária e de Vida Prática da pessoa, assim como sua inserção no mercado de trabalho.

A seguir serão relatadas informações sobre a epidemiologia das deficiências sensoriais, motoras e cognitivas no Brasil com dados baseados no último Censo populacional, realizado em 2000. São dados oficiais utilizados pelo governo e que determinam ações de atenção a essa população. Não encontramos na literatura nacional estudos sistemáticos sobre dados epidemiológicos referentes a cada deficiência.

Pessoas com Deficiência

O Instituto Brasileiro de Geografia e Estatística (IBGE) realizou em 2000 o Censo Populacional, com o objetivo de traçar o perfil da população do País, e, pela primeira vez, aspectos relacionados à pessoa com deficiência foram abordados. O conceito de limitação de atividade foi utilizado para identificar as incapacidades. Também foram abordados aspectos de função e estrutura do corpo, níveis de limitação, grau da incapacidade, características da população e seus aspectos sócio-econômicos.

O Quadro 4.1 apresenta dados da proporção de pessoas com deficiência em diferentes países, sendo possível observar a grande variação dos resultados obtidos com as pesquisas. Essa discrepância é evidente e pode ser explicada pela forma com que cada país considera o que é ser deficiente. Chama atenção o fato de a Nova Zelândia, por exemplo, ter significativamente mais deficientes do que a Colômbia.

No Brasil, 24,6 milhões de pessoas relatam apresentar alguma deficiência, correspondendo a 14,5% da população. A Figura 4.1 apresenta a proporção de pessoas com deficiência por região no País. A região sudeste é a que apresenta menor percentual de pessoas com deficiência 13,1%, enquanto a região nordeste apresenta o maior percentual 16,8%.

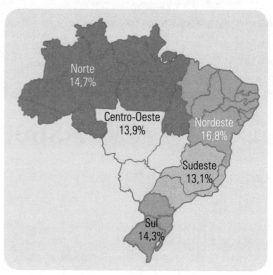

Figura 4.1. Distribuição percentual da população brasileira nas regiões (Dados: IBGE – CENSO-2000).

Das crianças com idade entre 0 a 14 anos, 4,3% apresentam pelo menos um tipo de incapacidade. Este valor aumenta para 15,6% entre a faixa etária de 15 a 64 anos de idade. A partir dos 65 anos de idade, 54% afirmam ter alguma deficiência ou incapacidade. Mais da metade das pessoas de 65 anos ou mais declararam ter alguma deficiência ou incapacidade. Este aumento com a idade decorre, supõe-se, do processo de envelhecimento.

A entrada da criança no sistema escolar pode ser considerada uma das justificativas para o aumento de incapacidades nessa idade, visto que o ambiente escolar torna possível verificar algumas incapacidades, como necessidade de óculos para leitura, incapacidade para realizar alguma atividade nas aulas de educação física, dificuldade de aprendizagem, entre outras.

Por outro lado, o aumento de incapacidade a partir dos 40 anos está relacionado ao processo de envelhecimento natural do ser humano com a crescente dificuldade para enxergar, ouvir e se locomover.

Quadro 4.1 Proporção de pessoas com deficiência em diversos países			
	Ano de referência	Proporção de pessoas com deficiência (%)	Fonte da informação
Nova Zelândia	1996	20	Pesquisa por amostra
Brasil	2000	14,5	Censo
Polônia	1988	9,9	Censo
Colômbia	1993	1,8	Censo

Figura 4.2. Distribuição percentual das faixa etárias da população brasileira com deficiência (Dados: IBGE – Censo 2000).

É possível verificar que a partir dos 50 anos de idade, a proporção de mulheres com pelo menos uma deficiência ou incapacidade aumenta em relação ao homem, sendo uma proporção de 86,7 homens para cada 100 mulheres. Uma das explicações possíveis é que as mulheres realizam exames médicos com mais frequência do que os homens, o que facilita a detecção de alterações físicas/funcionais na população de sexo feminino. Há no Brasil 96,9 homens para cada 100 mulheres. Entre as pessoas com deficiência encontram-se somente 86,7 homens para cada 100 mulheres.

Com relação ao nível de instrução das pessoas com deficiência no Brasil, a taxa de alfabetização em indivíduos com 15 anos de idade ou mais é de 87,1%; em indivíduos com deficiência este valor cai para 72%. Nas deficiências severas, a queda é ainda maior (61,6%), sendo que na região nordeste este valor é de 46,7%. Este fato pode revelar diversos problemas relacionados à estrutura das cidades, à falta de vias e meio de transporte acessível para pessoas com incapacidades mais graves, e à escassez de escolas com profissionais qualificados para atender alunos com deficiência.

Deficiência Visual

Com relação à deficiência visual existem no país cerca de 148.000 pessoas cegas e 2,4 milhões com grande dificuldade para enxergar. Cerca de 77.900 dos cegos são do sexo feminino, enquanto 70.100, do sexo masculino.

O estado de São Paulo apresenta o maior número de cegos (23.900), seguido pela Bahia (15.400). Os estados de Minas Gerais e Rio de Janeiro, mesmo sendo mais populosos, têm menor número de pessoas que se declararam incapazes de enxergar, aproximadamente 14.000 e 14.400 pessoas, respectivamente.

De acordo com a OMS, um estudo revelou que no Brasil a principal causa de cegueira ocorre pela catarata (40%), seguida por alterações do segmento posterior do olho (18,2%), retinopatia diabética (15,9%) e glaucoma (11,4%). Já na baixa visão, as principais causas são catarata (45,2%), erros de refração (21%) e alterações do segmento posterior do olho (12,9%). A região nordeste apresenta o fator genético como determinante das causas da deficiência visual grave (Nunes, 1998).

Tabela 4.1
População residente por deficiência visual nas Grandes Regiões

Grandes Regiões	Incapaz de enxergar	Grande dificuldade permanente de enxergar	Alguma dificuldade permanente de enxergar
BRASIL	148.023	2.435.873	14.060.946
Norte	11.061	205.173	1.199.136
Nordeste	57.416	853.114	4.836.931
Sudeste	54.600	863.101	5.113.771
Sul	17.562	355.348	1.953.350
Centro-Oeste	7.384	159.139	957.757

Fonte: IBGE – Censo 2000.

No Brasil, em 2004, existiam em torno de 80 instituições associadas à antiga Associação Brasileira de Desporto para Cegos (ABDC), totalizando 1.579 atletas vinculados, em sua grande maioria na região sudeste.

Deficiência Auditiva

Analogamente, 166.400 pessoas se declararam incapazes de ouvir, das quais 80.000 são mulheres e 86.400 são homens. No Brasil, quase 900.000 pessoas declararam ter grande dificuldade permanente para ouvir. Uma pesquisa realizada no interior de São Paulo verificou que a principal causa da deficiência auditiva foi a relacionada com problemas neurossensoriais.

Com relação ao esporte, a Confederação Brasileira de Desportos para Surdos tinha, em 2003, 43 atletas filiados, sendo a maior parte destes da região sudeste.

Deficiência Física

No Censo Populacional de 2000, a deficiência física representou 5,76% das pessoas com deficiência no País e foi avaliada em dois grupos, sendo o primeiro de pessoas com tetraplegia, paraplegia ou hemiplegia permanente, e o segundo com amputações. A região sudeste apresentou o maior número de pessoas com deficiência física nos dois grupos, e a região centro-oeste, o menor.

Deficiência Motora

A deficiência motora acometeu em torno de 25% das pessoas com deficiência no País, sendo avaliada em três grupos: o primeiro de pessoas incapazes de caminhar ou subir escadas; o segundo com pessoas apresentando grande dificuldade de caminhar ou subir escadas; e o terceiro de pessoas com alguma dificuldade permanente de caminhar e subir escadas. A região sudeste foi a que apresentou o maior número de pessoas com deficiência motora nos três grupos. A região centro-oeste apresentou o menor número de pessoas nos grupos um e três, enquanto a região norte, o menor número de pessoas do grupo dois.

Deficiência Intelectual

Acredita-se que 1% a 3% da população apresenta algum nível de deficiência intelectual, sendo

Tabela 4.2
População residente por deficiência auditiva nas Grandes Regiões

Grandes Regiões	Incapaz de ouvir	Grande dificuldade permanente de ouvir	Alguma dificuldade permanente de ouvir
BRASIL	166.365	883.079	4.685.655
Norte	13.259	56.083	320.088
Nordeste	56.351	293.668	1.511.668
Sudeste	59.991	335.929	1.823.400
Sul	24.460	139.720	734.303
Centro-Oeste	12.304	57.680	296.196

Fonte: IBGE – Censo 2000.

Tabela 4.3
População residente por deficiência física nas Grandes Regiões

Grandes Regiões	Tetraplegia, Paraplegia ou Hemiplegia permanente	Falta de um membro
BRASIL	937.463	478.597
Norte	63.502	44.023
Nordeste	281.561	129.048
Sudeste	398.155	188.371
Sul	130.895	84.418
Centro-Oeste	63.349	33.762

Fonte: IBGE – Censo 2000.

Tabela 4.4
População residente por deficiência motora nas Grandes Regiões

Grandes Regiões	Incapaz de caminhar ou subir escadas	Grande dificuldade permanente de caminhar ou subir escadas	Alguma dificuldade permanente de caminhar ou subir escadas
BRASIL	574.186	1.772.690	5.592.908
Norte	36.377	98.906	371.237
Nordeste	174.738	559.671	1.789.202
Sudeste	243.417	733.630	2.259.819
Sul	85.173	280.414	845.394
Centro-Oeste	34.481	100.069	327.255

Fonte: IBGE – Censo 2000.

que cerca de 85% são caracterizados com deficiência intelectual leve (OMS, 2010). No País, a porcentagem de pessoas com deficiência intelectual é de 11,5%, sendo que as regiões sudeste e nordeste apresentaram o maior número; o menor número foi registrado na região norte.

A deficiência intelectual é de difícil diagnóstico; talvez um dos motivos que explique o maior número de pessoas com este tipo de deficiência na região sudeste seja a maior assistência de saúde à população dessa região e a proximidade de grandes centros médicos, o que facilita o diagnóstico.

Tabela 4.5
População residente por deficiência intelectual nas Grandes Regiões

Grandes Regiões	População
BRASIL	2.844.937
Norte	189.902
Nordeste	859.454
Sudeste	1.201.606
Sul	409.783
Centro-Oeste	184.192

Fonte: IBGE – Censo 2000.

Esperança de Vida Livre de Incapacidade

Os avanços em diversas áreas, em especial da saúde, durante o Século XX proporcionaram aumento significativo da expectativa de vida (Esperança de Vida – EV) da população. Tornaram-se mais frequentes as doenças crônicas e limitações funcionais que acometem indivíduos idosos. Com isso, o antigo indicador, com base apenas na mortalidade, tornou-se insatisfatório para demonstrar as condições de saúde da população.

A partir daí, surgiu a necessidade de um conceito que abrangesse informações sobre a deficiência ou a incapacidade, o que foi chamado de Esperança de Vida Livre (DFLE), permitindo distinguir a quantidade de anos vividos sem qualquer tipo de deficiência ou incapacidade.

No Brasil, em 2000, a esperança de vida livre de incapacidade era de 54 anos, correspondendo a 79% do total de 68,6 anos de expectativa de vida. A região sudeste apresentou o maior valor DFLE, com 56,7 anos, enquanto a região nordeste obteve o menor valor, ou seja, 49,5 anos.

Epidemiologia da Deficiência no Esporte Paralímpico

O Comitê Paralímpico Brasileiro realizou um levantamento para verificar a distribuição dos atletas nos eventos nacionais e internacionais organizados, revelando assim a distribuição de atletas participantes por regiões e estados do país.

Os dados da Figura 4.3 revelam a participação de atletas no Circuito Loterias Caixa Brasil Paralímpico, nas etapas regionais Norte-Nordeste, Centro-Leste e Centro-Sul nos anos de 2008 e 2009. É possível observar um aumento da participação de atletas com deficiência em quase todos os estados do país, com exceção da Região Norte, que manteve o mesmo número de participantes.

Na Região Norte, os Estados do Amapá, Roraima e Tocantins não foram representados durante os eventos esportivos. Além disso, o Estado do Pará foi representado no primeiro ano por 53 atletas e, no ano seguinte, por 37 atletas. O estado do Acre teve sua primeira participação no ano de 2009.

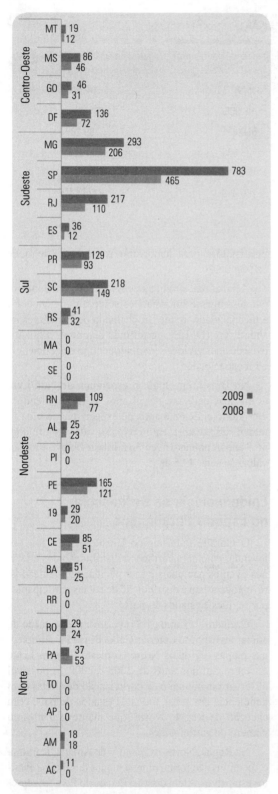

Figura 4.3. Distribuição de participantes no Circuito Loterias Caixa Brasil Paralímpico, nas etapas regionais nos anos de 2008 e 2009.

A Região Nordeste também apresentou Estados sem participação nos eventos, como Piauí, Sergipe e Maranhão; porém, nos outros estados da região ocorreu um aumento de participantes.

A Região Centro-Oeste teve maior número de participantes, principalmente no estado de Mato Grosso do Sul e no Distrito Federal.

A Região Sudeste apresenta o maior número de participantes dentre todas as regiões do País, em especial nos Estados de São Paulo e Minas Gerais, sendo que o primeiro, de acordo com os dados do IBGE, também é o Estado do País com maior número de pessoas com deficiência.

Na Região Sul também ocorreu um aumento da quantidade de atletas participantes, em especial no Estado de Santa Catarina.

A Figura 4.4 confronta os dados de atletas participantes nos Jogos Paralímpicos de 2008 com o Censo populacional. Verificamos que a Região Norte apresenta grande porcentagem de pessoas com deficiência e poucos atletas representantes da região nos Jogos Paralímpicos. Ocorre certa proporcionalidade nas Regiões Centro-Oeste e Sul, e ligeira diferença na Região Nordeste.

Diversos fatores podem explicar a menor participação de atletas da Região Norte do País, como ausência de políticas públicas voltadas para o esporte, dificuldade de locomoção e transporte das equipes, carência de profissionais capacitados para desenvolvimento do esporte paralímpico, entre outros. As mesmas questões podem explicar as diferenças encontradas entre as outras regiões, de forma mais específica as questões de densidade populacional, seus aspectos sócio-econômicos, geográficos e culturais.

Considerações Finais

Os dados apresentados no texto dizem respeito ao Censo 2000 realizado pelo IBGE, que, de certa forma, dá uma visão generalista e abrangente sobre a questão epidemiológica da deficiência no Brasil. É recomendável que estudos mais específicos considerando as particularidades de cada tipo de deficiência sejam realizados, com parâmetros da OMS e dos órgãos governamentais envolvidos na questão da população com deficiência. Esses estudos são complexos e sugere-se que o suporte necessário para realizá-los tenha o envolvimento de órgãos governamentais e, principalmente, dos Conselhos de Atenção à Pessoa com Deficiência, em seus vários níveis, para que os dados epidemiológicos possam refletir a compreensão sobre

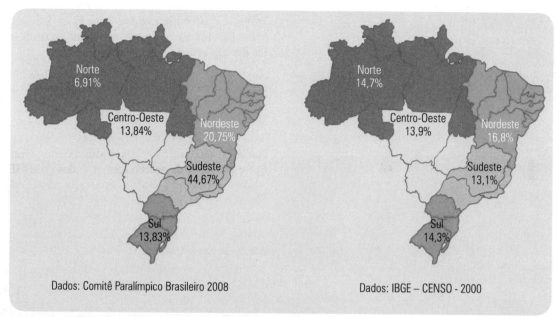

Figura 4.4. Comparação entre o percentual da população com deficiência nas regiões brasileiras e o de origem dos membros da delegação brasileira nos Jogos Paralímpicos de 2008.

a deficiência em nosso País. Esses dados são importantes para a implementação de políticas públicas de saúde, infraestrutura, sistema educacional e de inclusão na sociedade, entre eles, a prática esportiva por pessoas com deficiência.

Bibliografia Consultada

1. OMS. http://www.who.int/violence_injury_prevention/disability/en/
2. Instituto Brasileiro de Geografia e Estatística. Censo Demográfico 2000. Rio de Janeiro, 2000.
3. Reid G. Motor Behavior and Individuals with Disabilities: linking research and practice. Adapted Physical Activity Quartely 1993; 10: 359-70.
4. Nunes M. Deficiência visual grave em populações do Nordeste do Brasil. Rev. Bras. Ciênc. Saúde; 2(1/3): 33-8, jan-dez, 1998.
5. Lee, Brasileiro, Boldorini, Rapoport, Neil. Perfil Epidemiológico das Deficiências Auditivas no Interior de São Paulo. Revista Brasileira de Cirurgia de Cabeça e Pescoço; 33(2), abr-jun, 2004.
6. Mont D. Measuring Disability Prevalence - Disability & Development Team
7. HDNSP - The World Bank, March 2007. Disponível em: http://siteresources.worldbank.org/DISABILITY/Resources/Data/MontPrevalence.pdf Acesso em abril de 2010.

capítulo 5

Organização Administrativa do Desporto Paralímpico

Luciana Scheid
Edilson Alves da Rocha

O esporte paralímpico possui uma organização administrativa em constante evolução, desde a sua origem em 1944 até o momento em que vivemos hoje, sempre visando a melhor estrutura a ser oferecida aos atletas. Para facilitar a compreensão de como ele está estruturado no Brasil e no mundo, precisamos recapitular rapidamente como esse esporte surgiu e se desenvolveu internacional e nacionalmente.

O Movimento Paralímpico no mundo teve seu início ainda durante a Segunda Guerra Mundial, em 1944, quando Ludwig Guttman iniciou um trabalho de reabilitação, através do esporte, com lesados medulares que haviam retornado da Segunda Guerra Mundial, em Stoke Mandeville, na Inglaterra. O primeiro esporte praticado consistia no basquete em cadeira de rodas, trabalho de reabilitação que deu origem ao Centro Nacional de Lesados Medulares de Stoke Mandeville.

Em 29 de julho de 1948 aconteceu a competição denominada *Stoke Mandeville Games*, no mesmo dia da abertura dos Jogos Olímpicos de Londres. No ano de 1952, ex-soldados holandeses se uniram para participar dos jogos de Stoke Mandeville e fundaram a *International Stoke Mandeville Games Federation* – ISMGF (Federação Internacional dos Jogos de Stoke Mandeville), dando início ao movimento esportivo internacional (IPC, 2010).

No ano de 1960, foram realizados os primeiros Jogos Paralímpicos de Verão em Roma, na Itália, logo após a realização dos Jogos Olímpicos, utilizando os mesmos espaços esportivos e o mesmo formato das Olimpíadas, com 400 atletas de 23 países. A partir de Roma, em 1960, e sempre a cada quatro anos, os jogos vêm sendo realizados de forma cada vez mais organizada e sempre com um número crescente de países participantes. Até os jogos de 1972, em Heildelberg,

na Alemanha, apenas atletas em cadeira de rodas participavam oficialmente dos Jogos. Em 1976, nas Paralimpíadas de Toronto, no Canadá, houve a inclusão dos atletas com deficiência visual e amputação e, a partir de 1980, em Arnhem, na Holanda, a inclusão dos atletas com paralisia cerebral.

Ao longo dos tempos, os Jogos foram evoluindo, tornando-se cada vez mais profissionais, resultando em uma melhora contínua nos sistemas de classificação, aperfeiçoamento de técnicos, treinamentos, regras e arbitragem. Os Jogos evoluíram tanto que na última edição, nos Jogos Paralímpicos de Pequim, em 2008, tivemos quatro mil atletas de 146 países competindo em 20 esportes para pessoas com deficiência física, motora e visual, além dos *les autre**. As 20 modalidades esportivas oferecidas atualmente no programa dos Jogos Paralímpicos de Verão são: atletismo, basquete em cadeira de rodas, bocha, ciclismo, esgrima em cadeira de rodas, futebol de cinco, futebol de sete, goalball, halterofilismo, hipismo, judô, natação, rugbi em cadeira de rodas, remo, tênis em cadeira de rodas, tênis de mesa, tiro com arco, tiro esportivo, vela, voleibol sentado. Nos Jogos Paralímpicos de Inverno atualmente cinco modalidades fazem parte do calendário de competição: esqui alpino, esqui cross country, biatlon, curling em cadeira de rodas e hóquei sentado, sendo que a última edição reali-

---

* Nota dos autores: "*Les Autres*" (palavra em francês para 'os outros') é um termo que engloba atletas dentro de várias condições de deficiência, resultantes de doenças neurológicas, neuromusculares ou musculoesqueléticas, e que não se enquadram dentro dos perfis de deficiência física. Exemplos típicos são: acondroplasia, distrofia muscular, esclerose múltipla, mutilação de pés ou mãos, deformidades congênitas. Na maioria dos esportes, os atletas "les autres" competem juntamente com atletas com outras deficiências físicas, de acordo com a habilidade funcional deles.

zada foram os Jogos Paralímpicos de Vancouver, em 2010, com a participação de 506 atletas de 44 paises (IPC, 2010a).

Até 1952, os Jogos de Stoke Mandeville eram organizados por Guttmann e as pessoas do Centro de Reabilitação que emprestava seu nome aos Jogos, formado por um grupo de médicos, treinadores, fisioterapeutas e administradores que decidiam as regras, classificação e assim por diante. Entretanto, o Comitê Internacional dos Jogos de Stoke Mandeville foi criado em 1961 e esse assumiu a responsabilidade pela organização dos Jogos até 1972, ano em que a Constituição sofreu uma emenda para incluir a Federação Internacional dos Jogos de Stoke Mandeville (ISMGF). Em 1990, ela tornou-se a Federação Internacional Stoke Mandeville de Esportes em Cadeira de Rodas (ISMWSF) (IPC, 2010).

Em 1960, um Grupo de Trabalho Internacional em Esporte para Pessoas com Deficiência foi criado para estudar os desafios que as pessoas com deficiência que queriam se envolver no esporte encontravam. O objetivo era estabelecer uma organização que incluísse todos os grupos de deficiência. Essa iniciativa resultou na criação, em 1964, de uma federação internacional de esporte chamada International Sports Organization for the Disabled – ISOD (Organização Internacional de Esportes para Deficientes). A ISOD oferecia oportunidades para aqueles atletas que não podiam pertencer à ISMGF, tais como atletas com deficiência visual, amputação e paralisia cerebral. A organização pressionou para incluir atletas com deficiência visual ou amputação nos Jogos Paralímpicos de Toronto, em 1976, e pessoas com paralisia cerebral nos Jogos Paralímpicos de Arnhem, em 1980. (IPC, 2010).

O objetivo da ISOD era o de se tornar uma organização guarda-chuva para todas as deficiências e atuar como um comitê de coordenação. Mais tarde, outros grupos de deficiência estabeleceram suas próprias organizações internacionais de esporte, organizando várias competições. Hoje, quatro das cinco Organizações Internacionais de Esportes para Deficientes, separadas por tipos de deficiências, são membros do IPC:

- CPISRA: *Cerebral Palsy International Sport and Recreation Association* – Associação Internacional de Esporte e Recreação para Paralisados Cerebrais.

- IBSA: *International Blind Sports Federation* – Federação Internacional de Esportes para Cegos.

- INAS: *International Sports Federation for Athletes with Intellectual Disability* – Federação Internacional de Esportes para Atletas com Deficiência Intelectual.

- IWAS: *International Wheelchair and Amputee Sports Federation* – Federação Internacional de Esportes para Cadeirantes e Amputados.

- CISS: *Comité International des Sports des Sourds* (membro do IPC de 1986-1995) – Comitê Internacional de Esportes para Surdos* (IPC, 2010).

O Comitê Paralímpico Internacional – IPC (*International Paralympic Committee*) foi oficialmente criado em 22 de setembro de 1988, a partir do que antes era o *International Co-ordination Committee of the World Sports Organizations for the Disabled* – ICC (Comitê de Coordenação Internacional da Organização Mundial de Esportes para Deficientes), e hoje é o órgão máximo do esporte paralímpico, responsável por supervisionar a organização e execução dos Jogos Paralímpicos de Verão e Inverno que acontecem logo após os Jogos Olímpicos de Verão e Inverno. Atualmente sua estrutura interna está constituída conforme mostrado na Figura 5.1.

Além da responsabilidade pelos Jogos Paralímpicos, o IPC promove o esporte paralímpico no mundo e também atua como federação internacional de algumas modalidades paralímpicas, que serão descritas logo abaixo. A condução dos atuais 25 esportes paralímpicos (20 esportes paralímpicos de verão e 5 esportes paralímpicos de inverno) estão sob responsabilidade de diferentes organizações, conforme já mencionado anteriormente. As divisões estão estabelecidas da seguinte forma:

- Esportes do IPC: o IPC serve como Federação Internacional para nove esportes, para os quais coordena e supervisiona Campeonatos Mundiais e outras competições;

- Esportes das Organizações Internacionais de Esportes para Deficientes (IOSDs)

- Esportes das Federações Internacionais (IFs)

No Quadro 5.1 são apresentadas as entidades de gestão do esporte paralímpico em âmbito internacional e nacional, as divisões por esportes no mundo e as relações com as federações nacionais:

---

* Nota dos autores: A CISS não é mais membro do IPC desde 1995 pela opção de realizar competições independentes, dessa data até os dias atuais.

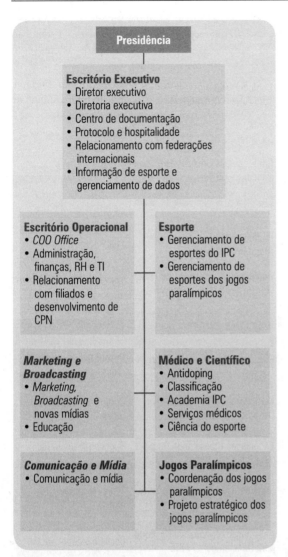

Figura 5.1. Estrutura administrative do IPC (Fonte: *IPC Administration Management – Section 1*, 2010).

Com a reinclusão dos atletas com deficiência intelectual na edição dos Jogos Paralímpicos de Londres, em 2012, somente para as modalidades atletismo, natação e tênis de mesa, a responsabiidade da gestão das mesmas é do CPB, em conjunto com a Associação Brasileira de Desporto de Deficientes Intelectuais – ABDEM*.

* Até os Jogos Paralímpicos de 2000, os atletas com deficiência intelectual participavam dos Jogos nas modalidades de natação, atletismo e basquete. Após constatada uma fraude pela equipe de basquete da Espanha, onde atletas sem deficiência intelectual se fizeram passar por atletas com deficiência, decidiu-se pela exclusão dessa deficiência. Após a Assembleia Geral do IPC realizada, em 2009, em Kuala Lumpur – Malásia, decidiu-se pela reinclusão desses atletas, porém apenas para as modalidades de atletismo e natação. A reestreia ocorrerá nos Jogos Paralímpicos de Londres, em 2012 (INAS, 2010).

Ligadas às Entidades Internacionais temos as Federações Nacionais de Esporte por Área de Deficiência e os Comitês Paralímpicos Nacionais (CPNs), que hoje estão constituídos em mais 167 países, presentes nos cinco continentes, que também fazem parte do IPC. O CPB é um desses CPNs que está filiado ao IPC, sendo a entidade máxima do esporte paralímpico no Brasil reconhecida pelo IPC.

Resgatando um pouco da história do nascimento do esporte paralímpico nacional, a história do movimento paralímpico no Brasil surge em 1958, quando o esporte paralímpico começou a ser praticado em solo nacional. No dia 1º de abril daquele ano, no Rio de Janeiro, o cadeirante Robson Sampaio de Almeida, em parceria com seu amigo Aldo Miccolis, fundou o Clube do Otimismo. Alguns meses depois, em 28 de Julho, Sérgio Seraphin Del Grande – também deficiente físico – criou o Clube dos Paraplégicos de São Paulo. A data foi escolhida para homenagear os dez anos dos Jogos de Stoke Mandeville (CPB, 2010).

A partir do final da década de 1980 começaram a surgir diversas entidades nacionais voltadas ao esporte paralímpico: ABDC (Associação Brasileira de Desporto para Cegos), ABRADECAR (Associação Brasileira de Desporto em Cadeira de Rodas), ANDE (Associação Nacional de Desporto para Deficientes), as quais constituíram a Comissão Paradesportiva Brasileira, não medindo esforços, no final da década de 1980, para iniciar o processo de criação do Comitê Paralímpico Brasileiro. Após reuniões e reformulações em decretos e leis, e seguindo a recomendação do IPC, em 9 de Fevereiro de 1995, foi criado, na cidade do Rio de Janeiro, o Comitê Paralímpico Brasileiro – CPB (CPB, 2010).

Para melhor compreender a administração das modalidades paralímpicas no Brasil, veja na Figura 5.2 organograma que representa as modalidades com administração direta do CPB e as modalidades geridas através de federações:

O CPB é uma organização civil de interesse público, sem fins lucrativos, com atuação em todo o território nacional e com personalidade jurídica, reconhecida pela Legislação Desportiva Brasileira como Entidade Matriz do Segmento Esportivo Paralímpico, no ordenamento do Subsistema Nacional do Desporto, possuindo patrimônio próprio (CPB, 2009).

O CPB tem por finalidade representar, dirigir e coordenar na área de sua atuação, definidas por este Estatuto, por seus Regulamentos Específicos, pelo Estatuto do Comitê Paralímpico Internacional e pelas normas, regulamentos e regras internacionais, e pela legislação brasileira aplicável, o segmento espor-

38 ORGANIZAÇÃO ADMINISTRATIVA DO DESPORTO PARALÍMPICO

Quadro 5.1 Federações Gestoras do Esporte Nacional e Internacional			
Tipo de esporte	Federação Internacional	Federação Nacional	Esporte que governa
Esportes de Federações Internacionais	Federação Internacional de Tiro com Arco – FITA	Confederação Brasileira de Tiro com Argo – CBTARCO	Tiro com argo
	União Internacional de Ciclismo – UCI	Confederação Brasileira de Ciclismo – CBC	Ciclismo
	Federação Internacional de Hipismo – FEI	Confederação Brasileira de Hipismo – CBR	Hipismo
	Federação Internacional de Remo – FISA	Confederação Brasileria de Remo – CBR	Remo
	Associação Internacional de Vela Adaptada – IADS	Confederação Brasileira de Vela Adaptada – CBVA	Vela
	Federação Internacional de Tênis de Mesa – ITTF	Confederação Brasileira de Tênis de Mesa – CBTM	Tênis de mesa
	Organização Mundial de Voleibol para Deficientes – WOVD	Associação Brasileira de Voleibol Paralímpico – ABVP	Voleibol sentado
	Federação Internacional de Basquete em Cadeira de Rodas – IWBF	Confederação Brasileira de Basquete em Cadeira de Rodas – CBBC	Basquete em cadeira de rodas
	Federação Mundial de Curting – WCF	Confederação Brasileira de Desporto no Gelo – CBDG	Curting em cadeira de rodas
	Federação Internacional de Rúgbi em Cadeira de Rodas – IWRF	Associação Brasileira de Rúgbi em Cadeira de Rodas – ABRC	Rúgbi em cadeira de rodas
	Federação Internacional de Tênis – ITF	Confederação Brasileira de Tênis – CBT	Tênis em cadeira de rodas
Organizações Internacionais de Eportes para Deficientes – IOSD	Associação Internacional de Esportes e Recreação para Paralisados Cerebrais – CP-ISRA	Associação Nacional de Desporto para Deficientes – ANDE	Bocha e Futebol de 7
	Federação Internacional de Esportes para Cegos – IBSA	Confederação Brasileira de Desportos de Deficientes Visuais – CBDV	Futebol de 5, goalball e judô
	Federação Internacionais de Esportes para Cadeirantes e Amputados – IWAS	Comitê Paralímpico Brasileiro – CPB	Esgrima em cadeira de rodas
	Federação Internacional de Esportes para Deficientes Intelectuais – INAS	Associação Brasileira de Desporto de Deficientes Intelectuais – ABDEM	Atletismo e natação para atletas com deficiência intelectual
Esportes do Comitê Paraolímpico Internacional – IPC	Comitê Paralímpico Internacional – IPC	Modalidade ainda não desenvolvida a nível nacional	Esqui alpina, biatlon, esqui cross country, hóquei sentado
		Comitê Paralímpico Brasileiro – CPB	Atletismo, halterofilismo, tiro esportivo, natação

Fonte: IPC 2010 e CPB, 2010.

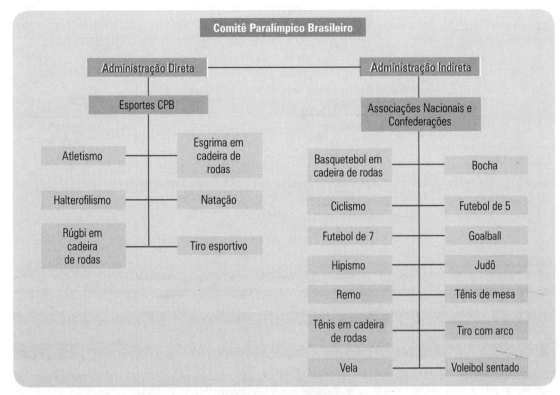

Figura 5.2. Organograma administrative das modalidades no Brasil (Fonte: CPB, 2010).

tivo paralímpico brasileiro, tanto em nível nacional, quanto internacional, zelando pelo fomento do paralimpismo no Brasil, pelo respeito ao lema, hino e símbolos paralímpicos, bem como promovendo a ética, a paz, a cidadania, os direitos humanos, a democracia e outros valores universais (CPB, 2009).

São reconhecidos como poderes, na estrutura do CPB:

I. Assembleia Geral;
II. Conselho Deliberativo;
III. Diretoria Executiva;
IV. Conselho Fiscal; e
V. Tribunal Disciplinar Paralímpico.

As atividades do CPB são desenvolvidas por meio da execução direta ou descentralizada de políticas, programas e projetos, ou ações, doações de recursos físicos, humanos e financeiros, ou prestação de serviços intermediários de apoio a outras organizações sem fins lucrativos e órgãos públicos que atuam em áreas afins.

O CPB é a única entidade brasileira filiada ao IPC, e sua representante exclusiva no Brasil, subordinando-se e subordinando suas filiadas ao seu Estatuto, às suas normas, regulamentos e regras próprias.

Pode se filiar e manter filiação junto ao CPB a entidade nacional de administração do desporto paralímpico por área de deficiência que comprovar, por meio de documentação juridicamente válida, que se encontra filiada e em situação regular junto a uma organização internacional correlata, filiada e integrante da Assembleia Geral do IPC, como uma IOSD.

De acordo com o estatuto interno do CPB, atualmente existem oito entidades filiadas com direito a voto nas assembleias gerais, e quatro entidades parceiras, conforme a Figura 5.3.

No que tange à organização administrativa interna, o CPB está estruturado conforme o organograma da Figura 5.4.

Ao longo dos 15 anos de história do CPB, além dos grandes resultados alcançados em Jogos Paralímpicos desde sua primeira participação nos Jogos Paralímpicos de Heidelber, em 1972, três fatos foram de grande importância para que o esporte paralímpico brasileiro chegasse no patamar em que se encontra hoje:

- A sanção da Lei nº 8672, de 6 de Julho de 1993, que ficou conhecida como a Lei Zico, a qual possibilitou a criação do CPB;

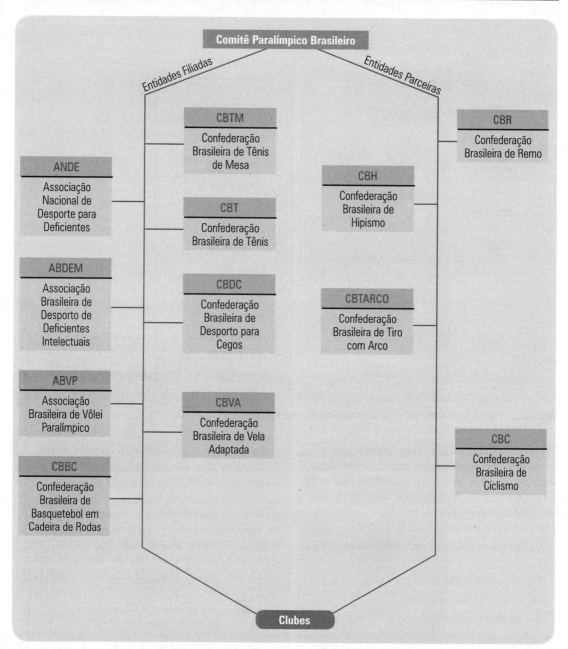

Figura 5.3. Entidades Filiadas ao CPB (Fonte: CPB, 2010).

- A Lei nº 10.264/2001, conhecida como Lei Agnelo/Piva, que definiu o repasse continuado de recursos financeiros das loterias exploradas pela Caixa Econômica Federal para o esporte brasileiro (85% da arrecadação para o Comitê Olímpico Brasileiro – COB e 15% para o CPB), foi decisiva para um novo estágio de organização e planejamento;
- A compra dos direitos autorais de transmissão dos Jogos Paralímpicos de Atenas, em 2004, que mostrou ao Brasil inteiro o que era o esporte paralímpico e disseminou definitivamente o esporte no país, ação essa que se repetiu nos Jogos Paralímpicos de Pequim, em 2008, consolidando o esporte paralímpico no país.

Esses grandes marcos impactaram diretamente no investimento, no planejamento e nas conquistas de medalhas nos Jogos Paralímpicos, e com o sucesso

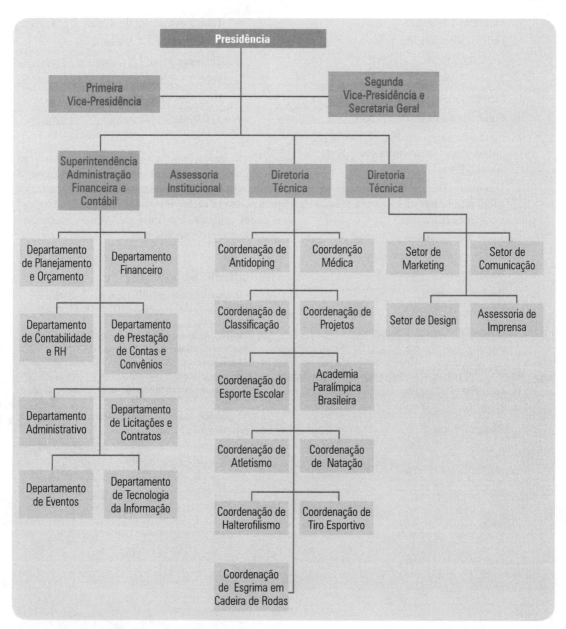

Figura 5.4. Organograma administrativo do CPB (Fonte: CPB, 2010).

dos atletas brasileiros, a confiança de patrocinadores também aumentou. Hoje, o patrocínio das Loterias Caixa, que iniciou em 2003, se fortaleceu, e a cada ano o valor do contrato de patrocínio aumenta.

Além do repasse anual do patrocinador, existe o aporte de dinheiro previsto da Lei Agnelo/Piva, que depende da arrecadação anual das Loterias Caixa. As distribuições deste recurso ocorrem de acordo com a resolução Direx/CPB nº 001, de 18 de Fevereiro de 2009, para gastos administrativos, manutenção e custeio de modalidades, conforme descrito a seguir:

- Percentuais a serem aplicados diretamente pelo CPB e aqueles a serem descentralizados para aplicação das entidades responsáveis.
    I. Recursos a serem aplicados diretamente pelo CPB:
        a. Fundo Londres: 4,0% ano;
        b. Fundo Guadalajara: 1,5% ano;
        c. Atletismo: 2% ano;

d. Esgrima: 1,5% ano;

e. Halterofilismo: 1,0% ano;

f. Natação: 2% ano;

g. Rugby: 1,5% ano;

h. Tiro Esportivo: 1,0% ano;

i. Fundo de Custeio: 27,5% ano;

j. Fundo do Desporto Escolar: 10% sobre toda a arrecadação bruta oriunda da Lei Agnelo/Piva;

k. Fundo do Desporto Universitário: 5% sobre toda a arrecadação bruta oriunda da Lei Agnelo/Piva.

II. Recursos a serem descentralizados para aplicação das entidades responsáveis:

a. Basquetebol: 4,5% ano;

b. Bocha: 3% ano;

c. Ciclismo: 1,5% ano;

d. Futebol de Cinco: 4,5% ano;

e. Futebol de Sete: 3,5% ano;

f. Goalball: 3% ano;

g. Hipismo: 2,5% ano;

h. Judô: 3% ano;

i. Remo: 2% ano;

j. Tênis em Cadeira de Rodas: 2,5% ano;

k. Tênis de Mesa: 2,5% ano;

l. Tiro com Arco: 1,5% ano;

m. Vela: 2,5% ano;

n. Volei: 3% ano;

o. ABDEM: 3,5% ano.

Desta forma, o Comitê Paralímpico Brasileiro segue crescendo, sempre procurando oportunizar aos atletas brasileiros condições cada vez melhores para poderem desenvolver suas habilidades atléticas e, assim, representar o Brasil em eventos internacionais e nos Jogos Paralímpicos.

Bibliografia Consultada

1. CPB Estatuto Social do CPB. Brasilia: [-], 2009.
2. CPB Resolução Direx/CPB nº 001, de 18 de Fevereiro de 2009. Brasilia: [-], 2009.
3. CPB História do Esporte Paraolímpico. Obtido em: www. cpb.org.br Acessado em 10 de Agosto de 2010.
4. INAS History Obtido em: www.inas.org Acessado em 10 de Agosto de 2010.
5. IPC IPC Administration Management – Section 1, Bonn: [-], 2010.
6. IPC Sports Obtido em: www.paralympic.org Acessado em 10 de Agosto de 2010.

PARTE 2

ESPECIFICIDADES DO ESPORTE PARALÍMPICO

capítulo **6**

Fundamentos Básicos da Classificação Esportiva para Atletas Paralímpicos

Patrícia Silvestre de Freitas
Sílvio Soares dos Santos

Introdução

Conceitualmente, a classificação utilizada na prática do desporto paralímpico constitui-se em um fator de nivelamento entre os aspectos da capacidade física e competitiva, colocando as funcionalidades de movimento ou as deficiências semelhantes em um grupo determinado. Isso permite igualar a competição entre indivíduos com várias sequelas de deficiência, pois o sistema de classificação eficiente é o pré-requisito para uma competição mais equiparada (Strohkendl, 1996).

Os princípios da classificação esportiva para atletas com deficiência têm função de extrema importância na determinação das habilidades ou inabilidades, para assegurar a igualdade na competição (Varela, 1991).

O início do esporte para pessoas com deficiência foi marcado pela necessidade médica de sobrevida para as pessoas mutiladas na guerra. A necessidade de separação entre deficiências distintas foi o primeiro passo para a organização de uma classificação, até então, realizadas somente por médicos nos hospitais.

A participação de outros profissionais (educadores físicos, fisioterapeutas, treinadores esportivos) deu um enfoque mais esportivo à classificação, levando, posteriormente, à organização de entidades, regras e procedimentos mais adequados para cada modalidade esportiva e para cada área de deficiência, iniciando uma nova fase do esporte paralímpico: a classificação esportiva.

Com o número crescente de atletas, a melhora considerável em suas performances e os avanços tecnológicos, muitas modificações têm sido propostas e implementadas nas últimas décadas na tentativa de realinhar o esporte de alto rendimento a uma classificação que acompanhe essa evolução.

No entanto, as diversas modificações ocorridas durante esse período não foram devidamente sustentadas por meio da ciência. Esse processo gerou, em alguns momentos, informações equivocadas ou mesmo desinformações em relação à classificação. Entendemos que o acesso a informações cientificamente comprovadas seja o maior subsídio para técnicos, atletas e demais profissionais, no sentido de alavancar o desenvolvimento e a melhora qualitativa do esporte paralímpico no Brasil.

Certamente não se esgotam aqui as informações acerca da classificação esportiva, tendo em vista que cada esporte e cada tipo de deficiência têm a sua forma de classificação e deve ser entendida, separadamente.

Classificação Esportiva

Podemos considerar que a classificação do esporte paralímpico no modelo atual é dividida em classificação médica para os atletas com deficiência visual, classificação funcional para os atletas deficientes físicos e classificação psicológica para os atletas com deficiência intelectual.

Classificação Médica para Atletas com Deficiências Visuais

A classificação *Oftalmológica* é a forma escolhida pela Federação Internacional de Esportes para Cegos – IBSA para legitimar ou não a participação de uma pessoa nas competições oficiais para atletas cegos e com baixa visão, bem como possibilitar uma melhor condição de igualdade entre esses atletas, colocando-os em classes de acordo com seu nível visual (CBDC, 2006).

O modelo foi criado, em 1974, nos Estados Unidos e adotado inicialmente pela Associação

Americana de Esporte para Cegos – USABA, em 1976 (Sherril, 1986).

Esta classificação só pode ser feita por médicos oftalmologistas em clínicas ou consultórios especializados designados pela Confederação Brasileira de Desporto para Cegos (CBDC), ou em evento realizado pelo Comitê Paralímpico Brasileiro (CPB).

O procedimento para a classificação dos atletas com deficiência visual consiste na análise do médico oftalmologista por meio dos seguintes testes:

- *Acuidade Visual:* Avalia a capacidade de definir a forma de um objeto em determinada distância. É realizada com correção e sem correção, ou seja, com utilização de óculos ou lentes de aumento.
- *Fundoscopia:* Tem como objetivo avaliar as lesões na mácula, na retina, dentre outras.
- *Tonometria de Aplanação:* Avalia a pressão interna do globo ocular (glaucoma).
- *Campo Visual:* Avalia a visão periférica.

A avaliação da função visual deve ser feita para que o atleta seja colocado na classe mais apropriada, proporcionando uma competição mais justa, pois o atleta com um resíduo de visão pode ter uma vantagem sobre atletas cegos em determinadas provas.

Todas as classificações de atletas com deficiência visual deverão considerar ambos os olhos, com melhor correção, isto é, todos os atletas que usarem lente de contato ou lentes corretivas deverão usá-las para classificação, mesmo que não as use para competir.

Em caso de dúvida acerca da classe em que se deve enquadrar o atleta, o classificador médico determinará uma classe para o atleta iniciar a atividade competitiva, em caráter provisório, até que esse, em competição subseqüente, passe por uma reavaliação.

Se o atleta for convocado para participar de uma competição internacional, este poderá ser submetido a novos exames mais detalhados, para que se possa apresentar todos os dados exigidos para os avaliadores internacionais. Caso o atleta seja reclassificado internacionalmente, essa nova classificação passará a ser oficial e imediatamente acatada pela CBDC e pelo CPB nas competições nacionais.

As classes visuais são as seguintes:

- *B1:* De nenhuma percepção luminosa em ambos os olhos até a percepção de luz, mas com incapacidade de reconhecer o formato de uma mão a qualquer distância ou direção.

- *B2:* Da capacidade em reconhecer a forma de uma mão até a acuidade visual de 2/60 e/ou campo visual inferior a 5 graus.
- *B3:* Da acuidade visual de 2/60 a 6/60 e/ou campo visual maior que 5 e menor que 20 graus.

Classificação Funcional para Atletas com Deficiência Física

O primeiro tipo de classificação para pessoas com deficiência física foi desenvolvido no início do esporte, na Inglaterra, em 1944, por médicos e especialistas da área de reabilitação. Esta classificação foi desenvolvida usando como referência a lesão medular, se eram completas ou incompletas, e baseada no nível da lesão* (Depauw; Gavron, 1995; Paralympic Spirit, 1996).

Pelo fato dessa classificação se fundamentar, exclusivamente, nas características médicas, observaram-se vários pontos discordantes com a prática desportiva, em que o atleta muitas vezes tinha um potencial diferente do apresentado quando a referência era somente a lesão. Dessa forma, esse sistema de classificação se mostrou, com o passar do tempo, problemático, classificando pessoas com lesões incompletas, amputações e poliomielites, sendo, no entanto, incapaz de agrupar variados tipos de deficiências e funcionalidades, resultando, assim, em um número excessivo de classes (Sherril, 1993).

A classificação, então, passou a ser objeto de discussões e estudos. Assim, em 1976, o Professor de Educação Física Horst Strokhendl pesquisou e publicou em sua tese de doutorado, as bases de uma nova forma de classificação, baseado em um modelo funcional do movimento. No desenvolvimento do seu método contou com o auxílio de Bernard Coubariaux e Phill Craven, atual presidente do Comitê Paralímpico Internacional (IPC).

O método consiste na definição de diferentes categorias, baseada no volume de ação do atleta, ou seja, de sua capacidade de realizar movimentos, colocando em evidência a potencialidade dos resíduos musculares resultantes de sequelas de algum tipo de deficiência, bem como dos músculos que não foram lesados.

Em caráter não oficial, esse método começou a ser utilizado em 1982, nos Jogos Parapanamericanos do Canadá. Em 1984, foi utilizado no Mundial de

---

* Esta classificação era realizada por médicos através de testes neurológicos e de força muscular, sem preocupação com o resíduo muscular utilizado nas habilidades requeridas nas modalidades esportivas.

Stoke Mandeville, na Inglaterra. Nas Paralimpíadas de Seul, em 1988, a nova forma de classificação foi, então, oficialmente testada.

Nessa época, com o número excessivo de classes houve problemas como a pouca competitividade em provas com número pequeno de participantes, enquanto provas com grande número de atletas em observação causavam uma demora excessiva para sua realização (IPC, 2005).

Em função desses problemas, o IPC exigiu que cada um de seus comitês de esportes desenvolvesse um sistema de classificação específico, que diminuísse significativamente o número de classes, e que o novo sistema fosse executado a tempo para os Jogos Paralímpicos de 1992, em Barcelona (IPC, 2005).

Desde então, as modalidades esportivas para pessoas com deficiência física foram gradativamente absorvendo os princípios da classificação funcional e adaptando-a conforme a especificidade do esporte e as habilidades funcionais de seus praticantes.

No Brasil, o método de Strokhendl foi utilizado, pela primeira vez, em 1984, em um campeonato de Basquete sobre rodas, realizado pela Associação Brasileira de Desporto em Cadeira de Rodas (Abradecar), de maneira extraoficial. Em 1989, houve no Brasil o 1º Seminário Internacional de basquetebol sobre rodas, com a participação do Prof. Dr. Horst Strohkendl apresentando oficialmente as vantagens e o método utilizado para realizar a classificação funcional (Freitas, 2000).

No ano de 1990, com a introdução da classificação funcional no basquete, houve também propostas de mudança para o atletismo. A proposta da utilização da classificação funcional no atletismo deveu-se ao número excessivo de classes existentes, nas quais, muitas vezes, não havia o mínimo de atletas (três) para realizar uma prova, inclusive em competições internacionais, causando sérios problemas para os organizadores (Freitas, 2000).

A evolução sistemática do atletismo, após os Jogos Paralímpicos de Seul, fez surgir mudanças importantes na classificação. No Campeonato Mundial de Berlim, em 1994, uma nova proposta foi apresentada para ser válida para os Jogos Paralímpicos de Atlanta, que produziram modificações significativas nas diversas formas de participação das pessoas deficientes nos diversos eventos oferecidos durante esses Jogos.

Essa forma de classificação foi introduzida no Brasil nos Jogos Interclubes de Atletismo em Cadeira de Rodas, realizados na cidade de Brasília, em 1990, mas, inicialmente, somente nas provas de pista.

Desde então, o Comitê Paralímpico Internacional – IPC reconhece cinco grupos de deficiências para participar em suas competições: Paralisia Cerebral, Deficiência Visual, Amputados e *les Autres*, Deficiência Intelectual e deficiências que levem ao uso de cadeira de rodas (lesões medulares ou amputações). Essas deficiências são agrupadas em classes que têm critérios diferentes em cada modalidade.

Princípios Gerais da Classificação Esportiva para a Deficiência Física

Cada esporte determina seu próprio sistema de classificação, baseado nas habilidades funcionais, identificando as áreas chaves que afetam o desempenho para a performance básica do esporte escolhido. A habilidade funcional necessária independe do nível de habilidade ou treinamento adquirido (Strohkendl, 1996).

Como exemplo, podemos citar o basquetebol em cadeiras de rodas, que tem como principais aspectos funcionais para as habilidades desse esporte a função do tronco. Um atleta com mais estabilidade de tronco terá significativa vantagem quando comparado com um atleta sem qualquer controle do tronco. Consequentemente, os pontos concedidos nos processos de classificação para o tronco são significativamente mais elevados do que os pontos concedidos para a função do bíceps.

Nesse sentido, os números de classes são determinados de acordo com o respectivo esporte e possíveis habilidades funcionais em atletas com diferentes deficiências.

Torna-se, então, essencial que um atleta que compete em dois ou mais esportes receba uma classificação diferenciada para cada um. A necessidade de troca de classe precisa ser continuamente revista com base nas diferenças funcionais e na performance.

O comitê de classificação é composto por três profissionais da área de saúde: médico, fisioterapeuta e profissional de educação física. As normas de classificação são parte das regras técnicas do esporte.

Processo de Classificação Esportiva Paralímpica

A classificação esportiva para pessoas com deficiência física é realizada em três estágios: *Médica, Funcional e de Observação* (IPC, 2005).

Avaliação Médica

Este estágio consiste em um exame físico para verificar a patologia apresentada e suas sequelas, em

48 FUNDAMENTOS BÁSICOS DA CLASSIFICAÇÃO ESPORTIVA PARA ATLETAS PARALÍMPICOS

quais áreas corporais a inabilidade dos atletas afeta a sua função muscular e em quais movimentos. Este teste deve ser conduzido em um local apropriado pela equipe de classificadores. Essas informações serão descritas em fichas destinadas a esse procedimento e colocadas no banco de dados da instituição.

Avaliação de Força (Teste de Banco)

Essa avaliação examina o nível da força dos músculos afetados e é usado quando o atleta apresenta comprometimentos da medula espinhal e lesões relacionadas. Esses testes são aplicados para avaliar o nível de desempenho das funções musculares, em movimentos não específicos da modalidade.

Testes de Coordenação e Equilíbrio

São realizados geralmente em atletas com paralisia cerebral e aqueles que apresentam toda forma de desordens neuromotoras, as quais alteram o seu desempenho físico. Esses testes objetivam determinar o nível de inabilidade na coordenação e equilíbrio corporais, assim como o nível de habilidade funcional apresentada pelo atleta (IPC, 2005).

Avaliação Funcional

Essa avaliação consiste em se observar o desempenho técnico do atleta no esporte. Como mencionado anteriormente, cada esporte terá o teste de acordo com sua especificidade. Como exemplo, podemos citar:

- Na natação é solicitado ao atleta que nade uma determinada distância nos estilos em que irá competir e execute algumas habilidades na água. Os classificadores analisarão o desempenho do atleta considerando os resultados obtidos no teste de banco;
- No basquetebol em cadeira de rodas é solicitado ao atleta demonstrar habilidades com a bola, tais como jogar e driblar, arremessar, dentre outros, além do manejo da cadeira de rodas;
- No atletismo, o atleta é solicitado a executar movimentos relativos à sua prova. Se forem provas de campo, ele deverá executar os arremessos e lançamentos, usando todo o material e equipamentos apropriados, de preferência no local de realização das competições. No caso de avaliação de provas de corrida e saltos, o atleta será submetido às provas na pista e nos locais de saltos.

Classificação para Atletas com Deficiência Intelectual

A Federação Internacional do Desporto Deficiência Intelectual – INAS-FID é a entidade responsável por gerenciar e supervisionar em acordo com o IPC o processo de classificação para os atletas com deficiência intelectual nos esportes específicos. No Brasil, em consonância com a federação internacional, foi criada, em 1989, a Associação Brasileira de Desportos de Deficientes Mentais – ABDEM.

Classificação

De acordo com o modelo de classificação do IPC, a classe para deficientes intelectuais é única, descrita como no caso do atletismo pela classe T/F 20 ou S/SB 14.

O processo de classificação dos atletas com deficiência intelectual tem duas fases distintas: análise do laudo e verificação dos critérios de elegibilidade.

O principal Critério de Elegibilidade utilizado por INAS-FID baseia-se na Associação Americana sobre Direitos de Deficiência e Desenvolvimento (AAIDD, 2002), que define a deficiência intelectual como:

> "...uma incapacidade caracterizada por limitações significativas no funcionamento intelectual e no comportamento adaptativo expresso em termos conceptuais, social e prática de habilidades adaptativas. Esta deficiência tem origem antes da idade de 18 anos" (CIF, 2001).

O Diagnóstico deve ser feito inicialmente por meio do laudo de profissionais da área de Psicologia ou Psiquiatria. Após a avaliação do laudo, o atleta deverá ser analisado também por meio de critérios de elegibilidade, tais como:

- Prejuízo significativo no funcionamento intelectual.
- Limitações significativas no comportamento adaptativo expresso em termos conceptuais, social e prática de habilidades adaptativas.
- Deficiência intelectual deve ser evidente durante o período de desenvolvimento, que vai da concepção até os 18 anos de idade.
- Prejuízo significativo no funcionamento intelectual. O funcionamento intelectual deve ser medido utilizando um protocolo reconhecido internacional e profissionalmente administrado através do teste de QI, no qual o atleta deverá apresentar menos de 75 pontos.

A INAS FID reconhece os seguintes testes em seu processo: Wechsler Intelligence Scales – WISC (para crianças de 6-16 anos) ou WAIS (para adultos com idades entre 16-90 anos), sendo que esses podem ser os HAWIE, SSAIS MAWIE, dentre outros, além do Stanford-Binet (para idades de 2-85 anos) e das Matrizes de Raven.

O psicólogo deve apresentar um relatório de elegibilidade para que os atletas possam participar dos eventos esportivos.

Revisão Durante as Competições

Durante a competição, os classificadores poderão verificar o potencial funcional verdadeiro do atleta e analisar algum aspecto que tenha ficado duvidoso. Muitos esportes, tais como atletismo, basquetebol sobre rodas e a natação, têm uma política que permite ao classificador monitorar os atletas durante a realização de vários eventos. É comum que alguns atletas sejam observados durante o período de um ano ou mais. Entretanto, isto não deve ser considerado uma desvantagem, mas, sim, um procedimento normal utilizado pelos classificadores para assegurar uma classificação mais justa e correta.

Algumas Considerações

A classificação é, sem dúvida, um dos fatores de limitação de entrada no esporte paralímpico, mas também é esse processo que permite a equidade da competição.

Por vários anos, a classificação esportiva foi motivo de desentendimentos e incompreensões entre os atletas e técnicos em função do pouco conhecimento do seu verdadeiro objetivo. Ao longo do tempo, o conhecimento dos procedimentos, dos perfis de classes e das limitações da classificação proporcionou aos treinadores e classificadores melhores condições de entender e auxiliar seus atletas na escolha do esporte e na participação desses em eventos esportivos.

Esse ambiente, norteado pelo conhecimento, possibilita ao classificador ser inserido não como um elemento visto como de controle ao acesso do esporte, mas, sim, um profissional para auxiliá-lo na sua tarefa de desempenho esportivo.

Bibliografia Consultada

1. ABRADECAR Toque A Toque. Revista técnica da ABRADECAR . Rio de janeiro, Setembro/Outubro nº 1, Ano 1,1988.
2. Australian Paralympic Committee Sport Classification. Acessado em Abril, 2005 Disponivel em: http/paralympc. au/apc_sports_classification.asp.
3. CBDC Classificação Oftalmológica Disponível em: http/cbdc.org.br/classificação. Acessado em Dezembro de 2006
4. Depauw K, Susan J. GAVRON. Disability and Sport. Champaign :Human Kinetics.1995.
5. Freitas PS. Iniciação ao Basquetebol sobre rodas Uberlândia: Ed Bredas.1997.
6. Guttman L. Textbook of sport for the Disabled. Ayslesbury/Englant: HM & M Publisher. 1976.
7. IPC - International Paralympic Committee. Classification Disponível em: http//www. paralympc.org/classification.asp. Acessado em: Abril, 2005.
8. IPC - International Paralympic Committee. Paralympic Spirit. Unforgettable jouney of struggle and triumph, International Paralympic Committee, Atlanta S.E.A multimedia. 1996.
9. Strohkendl H. The 50th Anniversary of wheelchair basketball. Münster; New York: Ed. By Armand Tip Thiboutot: Waxmann.1996.
10. Sherrill C. Adapted physical activity, recreation, and sport: Crossdisciplinary and lifespan 4th ed. Dubuque, IA : Brown & Benchmark. 1993
11. Sherril C. "Sport and Disabled Athletes", series "The 1984 Olympic Scientific Congress Proceedings", volume 9, Ed. Claudine Sherrill, Human Kinetics Publishers, Champaign, Illinois. 1986
12. Varela A. Desporto para as pessoas com deficiência. Expressão distinta do desporto. In Educação Especial e Reabilitação Lisboa v. 1; n. 5/6 Junho/Dezembro Universidade técnica de Lisboa, Faculdade de Motricidade Humana, Educação Especial e reabilitação. 1991.
13. Winnick JP. Adapted physical education and sport, 2 ed. NewYork N.Y, :Human Kinetics.1995.

capítulo 7

Deficiência, Incapacidades e Limitações que Influenciam na Prática do Esporte Paralímpico

Andressa da Silva
Roberto Vital
Marco Túlio de Mello

"É hora das pessoas pararem de ver incapacidade e começarem a perceber a capacidade"

Hansen

A Organização Mundial de Saúde, de 2005, descreve os seguintes conceitos:

- **Deficiência:** Perda ou anormalidade de uma parte do corpo (estrutura) ou função corporal (função fisiológica). As funções fisiológicas incluem as funções mentais, baseando-se em um desvio significativo da norma biomédica estabelecida, e só deve ser usada nesse sentido.

- **Incapacidade:** Definido como um termo para déficit, limitação e restrição de participação. Denota aspectos negativos da interação entre os indivíduos (saúde) e seus fatores contextuais individuais (fatores ambientais e pessoais).

- **Limitação:** São as dificuldades que um indivíduo pode ter ao realizar uma tarefa. A limitação pode ser leve ou grave nas variáveis quantidade e qualidade (OMS, 2001).

Deficiência Visual

Definição

Deficiência Visual é um termo empregado para se referir à perda visual que não pode ser corrigida com lentes por prescrição regular. Compreende tanto a cegueira total, ou seja, a perda total da visão nos dois olhos, quanto a baixa visão, que é irreversível e com acentuada diminuição da acuidade visual, a qual não se consegue corrigir pelos recursos ópti-

cos comuns (Muster, 2005; Moura e Pedro, 2006; Winnick, 2006).

Assim, a deficiência visual acarreta grande perda de informações sobre o meio, prejudicando a interação social e possíveis oportunidades de uma participação plena nos diversos aspectos da vida cotidiana (Alves e Duarte, 2005).

Descrição dos Tipos

Existem diversas classificações para a deficiência visual, que variam conforme as limitações e os fins a que se destinam (Porto, 2009).

Os vários tipos de classificação da deficiência visual baseiam-se em parâmetros (Almeida e Munster, 2008):

- *Legais*: Para efeito de elegibilidade em programas de assistência e obtenção de recursos junto à previdência social;

- *Clínicos*: Para o diagnostico, tratamento e acompanhamento médico especializado;

- *Educacionais*: Relacionados aos recursos necessários para o processo ensino-aprendizagem;

- *Esportivos*: Como critério de divisão em diferentes categorias para competições e eventos desportivos, sendo dividida da seguinte maneira (IBSA, 2011):

  - *B1 (cego):* atletas com cegueira que não apresentem percepção luminosa até a capacidade de perceber uma fonte luminosa, mas não conseguindo definir a orientação de um optotipo E com escala oftálmica LOGMAR 2.6;

- *B2 (baixa visão):* acuidade visual entre LogMAR 2.5 e 1.6, e/ou campo visual de diâmetro menor que 5 graus;

- *B3 (baixa visão):* acuidade visual capaz de reconhecer um optotipo na escala LogMAR 1.5 até 1.00 e/ou campo visual com diâmetro inferior a 20 graus.

Principais Causas

As causas de deficiência visual podem ser congênitas ou adquiridas, sendo que podem ser desecadeadas por: albinismo; ambliopia; anisometria; astigmatismo; catarata; conjutivite; deslocamento de retina; diabetes; erros de refração; estrabismo; glaucoma; hipermetropia miopia; rubéola; sífilis; traumatismos oculares; toxoplasmose; uveítes (Munster e Almeida, 2008).

A seguir, as principais alterações visuais, segundo Sobrinho (2006):

- *Miopia:* O míope vê mal de longe (ficam embaçados e difíceis de distinguir), mas enxerga bem de perto; isso ocorre devido à grande distância entre a córnea e a retina. O olho é "demasiado longo", e a imagem se forma à frente da retina.

- *Hipermetropia:* O hipermétrope vê mal de perto e melhor de longe. No entanto, para ver bem de longe, será com esforço e fadiga, pois o olho não é suficientemente potente. A imagem se forma atrás da retina.

- *Astigmatismo:* O astigmata tem uma visão imperfeita, tanto para perto como para longe. Não tem a percepção nítida dos contrastes entre as linhas horizontais, verticais e oblíquas. É normalmente a curvatura da córnea que está alterada, com uma forma mais ovalada do que redonda.

- *Sinais que identificam a deficiência visual:* Entre os sinais de distúrbios visuais, podem ser citados: frequentes dores de cabeça; cansaço rápido durante a leitura; desvio de conversão dos olhos; olhos frequentemente remelentos ou avermelhados; impressão de que existem "estrelinhas" ou "nuvenzinhas" no ar; franzir a testa e/ou "apertar" os olhos na tentativa de enxergar; trazer um objeto muito próximo ou muito distante do rosto, bem como em uma posição lateralizada, para facilitar sua visualização; visão embaçada; andar com passos muito curtos; andar com as mãos à frente do corpo; andar com o tronco inclinado para trás; se a pessoa frequentemente protege os olhos da luz; se a pessoa frequentemente esbarra em móveis, deixa cair ou derruba objetos; ou se frequentemente reage tardiamente a estímulos visuais, dentre outros (Sobrinho, 2006).

Limitações Físicas e Fisiológicas Associadas

Deve-se primeiramente identificar as necessidades e as potencialidades de cada pessoa com deficiência visual. O programa de atividade física adaptada é fundamentado na compreensão do processo de desenvolvimento do ser humano em questão para selecionar os objetivos e conteúdos que levem em consideração os interesses dos deficientes e no uso de estratégias e recursos adequados para desenvolvê-lo (Muster e Almeida, 2005).

Conde e cols. (2006) listam uma detalhada série de limitações e defasagens, que as pessoas com deficiência visual tenderiam a apresentar. Essas são apresentadas na Tabela 7.1.

De acordo com Oliveira Filho e Almeida (2005), para planejar uma proposta de ensino para pessoas com deficiência visual, deve-se analisar quais são os fatores ambientais e limitantes do sujeito no aprendizado.

Segundo Cobo, Rodriguez e Bueno (2003), algumas estruturas são prejudicadas pela deficiência visual no processo de aprendizagem, a saber: recepção e interpretação de informações, aprendizagem de esquemas motores, aprendizagem por imitação, autoavalição e controle das ações. Almeida e Oliveira Filho (2001) descreveram algumas necessidades para o desenvolvimento do atleta com deficiência visual. Uma criança sem deficiência que passou por esse processo teve a condição de correr, saltar, lançar e brincar, mas crianças com deficiência visual congênita não tiveram os estímulos a essas realizações, e seu desenvolvimento foi limitado ou nem chegaram a ser incorporados. Na busca de adequar o treinamento de muitos anos a essa condição, foi proposto por Almeida e Oliveira Filho (2001) a estimulação precoce e a orientação e mobilidade dessa população.

De acordo com Craft (1990), a movimentação reduzida do deficiente visual pode trazer como consequência problemas posturais e baixa resistência cardiovascular. Adams e cols. (1985) também associam dificuldades no controle corporal, no equilíbrio, na postura, na coordenação e na falta de oportunidades de realizar movimentos ativos no início da infância.

Menescal (2001) e Arnhein e cols. (1973) apontam ainda algumas diferenças no aspecto cognitivo e socioativo da criança com deficiência visual. Menescal (2001) ressalta que pessoas com baixa visão e propensão a deslocamento de retina devem

Tabela 7.1
Desvantagens encontradas nos deficientes visuais (Conde *et al.*, 2006)

Defasagens Psicomotoras	Defasagens Cognitivas	Defasagens Socioativas
Imagem corporal	A possível defasagem cognitiva é uma situação conjuntural e não estrutural no desenvolvimento da pessoa cega.	Autoconfiança
Esquema corporal	A possível limitação ou falta de captação de estímulos, assim como a dificuldade na relação entre o objeto visualmente percebido e a palavra, e a pobreza de experiências práticas podem causar uma defasagem no nível cognitivo, expresso na formação e na utilização de conceitos.	Sentimento de menos valia
Esquema cinestésico		Autoestima
Equilíbrio dinâmico e estático		Insegurança em relação às suas possibilidades
Postura		Apatia
Mobilidade		Dependência
Marcha		Medo de situações e ambientes não-conhecidos
Expressão corporal		Dificuldade em estabelecer relações básicas do seu "Eu" com as pessoas e com o ambiente
Coordenação motora		Autoiniciativa para a ação motora
Lateralidade		Ansiedade
Maneirismos		
Dificuldade de relaxamento		

evitar exercícios em que haja possibilidade de traumatismos na região da cabeça, tais como futebol, as lutas e outras modalidades que envolvam impacto. Esses cuidados devem ser extrapolados para pessoas com glaucoma; nesses casos, deve-se observar também a contraindicação de atividades como mergulho subaquático (devido à mudança brusca de pressão).

Segundo Paes (2002), o esporte para pessoa com deficiência visual possa vir a ser compreendido como um fenômeno sociocultural de múltiplas possibilidades, cujas dimensões sociais podem abranger a educação, o lazer e o rendimento, e cujas referências principais são: a formação, a participação e o desempenho. Cada treinador ou professor de educação física deve desenvolver sua prática otimizando o desenvolvimento motor da criança com deficiência visual, transformando a atividade motora e o esporte em alicerces para o desenvolvimento pleno de seu potencial. No entanto, não podemos deixar de tecer algumas considerações significativas que devem ser levadas em conta ao tratamos com a população em questão (Seabra Júnior, 2008; Porto, 2010):

- Chamar sempre o aluno pelo nome;
- Ao chegar e sair de perto dele, avisá-lo;
- Cuidar para não superprotegê-lo, e aos poucos introduzir autonomia na realização das suas ações cotidianas, como ir ao banheiro, beber água, tirar e colocar os sapatos, dentre outros;
- Sempre que alguém diferente chegar, comentar com ele;
- Ensinar regras, posições e estratégias das diferentes modalidades esportivas, para poderem assistir a um jogo de modo participativo;
- Não restringir o uso dos verbos ver, olhar e enxergar;
- Adequar o ambiente às condições dos alunos, evitar muito estímulo sonoro que possa atrapalhar a compreensão das informações dadas pelo professor ou pelos demais colegas;
- Escolher locais bem iluminados, para estimular a visão residual daqueles que são de baixa visão;

- Cuidar dos limites dos espaços das quadras, salas e outros ambientes, primando sempre pela segurança de todos e evitando acidentes;
- A comunicação oral é fundamental e deve ser muito detalhada, porém sem exageros, para não confundir a elaboração dos pensamentos;
- Usar sons e marcadores sonoros para indicar todos os tipos de orientações espaciais;
- Usar cores contrastantes, brilhantes e fortes para estimular os indivíduos de baixa visão;
- Substituir informações visuais por táteis ou auditivas;
- Estimular aos alunos experiências diversas com materiais bem diferenciados com relação a peso, tamanho, estrutura, textura, cor, entre outros.

As atividades físicas que as pessoas com deficiência visual podem praticar são basicamente as mesmas que qualquer outra pessoa pratica, desde que sejam criadas estratégias que lhe possibilitem o acesso à informação (PORTO, 2010).

Segundo Porto (2010), a pessoa com deficiência visual deve receber apoio e muitas oportunidades para participar das inúmeras possibilidades de movimento que existem. Com isso poderá surpreender-se consigo própria e com os outros, sendo que em muitos casos causará espanto e surpresa aos outros, pelo fato de suas capacidades e potencialidades serem desconhecidas por muitos que acreditam que as pessoas que não enxergam apresentam apenas limitações e desvantagens.

Rodrigues (2006) salienta que pelo processo de adaptação a atividades, as pessoas com deficiência visual terão a chance de serem participativas em todos os ambientes sociais, porque a sua diferença poderá deixar de ser algo de inédito e à parte, para passar a ser um dos valores sempre presente, como uma sedutora e criativa diversidade humana.

Deficiência Física

Definição

O Decreto nº 3.298, de 20 de Dezembro de 1999, que regulamenta a Lei nº 7.853, de 24 de Dezembro de 1989, e dispõe sobre a Política Nacional para Integração da Pessoa Portadora de Deficiência, define deficiência física como sendo a caracterizada por:

> "...uma alteração completa ou parcial de um ou mais segmentos do corpo humano, acarretando o comprometimento da função física,

> (...) membros com deformidade congênita ou adquirida, exceto as deformidades estéticas e as que não produzam dificuldades para o desempenho de funções".

A disfunção ou interrupção dos movimentos de um ou mais membros: superiores, inferiores ou ambos e conforme o grau do comprometimento ou tipo de acometimento fala-se em *paralisia* ou *paresia* (Sullivan, 1993; Mattos, 2008).

O termo *paralisia* (falta de movimentos) se refere à perda da capacidade de contração muscular voluntária, por interrupção funcional ou orgânica em um ponto qualquer da via motora, que pode ir do córtex cerebral até o próprio músculo; fala-se em paralisia quando todo o movimento nestas proporções são impossíveis.

O termo *paresia* (diminuição dos movimentos) refere-se ao movimento que está apenas limitado ou fraco. O termo paresia vem do grego *PARESIS* e significa relaxação, debilidade. Nos casos de paresias, a motilidade se apresenta apenas num padrão abaixo do normal, no que se refere à força muscular, precisão do movimento, amplitude do movimento e a resistência muscular localizada, ou seja, refere-se a um comprometimento parcial, a uma semiparalisia.

Classificação Topográfica das Paralisias

Dependendo do número e da forma como os membros são afetados pela paralisia, foi sugerida por Wyllie (1951) a seguinte classificação:

- *Monoplegia/monoparesia:* Acometimento de um único membro.
- *Hemiplegia/hemiparesia:* Acometimento de um lado do corpo.
- *Paraplegia/paraparesia:* Acometimento dos membros inferiores ou superiores.
- *Tetraplegia/tetraparesia:* Acometimento dos membros superiores e inferiores.
- *Tríplegia/triparesia:* Acometimento de três membros.
- *Monoplegia/monoparesia:* Condição rara em que apenas um membro é afetado.
- *Diplegia/diparesia:* Quando são afetados os membros superiores.
- *Hemiplegia/hemiparesia*: Quando são afetados os membros do mesmo lado.
- *Tríplegia/triparesia:* Condição rara em que três membros são afetados.

- *Tetraplegia/Quadriplegia/tetraparesia*: Quando a paralisia atinge todos os membros, sendo que a maioria dos pacientes com este quadro apresentam lesões na sexta ou sétima vértebra.

- *Paraplegia/paraparesia*: Quando a paralisia afeta apenas os membros inferiores, podendo ter como causa resultante uma lesão medular torácica ou lombar. Este trauma ou doença altera a função medular, produz como consequências, além de déficits sensitivos e motores, alterações viscerais e sexuais.

Principais Causas

Dentre as diversas causas da deficiência física, destacamos, a seguir, as principais: Traumas (50% – acidentes de trânsito, acidentes do trabalho, acidentes no esporte); Ferimentos por arma de fogo ou arma branca; Lesão cerebral; Paralisia cerebral; Lesão medular; Distrofias musculares; Esclerose múltipla; Amputações; Malformações congênitas; Distúrbios posturais da coluna; Sequelas de queimaduras; Tumores (Adams *et al.*, 1985).

As deficiências físicas são decorrentes do comprometimento dos sistemas: Ósteo-articular (má-formações ou amputações), Muscular (Distrofias), Nervoso Central ou periférico (lesão cerebral ou do sistema nervoso).

Descrição dos Tipos

A seguir descrevemos as principais patologias que levam à deficiência física.

Acidente Vascular Encefálico (AVE)

Refere-se à lesão de uma área cerebral causada pela interrupção da circulação sanguínea. As lesões podem atingir qualquer área do cérebro, inclusive as vitais, causando um "ataque". Geralmente, afeta a capacidade e o controle motor; a sensação e a percepção; a comunicação, as emoções e o estado de consciência. A localização e a extensão exatas da lesão determinam o quadro neurológico apresentado por cada paciente. Os AVEs oscilam desde leves até graves, e podem ser temporários ou permanentes. Esses podem ser causados por duas formas: *Isquêmica:* tumor, má-formação, trauma, trombo ou êmbolo, aterosclerose; ou *Hemorrágica:* hipertensão, má-formação, aneurisma (Sullivan, 1993). O quadro clínico do AVE é caracterizado por: déficit de força, tontura, cefaleia, distúrbios visuais, parestesia (dormência), alteração da fala (afasia) (Sullivan, 1993).

Traumatismo Crânio-Encefálico (TCE)

Trata-se de um problema cerebral causado por traumatismos ocorrido na cabeça (crânio). Pode produzir diminuição ou alteração do estado de consciência e resulta em limitações do funcionamento motor, cognitivo, social, comportamental e emocional. Em relação às limitações motoras, verifica-se a falta de coordenação, de planejamento, de sequenciamento dos movimentos, a espasticidade muscular, os problemas de fala, as paralisias, as convulsões e uma série de alterações perceptivas e sensoriais (Mattos, 2008).

Lesão Medular

A lesão medular traumática ocorre quando um evento traumático, como o associado a acidentes automobilísticos ou motociclísticos, mergulho, agressão com arma de fogo ou queda resulta em lesão das estruturas medulares, interrompendo a passagem de estímulos nervosos através da medula. A lesão pode ser completa ou incompleta. A completa é quando não existe movimento voluntário abaixo do nível da lesão, e é incompleta quando há algum movimento voluntário ou sensação abaixo do nível da lesão. A medula pode também ser lesada por doenças (causas não traumáticas), como, por exemplo, hemorragias, tumores e infecções por vírus (Schmitz, 1993).

A medula é considerada uma região muito sensível, é também considerada um centro regulador que controla funções importantes, como respiração, circulação, bexiga, intestino, controle térmico, atividade sexual.

Quando ocorre uma lesão na medula, dependendo do nível da lesão, pode deixar uma série de sequelas, muitas vezes irreversíveis, devido à interrupção das funções da medula espinhal, que são: espasmos; redução da capacidade respiratória; maior probabilidade às infecções; disfunção do sistema de regulação térmica; úlceras de decúbito (escaras); incontinência urinária; distúrbios de esfíncter retal; diminuição da massa óssea e muscular; aumento da porcentagem de gordura; perda da sensibilidade; prejuízos do retorno venoso; lesões nas vértebras cervicais, podendo reduzir o controle simpático (Schmitz, 1993; Souza, 1994).

Estudos epidemiológicos realizados nos Estados Unidos apontam como principal causa de lesão medular traumática os acidentes automobilísticos, responsáveis por cerca de 44% dos casos, seguidos por agressão (24%), quedas (22%), lesões associadas a atividades esportivas (8%) e outras causas (2%). No ano 2000, na rede SARAH, 57,5% dos pacientes que sofreram lesão medular evoluiram com sequela de traumatismo medular. Em 31%, a causa foi acidente de trânsito; em 30%, agressão com arma de fogo; em 21%, quedas; e em 6, 5%, mergulho.

Hidrocefalia

A hidrocefalia ocorre quando há um desequilíbrio entre a produção e a reabsorção de líquor cefalorraquidiano, resultando em grandes quantidades de LCR na cavidade craniana. Geralmente, o acúmulo de líquor acontece como consequência de uma obstrução à circulação liquórica, mas pode também ser resultado de uma excessiva produção de LCR pelos ventrículos. É a deformidade mais comumente associada ao aumento da cabeça em recém-nascidos, porém pode ocorrer em qualquer idade. Pode ser diagnosticada durante a vida uterina, através de exame de ultrassonografia.

A etiologia da hidrocefalia pode estar ligada a fatores de origem genética ou ambiental, ou ainda tratar-se de uma herança multifatorial. Pode ser de origem congênita ou adquirida.

O tratamento precoce é muito importante, desde o fechamento da Mielomeningocele e prevenção ou correção da hidrocefalia.

As sequelas apresentadas irão depender do tipo de tratamento utilizado e podem ser: perda de sensibilidade, deficiência mental, visual e auditiva, hipotonia.

Poliomielite

A Poliomielite, também conhecida como Paralisia Infantil, é uma doença infectocontagiosa viral aguda, tendo como uma de suas características os seus diferentes tipos de manifestação, como, por exemplo, febre sem causa aparente, infecções, meningite asséptica, paralisia e óbito. A infecção se transmite através do contato com um portador da pólio ou então com fezes humanas. Crianças na primeira idade são mais susceptíveis à doença e também aos principais agentes de transmissão, mas os adultos também podem contrair pólio.

Apesar de todas estas formas de manifestação, seu quadro mais comum é a paralisia (lesão medular não traumática), que afeta em geral os membros inferiores, e esta costuma surgir de forma súbita, vindo acompanhada de febre, assimetria, flacidez muscular, sensibilidade conservada e sequela após dois meses do início da enfermidade.

Há, ainda, as paralisias menos comuns, sendo que estas afetam os músculos respiratórios e da deglutição; neste caso, há risco de morte para o indivíduo com esta forma de paralisia.

Ambos os tipos de paralisias podem apresentar sequelas, que podem ser tanto sequelas paralíticas, como é o caso da paralisia dos membros inferiores, ou, até parada respiratória, devido à paralisia dos músculos respiratórios. Apenas a minoria dos casos de poliomielite obriga o indivíduo a se locomover em cadeia de rodas, sendo possível caminhar de forma independente. A contaminação se dá pela boca e se multiplica através da corrente sanguínea.

Síndrome Pós-Pólio

A Síndrome Pós-Pólio foi reconhecida como doença em 2009 pela OMS. A síndrome Pós-Pólio manifesta-se em indivíduos que tiveram poliomielite, em média, após 15 anos ou mais, com um novo quadro sintomatológico: Fraqueza muscular e progressiva, fadiga, dores musculares e nas articulações (diminuição da capacidade funcional e/ou no surgimento de novas incapacidades). Alguns podem desenvolver dificuldade de deglutição e respiração.

Distrofia Muscular

A distrofia muscular é uma doença neuromuscular de origem genética, cuja característica principal é o enfraquecimento progressivo da musculatura esquelética, prejudicando os movimentos e levando, na maioria das vezes, o portador a uma cadeira de rodas (Mattos, 2008).

Possui uma especificidade que a distingue das demais deficiências motoras: qualquer esforço muscular que cause um mínimo de fadiga contribui para a deterioração do tecido muscular. Isto porque o defeito genético ocorre pela ausência ou formação inadequada de proteínas essenciais para o funcionamento da fisiologia da célula muscular.

Amputação

As amputações sempre tiveram associadas às guerras. Nos Estados Unidos, após a Segunda Guerra Mundial, iniciou-se um movimento por soluções medicas e técnicas mais adequadas para melhorar a funcionalidade das amputações (Pedrinelli e Teixeira, 2008).

A amputação pode ser definida como a ausência ou a retirada parcial ou total de um ou mais membros do corpo.

- *Congênita:* ausência de uma parte ou de todo o membro ao nascimento.
- *Adquirida:* ausência de uma parte ou de todo o membro após o nascimento.

As principais incidências de amputações são causadas por traumas, câncer, infecções ou distúrbios vasculares. Com relação aos traumas, os oriundos de acidentes automobilísticos.

Limitações Físicas e Fisiológicas Associadas

A atividade física e o exercício físico (Caspersen *et al.*, 1985), com fins recreativos ou esportivos, podem colaborar decisivamente no processo de reabilitação ao modificar a maneira pela qual as pessoas com deficiência física percebem a si mesmo, e o modo pelo qual a sociedade as percebe. Além disso, os exercícios físicos melhoram as condições físicas funcionais, pois diminuem a atrofia muscular e aprimoram o sistema sensório motor. Qualquer que seja o tipo de atividade física, ela é benéfica, dependendo do tipo de deficiência física, como também o nível de comprometimento.

As experiências motoras dos deficientes físicos poderão ser ampliadas através de conhecimento de novas possibilidades de movimentos, novos jogos adaptados às suas limitações e potencialidades.

A atividade física e o exercício físico voltados à prática esportiva para pessoas com deficiência significa a oportunidade de testar suas possibilidades, prevenir contra deficiências secundárias e promover a integração total do indivíduo (consigo mesmo e com a sociedade). Os objetivos a serem desenvolvidos na educação física e/ou nos esportes com deficientes físicos devem considerar sempre as limitações e potencialidades individuais do educando, bem como as atividades propostas, cujos objetivos devem englobar: o desenvolvimento de autoestima; a melhoria da autoimagem; o estímulo à independência; a interação com outros grupos; a experiência intensiva com suas possibilidades de limitações; o contato com outras pessoas, deficientes ou não; o desenvolvimento das potencialidades do educando; a vivência de situações de sucesso, possibilitando a melhoria da autovalorização e da autoconfiança; a melhoria das condições organofuncionais (aparelhos circulatório, respiratório, digestivo, reprodutor e excretor); o aprimoramento das qualidades físicas, entre elas: resistência, força, velocidade; o desenvolvimento das habilidades físicas como coordenação, ritmo e equilíbrio; a possibilidade de acesso à prática do esporte como lazer, reabilitação e competição; o estímulo das funções do tronco e dos membros superiores; a prevenção de deficiências secundárias; o estímulo à superação de situações de frustração.

Para a prática da atividade física, sempre devemos levar em consideração a patologia ou a deficiência física. A seguir, iremos descrever sobre como deve ser a atividade física de algumas deficiências físicas.

No caso específico do AVE, podemos observar alterações do equilíbrio e da coordenação motora, assim como uma perda parcial ou total dos movimentos voluntários dos membros superiores e/ou membros inferiores. O retorno dos movimentos depende da reorganização neurológica e não está diretamente relacionado à realização de exercícios. Estes têm por finalidade manter as amplitudes articulares, melhorar a flexibilidade e a força muscular, estimular o equilíbrio e a coordenação motora, prevenir distúrbios circulatórios, favorecer a percepção corporal e estimular o uso da motricidade voluntária preservada. Sempre que possível, os exercícios devem ser direcionados a atividades funcionais do dia-a-dia da pessoa, visando a maior independência. De acordo com o interesse e a motivação, após uma avaliação prévia feita por profissionais especializados, o paciente poderá realizar atividades lúdico-desportivas adaptadas, tais como bocha, natação, lançamento e arremessos. Essas atividades têm por objetivo melhorar o condicionamento físico geral, reduzir os fatores de risco do AVE e proporcionar vivência e experiência em atividades em grupo, favorecendo a reinserção social (Mattos, 2008; Silva e Mello, No prelo).

Em pacientes com TCE, as atividades motoras podem ser realizadas nos pacientes vítimas de TCE, visando a plena recuperação e o retorno às atividades. A elaboração e o acompanhamento das atividades devem respeitar o grau de acometimento do trauma, bem como as sequelas cognitivas e comportamentais que possam vir a existir; no entanto, exerce papel importante para a qualidade de vida, especialmente quando as atividades se iniciam nos primeiros estágios da doença, visando a preservação da marcha, de contraturas e atrofias musculares. Atenção peculiar deve ser dada à musculatura dos membros inferiores, abdome e quadril (Mattos, 2008; Silva e Mello, No prelo).

Já a lesão medular traz ao indivíduo uma série de sequelas que podem ser amenizadas ou, em alguns casos, superadas com a prática de atividade física. Melhora da composição corporal e da capacidade motora são obtidas através do exercício físico, auxiliando na superação dos limites impostos pela deficiência. O programa de exercícios deve enfatizar a melhora da flexibilidade em todas as articulações, visando reduzir a espasticidade nos músculos não mais inervados; ganho de força, principalmente nos membros superior e tronco; e melhora da resistência respiratória. As atividades devem ser compatíveis com as principais necessidades e anseios do indivíduo, tendo como meta principal ganhos em saúde e qualidade de vida (Gorgatti e Bohme, 2008; Silva e Mello, No prelo).

No caso da hidroeefalia, a prática de atividade física proporciona ao indivíduo benefícios no desenvolvimento fisiológico, psicológico, social e cognitivo. Atividades que visam ao fortalecimento muscular, bem como atividades respiratórias, de equilíbrio postural e que trabalhem a motricidade fina e ampla são importantes para reduzir o déficit de coordenação encontrado nesses indivíduos. Independentemente do modelo da atividade realizada, é essencial que sejam explorados aspectos motores, afetivos, cognitivos e sociais, respeitando-se as necessidades e a individualidade de cada um (Silva e Mello, No prelo).

Para o indivíduo com paralisia cerebral, as atividades físicas bem orientadas promovem o fortalecimento muscular, favorecendo o melhor desempenho motor e interferindo de maneira positiva no desenvolvimento emocional e social. Natação, dança, ginástica, futebol, equitação ou outras atividades esportivas são, indiscutivelmente, muito mais benéficas para determinado grupo de crianças do que tratamentos fisioterápicos realizados dentro de um hospital ou centro de reabilitação (Silva e Mello, No prelo).

Já para a distrofia muscular, um programa de atividade física pode ser realizado nos primeiros estágios da doença, visando a preservação da marcha e a prevenção de contraturas e atrofias musculares. Atividades que desenvolvam força, principalmente dos membros inferiores, abdome e quadril, têm influência positiva no desenvolvimento muscular. Atividades aquáticas, jogos lúdicos, exercícios respiratórios, atividades aeróbicas de baixa intensidade e atividades rítmicas são extremamente benéficas e motivadoras, diminuindo o impacto da degeneração e melhorando a qualidade de vida.

A atividade física ou o exercício físico no indivíduo com amputação, com fins recreativos ou esportivos, podem colaborar decisivamente no processo de reabilitação ao modificar a maneira pela qual as pessoas com amputações percebam a si mesmas, e o modo pelo qual a sociedade as percebe. Além disso, os exercícios físicos melhoram as condições de controle da prótese pelo indivíduo porque diminuem a atrofia muscular e aprimoram a propriocepção. Os avanços ocorridos nas ultimas décadas em relação à confecção de próteses tem proporcionado aos indivíduos com amputações uma gama de oportunidades de se inserir no esporte. As próteses desenhadas para o esporte podem ser uma boa opção para aqueles que pretendem dar prosseguimento ou iniciar um programa de atividade física. Deve ser feito exercício de alongamento e fortalecimento localizados, com adaptação de cargas e de mecânica do movimento (Pedrinelli e Teixeira, 2008).

Deficiência Intelectual

Definição

A deficiência intelectual tem sua conceituação dificultada, por ser um quadro resultante de múltiplos fatores, com variados quadros clínicos, o qual apresenta como denominador comum a insuficiência intelectual.

A Organização Mundial de Saúde define a deficiência intelectual como um funcionamento intelectual abaixo da media, que traz perturbações na aprendizagem, na maturidade e no ajuste social, constituindo um estado no qual o desenvolvimento da mente é incompleto ou se detém (Campeão, 2009).

Segundo a AAMR (Associação Americana de Deficiência Mental) e o DSM-IV (Manual Diagnóstico e Estatístico de Transtornos Mentais), o retardo mental refere-se a limitações substanciais no funcionamento atualizado dos indivíduos.

Caracteriza-se por:

- Um funcionamento intelectual significativamente inferior à média, que se apresenta relacionado a:
  1. Limitações associadas em duas ou mais das seguintes áreas de habilidades adaptativas aplicáveis: comunicação, cuidados pessoais, competências domésticas, habilidades sociais, utilização de recursos comunitários, autonomia, saúde e segurança, habilidades funcionais para a escola, casa, trabalho e lazer.
  2. Manifesta-se antes dos 18 anos (Luckasson et al., 1992).

Descrição dos Tipos

Alguns testes são usados para identificar e classificar a pessoa com deficiência intelectual, sendo que os mais utilizados são: *Stanford Binet Test* e o *Wechsler*, como apresentados na Tabela 7.2.

A classificação da deficiência intelectual estaria diretamente associada às capacidades e às limitações desses indivíduos. De acordo com o grau de comprometimento, os indivíduos apresentam algumas características (Tabela 7.2).

- *Profundo (QI Binet ≤ 19):* Indivíduo que frequentemente apresenta problemas físicos associados

ESPECIFICIDADES DO ESPORTE PARALÍMPICO

Tabela 7.2.
Classificação dos níveis de deficiência intelectual pelo critério intelectual e adaptativo (Gimenez, 2008)

Desvio-padrão	Desvio-padrão de 16 – QI Binet	Desvio-padrão de 15 – QI Wechsler	Classificação	Comportamento adaptativo
1-2	68-84	70-85	Limítrofe	Aprendizagem lenta deve ser emocionalmente normal
2-3	52-67	55-69	Leve	Educável, diferenças percebidas após os seis anos de idade
3-4	36-51	40-54	Moderado	Treinável para tarefas de rotina e cuidados pessoais
4-5	20-35	25-39	Severo	Aprende minimamente tarefas relacionadas aos cuidados pessoais
5+	19 e abaixo	24 e abaixo	Profundo	Com poucas exceções, estado vegetativo

à deficiência intelectual, como graves problemas sensoriais ou ortopédicos. Esse indivíduo apresenta dependência completa e limitações extremamente acentuadas de aprendizagem.

- *Severo (QI Binet = 20-35):* Indivíduo que, em geral, apresenta distúrbios ortopédicos e sensoriais, bem como acentuado prejuízo de comunicação e mobilidade. Ele pode alcançar resultados ao exercer atividades condicionadas e repetitivas, desde que devidamente supervisionadas.

- *Moderado (QI Binet = 36-51):* Indivíduo com considerável atraso na aprendizagem, que, grande parte das vezes, apresenta problemas motores visíveis. Por outro lado, geralmente tal indivíduo tem certa facilidade de ajustar-se socialmente aos programas sistematizados e à formação de hábitos higiênicos, bem como a inserção social na família, na escola e na comunidade.

- *Leve (QI Binet = 55-69):* Indivíduo que apresenta aprendizagem lenta, mas que tem plenas capacidades para o desempenho de tarefas escolares e da vida cotidiana.

- *Limítrofe (QI Binet = 68-84):* Indivíduo considerado como portador de um desvio da inteligência, em razão de algumas dificuldades em exercer tarefas que exijam raciocínio lógico e grande demanda cognitiva.

Principais Causas

De acordo com Gimenez (2008), destacam-se as seguintes causas:

- *Causas pré-natais:* Infecções como rubéola, malária, caxumba, toxoplasmose, herpes, sífilis, álcool, drogas, radiação; hidrocefalia, macrocefalia,

microcefalia, alterações cromossômicas, como a síndrome de Down, entre outras.

- *Causas perinatais:* Anoxia, hipoxia, algum tipo de trauma que resulte em lesão cerebral, como parto de fórceps.

- *Causas pós-natais:* Sarampo, caxumba, radiações, medicamentos, privação nutricional, familiar e cultura.

Limitações Físicas e Fisiológicas Associadas

As pessoas com deficiência intelectual são caracterizadas por lentidão, pela escolha de estratégias motoras inadequadas, pela alta variabilidade de produto e processo e atraso no desenvolvimento em comparação com indivíduos normais. *A pessoa com deficiência intelectual apresenta problemas associados ao sistema nervoso central, suas funções motoras podem apresentar-se deficitárias quando comparadas a pessoas sem deficiência na mesma faixa etária.* Nesse sentido, um programa adequado para essa população deve oferecer certa prioridade com relação às referidas capacidades, sobretudo quando se considera o seu papel no processo de desenvolvimento motor (Gimenez, 2008).

Desse modo, é importante estimular:

- *O tempo de reação simples:* presente nas tarefas que envolvam respostas rápidas a um único estímulo ambiental. O estímulo pode ser visual, auditivo, sinestésico. Por exemplo: – Assim que eu disser "já", você corre!

- *O tempo de reação de escolha:* presente nas tarefas que envolvem a apresentação de respostas diferentes de acordo com o tipo de estímulo apresentado. Por exemplo: – Se eu levantar a bola azul, você corre; se eu levantar a bola amarela, você senta!

- *A agilidade:* tarefas que demandem ajustes rápidos. Por exemplo: correr e, em seguida, passar por cones em uma sequência determinada.

- *Controle da força:* presente nas atividades que exijam ajustes diferentes na graduação da forca, dependendo do momento ou do segmento envolvido. Por exemplo: lançar uma bola de *Medicine Ball* (pesada) com uma mão, e uma leve com a outra.

- *Equilíbrio:* atividades que exijam a retomada de controle postural após a sua perda. Por exemplo: mantendo-se em um único pé, abaixar e tocar o chão com as mãos e retornar à posição inicial.

Os jogos ou atividades lúdicas são os meios mais utilizados pelo educador físico para interferir positivamente na aprendizagem e no desenvolvimento geral das crianças com deficiência mental. O jogo e a brincadeira fazem parte do cotidiano de qualquer criança, e além de terem um significado fundamental para o seu desenvolvimento global, contribuem para a aquisição de habilidades que permitirão estabelecer relações sociais e ambientais, facilitando sua convivência dentro do contexto familiar e social em que vivem (Campeão, 2009).

Considerações Finais

Assim, após termos comentado sobre a deficiência mental, física e visual, sabemos que podem existir limitações e diversas incapacidades, mas acreditamos que com boa orientação, com uma equipe multidisciplinar incluindo médicos, educadores físicos, fisioterapeutas, psicólogos e os treinadores, pode-se viabilizar de forma adequada a participação dessas pessoas com deficiências, seja ela qual for, no esporte paralímpico. Fazendo com que essas pessoas sejam capazes de transpor a barreira da imagem e da própria deficiência e serem profissionais bem sucedidos, demonstrando que não ser deficiente é apenas um detalhe, tornando-se assim vencedores no esporte e na própria vida.

Bibliografia Consultada

1. Adams RC, Daniel NA, McCubbin JÁ, Rullman L. Jogos, esportes e exercícios para o deficiente físico. 3ª Edição. Editora: Manole, São Paulo, 1985.
2. Almeida JJG, Munster MAV. Atividade física e deficiência visual. In: Atividade física e deficiência visual. In: Gorgatti MG, Costa RF (Org). Atividade física adaptada. 2ª Ed. Barueri: Manole, 2008.
3. Almeida JJG, Oliveira Filho CW. A iniciação e o acompanhamento do atleta deficiente visual. In: Sociedade Brasileira de Atividade Motora Adaptada. Temas em Educação Física Adaptada, SOBAMA, 2001.
4. Alves MLT, Duarte E. A inclusão do deficiente visual nas aulas de educação física da escola: impedimentos e oportunidades. Human Social Science, Maringá, v.27, n.2, p. 231-237, 2005.
5. Arnheim D. Principles and methods of adapted physical education. Saint Louis, Mosby, 1973.
6. Campeão MS. Atividades esportivas para pessoas com deficiência mental: atividade física e esporte para pessoas com deficiência mental. In: Esportes e atividades físicas inclusivas. Eliana Lucia Ferreira (Organizadora). Editora Intertexto, Niterói, 2009.
7. Caspersen CJ, Powell KE, Christenson GM. Physical Activity, Exercise and Physical Fitness. Public Heath Reports, 1985;100:126-131.
8. Conde AJM, Sobrinho PA, Senatore V. Introdução ao movimento paraolímpico: manual de orientação para professores de educação física. Brasília: Comitê Paraolímpico Brasileiro, 2006. 74p.
9. Cobo AD, Rodriguez MG, Bueno ST. Desenvolvimento cognitivo e deficiência visual. In: Martin MB e Bueno ST. Deficiência visual: Aspectos Psicoevolutivos e educativos. São Paulo: Santos Livraria e Editora, 2003.
10. Craft, DH. Sensory impairments. In: Winnnick JP. Adapted Physical Education and Sport. ILLIONIS, Human Kinectis Books, 1990. P. 209-16.
11. Duarte E; Lima SMT. Atividade Física para Pessoas com Necessidades Especiais: Experiências e Intervenções Pedagógicas. Rio de Janeiro: Editora Guanabara Koogan S.A., 2003.
12. Durstine GE; Painter PL; Roberts SO. Exercise Management for Persons with chronic diseases and disabilities. 3 Ed. Human Kinetics. American College of sports medicine, 2009.
13. Fonseca V. Educação Especial – Programa de Estimulação Precoce – Uma Introdução às Ideias de Feverstein – Segunda Edição, Artes Médicas – Porto Alegre, 1995.
14. Gimenez R. Atividade física e deficiência intelectual. In: Gorgatti MG, Costa RF (Org). Atividade física adaptada. 2ª Ed. Barueri: Manole, 2008.
15. Gorgatti MG, Bohme MT. Atividade física e lesão medular. In: Gorgatti MG, Costa RF (Org). Atividade física adaptada. 2ª Ed. Barueri: Manole, 2008.
16. Isaac MJP. As Deficiências Visuais – Deficiências e Adaptações. Ed. Manole, SP, 1989.
17. Luckasson R. Mental retardation: definition, classification and systems of support. Washington DC. American Association on Mental Retardation, 1992.
18. Masini EFS. O Perceber e o Relacionar-se com o Deficiente Visual. Brasília: Corde, 1994.
19. Mattos E. Atividade física nos distúrbios neurológicos e musculares. In: Gorgatti MG, Costa RF (Org). Atividade física adaptada. 2ª Ed. Ed: Barueri: Manole, 2008.
20. Menescal A. A criança portadora de deficiência visual usando o seu corpo e descobrindo o mundo. In: Brasil. Ministério do Esporte, Turismo e Lazer. Atividade física e esportiva para portadores de deficiência. Brasília, SESI-DN/MET, 2001. P.135-76.

21. Moura GR, Pedro ENR. Adolescentes portadores de deficiência visual: percepções sobre sexualidade. Revista Latino Americana de Enfermagem. São Paulo, v.14, n.2, p. 220-226, 2006.
22. Munster MAV, Almeida JJG. Atividade física e deficiência visual. In: Gorgatti MG, Costa RF (Org). Atividade física adaptada. Barueri: Manole, 2005.
23. Oliveira Filho, CW, Almeida, JJG. Pedagogia do Esporte: um Enfoque para Pessoas com Deficiência Visual. In: Paes, Roberto Rodrigues; Balbino, Hermes Ferreira. (Org.). Pedagogia do Esporte: Contexto e Perspectivas. Rio de Janeiro: Guanabara Koogan, 2005, v. 1, p. 91-110.
24. O'Sullivan SB. Acidente vascular cerebral. In: Fisioterapia: avaliação e tratamento. O'Sullivan SB, Schmitz TJ (organizadores). 2ª Edição. Editora Manole, São Paulo.
25. Paes, RR. A pedagogia do esporte e os esportes coletivos. In: Rose DJ. Esporte e atividade física na infância e na adolescência: uma abordagem multidisciplinar. Porto Alegre, Artmed, 2002. P. 89-98.
26. Pedrinelli A, Teixeira WJ. Atividade física nas amputações e nas anomalias congênitas. In: Gorgatti MG, Costa RF (Org). Atividade física adaptada. 2ª Ed. Ed: Barueri: Manole, 2008.
27. Porto, ETR. Atividade física e esportivas para pessoas com deficiência visual. In: Ferreira, EL. Esportes e atividades físicas inclusivas. 2009, volume 5. Editora: Intertexto, Niterói.
28. Rodrigues D. As dimensões de adaptação de atividades motoras. In: Rodrigues D. Atividade motora adaptada: a alegria do corpo. São Paulo: Artes Medicas, 2006.
29. Schmitz TJ. Lesão Traumática da lesão medular. In: Fisioterapia: avaliação e tratamento. O'Sullivan SB, Schmitz TJ (organizadores). 2ª Edição. Editora Manole. São Paulo.
30. Seabra Junior MO. Estratégias de ensino e recursos pedagógicos para o ensino do aluno com deficiência visual na atividade física adaptada: manual para instrumentalização do professor de educação física. 2008. Tese de Doutorado – Faculdade de Filosofia e Ciências de São Paulo, Marília.
31. Silva A, Mello MT. Neuropatologias das Diversas Categorias da Deficiência. In: Esportes e atividades físicas inclusivas. Eliana Lucia Ferreira (Organizadora). Editora Intertexto, Niterói. No prelo.
32. OMS Classificação Internacional de Funcionalidade, Incapacidade e Saúde – CIF (A. Leitão, Trans. Vol. 1). Lisboa: OMS, 2001.
33. Sobrinho PAS. O esporte adaptado e paraolímpico como direito da criança e do adolescente. In: Introdução ao movimento paraolímpico: manual de orientação para professores de educação física. Conde AJM, Sobrinho PA, Senatore V (Organizadores). Brasília: Comitê Paraolímpico Brasileiro, 2006. 74p.
34. Souza PA. Lesões medulares. In: O esporte na paraplegia e tetraplegia. Souza PA (organizador). Rio de Janeiro: Editora Guanabara Koogan, 1994.
35. Souza PA. O Esporte na Paraplegia e Tetraplegia. Rio de Janeiro: Guanabara Koogan, 1994.
36. Souza PA. O Esporte na Paraplegia e Tetraplegia. Rio de Janeiro: Guanabara Koogan, 1994.
37. Winnick JP. Educação Física e esportes adaptados. Barueri: Manole, 2004.
38. IBSA. IBSA Classification Rules and Procedures Disponível em:<http://www.paralympic.org>. Acesso em: 20 abril 2011.

PARTE 3

MODALIDADES DO
PROGRAMA PARALÍMPICO

capítulo 8

Atletismo

Ciro Winckler

Os primeiros relatos de pessoas com deficiência realizando práticas sistematizadas de atletismo ocorrem no início do século XX, nos Estados Unidos, em competições entre escolas para pessoas cegas, na cidade de Watertown, em 1908 (McGinnity, Seymour-Ford, Andries, 2004), e na Europa ocorrem na Alemanha, em 1910, também, com pessoas cegas (Palacio, 2004).

O atletismo é uma das modalidades presentes desde a primeira edição dos Jogos em Roma 1960. Sua evolução tem sido constante e significativa nas 13 edições dos Jogos. Não só comprovada nos resultados atléticos, nos quais pode-se dar como exemplo atletas com resultados expressivos nos eventos olímpicos e paralímpicos*, mas também pela representatividade dos números de participação na modalidade nos Jogos Paralímpicos, que nos últimos eventos foi de aproximadamente um quarto do total de atletas, número que correspondeu em Pequim a 1.015 atletas de um total de 3.951 em todo o evento.

O Brasil, em suas dez participações em Jogos Paralímpicos, desde Heildelberg, na Alemanha, em 1972, levou atletas para competir no atletismo em todas as edições, mesmo que tivesse apenas um representante, como ocorreu em 1980. Nessas participações, 130 atletas representaram o País, sendo 32 mulheres e 98 homens.

As primeiras medalhas do atletismo brasileiro nos Jogos Paralímpicos foram conquistadas em 1984. A melhor participação por número de medalhas conquistadas ocorreu em Atenas, mas no quadro geral de medalhas a melhor colocação ocorreu em Pequim, com a 10ª posição.

A Tabela 8.1 apresenta os resultados brasileiros em Jogos Paralímpicos na modalidade Atletismo e o número de atletas participantes nas 10 edições em que o Brasil esteve presente.

A maior medalhista brasileira em Jogos Paralímpicos é Adria Rocha Santos, com 12 medalhas, em seis edições de jogos (1988 a 2008). Desse total, são quatro medalhas de ouro, oito medalhas de prata e uma de bronze. Dentre os homens, o maior medalhista é Luiz Claudio Pereira, com nove medalhas, em três edições de jogos (1988 a 1996), sendo seis medalhas de ouro e três de prata.

A principal diferença entre o atletismo olímpico e o paralímpico é que o segundo apresenta um sistema de divisão dos atletas através da classificação funcional, o que possibilita ao atleta competir com outros que tenham a mesma funcionalidade de movimento em equidade de condições.

O atletismo é uma das modalidades multideficiência do programa paralímpico; o impacto dessa condição é a diversidade de classes e características de provas. A seguir serão descritos os grupos de deficiência, provas e classes paralímpicas do Atletismo.

Classes Esportivas

Para os Jogos Paralímpicos de Atlanta, em 1996, houve no atletismo a mudança da classificação médica para a funcional. Nesse evento houve a alteração do sistema de classes, estrutura que até hoje norteia a modalidade.

---

* Pode-se apresentar aqui a norte-americana Marla Runian, atleta com baixa visão que fez a final dos 1.500 metros nos Jogos Olímpicos de Sydney, em 2000, e é detentora dos recordes dos 100 aos 5.000 metros em sua classe esportiva (T13), ou a participação do atleta bi-amputado Oscar Pistorius no Campeonato Mundial de Atletismo de Daegoo, em 2009.

Tabela 81.
Resultados brasileiros em Jogos Paralímpicos na modalidade Atletismo e número de atletas participantes nas 10 edições em que o Brasil esteve presente

Jogos Paralímpicos		Número de Atletas	Ouro	Prata	Bronze	Total
Heildelberg, na Alemanha	1972	7				
Toronto	1976	15				
Arnhem, na Holanda	1980	1				
Stoke Mandeville e Nova York	1984	27	6	12	3	21
Seul	1988	38	3	8	5	16
Barcelona	1992	13	3	0	1	4
Atlanta	1996	12	0	5	6	11
Sidney	2000	10	4	4	1	9
Atenas	2004	19	5	6	5	16
Pequim	2008	47	4	4	7	15
Total			25	39	28	92

A Tabela 8.2 apresenta os cinco grandes grupos de deficiência elegíveis para a prática do atletismo. Em cada uma delas serão apresentadas as suas classes, através de dois números, e esses sempre serão precedidos de uma letra. Para as provas de pista, a letra é o T (primeira letra da palavra inglesa *Track*), F para as de campo (primeira letra da palavra inglesa *Field*) e P para as provas de pentatlo, evento combinado de cinco provas (primeira letra da palavra inglesa *Pentatlon*). O número que representa a dezena simboliza o grupo da deficiência, e a unidade, o nível de comprometimento dos atletas naquele grupo de deficiência; assim, quanto menor esse, maior a incapacidade gerada pela deficiência.

As classes apresentam as seguintes características básicas (CPB, 2009):

Classes 11 a 13

- *Classe 11* – Nessa classe estão os atletas com cegueira que não apresentam percepção luminosa ou aqueles que têm a capacidade de perceber uma fonte luminosa, mas não conseguindo definir um optotico que apresente LogMar 2.6;
- *Classe 12* – Atletas com baixa visão, que tenham acuidade visual entre 2.5 e 1.6 LogMar, e/ou campo visual de diâmetro menor que 5 graus;
- *Classe 13* – Atletas com baixa visão, que apresentam acuidade visual variando entre 2/60 e 6/60 pés

Tabela 8.2
Cinco grandes grupos de deficiência elegíveis para a prática do atletismo

Campo	Pista	Pentatlo	
F11, F12 e F13	T11, T12 e T13	F11, F12 e F13	Atletas com deficiência visual
F20	T20	P20	Atletas com deficiência mental
F31, F32, F33, F34, F35, F36, F37 e F38	T31, T32, T33, T34, T35, T36, T37 e T38	P32, P33, P34, P35, P36, P37 e P38	Atletas com paralisia cerebral
F40			Atletas com baixa estatura
F41, F42, F43, F44, F45, F46	T41, T42, T43, T44, T45, T46	P42, P43, P44, P45, P46	Atletas com amputação ou outros tipos de deficiência
F51, F52, F53, F54, F55, F56, F57 E F58	T51, T52, T53 e T54	P51, P52, P53, P54, P55, P56, P57 e P58	Atletas com lesão medular, amputações ou outras deficiências que levem ao uso da cadeira de rodas

ou campo visual de até 20 graus." por "Classe 13 – Atletas com baixa visão, que apresen-tam acuidade visual variando entre LogMar 1.5 e 1.0 ou campo visual de até 20 graus.

Classe 20

Para ser elegível nessa classe, o atleta deve apresentar os seguintes comprometimentos (INAS-FID, 2010):

- Apresentar valor igual ou inferior a 75 pontos nos testes de QI reconhecidos pela INAS-FID, como a Escala de Inteligência de Wechsler – WISC, para crianças entre 6 e 16 anos, as WAIS para adultos de 16-90 anos (HAWIE, SSAIS, MAWIE, dentre outras); ou ainda os testes de Stanford-Binet ou as Matrizes de Raven.
- Limitação significativa de comportamento conceitual e social adaptativo e habilidades adaptativas práticas.
- A deficiência intelectual precisa estar evidente durante o período de desenvolvimento, sendo aqui definido da concepção até os 18 anos de idade.

Essa classe volta a partir do Campeonato Mundial de 2011 a fazer parte do programa paralímpico. O sistema de classificação foi reformulado, após os questionamentos sobre o processo de classificação gerado por problemas nos Jogos Paralímpicos de Sydney, em 2000.

Classes 31 a 38

Os atletas com paralisia cerebral podem competir em cadeira de rodas ou deambular. O termo para referir funcionalidade desse segundo grupo será *ambulante*.

- *Classe 31* – Quadriplegia severa, podendo se apresentar na forma de espasticidade ou atetose nos quatro membros e dificuldade de preensão;
- *Classe 32* – Quadriplegia severa ou moderada, apresentando espasticidade ou atetose. Não utiliza força de membros inferiores, tem grande dificuldade de equilíbrio e pouco domínio de tronco;
- *Classe 33* – Quadriplegia moderada ou leve, com força discreta dos membros inferiores, normalmente apresenta espasticidade. Demonstra melhor coordenação e equilíbrio quando sentado;
- *Classe 34* – Diplegia com bom controle de tronco, normalmente não apresenta problemas nos membros superiores.

Ambulantes

- *Classe 35* – Diplegia moderada, pode apresentar espasticidade, atetose ou ataxia em até quatro membros. Apresenta dificuldade de coordenação e equilíbrio;
- *Classe 36* – Diplegia moderada ou leve, com bom equilíbrio dinâmico em comparação ao estático;
- *Classe 37* – Hemiplegia pode apresentar espasticidade ou atetose;
- *Classe 38* – Atleta com mínimo comprometimento motor, diplegia, hemiplegia ou monoparesia.

Classe 40

- *Classe 40* – Atleta anão com acondroplasia ou uma variação dela. Limite de estatura corporal para os homens de 145 cm, e para mulheres de 140 cm.

Existe uma proposta de divisão da classe 40 em duas, possibilitando maior equidade de competição entre as pessoas com estatura de maior variância. Essa mudança ocorrerá após os Jogos Paralímpicos de Londres, em 2012.

Classes 41 a 46

Os atletas das classes 41 a 44 podem optar por competir utilizando ou não próteses; caso optem em usar cadeira de rodas, esses serão classificados pelos parâmetros das classes do grupo 50.

- *Classe 41* – Amputação bilateral acima do joelho ou sequela similar;
- *Classe 42* – Amputação unilateral acima do joelho ou sequela similar;
- *Classe 43* – Amputação bilateral abaixo do joelho ou sequela similar;
- *Classe 44* – Amputação unilateral abaixo do joelho ou sequela similar;
- *Classe 45* – Amputação bilateral de membros superiores ou sequela similar;
- *Classe 46* – Amputação unilateral de membro superior ou sequela similar.

Classes 51 a 58

Provas de Pista (T)

- *Classe T51* – Tetraplegia severa, pouca função de ombros e cotovelos, sem função de tronco (p. ex., Tetraplégico nível C5-6);
- *Classe T52* – Tetraplegia, com boa função de ombros e cotovelos, mas com déficit na função das mãos (p. ex., Tetraplégico nível C7-8);

ATLETISMO

- *Classe T53* – Paraplegia, com boa função de membros superiores, mas sem função abdominal (p. ex., Paraplégico nível T1 -7);

- *Classe T54* – Atleta com função normal de tronco que apresenta alguma sequela em membros inferiores.

Provas de Campo (F)

- *Classe F51* – Apresenta pouca função de ombros, flexão de cotovelos, flexão e extensão de punhos, além de não apresentar função de tronco, (p. ex., Tetraplégico nível C5-6);

- *Classe F52* – Apresenta boa função de ombros, extensores de cotovelos fracos, déficit nas funções das mãos e dedos (p. ex., Tetraplégico nível C7);

- *Classe F53* – Apresenta boa função de ombros, cotovelos e punhos, mas com déficit nas funções dos dedos das mãos (p. ex., Paraplégico nível C8);

- *Classe F54* – Apresenta boa função de membros superiores, mas sem função de tronco (p. ex., Paraplégico nível T1 -7);

- *Classe F55* – Apresenta boa função de membros superiores, parcial ou normal função de tronco (p. ex., Paraplégico nível T8–L1);

- *Classe F56* – Apresenta bom equilíbrio e movimentação de tronco, função normal das coxas (p. ex., amputado bilateral acima do joelho);

- *Classe F57* – Apresenta maior funcionalidade em, pelo menos, um dos membros inferiores (p. ex., amputação unilateral com desarticulação do quadril);

- *Classe F58* – Atletas com amputação unilateral de membro inferior ou deficiência equivalente.

Provas do Programa Paralímpico

As provas do programa paralímpico estão representadas na Tabela 8.3.

No pentatlo, as provas terão a configuração e ordem conforme descritos na Tabela 8.4 (IPC, 2010).

Não são contempladas no programa paralímpico as provas de corridas com barreira e obstáculo, o salto com vara e o lançamento de martelo. Não existe uma limitação nas regras do Comitê Paralímpico Internacional – IPC no que tange à participação de atletas de determinadas classes nas provas do atletismo, à exceção das provas de salto para os atletas em cadeira de rodas e o club apenas para os atletas de classe esportiva com maior comprometimento motor. No entanto, vale relatar que quando o atletismo era

Tabela 8.3 Provas do programa paralímpico	
	Prova
Provas de Pista (T)	100 metros
	200 metros
	400 metros
	800 metros
	1500 metros
	5000 metros
	10000 metros
	4x100 metros
	4x400 metros
	Maratona
Provas de Campo (F)	Salto em Altura
	Salto em Distância
	Salto Triplo
	Lançamento de dardo
	Lançamento de disco
	Lançamento de Club
	Arremesso de Peso
Prova Combinada (P)	Pentatlo

regido pelas Organizações Internacionais de Esporte para Deficientes – IOSD, haviam limitações, como, por exemplo, os atletas com paralisia cerebral não disputavam as provas acima de 5000 metros ou provas específicas, como lançamento de martelo para atletas com deficiência visual ou decatlo para aqueles com deficiência intelectual.

O Atletismo Olímpico tem em disputa 26 medalhas de ouro em cada edição dos Jogos, divididas apenas entre masculino e feminino. Nos eventos paralímpicos existe um número muito maior de medalhas em disputa em virtude do sistema de classes funcionais e gêneros; nos jogos de Pequim foram 160 provas oferecidas, e a previsão é a mesma para Londres, em 2012. Para possibilitar esse número de eventos, muitas provas não serão oferecidas e outras, principalmente os eventos de campo, terão suas classes combinadas, visando reduzir o número.

Tabela 8.4
Configuração e ordem nas provas de pentatlo

Classe esportiva	Gênero	Evento 1	Evento 2	Evento 3	Evento 4	Evento 5
P11-13	Masculino	Salto em distância	Dardo	100m	Disco	1500m
P11-13	Feminino	Salto em distância	Peso	100m	Disco	800m
P33-34	Masculino e Feminino	Peso	Dardo	100m	Disco	800m
P35-38	Masculino	Salto em distância	Dardo	100m	Disco	1500m
P35-38	Feminino	Salto em distância	Peso	100m	Disco	800m
P42	Masculino e Feminino	Salto em distância	Peso	100m	Disco	200m
P44	Masculino e Feminino	Salto em distância	Peso	100m	Disco	400m
P46	Masculino	Salto em distância	Peso	100m	Disco	1500m
P46	Feminino	Salto em distância	Peso	100m	Disco	800m
P51	Masculino e Feminino	100m	Club	400m	Disco	800m
P52-53	Masculino e Feminino	Peso	Dardo	100m	Disco	800m
P54-58	Masculino e Feminino	Peso	Dardo	200m	Disco	1500m

Noções de Regras

As regras da modalidade possibilitam a prática da modalidade em condições de igualdade entre seus praticantes, sem que os mesmos obtenham vantagens pela sua condição de ajuste de equipamentos ou de condições em decorrência de sua deficiência. Assim, o atletismo paralímpico é regido pelas regras da Federação Internacional das Associações de Atletismo – IAAF e pelas adequações a essa feita pelo IPC – Athletics, órgão do Comitê Paralímpico Internacional, que gerencia e chancela as competições internacionais e referenda as regras e a classificação da modalidade.

A regra do atletismo convencional não permite aos atletas terem nenhum tipo de auxílio dentro da pista ou se locomoverem por outro meio que não sejam as próprias pernas. Na saída de uma prova de velocidade, o atleta, nas regras do atletismo convencional, posiciona-se no bloco, mantendo um apoio de cinco contatos (mãos, joelho e pés), o que seria impossível para um atleta amputado de membro superior. Para minimizar essa condição, as regras do atletismo paralímpico alteram as regras e deixam o atleta com opção para usar ou não os cinco apoios, conforme sua adaptação e equilíbrio.

A seguir serão apresentadas as principais alterações da regra e seus impactos nas diferentes classes*.

Nas provas de pista, os atletas das classes 11 e 12 podem utilizar-se de duas raias; nos eventos raiados, que vão de 100 a 800 metros, esse espaço é definido a essas classes, pois as mesmas podem usar os atletas guias. Na classe T11, o uso desse atleta-guia é obrigatório, enquanto para a classe T12 o uso do mesmo é opcional. Para guiar o atleta, o guia pode correr ao lado do mesmo, usar uma corda que ligue as mãos de ambos ou que simplesmente os ligue. O atleta guia nunca poderá se afastar mais de 50 centímetros do atleta que está guiando, tão pouco puxá-lo, empurrá-

Figura 8.1. Atleta da classe T11 e seu Atleta-guia.

---
*Maiores detalhes deverão ser consultados nas regras disponibilizadas no site eletrônico www.cpb.org.br

-lo ou propeli-lo. Talvez o ponto mais importante do comportamento do atleta e seu guia é que a regra os considera um, o comportamento de ambos pode levar, por exemplo, a uma desqualificação ou à vitória, pois a comunicação entre ambos é permitida.

Nas provas de corrida, o atleta deverá cruzar a linha de chegada sempre à frente de seu guia; caso chegue na mesma linha ou à atrás, o atleta é desqualificado. Na Figura 8.2, pode-se ver a leitura do *photo finish* na chegada de uma prova de atletas da classe 11.

Para os eventos de campo, a pessoa que irá acompanhar o atleta ao setor de competição exercerá a função de guia ou chamador, pois não correrá junto com o atleta, mas o orientará na realização das ações esportivas através de orientação espacial e técnica. Essa pode ocorrer antes, durante e após a tentativa de maneira verbal ou auditiva, ficando o contato físico limitado para antes do início da tentativa, durante a orientação espacial, e após o atleta ter deixado o setor de competição.

Na prova de salto em distância, além da orientação auditiva, o atleta conta ainda com o salto real, no qual a tábua de impulsão é substituída por uma área de 1,22 metro (largura) por 1 metro (comprimento), o que possibilita uma melhor aproximação e precisão de salto, conforme ilustrado na Figura 8.3.

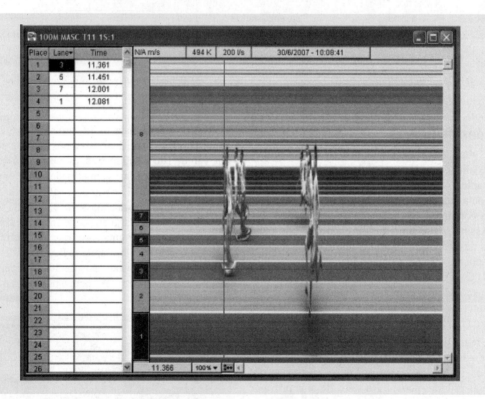

Figura 8.2. Chegada de uma prova de corrida registrada no sistema de *Photo Finish*.

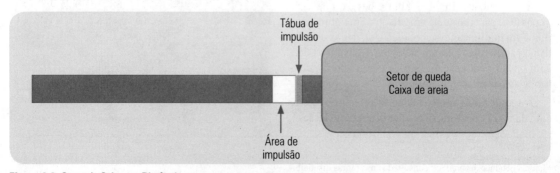

Figura 8.3. Setor de Salto em Distância.

Os atletas das classes 13 e 20 competem sob as mesmas regras do atletismo convencional. No entanto, os atletas do segundo grupo, ou seus treinadores, podem solicitar auxílio para que os árbitros de um determinado evento realizem as medições para, por exemplo, colocar o bloco de partida ou colocar uma marca em determinada distância usada para a realização de um lançamento ou salto.

Os atletas das classes 35 a 38 apresentam como principal limitação funcional a limitação de equilíbrio e coordenação. Para minimizar os efeitos dessas regras de saída das provas de velocidade, deixam de ter a obrigatoriedade do uso do bloco de partida e da saída baixa. Associada à paralisia cerebral pode-se encontrar a deficiência auditiva; nesses casos, nas provas de corrida, o árbitro de partida deverá usar algum dispositivo visual para que os atletas percebam o tiro de partida.

Os atletas das provas de pista das classes T45 e T46 podem, nos eventos de velocidade, fazer uso ou não do bloco de partida como descrito anteriormente, podendo ainda usar um suporte ou uma estrutura que possibilite apoiar o coto e deixe o corpo com maior equilíbrio. Nas classes 42 a 44, o atleta utilizará uma prótese que será considerada parte do seu corpo e deverá seguir dimensões e características específicas estabelecidas pelas regras do IPC. Não podendo:

- Ter componentes robóticos;
- Ser uma prótese ósseo-integrada;
- Deve ser um modelo comercial e não um protótipo; e
- Ter medidas condizentes com o tamanho de membro do atleta e/ou estatura corporal no caso dos bi-amputados.

A prótese é parte do corpo do atleta (Figura 8.4); nesse sentido, caso essa venha a cair durante o salto em distância e ficar mais próxima a tábua de impulsão que o ponto em que o corpo do atleta tocou o solo na área de queda, a posição da prótese será usada para aferir a distância do salto.

Os atletas das classes 32 a 34 e 51 a 54 competem nas provas de pista usando cadeira de rodas (Figura 8.5). As regras determinam que a cadeira deva ter duas rodas grandes e, no máximo, duas pequenas, sendo que essas não podem ficar atrás das duas grandes. Os pneus grandes deverão ter, no máximo, 70 cm, e os pequenos, 50 cm. A imagem abaixo mostra um modelo, como o descrito pelas regras com três rodas. Não é permitida nenhuma engrenagem ou motor que facilite o toque do atleta durante o deslocamento da cadeira.

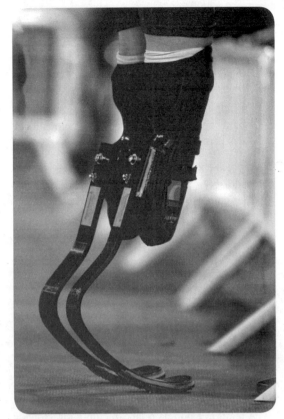

Figura 8.4. Proteses esportivas.

Figura 8.5. Cadeira de rodas para atletismo.

O atleta deverá competir sentado na cadeira e nenhuma parte de seu corpo poderá arrastar no chão. Nas provas acima de 400 metros, o uso de capacete é obrigatório para todos os atletas. O posicionamento dos atletas na chegada é estabelecido na ordem pela qual o eixo da roda dianteira alcançou o plano vertical da borda mais próxima da linha de chegada.

Nas provas de arremesso de peso, lançamento de disco, dardo e *club* para os atletas das classes F32-34 e F51-58, o banco de lançamento deverá ter a seguinte configuração:

- Ter altura máxima de 75 centímetros;
- Barra de apoio para as mãos, opcional, sem junta ou articulação, além de não poder apresentar flexibilidade que gere vantagem ao atleta; e
- Apoio para os pés, opcional, pouco usado para os atletas das classes altas e bastante utilizado para atletas que não apresentam funcionalidade das pernas.

A Figura 8.6 mostra um banco de lançamento colocado sobre uma plataforma, no qual esses são afixados com o uso de fita e esticadores.

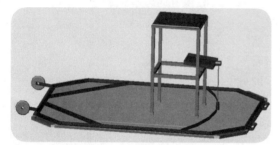

Figura 8.6. Banco de Lançamento.

A regra que norteia o lançamento é direcionada pelo modo como o atleta utiliza o banco (Figura 8.7). Caso o atleta opte por colocar o pé no apoio de pé, durante o arremesso o atleta não poderá tirar a região glútea do apoio do banco. Caso o atleta faça esse movimento, a tentativa não será válida; se o atleta optar por manter o(s) pé(s) apoiado(s) no chão, esse não poderá perder o contato com o solo durante toda a tentativa, mas possibilitará ao atleta, após o início da tentativa, tirar a região glútea do assento e estender joelho e quadril, potencializando o lançamento.

A combinação de cada prova de lançamento com os diferentes gêneros, associado às diferentes classes esportivas, impacta em diferentes pesos dos implementos, sendo que em alguns casos acarreta no uso de implementos específicos – os pesos dos implementos estão apresentados na Tabela 8.5. O *club* é um desses casos, em que somente atletas das classes F31-32 e F51-52 competem, sob as mesmas regras do disco. Na Figura 8.8, temos uma imagem do *club*, que pesa 397 gramas.

Características Físicas das Provas do Atletismo

Cada prova do atletismo apresenta uma característica de domínio metabólico. As provas de 100

Figura 8.7. Atleta amputada de uma perna em seu banco de lançamento.

Figura 8.8. Club.

metros têm como maior fonte metabólica as vias glicolíticas; com o aumento do tempo de duração dos eventos, o sistema oxidativo passa a ser mais importante, sendo que na prova da maratona esse tem sua maior contribuição.

Essa relação de especificidade energética sofre influência pelo tipo de deficiência. No caso das pessoas com paralisia cerebral, esse é maior e a eficiência motora comprometida (Laskin, 2009); ou o tempo de deslocamento mais demorado nas provas de cadeira de rodas, nos eventos até 400 metros, em decorrência do processo de aceleração das cadeiras de rodas, e mais velozes após essa distância em relação aos atletas ambulantes (Bhambhani, 2002), o que causa uma mudança do substrato energético utilizado em

MODALIDADES DO PROGRAMA PARALÍMPICO

Tabela 8.5
Peso dos implementos das provas de campo

	Masculino						Feminino			
	Peso	Disco	Dardo	Club			Peso	Disco	Dardo	Club
F11	7,26 kg	2,00 kg	800 g			F11	4,00 kg	1,00 kg	600 g	
F12	7,26 kg	2,00 kg	800 g			F12	4,00 kg	1,00 kg	600 g	
F13	7,26k g	2,00 kg	800 g			F13	4,00 kg	1,00 kg	600 g	
F20	7,26 kg	2,00 kg	800 g			F20	4,00 kg	1,00 kg	600 g	
F32	2,00 kg	1,00 kg		397 g		F32	2,00 kg	1,00 kg		397 g
F33	3,00 kg	1,00 kg	600 g			F33	3,00 kg	1,00 kg	600 g	
F34	4,00 kg	1,00 kg	600 g			F34	3,00 kg	1,00 kg	600 g	
F35	4,00 kg	1,00 kg	600 g			F35	3,00 kg	1,00 kg	600 g	
F36	4,00 kg	1,00 kg	600 g			F36	3,00 kg	1,00 kg	600 g	
F37	5,00 kg	1,00 kg	600 g			F37	3,00 kg	1,00 kg	600 g	
F38	5,00 kg	1,50 kg	800 g			F38	3,00 kg	1,00 kg	600 g	
F40	4,00 kg	1,00 kg	600 g			F40	3,00 kg	0,750 kg	400 g	
F41	6,00 kg	1,00 kg	800 g			F41	4,00 kg	1,00 kg	600 g	
F42	6,00 kg	1,50 kg	800 g			F42	4,00 kg	1,00 kg	600 g	
F43	6,00 kg	1,50 kg	800 g			F43	4,00 kg	1,00 kg	600 g	
F44	6,00 kg	1,50 kg	800 g			F44	4,00 kg	1,00 kg	600 g	
F46	6,00 kg	1,50 kg	800 g			F46	4,00 kg	1,00 kg	600 g	
F51		1,00 kg		397 g		F51		1,00 kg		397 g
F52	2,00 kg	1,00 kg	600 g			F52	2,00 kg	1,00 kg	600 g	
F53	3,00 kg	1,00 kg	600 g			F53	3,00 kg	1,00 kg	600 g	
F54	4,00 kg	1,00 kg	600 g			F54	3,00 kg	1,00 kg	600 g	
F55	4,00 kg	1,00 kg	600 g			F55	3,00 kg	1,00 kg	600 g	
F56	4,00 kg	1,00 kg	600 g			F56	3,00 kg	1,00 kg	600 g	
F57	4,00 kg	1,00 kg	600 g			F57	3,00 kg	1,00 kg	600 g	
F58	5,00 kg	1,00 kg	600 g			F58	4,00 kg	1,00 kg	600 g	

relação às provas de atletas olímpicos. O atleta com lesão medular sofre ainda uma perda do VO_2 máximo conforme o nível de sua lesão (Figoni, 2009).

Os atletas com deficiência visual podem ter a sua resistência limitada a esforços aeróbicos e anaeróbicos em decorrência da restrição das experiências motoras ao longo da vida (Oliveira Filho, 2006).

Não só as cargas e os métodos de treinamento devem ser adequados à especificidade biológica desses atletas, pois, além das demandas apresentadas por qualquer pessoa que se submeta a cargas de treino, existe a resposta da adaptação biológica, que irá ser influenciada diretamente pela deficiência e pela incapacidade que essa acarreta.

Algumas dessas incapacidades precisam ser mediadas pelo uso de recursos tecnológicos como próteses, cadeiras de rodas ou bancos de lançamento.

A cadeira de rodas ideal para o atleta deverá ser aquela projetada e confeccionada especificamente para uso pessoal, com o uso de ligas leves na confecção das estruturas e uso de rolamentos de alta precisão. Tais necessidades encarecem em muito essa prática; no entanto, influencia em um nível muito elevado o desempenho do atleta. A prótese para amputados trans-tibiais (abaixo do joelho) apresenta um acúmulo de energia elástica durante a marcha e devolve aproximadamente 90% dessa energia, o que acaba representando uma economia energética e um ganho considerável no desempenho atlético.

Considerações Finais

O atletismo é hoje a modalidade em maior ascensão no número de praticantes no Brasil, fruto da facilidade de acesso aos ambientes de prática da modalidade. Entretanto, como mostrado ao longo desse capitulo, as demandas técnicas e peculiaridades apontam para um aprofundamento não só do treinador, mas também do atleta, no conhecimento sobre as características da classificação e impactos da etiologia na adaptação fisiológica do corpo.

Cada vez mais as pessoas com deficiência buscarão, nos ambientes de prática convencional, espaço para se iniciarem e competirem dentro do atletismo. Nesse sentido tentou-se conduzir o leitor pelas informações básicas necessárias para suprir esse "pontapé" inicial na formação do conhecimento para sua atuação no atletismo paralímpico. Outras informações são fundamentais para a especialização dentro do treinamento esportivo e essa condução ao longo desse texto pode ajudar o leitor a buscar novas informações e se instrumentalizar para o atletismo paralímpico.

Bibliografia Consultada

1. Bhambhani Y. Physiology of Wheelchair Racing in Athletes with Spinal Cord Injury Sports Medicine v.32, n.1, p.23-51, 2002
2. CPB. Classificação Funcional do Atletismo. Disponível em: www.cpb.org.br. Acessado em 15 de novembro de 2009.
3. Figoni SF. Spinal cord disability: paraplegia and tetraplegia. ACMS Exercise Management for persons with chronic diseases and disabilities, Champaign: Human Kinetics, 2009. p.298-305
4. Laskin J. Cerebral Palsy. ACMS Exercise Management for persons with chronic diseases and disabilities. Champaign: Human Kinetics, 2009. P. 343-349
5. Mcginnity BL, Seymour-Ford J, Andries KJ. (2004) Sports. Perkins History Museum, Perkins School for the Blind, Watertown, MA. Disponivel em http://www. perkinsmuseum.org/museum/section.php?id=201. Acessado em 10 de fevereiro de 2010.
6. Oliveira-Filho CW. Perfil Antropométrico e Desempenho Atlético de crianças e Jovens com Deficiência Visual Participantes do Atletismo nos 1º Jogos Escolares da Confederação Brasileira de Desportos para Cegos. (Teste de doutorado) Faculdade de Educação Física UNICAMP, 2006
7. Palacio ER. Historia. In: Jordan MAT. Atletismo Adaptado para personas ciegas y deficientes visuales. Barcelona: Paidotribo, 2004.

capítulo 9

Basquete em Cadeira de Rodas

Rui David Marques
Marco Antonio Ferreira Alves

Um Pouco da História da Modalidade

A adaptação do basquetebol para a prática em cadeira de rodas aconteceu após a Segunda Guerra Mundial. Isto porque, antes deste período, o número de pessoas com deficiência que dependiam de cadeira de rodas era muito pequeno. Nessa época, quem sofria acidentes que lesasse a medula espinal não sobrevivia muito tempo. Os que sobreviviam, ficavam confinados em uma cama. Outros com má-formação congênita, mal saíam de casa, e com isso a sociedade ignorava estas pessoas (Hedrick *et al.,* 1988).

Após a Segunda Guerra Mundial, o número de pessoas com deficiência aumentou muito. Nos Estados Unidos da América, por exemplo, o número de veteranos de guerra com deficiência física era em torno de 2.500 (Strohkendl, 1996). Na Inglaterra, o número de pessoas com deficiência também era grande, sendo, a maior parte, veteranos de guerra. Nesta situação de pós-guerra, os governos e a sociedade não puderam mais ignorar estas pessoas, pois eram veteranos de guerra que haviam ajudado suas nações numa situação de crise e não podiam ser tratados como escória da sociedade.

Considera-se que a primeira adaptação do basquetebol "andante" para a prática em cadeira de rodas ocorreu na Inglaterra, no Hospital de Stoke Mandeville, no ano de 1944. Neste hospital, o médico Sir Ludwig Guttmann utilizava o esporte, inclusive o basquete em cadeira de rodas (BCR), como parte do tratamento de seus pacientes. Guttmann considerava ainda o valor terapêutico do esporte como parte essencial da reabilitação física, psicológica e social para a pessoa com deficiência (Strohkendl, 1996).

Nos Estados Unidos da América, esta adaptação do basquetebol para a prática em cadeira de rodas aconteceu não através de um médico e como meio de tratamento, mas pelas próprias pessoas com deficiência, que se reuniram em um hospital de reabilitação e começaram a jogar. Essa prática do esporte foi incentivada pelo professor de educação física Timothy L. Nuggent, que foi chamado pelos seus ex-alunos para que ele os ajudasse. Mas este professor tinha uma diferença sobre o modo de pensar de Sir Guttmann. Enquanto Guttmann acreditava que o esporte era uma terapia, e que os médicos deveriam preparar tudo, cabendo aos pacientes só a prática, Nuggent pregava o seguinte (Nuggent, 1964, *apud* Strohkendl, 1996):

- O que uma pessoa pode atingir, só pode ser medido pelo desafio que ela tem de enfrentar;
- Uma deficiência não é necessariamente um desastre, mas um desafio à vida. Um indivíduo que vence sua deficiência cresce como pessoa.
- Pessoas com deficiência têm o direito de desenvolver sua própria identidade por tentativa e erro. As pessoas sem deficiência podem ajudar, mas apenas dar um suporte para esta importante experiência.

A liberdade e a independência seriam muito maior para a pessoa com deficiência física caso eles próprios se organizassem.

No Brasil, após muito trabalho envolvendo diversas pessoas, e principalmente por parte de Sergio Del Grande, o primeiro clube foi fundado oficialmente, no ginásio do Ibirapuera, em São Paulo, no dia 28 de Julho de 1958 – o Clube dos Paraplégicos de São Paulo. Neste clube, os "Azes da Cadeira de Rodas" formavam o departamento de basquetebol (Folha da Tarde, 29/07/1958). Estava fundado então o primeiro clube de esportes voltado exclusivamente para pessoas com deficiência.

Esta data foi escolhida por ser a comemoração dos dez anos do início dos jogos de "Stoke Mandevile", como lembrou Sérgio Del Grande. E, assim, começou o BCR no Brasil. Em Setembro de 1958, o Clube dos Paraplégicos de São Paulo aceitou um convite, o que seria a primeira partida de BCR no Brasil. Haveria uma disputa em Novembro de 1958 com uma equipe do Rio de Janeiro, também recém-formada, iniciando-se, assim, o que viria a ser chamado de "Torneio Rio-São Paulo" (O Estado de São Paulo, 02/09/1958). Naquele ano, esta primeira versão foi disputada entre o Clube dos Paraplégicos de São Paulo e o Clube Otimismo.

Quase 40 anos depois é fundada a CBBC – Confederação Brasileira de Basquetebol em Cadeira de Rodas. A independência do BCR com a criação da CBBC trouxe ao esporte desenvolvimentos técnico, tático e tecnológico, esse último através do aprimoramento constante das cadeiras de rodas para sua prática.

O Brasil passou a ser respeitado em todo o mundo, realizando competições internacionais do porte do Mundial Júnior, em 2001, no qual o Brasil ficou com a segunda colocação, e a Copa América, em 2002. Em 2003, após 16 anos, o Brasil classificou-se novamente para a disputa dos Jogos Paralímpicos em Atenas, na Grécia, em 2004 (CBBC, 2010).

Participações Brasileiras nas Principais Competições

- Paralimpíadas (IPC, 2010)
  - 2008 Pequim: masculino – 8º lugar; feminino – 10º lugar
  - 2004 Atenas: masculino – 10º lugar; feminino – não se classificou
  - 1996 Atlanta: masculino – não se classificou; feminino – 8º lugar
  - 1988 Seul: masculino – 15º lugar; feminino – não se classificou
- Campeonatos Mundiais (fonte: www.iwbf.org. Acesso em 22 de Fevereiro de 2010)
  - 2006 Amsterdã: masculino – 9º lugar; feminino – não se classificou
  - 2002 Kytakyushu: masculino – 10º lugar; feminino – não se classificou
  - 1994 Edmonton: masculino – 12º lugar; feminino – não se classificou
- Campeonatos Mundiais Sub23 Masculinos (fonte: www.iwbf.org. Acesso em 22 de Fevereiro de 2010)
  - 2009 Paris: 7º lugar
  - 2005 Birmigham: 7º lugar
  - 2001 Blumenau: 2º lugar

Regras do BCR

Será apresentado um resumo das principais alterações das regras para o BCR. Todo o material foi retirado das Regras Oficiais de BCR, disponível no *site* www.cbbc.org.br.

As regras do BCR são estabelecidas pela IWBF (International Wheelchair Basketball Federation) e são similares e baseadas nas regras do "basquetebol andante" (FIBA). As adaptações feitas são as mínimas possíveis, para que qualquer pessoa que esteja assistindo a uma partida pela primeira vez possa entender o que está ocorrendo na quadra. Por exemplo, todas as medidas da quadra e altura da cesta são exatamente iguais às medidas da regra segundo a FIBA.

A primeira adaptação feita é a inserção da classificação funcional no jogo. Os jogadores são divididos nas seguintes classes funcionais (estas classes serão explicadas a seguir) 1, 1.5, 2, 2.5, 3, 3.5, 4 e 4.5. A partir disto, os cinco jogadores em quadra não podem somar mais que 14 pontos. Se a equipe colocar jogadores em quadra que somem mais do que 14 pontos, será marcada uma falta técnica contra o técnico da equipe que "estourou" a pontuação de classificação funcional.

Outra limitação que existe no BCR, a qual, obviamente, não existe no basquetebol "andante", consiste no fato de que a cadeira de rodas tem algumas normas para as medidas, que são exemplificadas na Figura 9.1.

Todas as cadeiras de rodas que participam de uma partida oficial têm que seguir estas medidas máximas. As cadeiras podem ter medidas inferiores a estas medidas que estão aqui, se assim preferir o jogador. A inclinação das rodas traseiras (cambagem) é livre e não há limite para ela. O que os jogadores levam em consideração é que, quanto mais cambada a roda, menos velocidade ele terá, mas, em compensação, terá mais agilidade. Então, esta inclinação é diferente para cada jogador e varia de acordo com a sua classificação funcional e posição que cada um ocupa na equipe, além das características individuais de cada jogador nos fundamentos do BCR.

A pequena rodinha na parte de trás da cadeira de rodas chama-se *anti-tip* e serve como segurança ao jogador, para que sua cadeira de rodas não vire para trás. As cadeiras de rodas podem ter um ou dois destes dispositivos, dependendo da preferência do jogador.

Os principais implementos que os jogadores podem ter são faixas, ou outros modos de fixação, que eles usam para se fixarem à cadeira de rodas e melhorar a estabilização. Todas estas faixas ou fixações têm de ser informadas no cartão de classifica-

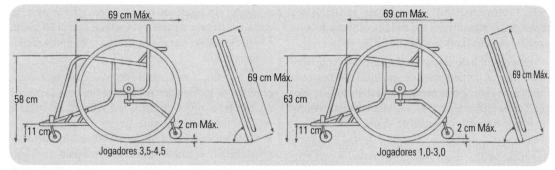

Figura 9.1. Características das dimensões da cadeira de rodas para o BCR.

ção dos jogadores, que são conferidos em todos os jogos pelo classificador funcional que fica na mesa de controle. Nenhum jogador pode usar uma faixa ou fixação que não esteja anotada em seu cartão de classificação funcional. E também não podem usar algo para se fixarem à cadeira de rodas que coloque em risco a integridade física de seus adversários e a sua própria.

Uma grande diferença para quem vai assistir a um jogo de BCR é o entendimento da infração equivalente à andada no jogo de atletas ambulantes. Um jogador não pode dar mais do que dois impulsos em sua cadeira de rodas sem driblar a bola. Mas, a partir do momento em que o jogador faz o drible, ele pode repetir esta sequência quantas vezes quiser. No entanto, essa sequência fica restrita aos oito segundos para sair da quadra de defesa ou aos 24 segundos que uma equipe tem de posse de bola para atacar.

Outra adaptação feita diz respeito a igualar as possibilidades que um jogador tem para conduzir a sua cadeira de rodas. Existem algumas restrições aos jogadores com maior capacidade física (principalmente as classes funcionais 4 e 4,5) para igualá-los aos jogadores de classe mais baixa (os jogadores da classe funcional 1); o atleta não poderá realizar tais ações, pois acarretará em falta técnica: levantar ambas as rodas traseiras do chão, levantar de seu assento, pular com a cadeira de rodas sem as mãos nos aros, estender um ou os dois joelhos para reequilibrar-se, prender a bola entre os joelhos ou coxas.

Outro ponto interessante é que a regra leva em consideração o centro de gravidade do atleta e sua cadeira de rodas em algumas situações, pois a análise somente da cadeira de rodas seria uma grande desvantagem para o atleta. Vemos isto nos arremessos de três pontos e lances livres, nos quais as rodinhas pequenas frontais da cadeira de rodas podem invadir as respectivas linhas no momento do arremesso. Isto porque o centro de gravidade do atleta está acima do eixo da roda traseira; então, o ponto que não pode tocar a linha é a roda traseira. Mas em todas as outras linhas, o que vale é o primeiro ponto de contato e não o centro de gravidade. Ou seja, para o jogador sair da quadra, basta tocar com a rodinha dianteira, ou com o *anti-tip*, para que ele cometa a violação.

Classificação Funcional para o BCR

Em toda modalidade de esporte paralímpico, dois aspectos são fundamentais do ponto de vista formal: a elegibilidade e a classificação funcional. Assim, cada modalidade paralímpica tem suas características específicas em relação a esses dois aspectos. No BCR, são elegíveis as pessoas com deficiência física de ambos os gêneros, com sequelas permanentes, tendo como principais etiologias a poliomielite, os traumatismos raqui-medulares, as amputações, má-formação congênita, paralisia cerebral e outras, cujas sequelas impossibilitam a execução de saltos, corridas e outros fundamentos do basquetebol andante (Strohkendl, 1996).

Para jogar o BCR, os atletas com deficiência são classificados em função da relação entre as sequelas presentes em função da etiologia da deficiência e o potencial funcional apresentado pelo mesmo. O sistema de classificação funcional para o BCR vigente no momento foi introduzido, em 1982, pelo Professor Horst Strohkendl e aceito unanimemente pelos representantes dos países participantes, em Stoke Mandeville (Grã-Bretanha), sendo utilizado sistematicamente, pela primeira vez, em 1984, durante os Jogos Paralímpicos (Courbariaux, 1996).

As diretrizes para a classificação funcional baseiam-se na avaliação e análise das funções de tronco e membros – principalmente os superiores – no desenvolvimento dos fundamentos do BCR, tais como o manuseio de cadeira de rodas, o drible, o passe, o arremesso, o rebote, a recepção de bola e a reação ao contato com o adversário (Strohkendl,

1996; Lachance, 2009). Dessa forma, os atletas são analisados em quadra, na sua cadeira de jogo, durante a realização dos fundamentos do BCR.

Este sistema de classificação tem como objetivo possibilitar a participação de qualquer pessoa com deficiência física, que preencha os critérios de elegibilidade, independente da sequela, além de manter um maior equilíbrio entre as equipes.

A IWBF propõe um conjunto de regras para a classificação que visa o equilíbrio do potencial físico de cada equipe, exigindo que esta seja constituída por jogadores com diferentes graus de potencial funcional, fazendo com que os treinadores sejam obrigados a selecionar jogadores de diferentes níveis de incapacidade funcional.

A introdução desse sistema contou com a colaboração de atletas e técnicos de diferentes equipes, a partir da elaboração de um conjunto de regras, que atenderam os interesses dos atletas e os da modalidade como um todo.

A presença de vários atletas, com potencial funcional diferente, e consequentemente desvantagens (*handicaps*) diferentes e a permissão, desde 1988, para a utilização de implementos de suporte, tais como pressões pela própria cadeira de rodas em segmentos do corpo, principalmente na pelve e coxas através de cintos e faixas, tornou mais difícil a definição de uma classificação baseada numa escala de quatro classes. Para suprir essa demanda, foi implantada a opção de utilizar 0.5 ponto, introduzida a partir de 1985, para facilitar a classificação dos atletas com perfil ou critério em duas classes adjacentes, ou seja, determinado atleta que tem mais que o potencial de uma classe, mas não tem todo o potencial da classe superior, o que foi importante para tornar o sistema de classificação funcional mais criterioso e justo.

O processo de classificação deve conduzir os atletas a participar e a assumir as suas responsabilidades. Em princípio, a classificação funcional deve ser precisa e, se possível, definitiva. Em alguns casos, pode haver necessidade de alteração da classificação funcional em função de intercorrências clínicas, de doenças progressivas ou até por uma classificação prévia errada.

A forte relação entre os jogadores e o jogo, e a comunicação entre estes e os classificadores, são requisitos para o sucesso do sistema de classificação, fato que valoriza o BCR (Courbariaux, 1996; Strohkendl, 1996).

Um ponto importante na classificação funcional é o conceito de volume de ação, definido como o limite no qual o atleta pode mover o seu tronco ativamente em qualquer direção e retornar à posição ereta na cadeira de rodas. O volume de ação inclui a capacidade de manuseio da bola com uma ou com as duas mãos.

A referência para análise do volume de ação compreende os três planos anatômicos (sagital, coronal ou frontal e transversal ou horizontal). O volume de ação também pode caracterizar o limite que cada jogador pode mover-se de forma voluntária em qualquer direção, e, com controle, retornar para a posição sentada, com ou sem auxílio das mãos para segurar a sua cadeira de rodas com o objetivo de manter o equilíbrio ou ajudar no movimento. O volume de ação inclui movimento do tronco em todas as direções, e descreve a posição da bola quando segurada com ambas as mãos.

Os atletas podem ser divididos em dois grupos (A e B) e oito classes.

- *Grupo A:* inclui os atletas com lesão medular até os níveis L2/L3, principalmente completas, ou outras lesões e distúrbios que impossibilitem a estabilização ativa da cintura pélvica e/ou a mobilidade do tronco nos planos sagital e frontal, ou ainda atletas que, apesar de apresentarem alguma estabilização pélvica, possuem sequelas no membro superior que comprometa o desenvolvimento dos fundamentos do BCR. Neste grupo estão compreendidas as classes 1.0, 1.5, 2.0 e 2.5.

- *Grupo B:* inclui os atletas com estabilização ativa da cintura pélvica, com níveis de lesão medular completa abaixo de L3, ou incompleta acima deste nível, amputados de membro inferior, má-formação congênita, sequelas de poliomielite, entre outras. Apresentam mobilidade ativa do tronco pelo menos nos planos transversal e sagital; esses compreendem as classes 3.0, 3.5. Quando realizam movimento, também, no plano frontal, incluem-se atletas das classes 4.0, e 4.5 (Courbariaux, 1996).

Um aspecto importante observado em relação à classificação funcional dos atletas com trauma raqui-medular, amputação ou outras etiologias de deficiência física adquirida há pouco tempo, e, portanto, ainda em fase de adaptação, é o potencial funcional nos fundamentos do BCR.

Essa condição, seja em relação ao desenvolvimento das capacidades motoras, como força, flexibilidade, equilíbrio, coordenação motora e controle neuromotor em geral, ou na adaptação à cadeira de rodas, ou, ainda, pelo fato de estarem em fase inicial de treinamento dos fundamentos esportivos, estará limitando a demonstração do potencial funcional nos

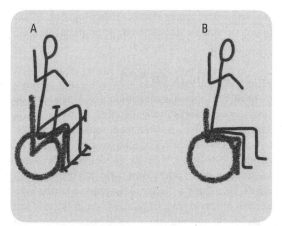

Figura 9.2. Ilustração dos atletas do grupo A, sem estabilização pélvica ativa, e utilização de amarrações para estabilização passiva, e do grupo B, com estabilização ativa.

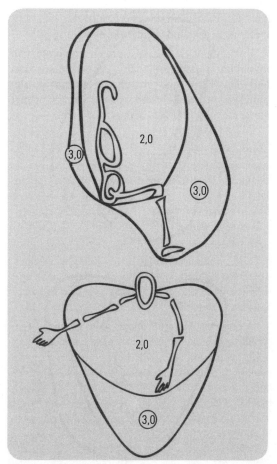

Figura 9.4. Ilustração do volume de ação nos planos sagital e transversal das classes 2.0 e 3.0. Os círculos desenhados caracterizam o alcance do tronco.

fundamentos do BCR. Dessa forma, o atleta não conseguirá apresentar, nesse momento, o volume de ação realmente compatível com a sua condição. Isso pode acontecer pelo fato do processo de reabilitação estar em andamento, por esses indivíduos treinarem há pouco tempo, por estarem com uma cadeira de rodas inadequada para a sua condição, por não a utilizarem com amarrações necessárias para a sua estabilização ou até mesmo pelo fato do atleta não ter a melhor vocação para o BCR.

Mesmo considerando o fato de alguns desses atletas serem cadeirantes, há a necessidade de treinamento para adaptação à cadeira de jogo, pelo fato desta ser mais ágil e rápida do que a cadeira de rodas utilizada como meio de locomoção para as suas atividades de vida diária (AVD) e atividades de vida prática (AVP). Além disso, existem atletas que usam muletas ou próteses para a sua locomoção, neces-

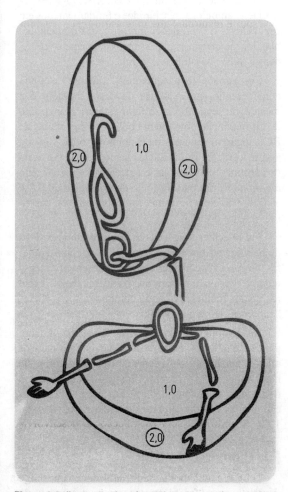

Figura 9.3. Ilustração do volume de ação nos planos sagital e transversal das classes 1.0 e 2.0. Os círculos desenhados caracterizam o alcance do tronco.

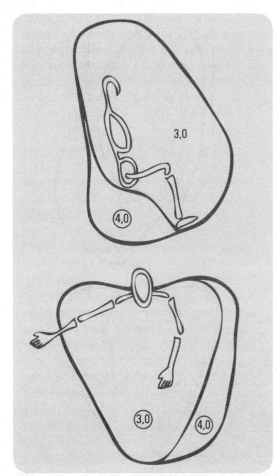

Figura 9.5. Ilustração do volume de ação nos planos sagital e transversal das classes 3.0 e 4.0. Os círculos desenhados caracterizam o alcance do tronco. Na classe 4.5 (não ilustrada), o volume de ação é o da classe 4.0, porém para os dois lados.

sitando, também, de treinamento para adaptação à cadeira de rodas.

Na medida em que o atleta melhora o seu condicionamento físico e técnico, o seu potencial funcional possibilita um ganho no volume de ação. Isso é de extrema importância porque, ao classificar um atleta nessas circunstâncias, principalmente de uma equipe inexperiente, durante um jogo contra uma equipe de nível técnico superior, a classe funcional pode ser questionada pelos atletas e/ou pelo técnico em função da comparação com um atleta adversário de classe inferior, porém mais treinado e habiloso.

É importante ressaltar que a classificação funcional não leva em consideração a habilidade e o talento do atleta. Isto quer dizer que um atleta da classe 2.0 pode ter um rendimento técnico melhor que um atleta da classe 3.0, sendo, portanto, melhor jogador, apesar de um volume de ação menor, principalmente pelo comprometimento do tronco.

Características do BCR

O BCR é extremamente dinâmico, e necessita de capacidades motoras condicionantes como resistência aeróbia, anaeróbia, resistência e potência muscular, capacidades motoras coordenativas como equilíbrio, agilidade e destreza, além de fatores cognitivos que possam tornar um atleta com maior ou menor capacidade para fazer a "leitura" do jogo, cumprir suas funções táticas e ter a capacidade de improviso em situações de adversidade. O BCR, como ocorre em toda modalidade esportiva coletiva, necessita do trabalho e do espírito de equipe. Mas, acima de tudo, o BCR necessita em cada jogo de um altíssimo grau de integração sensório-motora (Freitas, 1997).

O basquetebol "andante" e o BCR são jogos extremamente emocionantes, rápidos e fundamentados em capacidades e habilidades motoras para o atleta driblar, lançar, arremessar, passar a bola, pegar o rebote, dentre outras habilidades. (Paula, 1994).

Comparado ao basquetebol "andante" e ainda considerando que a altura da cesta também é a mesma, ou seja, 3,05 m, o fator estatura é um ponto de discrepância, obviamente pelo fato dos atletas de BCR jogarem sentados na cadeira de rodas. Mesmo assim, a eficiência dos atletas na conversão em cesta dos arremessos, bandejas e lances livres, bem como *a pontuação* das partidas, tem demonstrado que esse aspecto não caracteriza um fator limitante no desenvolvimento do BCR.

Em relação a esse aspecto, estudos comparativos de habilidades em atletas de cadeira de rodas e atletas "andantes", considerando-se o desenvolvimento técnico e tático, mostram que os atletas de BCR têm resultados melhores quando comparados aos atletas "andantes" (Brasile, 1990).

Nas habilidades requeridas no basquetebol, tanto para os atletas em cadeira de rodas quanto para os atletas "andantes", o nível de aquisição e domínio de habilidades traz as mesmas características, ou seja, a deficiência não é fator de impedimento para a execução técnica dos fundamentos desse esporte (Brasile, 1996; Strohkendl, 1996 *apud* Freitas, 1997).

Fundamentos do BCR

O BCR é uma modalidade paralímpica que exige do atleta uma técnica apurada, para o controle da bola e para o controle da cadeira de rodas (Goodman, 1995; Gonzales e Netto, 1996).

MODALIDADES DO PROGRAMA PARALÍMPICO

Os fundamentos do BCR são feitos através do manuseio da bola e também da cadeira de rodas, e a sua correta execução é condição fundamental para a prática natural e desenvolta desta modalidade paralímpica (FERREIRA & ROSE Jr, 1987). No entanto, a execução desses fundamentos dependerá diretamente do potencial funcional do atleta, do quanto o atleta traduz o seu potencial funcional em volume de ação, e ainda considerando as sequelas apresentadas em função da deficiência física

Os fundamentos podem ser classificados conforme suas características:

- *Controle do corpo:* é importante que o atleta tenha domínio do seu corpo nos movimentos realizados e solicitados pelo BCR. Para tal, é importante que o atleta tenha uma cadeira de rodas compatível com o seu potencial funcional, de tal forma que o conjunto atleta-cadeira de rodas tenha equilíbrio, agilidade e velocidade, de modo a proporcionar o maior volume de ação possível ao atleta. A sua observação é fator determinante na classificação funcional.

- *Controle da bola:* está relacionado com a capacidade de executar todos os fundamentos que envolvam o manuseio da bola. Esse controle, obviamente, é condição imprescindível para outros fundamentos do BCR e diz respeito à habilidade geral no manejo com a bola. Diferentemente do basquetebol "andante", o controle da bola no BCR é muito mais dependente da mobilidade e estabilidade do tronco, principalmente em situações onde a bola esteja mais distante do centro de gravidade do conjunto cadeira-atleta. Outro aspecto fundamental é que nas classes funcionais mais baixas, principalmente quando há sequelas no membro superior e, especialmente nas mãos, o controle da bola é um aspecto muito importante a ser observado na classificação funcional.

- *Drible:* é um fundamento importante para o deslocamento com a bola, estando diretamente relacionado ao controle da mesma e do conjunto atleta-cadeira de rodas. Consiste no ato de impulsionar a bola contra o solo de tal forma que a mesma retorne à mão. Da mesma forma, o drible é dependente do controle do corpo e das funções das mãos, o que o torna fundamento imprescindível na análise da classe funcional.

- *Passe:* esse fundamento pressupõe o lançamento da bola entre dois atletas da equipe. Existem diferentes tipos de passe, em relação à trajetória da bola e à distância, sendo este fundamento muito dependente do controle do tronco e da função dos membros superiores. Também é um fundamento observado na classificação funcional

- *Arremesso:* é um fundamento de ataque com a bola, podendo ser executado de várias formas, conforme o potencial funcional, o volume de ação, a posição do atleta na quadra, a velocidade de deslocamento e a marcação do adversário. Nesse fundamento, as funções do tronco, principalmente a estabilidade, e dos membros superiores são observadas para a classificação funcional.

- *Fundamentos individuais de defesa:* são movimentos e posições executadas por um atleta com o objetivo de impedir que o adversário realize jogadas de ataque livremente. Esse fundamento é importante tanto para marcar o atacante com a posse de bola, quanto para evitar que outro atacante se posicione para receber o passe. Esse fundamento é muito observado para a classificação funcional, principalmente prevendo que haja toque da cadeira do atleta com o seu adversário, sendo importante observar se o atleta pede o equilíbrio no toque e como ele recupera esse equilíbrio.

- *Rebote:* consiste na execução de movimentos que possibilitem a recuperação da bola após um arremesso não convertido em cesta. Geralmente é um fundamento realizado pelos atletas mais altos e de potencial funcional mais alto, ou seja, das classes funcionais 4.0 e 4.5. Neste caso, além da altura, torna-se importante a estabilidade dinâmica do tronco do jogador. Também é fundamento importantíssimo na classificação funcional.

Concluindo, o BCR é uma das modalidades paralímpicas mais praticadas em nível mundial. Os atletas têm um grande desenvolvimento técnico, físico e tático, o que faz necessário, por sua vez, o aperfeiçoamento dos técnicos, preparadores físicos, classificadores funcionais, árbitros e demais profissionais de áreas afins que, direta ou indiretamente, trabalham com essa modalidade.

Bibliografia Consultada

1. Brasile F. Performance Evaluation of Wheelchair Athletes: More than a disability classification level issue. Adapted Physical Activity Quarterly, v. 1, 1990.
2. Brasile F. Skill Testing and the Wheelchair Athlete Third Paralympic Congress, Atlanta, 1996.
3. CBBC História Disponível em: www.cbbc.org.br, Acessado: em 22 de fevereiro de 2010.
4. Courbariaux B. The classification System for Wheelchair Basketball Players, IWBF, 1996.
5. Ferreira A, Rose Jr D. Basquetebol – Técnicas e Táticas: uma abordagem didático-pedagógica. EPU/EDUSP, São Paulo, 1987.
6. Freitas PS. Iniciação ao Basquetebol sobre rodas. Gráfica Breda, Uberlândia, 1997.
7. Gonzales JS, Camargo Netto F. Desporto adaptado a portadores de deficiência: basquete. Universidade Federal do Rio Grande do Sul – Instituto Nacional do Desenvolvimento do Desporto, Porto Alegre, 1996.
8. Goodman S. Coaching Athletes with Disabilities: general principles. Australian Sports Commission, 1995.
9. IPC Paralympic Games Disponível em: www.paralympic. org, Acessado em 22 de fevereiro de 2010.
10. Lachance A. Clínica Internacional de Classificação Funcional. IWBF, Vancouver, 2009.
11. Paula RS. Basquete: Metodologia do Ensino. 3ª ed, Ed Sprint, Rio de Janeiro, 1994.
12. Strohkendl H. The 50º The anniversary of Wheelchairs Basketball. Waxmann, New York, 1996.
13. Hedrick B, Byrnes D, Shaver L. Wheelchair Basketball, PVA, 1988.
14. Jornal Folha da Tarde, São Paulo - Edição de 29/07/1958
15. Jornal O Estado de São Paulo, São Paulo - Edição de 02/09/1958.
16. IWBF. Official Wheelchair Basketball Rules IWBF, 2008.

capítulo 10

Bocha

Ivaldo Brandão Vieira
Marcia Campeão

Histórico*

O primeiro indício que sugere a prática de um jogo similar ao atual jogo de bocha remonta a alguns séculos antes de Cristo. Foi encontrado em um túmulo de um jovem egípcio duas bolas de pedra, um pouco maiores que as bolas de tênis, próximas de uma bola menor, compreendida como uma bola alvo.

Há também referências gregas e romanas de práticas do jogo com bolas envoltas em pele, que chegou a ser incluído nos Jogos Olímpicos antigos, identificado como um jogo de "atirar bola ao ar". Mais tarde, o jogo foi reconhecido e introduzido na costa florentina, no século XVI, pela aristocracia italiana. Há quem estabeleça a este passatempo italiano, uma analogia com a *pentanca,* um jogo francês que começou a ser praticado, em 1910, na localidade *balnear La Ciotat,* perto de Marselha. Nesse contexto, durante séculos, as pessoas juntavam-se nas ruas, nos parques e jardins para jogar Bocha, referindo-se a esporte através de diversos nomes: *bochs, boulle, petanca, boowling* e outros.

No entanto, somente na década de 1970, este esporte foi resgatado pelos países nórdicos com o propósito de adaptá-lo a pessoas com deficiência. No início era voltado apenas para pessoas com paralisia cerebral, com um grave grau de comprometimento motor (quatro membros afetados e o uso de cadeira de rodas). Atualmente, pessoas com outras deficiências também podem competir, desde que inseridas em classe específica e que apresentem também o mesmo grau de deficiência similar ao quadro grave da paralisia cerebral, ou seja, um quadro de tetraplegia. Como, por exemplo, distrofia muscular progressiva, AVC, ou

dano cerebral com função motora progressiva, dentre outras.

O Jogo de Bocha foi introduzido no calendário competitivo internacional pela Associação Internacional de Desporto e Recreação para Paralisia Cerebral – CP-ISRA, que conserva a característica especial e peculiar para atender atletas com deficiências severas e de aumentar as oportunidades para mulheres no esporte.

A introdução do Jogo de Bocha como modalidade paralímpica aconteceu apenas em 1984 e foi evoluindo em sua forma de competição desde então. Em Nova Iorque, em 1984, a Bocha Paralímpica apresentou-se apenas como competições individuais. Já nos Jogos de 1996, em Atlanta, foram incluídas as competições em duplas. Em Atenas, em 2004, foi permitida a participação de atletas na categoria BC4, referente a pessoas que apresentam deficiências de origem não cerebral.

Bocha Paralímpica no Brasil

No Brasil, o jogo de bocha ficou conhecido a partir de 1995, quando dois atletas, inscritos para o atletismo nos Jogos Panamericanos de Mar Del Plata, aceitaram participar, de improviso, da competição de bocha, visando a aprendizagem para posterior implantação da modalidade. Eles obtiveram o 1º lugar em duas categorias.

Em junho de 1996, dando prosseguimento ao Programa de Fomento Esportivo, o professor de Educação Física Ivaldo Brandão Vieira, então diretor técnico da ANDE (Associação Nacional de Desporto para Deficientes), lançou o Projeto "Bocha para Portadores de Paralisia Cerebral Severa", em Curitiba, quando se fizeram representar cinco Estados: Paraná,

---

* Fonte: Associação Portuguesa de Paralisia Cerebral.

com duas entidades; Rio de Janeiro, com cinco entidades; Mato Grosso do Sul, Minas Gerais e São Paulo com uma entidade cada (Cunha *et al.*, 1999).

O Jogo de Bocha, enquanto modalidade destinada a atender pessoas com paralisia cerebral, tem assumido grande importância para a reabilitação, além de ser também uma forma de recreação. A maneira pela qual tem se expandido garante a modalidade como a mais praticada tanto por pessoas com paralisia cerebral severa quanto por aquelas com alguma outra deficiência, mas com grau de comprometimento similar aos exigidos para a prática oficial da modalidade.

Em consequência dessa expansão, a modalidade tem apresentado uma evolução fantástica, tanto técnica quanto tática, influenciada inclusive na adequação dos materiais utilizados, como as bolas (que variam das extras-macias às mais duras, de acordo com as especificidades e preferências dos atletas) e o dispositivo auxiliar – calhas, que, cada vez mais, se apresentam com maior investimento tecnológico para alcançar mais precisão.

As competições no Brasil seguem um calendário de Campeonatos Regionais e Brasileiro e Jogos Abertos de Fomento. Com a aceitação, a modalidade hoje está sendo desenvolvida em diversas faixas etárias, da categoria escolar até a terceira idade. Cabe a ANDE, a administração e organização das competições oficiais de Bocha, tanto em nível nacional quanto internacional.

Para melhor aproveitamento e fomento das competições da modalidade, o território nacional foi dividido em cinco regiões: Região Sul com os Estados do Paraná, Santa Catarina e Rio Grande do Sul; Região Sudeste somente com o Estado de São Paulo, devido ao grande número de clubes participantes; Região Leste com os Estados do Rio de Janeiro e Espírito Santo; Região Centro-Oeste com os Estados de Minas Gerais, Mato Grosso do Sul, Goiás e Distrito Federal; e Região Nordeste com os Estados da Bahia, Alagoas, Pernambuco, Paraíba e Rio Grande do Norte. Os campeonatos são realizados nas modalidades individuais nas quatro classes: BC1, BC2, BC3 e BC4. Classificando-se os três primeiros de cada classe das regiões para participarem do Campeonato Brasileiro da modalidade, nos eventos individuais, pares e equipes.

Internacionalmente, as competições mais importantes são: os Jogos Paralímpicos, a Copa do Mundo de Bocha, o Mundial de Bocha e os Jogos Regionais por continentes, nos quais se obtêm pontos e qualificação para o *ranking* internacional.

O Brasil teve a consagração máxima internacional com a conquista de três medalhas paralímpicas na Paralimpíada de Pequim, em 2008, com duas de ouro e uma de bronze. Todas as três medalhas foram de atletas da categoria BC4. Vale ressaltar que a conquista obteve elogios da organização dos Jogos devido aos atletas terem alcançado 100% de aproveitamento para uma dupla em um torneio de bocha, pois a mesma alcançou duas medalhas de ouro e uma de bronze.

Confirmando a qualidade do trabalho desenvolvido pelos técnicos brasileiros, os atletas Elizeu e Dirceu Pinto, da categoria BC4, repetiram o feito de Pequim durante o Campeonato Mundial de Bocha, realizado na cidade de Lisboa, em 2010, consagrando os jogadores brasileiros como os melhores atletas de Bocha surgidos nos últimos tempos.

Descrição do Jogo de Bocha

O Jogo de Bocha é uma atividade que pode ser praticada por pessoas de todas as idades e de diferentes tipos de deficiência. A modalidade pode ser jogada de forma recreativa, competitiva ou como atividade de educação física nos programas escolares.

A Bocha é uma atividade na qual indivíduos com grau de deficiência motora severa podem participar e desenvolver um elevado nível de habilidade motora. Para o jogo é permitido o uso das mãos, dos pés ou de instrumentos de auxílio para atletas com grande comprometimento nos membros superiores e inferiores.

O jogo requer planejamento, estratégia na tentativa de colocar o maior número de bolas próximo da bola alvo, desenvolvendo e aumentando, dentre outras funções, a capacidade viso-motora. Há três maneiras de se praticar o esporte: individualmente, em duplas ou com equipes, sendo que ele pode ser facilmente adaptado para permitir que jogadores com limitação funcional usem dispositivos auxiliares, tais como rampas ou calhas e capacetes com ponteira.

Competem na Bocha Paralímpica atletas com paralisia cerebral severa ou outras deficiências, que utilizem cadeira de rodas. O objetivo do jogo é lançar bolas de uma determinada cor (vermelha ou azul) o mais perto possível de uma bola branca chamada de "jack", conhecida no Brasil como "bolim"*.

A habilidade e a inteligência tornam-se fundamentais no desenvolvimento das jogadas. O que permite, muitas vezes, assistir a um verdadeiro espetáculo de alternância da vantagem, através da aplicação de técnicas e táticas adequadas a cada circunstância.

---

* Fonte: CPB – Comitê Paralímpico Brasileiro.

O Desenvolvimento do Jogo

Início do jogo

Será comunicado, a todos os técnicos e jogadores, o horário de início da partida. Os jogadores, como determinado pelas divisões do jogo, devem apresentar-se na Sala de Chamada quinze minutos antes de iniciar a partida ou no horário estipulado pelo Comitê da Organização, especificados nas Regras da Competição.

Um relógio é colocado do lado de fora da Sala de Chamada, de modo claramente visível. Ao cumprir-se o tempo regulamentar, o acesso à área de chamada será fechado, não se permitindo, a partir deste momento, a entrada de nenhuma outra pessoa. O lado que não estiver presente para o início, perderá a partida. Isto se aplica em uma equipe que estiver incompleta no tempo designado.

Antes de começar a partida, o árbitro tira na moeda (cara ou coroa) o direito de escolher se quer competir com as bolas de couro vermelhas ou azuis. O lado que escolhe as vermelhas inicia a disputa, jogando primeiro o bolim * e uma bola vermelha.

Logo após, o árbitro autorizará a outra equipe ou jogador a efetuar o lançamento da bola azul. Aquele que estiver com sua bola mais distante do bolim continuará jogando até que uma bola sua passe a estar mais próxima.

Após todas as bolas terem sido lançadas, inclusive quaisquer bolas de penalidade que tenham sido concedidas a qualquer lado, o árbitro fará a contagem dos pontos da parcial e anunciará verbalmente a conclusão daquela parcial.

As bolas serão recolhidas para o início da parcial seguinte pelos jogadores ou seus ajudantes. Oficiais podem auxiliar nesse processo. Após o recolhimento das bolas, a parcial seguinte terá início.

Contagem de Pontos

Os pontos de uma parcial do Jogo de Bocha serão contados pelo árbitro depois que todas as bolas tiverem sido jogadas por ambos os lados, inclusive as bolas de penalidade. Marca ponto a equipe que tiver a bola mais próxima ao bolim. Caso haja mais de uma bola de uma cor em menor distância do que o bolim e as bolas da equipe adversária, será marcado um ponto por bola.

Se duas ou mais bolas de cores diferentes estiverem equidistantes do bolim e nenhuma outra bola

estiver mais próxima, cada lado marcará um ponto por bola.

Ao final das parciais, os pontos marcados em cada parcial são somados e o lado com maior pontuação total é declarado vencedor. Se ao final de uma partida o placar terminar igual, será jogada uma parcial de desempate ou "Tie-Break". Os pontos marcados no "Tie-Break" de desempate não serão computados na pontuação geral do jogador, servindo apenas para determinar o vencedor.

Desempate – "Tie-Break.

O desempate consiste em uma parcial extra, na qual todos os jogadores permanecerão em seus boxes originais. O bolim é colocado pelo árbitro da partida na Cruz, no centro da quadra. O lado que lançará a primeira bola será determinado por sorteio.

Se ocorrer uma situação de bolas equidistantes e houver novamente novo empate, e cada lado receber o mesmo número de pontos nesta parcial, as pontuações serão marcadas e um segundo desempate é jogado, iniciado, desta vez, pela outra equipe. O processo se repetirá, com os lados alternando-se no primeiro lançamento, até haver um vencedor.

Jogo da Bocha e Suas Parciais

Categorias Individuais

Nas categorias individuais de um Jogo de Bocha, uma partida consiste de quatro parciais, exceto na necessidade de "Tie-Break". O jogador que ganhar o sorteio irá jogar com as bolas vermelhas e sempre iniciar a primeira parcial, lançando o bolim. O início de cada parcial alterna-se entre os jogadores.

Cada jogador recebe seis bolas de cor vermelha ou azul. O lado que lança as bolas vermelhas ocupará o box de lançamento 3, e o que lança as bolas azuis ocupará o box 4.

Será considerado vencedor da parcial o jogador que tiver suas bolas mais próximas do bolim. O vencedor do jogo será aquele que tiver a maior somatória de pontos entre todas as parciais.

Duplas

Nas categorias de duplas, uma partida consiste de quatro parciais, exceto no caso de "Tie-Break". Após o sorteio, a equipe que ganha jogará com as bolas vermelhas e sempre iniciará a primeira parcial. Cada jogador inicia uma parcial, com o controle da bola branca passando numa ordem numérica do box

---

* Fonte: CPB – Comitê Paralímpico Brasileiro.

de lançamento 2 a 5. Cada jogador receberá três bolas da cor correspondente à sua dupla. A dupla que lança as bolas azuis ocupará os boxes 3 e 5.

Será considerado vencedor da parcial o jogador que tiver suas bolas mais próximas do bolim. O vencedor do jogo será aquele que tiver a maior somatória de pontos entre todas as parciais.

Equipes

Nas categorias de equipes, uma partida consiste de seis parciais, exceto em caso de "Tie-Break". Cada jogador inicia uma parcial, com controle da bola branca passando em ordem numérica do box 1 ao 6. Cada jogador recebe duas bolas. Após o sorteio, a equipe que ganhar jogará com as bolas vermelhas e sempre iniciará a primeira parcial.

O lado que lança as bolas vermelhas ocupará os boxes 1, 3 e 5, e o lado que lança as bolas azuis ocupará os boxes 2, 4 e 6.

Da mesma forma que nas categorias individual e de dupla, será considerado vencedor da parcial a equipe que tiver suas bolas mais próximas do bolim. A vencedora do jogo será a equipe que tiver a maior somatória de bolas próximas do bolim ao final das parciais.

Tempo de Jogo

As diversas classes da modalidade bocha, quando jogando dispõem de tempos limites de tempo. Antes de iniciar o jogo, o árbitro deve permitir dois minutos de aquecimento.

Para as classes BC1, BC2, BC4, o tempo de cada parcial será de cinco minutos para cada jogador. Para a classe BC3, em virtude de possuir equipamento de auxílio para impulsionar a bola, o tempo da parcial será de seis minutos para cada jogador.

Quando for jogo entre equipes, o tempo por parcial ou set será de seis minutos para cada equipe, e quando o jogo for em duplas, o tempo da parcial será de oito minutos.

O tempo é controlado por um cronometrista, em um cronômetro digital em que é marcado o tempo de jogo que cada jogador possui durante a parcial, de acordo com o estabelecido para cada classe (Figura 10.1).

Figura 10.1. Placar de pontos e cronometro do tempo de jogo parcial de cada jogador.

A Quadra*

A quadra deve ser plana, lisa e regular, de madeira, cimento ou material sintético. Consiste em duas áreas, boxes de jogadores e área de jogo. Suas dimensões totais são de 12,5 metros de comprimento e 6 metros de largura, delimitadas por linhas de 4 centímetros de largura e linhas de marcação internas de 2 centímetros de largura. As linhas limítrofes não estão inseridas nas áreas que delimitam.

A zona de lançamento é dividida em seis boxes iguais de 2,5 metros de comprimento e 1 metro de largura, que são numerados de 1 a 6. Na área de jogo, há uma área delimitada por uma linha "V", cujas laterais distam 3 metros da zona de lançamento e do ponto central 1,5 metros. O lançamento do bolim (bola branca) de dentro do boxe de lançamento só será considerado válido quando a mesma ultrapassar essa marca ("V"). O ponto central da área de jogo é marcado por um "X", onde a bola mestra é colocada no início de cada parcial extra ou quando esta for colocada para fora do campo. (Figura 10.2)

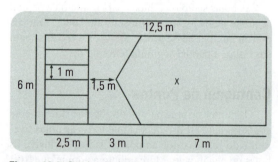

Figura 10.2. Quadra de Jogo de Bocha.

Materiais e Equipamentos

São utilizadas 13 bolas: seis azuis, seis vermelhas e uma branca, confeccionadas com fibra sintética expandida e superfície externa de couro. Seu tamanho é menor que o de bocha convencional e o peso é de 280 gramas (Figura 10.3).

---

* Fonte: (CP-ISRA – Classification & Sports Rules Manual, 8th Edition 2005-2008).

MODALIDADES DO PROGRAMA PARALÍMPICO 87

Figura 10.3. Conjunto de Bolas de Bocha

Figura 10.6. Compasso de medida.

Para sinalizar ao jogador, no início de um lançamento ou jogada, o árbitro utiliza um indicador de cor vermelho/azul, similar a uma raquete de tênis de mesa (Figura 10.4). Para medir a distância das bolas coloridas da bola alvo, é utilizada uma trena ou um compasso (Figuras 10.5 e 10.6).

Para atletas que não conseguem dar à bola uma boa propulsão, pode ser utilizada uma calha, rampa ou canaleta, sem freio ou qualquer outro dispositivo mecânico.

O jogador deve ter um contato físico direto com a bola imediatamente antes de fazer um lançamento. O contato físico inclui também o ponteiro ou agulha fixada na cabeça, através de uma faixa ou capacete.

Calhas ou Rampas

São utilizadas por jogadores com maior comprometimento motor, variam de atleta para atleta, de acordo com a parte funcional do corpo, que permite o lançamento ou a propulsão da bola. Varia de tamanho e modelo, assim como o tipo de material. O ideal é que seja utilizado um material firme e leve. Normalmente é confeccionada de PVC, madeira, acrílico ou até mesmo de metal (Figuras 10.7 e 10.8).

Figura 10.7. Calha de propulsão da bola.

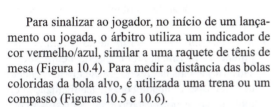

Figura 10.4. Indicador de cor de bola.

Figura 10.8. Calha de propulsão da bola.

Figura 10.5. Trena de metrica.

Ponteira ou Antena

É utilizado em conjunto com a calha ou rampa. Serve como fixador da bola na calha quando da impossibilidade de fixar com as mãos ou com qualquer outra parte do corpo, até o momento de direcionar a bola para o local desejado, soltando-a pela calha na direção ajustada (Figura 10.9).

Figura 10.9. Ponteira de fixação da bola.

Sistema de Classificação Funcional para o Jogo de Bocha*

O jogo de "*bocha*" foi adaptado para atender pessoas com paralisia cerebral e outros tipos de deficiência que apresentam um grau severo de comprometimento motor. Para tanto, faz-se necessário o agrupamento desses atletas com base na habilidade funcional para tornar o nível da competição o mais próximo possível da igualdade.

Perfis de Classificação

Para a prática do Jogo de Bocha, os atletas serão considerados elegíveis, uma vez enquadrados no perfil da classificação funcional. Para pessoas com paralisia cerebral, serão usadas as classes C1 e C2, com o maior grau de comprometimento motor dentre todas as classes destinadas às diferentes modalidades.

Perfil Funcional – Classe 1 (C1)

Nesta classe estão incluídos os atletas que apresentam quadriplegia (tetraplegia) – Limitação severa. Com ou sem atetose, ou com pouca amplitude de movimento funcional e pouca força funcional em todos os membros e troncos, ou atetose severa com ou sem espasticidade, com pouca força e controle funcional. Depende de cadeira elétrica ou de ajudante para se movimentar. Incapaz de mover a cadeira funcionalmente.

- *Membros inferiores* – Considerados não funcionais em relação a qualquer esporte devido à limitação na amplitude de movimento, força e/ou controle. Movimentos mínimos ou involuntários não devem mudar a classe do atleta.
- *Controle de tronco* – Controle limitado de tronco em condições estáticas e dinâmicas ou ainda inexistente. Dificuldade severa em ajustar a coluna em relação à linha média do corpo ou na posição ereta ao executar movimentos específicos da modalidade.
- *Membros superiores* – Limitação severa na amplitude de movimento funcional ou atetose severa são os principais fatores de limitação e movimento de arremesso reduzido com pouca finalização do movimento. A oposição do dedo polegar com outro dedo pode ser possível, permitindo ao atleta realizar o aperto da mão.

Perfil Funcional – Classe 2 (C2)

Apresenta quadriplegia (tetraplegia) – A limitação vai de severa a moderada. Apresenta espasticidade com ou sem atetose. Tem melhor funcionalidade no lado menos afetado. Pouca força funcional em todos os membros e no tronco, mas apresenta capacidade de movimentar a cadeira.

- *Membros inferiores* – Apresenta um grau demonstrável de função em um ou em ambos os membros, permitindo propulsão na cadeira, o que automaticamente qualifica o atleta para a classe 2 (baixa). Se a equipe de classificação determinar que a função do membro inferior é mais apropriada para uma classe mais elevada, então o atleta não será classificado na classe 2. Os atletas da classe 2 (alta ou baixa) podem, algumas vezes, andar, mas nunca correr.
- *Controle de tronco* – Apresenta controle estático satisfatório, mas pouco controle dinâmico do tronco, como demonstrado pelo uso obrigatório dos membros superiores e/ou da cabeça para ajudar no retorno do tronco à linha média do corpo (posição ereta).
- *Membros superiores* – Mãos – Limitação de severa a moderada. Se a função da mão e do braço é como a descrita na classe 1, então os membros superiores determinarão se a classe 2 é a mais apropriada.

---

* Fonte: International Boccia Comission.

O atleta de classe 2 (alta) frequentemente tem um aperto de mão cilíndrico ou espiral e pode demonstrar destreza suficiente para manipular e arremessar uma bola, mas demonstrará pouco aperto e soltura da mão. Movimentos de arremesso devem ser testados para se observar os efeitos da função da mão. A propulsão da cadeira através dos membros superiores também é demonstrada. A amplitude de movimento ativo pode ir de moderada a severamente diminuída. A funcionalidade da mão é importante.

Divisão de Jogo de Acordo com o Perfil Funcional do Atleta

- *BC1* – O atleta apresenta paralisia cerebral com disfunção motora que afeta todo o corpo;
  - Não é capaz de impulsionar a cadeira de rodas manual;
  - Tem dificuldade de alterar a posição de sentar-se;
  - Usa o tronco em movimentos de cabeça e braços;
  - Tem dificuldades em movimentos de segurar e largar;
  - Não tem uso das funções das pernas.
- *BC2* – O atleta apresenta paralisia cerebral com disfunção motora que afeta todo o corpo;
  - Tem controle do tronco, associado ao movimento dos membros;
  - Tem dificuldades em movimentos isolados e regulares dos ombros;
  - Capaz de afastar dedos e polegar, mas não rapidamente;
  - É capaz de deslocar a cadeira de rodas com as mãos ou os pés;
  - É capaz de ficar de pé/andar, mas de forma muito instável.
- *BC3* – O atleta pode apresentar paralisia cerebral ou deficiência de origem não cerebral ou degenerativa;
  - Tem disfunção locomotora grave nos quatro membros;
  - Tem força e coordenação insuficientes para segurar e largar a bola;
  - Não tem força e coordenação suficiente para lançar a bola além da "linha V" em direção à quadra.
- *BC4* – O atleta apresenta grave disfunção locomotora nos quatro membros, de origem degenerativa ou não cerebral;
  - A amplitude dos movimentos é pequena;

- Demonstra pouca força ou severa falta de coordenação, combinada com o controle dinâmico do tronco;
- Usa a força de movimento da cabeça ou dos braços para o retorno à posição sentado após um desequilíbrio (p. ex., após um lançamento);
- É capaz de demonstrar destreza suficiente para manipular e lançar a bola além da "linha V" em direção à quadra. Entretanto, fica evidente o precário controle de segurar e largar a bola;
- Apresenta, com frequência, um balanço do braço do tipo pêndulo durante o arremesso, ao invés de fazê-lo com a mão por cima;
- É capaz de movimentar e deslocar a cadeira de rodas;
- Não é capaz de realizar movimentos bruscos.

Atletas com os seguintes diagnósticos e os perfis abaixo podem ser elegíveis para a Classe BC4

- Ataxia de Friedrich
- Distrofia Muscular (força mais próxima menor que 60%)
- Esclerose múltipla
- AVE
- Lesão medular de C5 ou nível acima
- Espinha Bífida com envolvimento da extremidade superior
- Outras condições semelhantes que resultem em problemas de força e coordenação

A classificação funcional é realizada por uma banca formada por um grupo de diferentes profissionais. Normalmente é composta por um médico, um fisioterapeuta e um educador físico. É realizada antes das competições em um local reservado e sem plateia, mas pode ser prolongada durante os jogos como caráter de observação e acompanhamento da performance e das condições dos atletas durante as partidas.

É importante ressaltar que o critério de classificação é rigoroso e deve ser obedecido com uma análise de todos os itens exigidos. Isto permite que a competição aconteça seguindo o princípio da equidade, propiciando o nivelamento da funcionalidade motora dos atletas dentro de uma mesma classe, que, aliás, é o objetivo do sistema da classificação funcional.

Para que isso ocorra, é imprescindível o técnico reconhecer a capacidade funcional de seus atletas, para que não seja confundida a incapacidade de realizar um movimento com a falta de treinamento para a realização desse mesmo movimento, o que é comum acontecer. Por esse motivo, a importância dos exercícios preliminares, de adequação e de percepção, além da intimidade com o equipamento, é de extrema importância e devem ser exaustivamente realizados, assim como o acompanhamento e o contato direto com o fisioterapeuta e/ou médico responsável pelo atleta.

Apesar de ser evidente que um classificador funcional tenha o conhecimento dos recursos técnicos da bocha, é, da mesma forma, necessário que um técnico de bocha tenha que ter conhecimentos básicos sobre a classificação para melhor realizar o seu trabalho.

O técnico deve estar atento às possibilidades de conquistas e progressos de cada praticante, através de uma análise das respostas obtidas durante os treinos, para poder tornar cada vez mais útil toda forma de resultado funcional, transformando-o por meio de aplicação técnica, em performance e desenvolvimento.

Auxílio aos Atletas de Acordo com as Classes

Atletas BC3

Para os atletas da classe BC3 (que apresentam severo comprometimento motor nos quatro membros), as Regras de Bocha permitem que o jogador seja assistido por uma pessoa que tem também como função direcionar a calha (dispositivo auxiliar). Esse deve seguir rigorosamente as indicações do jogador, podendo também arredondar* a bola se for necessário, entregá-la e segurá-la até o momento da soltura na calha pelo atleta. Porém, essa ajuda só será autorizada ao assistente (também denominado "calheiro") mediante sinal ou indicação do atleta quando da sua vez de jogar.

Por essas exigências da regra, faz-se necessário um treinamento intensivo e sobretudo harmonioso entre o atleta e o "calheiro". Este normalmente é escolhido entre os auxiliares de prática, usando como critério a pessoa de maior compreensão e sincronia com o atleta, sendo, na maioria das vezes, o pai ou os familiares.

A comunicação pode ser feita de forma oral ou através da interpretação de gestos e expressões (maioria dos casos) e sempre partindo do atleta. O "calheiro" não pode, em hipótese alguma, se comunicar com o atleta, e deverá colocar-se sempre de costas para o jogo.

---

* A necessidade de arredondar a bola de bocha pode acontecer depois de sucessivas jogadas, quando a mesma tende a ficar na forma oval.

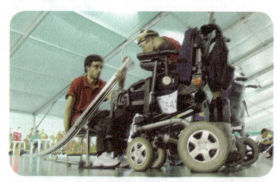

Figura 10.10. Atleta e seu calheiro durante o jogo.

Alguns tipos de treinamento devem ser considerados específicos para essa classe, de forma que o "calheiro" e o atleta tenham atuação única e precisa. A ajuda do auxiliar deve ser em decorrência do raciocínio e da iniciativa do jogador, mas deve buscar uma sintonia entre ambos.

Para exemplificar, o "calheiro" e o atleta devem ter treinado e combinado exaustivamente todos os diferentes tipos de sinais e, principalmente, expressões utilizadas no decorrer da partida, tais como jogo curto (calha alta e o quanto alta), jogo longo (calha baixa e o quanto baixa), para esquerda, para direita e assim sucessivamente. Inclusive a ponto de após jogar uma bola, através da expressão do atleta, o "calheiro" perceber se foi uma boa jogada ou não.

Em resumo, o assistente do atleta BC3 deve ser uma pessoa escolhida primeiramente pelo próprio atleta e deverá acompanhar todos os treinamentos com a mesma disponibilidade do atleta. Deve ser paciente e sensível, conviver com o atleta o maior tempo possível, ajudá-lo nas dificuldades da vida diária, assim como na hora da alimentação e higiene, propiciando uma interação entre eles. É imprescindível que compreenda todo o processo da modalidade, e que, acima de tudo, deseje ajudar sem, contudo, influenciar nas decisões do jogador.

Atletas BC1

Para os atletas da classe BC1, também é permitido um auxiliar, mas apenas com a função de entregar a bola para o jogador quando este solicitar, através de gesto previamente combinado. Pode oferecer um suporte de segurança, se for necessário, assim como segurar a cadeira de rodas para que ela não se desloque no momento do arremesso. Este, também, deve auxiliar o retorno do tronco do atleta após o arremesso, caso o atleta apresente maior dificuldade de controle e equilíbrio. Não é permitida nenhuma forma de diálogo ou comunicação entre ambos. O auxiliar deve se colocar fora do box de arremesso durante a partida (Figura 10.11).

Figura 10.11. Auxiliar para classe BC1.

Atletas BC2 e BC4

Para os atletas BC2 e BC4, não é permitido nenhum tipo de ajuda externa. O que ocorre, com frequência, é a adaptação de um suporte ou cesto para as bolas, fixos ou não na cadeira de rodas, de modo que facilite ao atleta no momento de pegar as bolas para arremessar. Isso é muito utilizado em atletas da classe BC4 com lesão medular e com grande comprometimento nos membros superiores.

Figura 10.12. Os brasileiros campeões mundiais na Classe Dupla BC4 – Dirceu, Adriano e Eliseu.

Divisão do Jogo

Em uma competição, dependendo do perfil dos jogadores inscritos, poderá haver sete divisões de jogo. Cada divisão é disputada por competidores de ambos os sexos. As divisões são: Individual na classe BC.1, Individual na classe BC.2, Individual na classe BC.3, Individual na classe BC.4. As Duplas são para os jogadores classificados como BC.3 e Duplas de BC.4. As equipes são formadas por jogadores classificados como BC.1 e BC.2

Filosofia do Jogo de Bocha

Para que pessoas com deficiências pudessem praticar a bocha, houve a necessidade de adaptar e modificar algumas das estruturas do Jogo de Bocha, mas não a sua essência. Esse continuou similar ao jogo de petanca.

Nele, unicamente participam pessoas em cadeiras de rodas, com graves afetações causadas pela paralisia cerebral ou outras deficiências físicas severas. É um jogo de precisão e de estratégia, com suas próprias regras reconhecidas internacionalmente pela CP-ISRA.

A adaptação do jogo e da bola proporciona aos jogadores uma grande facilidade em sua prática, e suas normas e regras fazem da Bocha um esporte de alto rendimento para as pessoas com graves deficiências.

Observa-se nesta prática que, se há algo a significar na Bocha como jogo ou atividade desportiva é acima de tudo, a possibilidade de oferecer às pessoas com grandes deficiências condição de serem verdadeiramente incluídas na pratica desportiva. Não somente para desfrutar de seu ócio ou tempo livre, mas também com possibilidades de competir no máximo nível de rendimento.

Bibliografia Consultada

1. CP-ISRA Classification & Sports Rules Manual. 9th Edition. Obtido em http://www. cpisra. Org. Acesso em 13 de Junho de 2009.
2. Cunha MR, Yamamoto ES, Nishiguchi ELF. Bocha para pessoas com paralisia cerebral. Uma abordagem competitiva em Campo Grande, MS. Monografia de curso de Pós-Graduação em Treinamento Desportivo – Universidade Salgado Filho, Rio de Janeiro, 1999.
3. International Boccia Comission. Obtido em http://www.boccia international.com/e1/classification/classificatio.htm. Acesso em 13 de Junho de 2009.

Sites Recomendados

1. Regras de Bocha: www.cpisra.org/pdf/CPISRA_Boccia_Rules_portugese_9th.pdf
2. Comitê Paraolímpico Brasileiro: www.cpb.org.br
3. Associação Nacional de Desporto para Deficientes: www.ande.org.br

capítulo 11

Ciclismo

Claudio Civatti

Introdução

O ciclismo paralímpico é uma modalidade em ascensão no cenário esportivo nacional. Fruto do trabalho de atletas, treinadores e das entidades gestoras, com expressivos resultados esportivos internacionais.

A ideia desse trabalho não é esgotar o assunto, nem aprofundar o tema em seus aspectos particulares, e sim dar início a uma documentação a respeito do Ciclismo Paralímpico no Brasil, trazendo informação essencial para aqueles que tenham interesse pelo tema.

O Ciclismo Paralímpico

Na essência, o ciclismo paralímpico não difere muito do ciclismo tradicional que conhecemos: o ciclista, sua bicicleta e a competição. Porém, para algumas deficiências, as variações são importantes e até peculiares, como o caso do Handbike, no qual os atletas usam os braços e não as pernas para competir.

Atualmente no ciclismo paralímpico participam atletas com diferentes deficiências morfofuncionais, congênitas ou adquiridas, como amputações, tetra e paraplegia, paralisia cerebral e deficiências visuais. Esses são divididos em diversas classes funcionais, termo designado às categorias. Os eventos são divididos em provas de estrada e pista.

A particularidade funcional de cada atleta é que definirá as adaptações que a bicicleta deverá sofrer para atender as suas necessidades, bem como as normas de competição.

Conhecer as demandas fisiológicas, biomecânicas e técnicas que o ciclismo paralímpico apresenta é fundamental para determinar as características do treinamento, bem como as implicações das limitações físicas e funcionais do atleta durante a prática.

PARTE 1
História do Ciclismo Paralímpico

O ciclismo para pessoas com deficiência teve início quando aquelas com deficiência visual, usando bicicletas *tandem* (duplas), começaram a sistematizar a prática e as competições.

As provas de ciclismo entraram na programação dos Jogos Paralímpicos a partir da sétima edição, nos Jogos Paralímpicos de New York, em 1984. Na ocasião foram disputadas sete provas de estrada somente para atletas com paralisia cerebral, tanto no masculino como no feminino. Nos Jogos de Seul, em 1988, foram sete provas, sendo que três delas com distâncias entre 50 km e 70 km, sendo incluídas as classes para atletas amputados. No evento seguinte, em Barcelona, no ano de 1992, foram incluídas no programa as provas Contra o relógio e as classes para atletas com deficiência visual, havendo disputas de nove provas. Somente a partir de 1996, em Atlanta, as provas de pista foram incluídas no programa, contando com classes de atletas com paralisia cerebral, deficiência visual, amputados e outras deficiências.

Nos Jogos de Pequim, em 2008, o programa do ciclismo contou com duas provas de estrada e cinco provas de pista, divididas em 31 classes funcionais para o masculino e 14 para o feminino, sendo:

- Estrada:
  - *Resistência masculina:* LC1/LC2/PC4; LC3/LC4/PC3; DV; HC B; HC C
  - *Resistência feminina:* DV; HC A/HC B; HC C
  - *Resistência mista:* PC1/PC2
  - *Contra o relógio individual masculino:* LC1, LC2, LC3, LC4, PC3, PC4, HC A, HC B, HC C, DV

- *Contra o relógio individual feminino:* LC1/ LC2/PC4; LC3/LC4/PC3; HCA/HCB/HCC; DV
- *Contra o relógio individual misto:* PC1/PC2

- Pista:
  - *500 m contra o relógio feminino:* LC1/LC2/ PC4; LC3/LC4/PC3
  - *1 Km contra o relógio feminino:* DV
  - *1 Km contra o relógio masculino:* LC1, LC2, LC3/LC4, PC3, PC4, DV
  - *Perseguição individual masculina:* LC1, LC2, LC3, LC4, PC3, PC4, DV
  - *Perseguição individual feminina classes:* LC1/ LC2/ PC4; LC3/LC4/PC3; DV
  - *Sprint por equipes masculino:* LC1-LC4/ PC3-PC4
  - *Tandem sprint masculino:* DV

Em Londres, em 2012, deverão ser 225 atletas (155 homens e 70 mulheres) em diversas classes. Serão ao todo 50 provas ciclísticas, sendo 31 na estrada e 19 na pista.

Dentro dos Jogos Paralímpicos, o ciclismo é, em termos de medalhas, a terceira maior disciplina, ficando atrás somente do atletismo e da natação, sendo com certeza umas das modalidades mais populares dos Jogos.

No ano de 2001, o Comitê Paralímpico Internacional (IPC) estabeleceu uma parceria com a União Ciclística Internacional – UCI para a gestão, também, do ciclismo paralímpico, fortalecendo as competições e a modalidade. Contudo, em Fevereiro de 2007 a gestão da modalidade passou em definitivo do IPC para a UCI.

Fruto do crescimento da modalidade é a sua inclusão no programa oficial dos IV Jogos Parapanamericanos, que aconteceram em Guadalajara, no México, no ano de 2011.

O Ciclismo Paralímpico no Brasil

O Brasil fez sua estreia no ciclismo paralímpico nos Jogos Paralímpicos de Barcelona, na Espanha, em 1992, sendo seu representante o atleta da cidade de Santos/SP, Rivaldo Gonçalves Martins. Ele viria a se tornar campeão e recordista mundial da prova Contra o relógio, em sua classe funcional, e um dos maiores atletas do cenário paralímpico brasileiro.

Das Primeiras Participações aos Dias de Hoje

Desde a primeira aparição de um atleta brasileiro no ciclismo paralímpico internacional, o Brasil tem participado ativamente das principais competições do calendário internacional da modalidade, tendo enviado delegações para Campeonatos Mundiais e Jogos Paralímpicos com delegações cada vez mais representativas, numerosas e com nível técnico mais elevado, alcançando destaque, respeito e títulos no circuito internacional.

As Participações e as Principais Conquistas Brasileiras
Histórico Cronológico

- Jogos Paralímpicos:
  - **Jogos Paralímpicos de Barcelona – Espanha – 1992**
    - Primeira aparição de um atleta brasileiro no ciclismo em paralimpíadas
    - *Atleta:* Rivaldo Martins (prova de estrada e CRI)
  - **Jogos Paralímpicos de Atlanta – EUA – 1996**
    - *Atleta:* Rivaldo Martins (prova de estrada e CRI)
  - **Jogos Paralímpicos de Sidney – Austrália – 2000**
    - *Atletas:* Roberto Carlos Silva – LC1, Claudio Santos – LC2 (prova de estrada)
  - **Jogos Paralímpicos de Athenas – Grécia – 2004**
    - Nessa competição foi adotado um critério de pontos para as medalhas. Este critério não foi mais adotado por não ter sido bem aceito.
    - *Atleta:* Rivaldo Martins (provas de estrada e CRI)
  - **Jogos Paralímpicos de Pequim – China – 2008**
    - Pela primeira vez, o Brasil se apresentou em provas de pista em uma paralimpíada com um excelente resultado na perseguição individual – 4 km – com Soelito Gohr fazendo a final B e deixando escapar a medalha de bronze por muito pouco. Nas provas de estrada, as participações também foram bastante elogiadas.
    - *Atletas:* Soelito Gohr – LC1, Flaviano Carvalho – LC3
    - *Resultados:* 4º lugar na perseguição individual – 4 km – Soelito Gohr – LC1

- Campeonatos Mundiais:
  - **Campeonato Mundial – Bélgica – 1994**
    - Primeira participação de um atleta brasileiro em uma competição internacional de ciclismo para deficientes.
    - *Atleta:* Rivaldo Gonçalves Martins – categoria *physically challenged*
    - *Resultado:* Campeão mundial e recordista do Contra Relógio Individual – 20 km
  - **Campeonato Mundial Colorado Springs – EUA – 1998**
    - Primeira participação de uma seleção brasileira em um campeonato mundial com uma delegação completa
    - *Atletas:* Rivaldo Martins – LC2, Alexandre Senna – LC3, Alarico Alves de Moura – LC3, Roberto Carlos Silva – LC1
  - **Campeonato Mundial Altendstadt – Alemanha – 2002**
    - Primeira participação de um atleta paralisado cerebral – PC4 (Triciclo)
    - *Atletas:* Rivaldo Martins – LC2, Roberto Carlos Silva – LC1, Claudio Santos – LC2, Claudionor Santos – PC4
  - **Campeonato Mundial Aigle – Suíça – 2006**
    - Participação de um handbiker brasileiro em competições internacionais
    - *Atletas:* Roberto Carlos Silva – LC1, Rivaldo Martins – LC2, Flaviano Eudoxio de Carvalho – LC3, Elisario dos Santos – HC, Rodrigo Feola Mandetta – DV (*Tandem*)
  - **Campeonato Mundial Bordeaux – França – 2007**
    - Primeira aparição de Soelito Gohr em competições internacionais representando o Brasil
    - *Atletas:* Soelito Gohr – LC1, Rivaldo Martins – LC2, Flaviano Eudoxio de Carvalho – LC3, Rodrigo Feola – DV/Leandro Ferreira – Piloto (*Tandem*), Rafael Silman – LC1, Welington Antonio Cavalcante – LC3
  - **Campeonato Mundial Bogogno – Itália – 2009**
    - Primeira participação brasileira em um Campeonato Mundial com uma equipe completa na categoria LC1 (três atletas), consagrada com o título na categoria com Soelito Gohr.
    - *Atletas:* Soelito Gohr – LC1, João Schwindt – LC1, Rafael Silman – LC1, Lauro Chaman

  - LC1, Paulo Cardoso – DV/Sandro Fernandes – Piloto (*Tandem*)
    - *Resultados:* Campeão na estrada – LC1 – Soelito Gohr
    - Medalha de bronze no CRI – LC1 – Soelito Gohr
  - **Campeonato Mundial Baie-Comeau – Canadá – 2010**
    - O campeonato foi disputado com a nova divisão das classes funcionais. Soelito Gohr conquistou o bicampeonato na classe C5 e completaram o pódio em segundo Lauro Chaman e em terceiro João Schwindt.
    - *Atletas:* Soelito Gohr – C5, João Schwindt – C5, Lauro Chaman – C5, Paulo Cardoso – DV/Sandro Fernandes – Piloto (tandem), Flaviano Edoxio de Carvalho – C2, Welington Antonio Cavalcante – C2, Jeferson Spimpolo – C3, Eduardo – H2, Aranha – H3
    - *Resultados:* Campeão na estrada – C5 – Soelito Gohr
    - Vice-campeão na estrada – C5 – Lauro Chaman
    - Terceiro colocado na estrada – C5 – João Schwindt
    - Medalha de bronze no CRI – C5 – Lauro Chaman
- Outras Competições Internacionais:
  - **Campeonato Parapanamericano de Ciclismo Mar Del Plata – Argentina – 2004**
    - *Atletas:* Rivaldo Martins – LC2, Roberto Carlos Silva – LC1
    - *Resultados:* Medalha de prata no CRI – LC1 – Roberto Carlos Silva
    - Medalha de ouro no CRI e Estrada – LC2 – Rivaldo Martins
  - **Campeonato Parapanamericano de Ciclismo Paralímpico em Cali – Colômbia – 2007**
    - A delegação mais numerosa que o Brasil já enviou a uma competição internacional com atletas em quatro classes funcionais, conquistando medalhas em três delas.
    - *Atletas:* Soelito Gohr – LC1, Adriano Souza Nascimento – LC1, Roberto Carlos Silva – LC1, Rivaldo Martins – LC2, Flaviano Eudoxio de Carvalho – LC3, Welington Antonio Cavalcante – LC3, Rodrigo Feola Mandetta – DV/Helder Costa Fernandes –

Piloto (*Tandem*), Paulo Ribeiro Cardoso – DV/Emanuel Ricardo Craveiro – Piloto (*Tandem*), Adauto Xavier Belli – DV/Humberto Piloto (*Tandem*)

– *Resultados:*

– Campeão Parapanamericano da Perseguição Individual – LC1 – Soelito Gohr

– 2º lugar nos Jogos Parapanamericanos de Ciclismo km Contra o Relógio – LC2 – Rivaldo Gonçalves Martins

– 3º lugar nos Jogos Parapanamericanos de Ciclismo na Prova de Estrada – LC3 – Flaviano Eudoxio de Carvalho

- **Campeonato Europeu Open Teplice – República Checa – 2003**

  – *Atletas:* Rivaldo Martins – LC2, Roberto Carlos Silva – LC1, Claudio Santos – LC2

- **Copa do Mundo de Ciclismo Paralímpico Pista Manchester – Inglaterra – 2009**

  – *Atleta:* Soelito Gohr – LC1

  – *Resultado:* Vice-campeão na prova da perseguição individual – 4km

Principais Nomes do Ciclismo Paralímpico Brasileiro

■ Rivaldo Martins

Pioneiro da modalidade no Brasil e atleta de destaque no cenário internacional por mais de uma década, sendo o primeiro brasileiro campeão mundial da modalidade e também o primeiro a participar de uma Paralimpíada no ciclismo, competindo em Atlanta – USA – 1996 e em Atenas – Grécia – 2004. Atleta amputado da perna esquerda um pouco abaixo do joelho especialista em provas de contra relógio. Alcançou destaque também no triatlo.

■ Soelito Gohr

O atleta da classe C5, em um acidente durante os treinamentos, teve uma lesão no nervo braquial, que o deixou sem movimentos no ombro e cotovelo esquerdos. Entrou para o ciclismo paralímpico participando da Seleção Brasileira no Campeonato Mundial de 2007, integrou a Seleção Brasileira em Pequim – 2008, correndo na pista e na estrada. Vem alcançando expressivos resultados na modalidade, sendo o atual bicampeão mundial de estrada na classe LC1 em Bogogno, em 2009, e na C5 em Baie Comeau, em 2010.

Como ciclista profissional participou dos Jogos Panamericanos de Santo Domingo – República Dominicana – 2003, foi Campeão Brasileiro de resistência em 2006 e participou do Campeonato Mundial naquele ano. Atualmente defende a equipe Scott/Marcondes César, de São José dos Campos – SP, a única equipe profissional do ciclismo brasileiro na atualidade.

■ Roberto Carlos Silva

Atleta da classe LC2, amputado do braço direito, que integrou a seleção brasileira nos Jogos Paralímpicos de Sydney, no ano de 2000 (prova de estrada), em vários Campeonatos Mundiais e nos Jogos Parapanamericanos de Ciclismo Paralímpico.

■ Claudio Aparecido dos Santos

Atleta da classe LC2 que integrou a seleção brasileira nos Jogos Paralímpicos de Sydney, em 2000, na prova de estrada (resistência).

■ Flaviano Eudoxio de Carvalho

Atleta da classe LC3 que integrou a seleção brasileira nos Jogos Paralímpicos de Pequim, em 2008, competindo na pista e na estrada. Representou o Brasil em várias competições internacionais.

■ Romolo Lazzaretti

Fez carreira como atleta profissional de ciclismo na pista. Integrante da Seleção Italiana por mais de 15 anos, radicado em Brasília, é o técnico da Seleção Brasileira de Ciclismo Paralímpico desde os Jogos Paralímpicos de Atlanta, em 1996. Emprega seus conhecimentos e sua experiência no desenvolvimento do ciclismo paralímpico brasileiro há mais de uma década, sendo um dos principais responsáveis pela evolução da modalidade no Brasil.

Gestão da Modalidade no Brasil

No Brasil, o ciclismo paralímpico foi gerido pelo Comitê Paralímpico Brasileiro (CPB) até o final de 2007. Passando, depois, a ser administrado pela Confederação Brasileira de Ciclismo (CBC), *seguindo a ordem internacional de vínculo da modalidade a entidade de gestão da modalidade olímpica*, a União Ciclística Internacional (UCI).

Os Campeonatos Brasileiros de Ciclismo Paralímpico foram organizados regularmente pelo CPB e pela CBC nos últimos anos, nas provas de estrada e nas provas de pista, possibilitando, assim, um número cada vez maior de participantes e classes funcionais, tanto no masculino como no feminino, alcançando um nível técnico mais elevado nas disputas.

No ciclismo paralímpico, o Campeonato Brasileiro tem sido a base para as convocações da Seleção Brasileira, e o bom desempenho dos atletas neste campeonato pode credenciar os atletas à Bolsa Atleta, do Ministério dos Esportes, importante programa de apoio ao esporte competitivo no Brasil.

As Provas Paralímpicas de Ciclismo

Segundo a União Ciclística Internacional – UCI, o atual programa para campeonatos mundiais deve contar com as seguintes provas:

- Estrada
  - Resistência
  - Contra relógio individual
- Pista
  - Km contra o relógio (masculino)
  - 500 m contra o relógio (feminino)
  - Perseguição individual
  - *Sprint Tandem*
  - *Sprint* por equipes

As provas de estrada são disputadas por todas as classes funcionais, tanto no masculino como no feminino.

Nas provas de pistas, a prova de 1 km contra o relógio é exclusivamente masculina, e a de 500 m contra o relógio, feminina. As classes funcionais que usam triciclos e handbikes não participam das provas de pista.

As distâncias mínimas e máximas para as provas de estrada em Campeonatos Mundiais de Ciclismo Paralímpico da UCI deverão ser como está demonstrado na Tabela 11.1.

As distâncias mínimas e máximas para as provas de contra relógio em Campeonatos Mundiais de Ciclismo Paralímpico da UCI estão descritas na Tabela 11.2

Em Campeonatos Brasileiros de Ciclismo Paralímpico, as provas de estrada e pistas seguem as regras da UCI para Campeonatos Mundiais Paralímpicos. As provas de estrada (contra relógio individual e resistência) podem ter suas distâncias definidas em função das características do local de disputa, sempre mantendo certa proporcionalidade com as orientações da UCI para esse tipo de disputa.

Tabela 11.1
Distâncias de Competições para as Provas de Estrada em Campeonatos do Mundo

Categoria	Mínimo	Máximo
B masculino	90 km	120 km
B feminino	70 km	100 km
C1 masculino	40 km	60 km
C2 masculino	40 km	60 km
C3 masculino	50 km	70 km
C4 masculino	60 km	90 km
C5 masculino	70 km	100 km
C1 feminino	30 km	50 km
C2 feminino	30 km	50 km
C3 feminino	40 km	60 km
C4 feminino	45 km	65 km
C5 feminino	50 km	75 km
T1 masculino	15 km	30 km
T2 masculino	25 km	40 km
T1 feminino	15 km	30 km
T2 feminino	15 km	30 km
H1 masculino	25 km	40 km
H2 masculino	40 km	55 km
H3 masculino	40 km	55 km
H4 masculino	50 km	70 km
H1 feminino	25 km	40 km
H2 feminino	30 km	55 km
H3 feminino	30 km	55 km
H4 feminino	40 km	70 km

As Classificações Funcionais no Ciclismo Paralímpico

Seguindo a tendência dos esportes paralímpicos, a classificação funcional no ciclismo paralímpico vem evoluindo do aspecto médico para o funcional, buscando tornar as disputas mais equilibradas e justas. A partir de 1º de Janeiro de 2010 entraram em vigor as novas regras de classificação funcional alterando e introduzindo novas classes funcionais (UCI, 2010).

O objetivo da classificação no ciclismo paralímpico é minimizar o impacto das deficiências sobre o resultado da competição, de modo que o sucesso de um atleta em competição baseie-se em sua formação, aptidão física e talento atlético.

Tabela 11.2
Distâncias de Competições para as Provas de Contra Relógio em Campeonatos do Mundo

Categoria	Mínimo	Máximo
B masculino	20 km	35 km
B feminino	15 km	30 km
C1 masculino	10 km	25 km
C2 masculino	10 km	25 km
C3 masculino	10 km	25 km
C4 masculino	15 km	30 km
C5 masculino	15 km	30 km
C1 feminino	10 km	20 km
C2 feminino	10 km	20 km
C3 feminino	10 km	20 km
C4 feminino	15 km	25 km
C5 feminino	15 km	25 km
T1 masculino	5 km	15 km
T2 masculino	10 km	20 km
T1 feminino	5 km	15 km
T2 feminino	10 km	15 km
H1 masculino	5 km	15 km
H2 masculino	10 km	25 km
H3 masculino	10 km	25 km
H4 masculino	15 km	30 km
H1 feminino	5 km	15 km
H2 feminino	10 km	20 km
H3 feminino	10 km	20 km
H4 feminino	15 km	25 km

A classificação é um processo contínuo no qual todos os atletas estão sob constante observação para assegurar coerência e justiça para todos.

Para atingir este objetivo, os atletas são classificados de acordo com o grau de limitação das atividades decorrentes da sua deficiência. A partir da informação funcional obtida na avaliação, os atletas são divididos em classes funcionais conforme o grau que sua deficiência afete os aspectos fundamentais do desempenho no ciclismo.

A classificação funcional tem dois objetivos principais:

1. Determinar se o atleta é elegível ou não para competir no ciclismo paralímpico;
2. Definir o grupo funcional que o atleta fará parte.

É responsabilidade da Confederação Brasileira de Ciclismo assegurar que os atletas estejam classificados nas devidas categorias antes das competições. Em competições internacionais, todos os atletas deverão estar classificados por uma junta de classificadores da UCI, sob pena de não participarem das competições.

Atletas Não Elegíveis – Classe Funcional (NE)

Não será elegível (NE) para competir o atleta que não cumprir os critérios para o ciclismo paralímpico.

Se um atleta tem uma limitação física resultante de uma deficiência que não é permanente e/ou não limitar a capacidade desse atleta para competir equitativamente no ciclismo de elite com os atletas sem deficiência. Então, nestes casos, o atleta deve ser considerado inelegível para competir no ciclismo paralímpico.

Perfis das Classes Funcionais do Ciclismo Paralímpico

O perfil esportivo determinará a classe funcional em que o atleta irá competir. O sistema de classificação específico do ciclismo paralímpico avalia a capacidade do atleta baseado no prejuízo relevante para o seu comprometimento específico.

É prerrogativa da banca de classificação, dependendo da avaliação do comprometimento do atleta, decidir se ele deve ou não mudar para outra classe funcional com atletas mais ou menos comprometidos.

Os atletas serão avaliados com testes que são relevantes para a sua deficiência.

Há quatro grupos de deficiência no ciclismo paralímpico:

1. Deficiências neurológicas (com um dano central ou periférico, congênitas ou adquiridas).
   - Resultando em:
     - Espasticidade
     - Atetose
     - Ataxia
     - Distonia e concomitância de espasticidade/atetose/ataxia/distonia
     - Lesões nervosas periféricas
     - Força muscular diminuída.
2. Locomotoras
   - Decorrentes de:
     - Amputações

MODALIDADES DO PROGRAMA PARALÍMPICO

- Deficiência de membros e diferença de comprimento dos membros
- Força muscular diminuída
- Deficiência na amplitude passiva de movimentos articulares
- Deficiências múltiplas que levam a limitações físicas permanentes e verificáveis.
3 As lesões medulares
  - Completas ou incompletas
    - No caso de uma lesão medular incompleta, a capacidade funcional do atleta será decisiva para a classificação funcional.
4. Deficiência visual
  - Limitação na acuidade visual de, pelo menos, 6/60 e/ou campo visual de 20 graus.

A UCI, em seu "Guia de Classificação para o Paraciclismo 2010", definiu os perfis das deficiências dos atletas em 12 classes funcionais, sendo quatro para handbike (H), duas para os triciclos (T), cinco para as bicicletas (C) e uma para o *tandem* (B), tanto no masculino como no feminino.

Tabela 11.3
Perfis resumidos das classes funcionais do ciclismo paralímpico

	Handbike
H1	Tetraplégico – C6-8
H2	Paraplégico – T1-10
H3	Lesão Abaixo de T11 ou deficiência similar
H4	Lesão Abaixo de T11 ou deficiência similar, mas que pode ficar na posição de joelhos
	Ciclismo
C1	Amputação acima do joelho combinada com outra acima do cotovelo, ou hemiplegia espástica grau 3
C2	Amputação acima do cotovelo combinada com amputação na altura do joelho ou hemiplegia espástica grau 2 com perda de força
C3	Amputação dupla abaixo do joelho com uso de próteses, amputação abaixo do joelho com próteses acima do cotovelo, ou hemiplegia espástica grau 2
C4	Amputação de perna com uso de prótese ou dupla de braço ou diplegia grau 1
C5	Mínima Deficiência
	Triciclos
T1	Hemiplegia/hemiplegia dupla, grau de espasticidade 3 ou 4; ou deficiência similar
T2	Diplegia ou hemiplegia grau 3
	Tandem
B	Sem percepção luminosa até acuidade visual de 6/60 e/ou campo visual de até 20 graus

PARTE 2
Bicicletas, Equipamentos e Adaptações

Em boa parte das classes funcionais do ciclismo paralímpico, os atletas utilizam bicicletas normais de ciclismo, sendo que algumas vezes sem nenhum tipo de alteração. Porém, para muitas bicicletas são necessárias adaptações para que o atleta possa utilizá-la de modo satisfatório, e seria bastante complicado descrever todos os tipos de adaptações utilizadas por causa da enorme diferença que as deficiências se apresentam do ponto de vista anatômico-funcional (amputações, má-formações, deformações, dentre outras).

Para amputados de membros inferiores abaixo do joelho, o uso da prótese elimina a necessidade de adaptação da bicicleta; amputados proximais acima do joelho costumam utilizar um apoio para o coto que, preso ao suporte do selim, proporciona um apoio melhor e, consequentemente, mais equilíbrio, melhor distribuição de força e eficiência mecânica na pedalada.

Ciclistas com algum tipo de má-formação em um ou ambos os membros inferiores podem utilizar pedivelas de tamanhos diferentes e, por vezes, uma delas pode ser utilizada somente para apoio do membro, sem função de propulsão.

Atletas que apresentam a deficiência nos membros superiores podem usar desde simples adaptações para o acionamento de freios e câmbios, até próteses e órteses especialmente construídas para cada caso específico (segurar o guidom, dirigir a bicicleta, acionamento de freios e câmbios etc).

O importante em todos os casos é que o atleta consiga adaptar o equipamento para que seu desempenho seja da melhor maneira possível dentro das suas condições. No entanto, essas não podem infringir as regras, que não permitem que se coloque em risco o atleta ou outros competidores; caso isso não ocorra, as adaptações são permitidas.

Tandem

As bicicletas de dois lugares, conhecidas como *Tandens*, são utilizadas pelos atletas com deficiência visual (cegos e baixa visão) que vão atrás, conduzidos por um piloto que não possui deficiência. Nesse tipo de bicicleta, há obrigatoriamente uma corrente que liga o movimento central (pedivela) dianteiro ao traseiro, de tal forma que ambos os ciclistas pedalem simultaneamente e sincronicamente. Tirando algumas peças mais reforçadas para aguentar o aumento de peso e carga (principalmente rodas e pneus), as bicicletas utilizam os mesmos componentes das bicicletas normais de competição.

Triciclos

Os triciclos são utilizados pelas classes de atletas com paralisia cerebral (T1, T2), que com maior comprometimento das funções motoras não apresentam equilíbrio satisfatório para conduzir uma bicicleta normal de duas rodas. Tornando bastante temerária a utilização dessas por essas classes funcionais. Os triciclos são muito estáveis. A sua geometria é similar às bicicletas normais, com a diferença de que a traseira possui duas rodas acopladas ao mesmo eixo onde estão ligados os sistemas de transmissão e freios. A utilização de uma estrutura traseira com duas rodas com padrões normais é mais uma questão de segurança do que de funcionalidade.

Handbikes

Dentre as muitas diferenças entre uma bicicleta normal e os "carrinhos" denominados handbikes, a principal é que esses são impulsionados com os braços e não com as pernas, além de possuir três rodas e não duas (duas atrás e uma na frente). Esses não possuem pedivelas e sim manivelas para transmitir a força dos músculos para as rodas.

Por ser relativamente nova essa categoria, a bicicleta ainda apresenta grandes variações de engenharia e construção entre um e outro fabricante. Basicamente, temos três tipos de handbikes sendo o que muda entre essas é a posição que o atleta adota na hora de pedalar. Atletas com pouco ou nenhum comprometimento do tronco usam a posição ajoelhada para pedalar com o corpo ligeiramente inclinado para a frente (H4); aqueles com um maior comprometimento do tronco, mas com equilíbrio suficiente, assumem uma posição sentada e reclinada para trás; e os atletas com lesões mais altas adotam uma postura quase deitada. O regulamento controla os limites que as handbikes podem variar em sua construção dentro de cada classe funcional.

Análises Funcionais e Biomecânicas no Ciclismo Paralímpico

Demandas Fisiológicas do Ciclismo Paralímpico

O ciclismo como esporte, em suas diferentes formas de disputa, na estrada e na pista, apresenta

Figura 11.1. Equipe Brasileira Treinando nos Jogos Parapanamericanos de 2011

demandas fisiológicas de todas as naturezas bioenergéticas. Sendo que em algumas provas, ocorrem de forma combinada, e em outras, de forma mais definida.

Segundo Mcardle, Katch e Katch (2003), a utilização de dois sistemas energéticos simultaneamente é uma característica do ser humano; assim, o que se observa é a predominância de um ou outro sistema, ou ainda a alternância desses durante a prática. Nesse sentido, definir qual o sistema energético se apresenta e/ou predomina numa dada situação é fundamental para a adequação do treinamento. Por isso é imprescindível conhecer as características das provas que o atleta almeja participar. Conhecer as distâncias, a altimetria, o tempo de duração e, principalmente, a intensidade do esforço durante as competições é fundamental.

De um modo geral, pode-se afirmar que nas provas de pista as vias anaeróbias são decisivas, enquanto nas de estrada o predomínio é aeróbio. De toda forma, uma boa base aeróbia é fundamental para o ciclismo em qualquer nível de competição (Gregor;

Conconi, 2000). Portanto, para a definição e orientação dos esquemas de treinamento, devemos sempre considerar ambos os sistemas de ressíntese de ATP para produção de energia.

Assim como as competições variam, ciclistas também diferem na sua natureza morfofuncional. Essas alteram as características competitivas dos atletas. Existem ciclistas com características de resistência, outros de velocidade e alguns que combinam bem a maioria das qualidades.

Conhecer as potencialidades e as limitações do atleta, assim como a escolha coerente das competições do calendário são aspectos essenciais para o sucesso do treinamento.

Características das Provas de Estrada

São provas disputadas em ruas e/ou estradas com distâncias variadas. A largada e a chegada podem ser no mesmo lugar ou em lugares diferentes, podem ser disputadas através de um percurso que consiste na ação de dar voltas num determinado circuito, sendo essa a forma mais comum de disputa entre os paralímpicos.

A velocidade e a intensidade podem variar muito, de acordo com as circunstâncias da prova e/ou com as variações topográficas do percurso (altimetria), bem como as condições climáticas (calor, frio, vento).

Nesse tipo de prova, o atleta precisa desenvolver uma alta capacidade de utilização de oxigênio (VO_2máx.) e, principalmente, a capacidade de sustentar um percentual alto de utilização do VO_2máx. (90%) por períodos relativamente longos (mais de 30 minutos) para atingir um desempenho satisfatório. Segundo Terrados e cols. (2000), o ciclismo pode ser considerado um esporte de alta intensidade no qual a capacidade anaeróbia pode ser determinante no desempenho.

A utilização de energia proveniente das vias anaeróbias se dá nas arrancadas (ataques e contra ataques), momentos de grande intensidade e *sprints*.

Largadas em Grupo (Pelotão)

Nesse tipo de prova de estrada todos os atletas largam juntos e vence aquele que após completar o percurso, cruze a linha de chegada em primeiro lugar. Durante a *prova*, os ciclistas andam em pelotões, revezando-se à frente e ditando o ritmo da prova. Isso favorece a velocidade do grupo e possibilita uma economia de energia de quem vai atrás.

Contra o Relógio

Nesse tipo de prova, os atletas largam individualmente com um intervalo de tempo predeterminado entre si (usualmente um minuto), não sendo permitido o "vácuo". Vence o ciclista que percorrer o trajeto da prova no menor tempo. Os atletas podem largar de uma rampa, o que facilita a aceleração (quebra da inércia) no momento da largada. No ciclismo paralímpico nem sempre essa rampa é utilizada, devido às deficiências dos atletas.

Características das Provas de Pista

As pistas de corridas de bicicletas são chamadas de velódromos. Esses são circuitos ovais compostos por duas retas e duas curvas com inclinações e distâncias variáveis.

Os tamanhos mais comuns de pistas são as de 250 m e de 333 m, que permitem uma melhor adequação do número de voltas e posicionamento das largadas e chegadas em relação às distâncias das provas.

Os melhores velódromos são cobertos e fechados para não haver influência do vento e possuem a pista de madeira, que apresenta ótima relação entre velocidade e aderência. Para a largada é usado um equipamento automático que fixa e segura a bicicleta enquanto o ciclista está parado (*starter*), e a liberação ocorre simultaneamente ao tiro de largada. Devido às limitações que os atletas paralímpicos possam apresentar, esse equipamento pode ser dispensado. Nesse caso, o atleta é segurado por um comissário para a largada.

1 Km Contra o Relógio (masculino) e 500 m Contra o Relógio (Feminino)

Nessas provas, o atleta larga sozinho na pista, um a um, e aquele que percorrer a distância no menor tempo é declarado vencedor.

O tempo médio dessas provas é de 40 segundos nas distâncias de 500 m e de 1 minuto gasto para percorrer 1 quilômetro. Nessas condições, o esforço tem predomínio da glicólise anaeróbia.

Perseguição Individual

Nessa prova largam um atleta de cada lado da pista, na reta, simultaneamente, e esses devem percorrer 4 quilômetros nas classes masculinas e 3 quilômetros nas femininas.

Nas fases classificatórias, o tempo vale para classificação; em geral, fazem a final A os dois melhores tempos, e a final B, o terceiro e o quarto. Nas finais, durante a prova, se um atleta alcançar o outro, esse é declarado vencedor, mesmo antes de completar o percurso. Na fase classificatória, essa regra não se aplica.

O tempo de prova varia entre 4 minutos e 30 segundos e 5 minutos. Nessas condições, o exercício acontece numa zona mista aeróbia/anaeróbia, com grande influência dos metabolismos anaeróbios.

Sprint por Equipes

Participam três atletas por equipe, podendo variar as classes funcionais (C1 a C5), que, quando, combinados devem ter uma pontuação máxima definida por regulamento, o que obriga a composição da equipe com atletas mais e menos comprometidos.

As equipes largam uma de cada lado da pista, simultaneamente. O atleta que vai à frente sai da prova após completar a primeira volta; na segunda volta acontece o mesmo, e só um termina a prova. Ganha a equipe *em que o* último atleta passar com o menor tempo após completar a terceira volta.

Sprint Tandem

Segue o mesmo regulamento do *sprint* por equipes, sendo que todas as bicicletas da equipe são *Tandem* (B) e não há soma de pontos para a composição das equipes.

Implicações Biomecânicas para o Desempenho

Ao se tratar de questões biomecânicas no ciclismo paralímpico, temos que considerar qual o comprometimento funcional que determinado atleta possui e o quanto sua deficiência compromete a prática esportiva do ciclismo.

No ciclismo, o desempenho é dependente direto da ação dos membros inferiores. Músculos e ossos das pernas e pés junto com pedais e pedivelas funcionam num sistema de alavancas que, através de um sistema de engrenagens, transmitem a força produzida nos músculos para as rodas, transformando a energia produzida dentro das células em velocidade.

Obviamente as deficiências de membros inferiores são mais significativas para o desempenho do ciclista do que as de tronco e/ou de membros superiores. Isso só não é válido para os atletas do handbike, que usam os membros superiores para movimentar os pedais.

O caso do hanbike, apesar de utilizar um sistema de transmissão de energia similar à bicicleta, foge completamente aos padrões motores do ciclismo convencional. As classes funcionais de handbike (H1 a H4) estão entre as que mais crescem em números de participantes e representam um campo novo para o desenvolvimento da modalidade.

Posição do Ciclista na Bicicleta e Aerodinâmica

Não há dúvida que uma bicicleta adequada à morfologia do atleta e o ajuste adequado da posição do ciclista na bicicleta são fundamentais no desempenho ciclístico.

A bicicleta deve ter suas dimensões e geometria sempre em função das características do ciclista e das provas que ele participa, sendo suas partes (componentes) proporcionais ao tamanho dos seguimentos corporais do atleta.

No ajuste, a altura e o recuo do selim em relação ao eixo do movimento central da bicicleta se relacionam com os membros inferiores e a distância entre o selim e o guidom, e o desnível entre eles estão relacionadas ao tronco e aos membros superiores. Essas são as medidas mais importantes. Uma posição ajustada corretamente, não só favorece o desempenho como também pode evitar lesões e incômodos.

Certamente, algumas deficiências acabam por comprometer uma posição perfeita. No entanto, dentro das limitações é preciso buscar o melhor ajuste possível de forma que a eficiência mecânica e a aerodinâmica sejam menos comprometidas o possível. Do mesmo modo, as condições de uso da bicicleta devem ser analisadas (dirigibilidade, capacidade de frenagem e utilização dos câmbios) para que a segurança do atleta não seja comprometida.

Dentre as forças a serem vencidas durante a prática do ciclismo, a resistência aerodinâmica e a gravidade são as mais significativas, sendo a última somente quando tratarmos de subidas.

Além de equipamentos e bicicletas aerodinâmicas, nada pode influenciar a resistência aerodinâmica mais que a posição que o ciclista assume na bicicleta. Isso pode resultar em economia de energia e/ou aumento da performance. Em provas contra o relógio, a aerodinâmica é especialmente importante.

A massa corporal do atleta (peso) sempre foi um fator de grande importância no ciclismo, levando em consideração que algumas classes funcionais apresentam limitações de força, como, por exemplo, nas que utilizam apenas uma perna para tração, uma questão que pode ganhar ainda mais importância no ciclismo paralímpico.

Nas subidas, o peso do conjunto ciclista-bicicleta é preponderante. Nessa situação há um componente da força gravitacional atuando em direção contrária ao deslocamento. Subidas estão entre as situações de maior exigência no ciclismo. Nesse aspecto, não só o peso da bicicleta é importante; por imposição da regra, o limite mínimo de peso da bicicleta é de 6,8 kg – (UCI), mas também o da massa corporal do ciclista é importantíssimo.

Ciclistas com maior massa corporal, normalmente os *sprinters*** levam desvantagem em trechos longos de subida. Invariavelmente, o melhor desempenho em grandes subidas é obtido por atletas de baixo peso e boa relação de peso/potência (massa corporal do atleta e a potência desenvolvida durante a pedalada).

Baixos índices de gordura corporal são desejáveis (menos de 10%) em todos os níveis e classes do ciclismo paralímpico.

Treinamento Adaptado

O treinamento, sem margem a dúvidas, é a maneira mais efetiva de aprimorar a performance (Jeukendrup, 2002).

Segundo McArdle, Katch e Katch (2003), claramente, um sistema de treinamento eficiente atribui um peso proporcional ao treinamento apropriado dos sistemas energético e fisiológico específicos ativados na prática.

As adaptações que o treinamento de um determinado atleta exige vão sempre se apresentar em função das limitações funcionais que a sua deficiência impõe. Há muita variação nesse aspecto, e uma análise criteriosa da funcionalidade do atleta é fundamental.

Decorrente de sua deficiência, o atleta pode adquirir certos vícios posturais que podem comprometer o desempenho e sobrecarregar alguma estrutura do organismo pela prática. Esse é um ponto que exige muita atenção de técnicos e treinadores.

O planejamento deve prever e abranger todo o tipo de situações que as provas possam apresentar. O responsável pelo planejamento do treinamento deve ter conhecimento pleno do ciclismo, como esporte em todos os seus aspectos, e estar atento ao avanço do conhecimento científico a respeito da modalidade

Do ponto de vista metabólico, a base do trabalho deve visar o aumento da capacidade e da potência aeróbia – Aumento do VO_2máx. e de sua taxa de utilização (elevação dos limiares metabólicos – Limiar anaeróbio e o Ponto de Compensação Respiratória).

Dependendo das características do atleta e das suas provas, deverá haver um volume maior ou menor de treinos para os sistemas anaeróbios, baseado em exercícios de velocidade e potência, principalmente.

Do ponto de vista técnico, o atleta deve dominar todos os aspectos do esporte, como frear, virar, cambiar, rolar, esprintar, subir, descer, andar na roda, dentre outros.

Do ponto de vista tático, o atleta deve conhecer suas limitações e organizar suas ações durante a prova em função de seus companheiros e adversários, levando sempre em consideração as circunstâncias da prova.

Quanto mais alto o nível do atleta, mais cresce a necessidade de se medir, avaliar e controlar o desempenho, no sentido de tornar o treinamento o mais eficiente possível. Avaliações sistemáticas e planejadas têm como objetivo fornecer dados que permitam conhecer a real situação do atleta e subsidiar o planejamento do treinamento. Monitorar a intensidade do exercício através de marcadores fisiológicos, principalmente a frequência cardíaca, tem sido uma maneira eficaz de controlar os treinos.

Avaliar as características da competições (distâncias, altimetria, clima, adversários, equipe, apoio etc.) é fundamental na escolha das estratégias e táticas de competição e treinamento.

A Busca da Excelência

Indivíduos, principalmente no esporte paralímpico, são diferentes em suas habilidades, potencialidades, experiências e deficiências. Consequentemente, também assim o serão em suas performances motoras.

A busca da excelência é uma constante na prática esportiva de alto nível. Porém, são poucos os atletas que conseguem atingir um grau de aptidão que os tornem referência numa determinada modalidade esportiva, e no ciclismo paralímpico não é diferente.

O desempenho esportivo de alto nível não pode ser tratado como resultado de um único fator, e sim como consequência de uma conjunção de fatores trabalhados e orientados para um objetivo.

Para que o atleta alcance um alto nível no padrão de execução de movimentos de uma determinada tarefa motora (pedalada), com níveis estáveis e duradouros de desempenho, é necessário um conjunto de capacidades (força, velocidade, resistência) e habilidades (aspectos técnicos e táticos), que combinadas e trabalhadas podem levar o indivíduo a níveis de execução acima da média como resultado do desenvolvimento da prática do ciclismo.

---

* Corredores com características de grande aceleração na fase final da prova.

Além de capacidades e habilidades, é importante considerar que atletas de alto nível precisam combinar satisfatoriamente aspectos psicológicos, sociológicos, físicos, emocionais e cognitivos. Tampouco podemos esquecer a contribuição que possam ter recebido de outros profissionais experientes no desenvolvimento de suas aptidões (técnicos, treinadores, fisiologistas, médicos, biomecânicos, fisioterapeutas, nutricionistas, mecânicos etc).

A justa combinação desses fatores é que faz de um indivíduo um atleta de alto nível. Portanto, não basta uma genética favorável. Você precisa de ajuda competente e muito trabalho.

Entidades
União Ciclística Internacional – UCI
Comitê Paralímpico Internacional – IPC
Confederação Brasileira de Ciclismo – CBC
Comitê Paralímpico Brasileiro – CPB

Sites de interesse

IPC – www.paralympics.org
UCI – www.uci.ch
CPB – www.cpb.org.br
CBC – www.cbc.esp.br
http://www.rivaldomartins.com.br

Bibliografia Consultada

1. Arrigoni C. Paralimpici, Lo sport per disabili: storie, discipline, personaggi. Editore Ulrico Hoelpi, Milano, 2006.
2. Benjamín F, García JP, Landaluce MR, Alonso NT. Intensity of exercise during Road race pro-cycling competition Medicine & Science in Sports & Exercise, 2000.
3. Gregor RJ, Conconi F. Handbook of Sports Medicine and Science - Road Cycling. Blackwell Science: Portland, 2000.
4. Jeukendrup A. High-Performance Cycling Human Kinetics: 2002.
5. Vieira S, Freitas A. O que é Ciclismo: História – Regras – Curiosidades Casa da Palavra, Comite Olímpico Brasileiro: Rio de Janeiro, 2006.
6. Ghorayeb N, Barros T. O Exercício, Preparação fisiológica, avaliação médica aspectos especiais e preventivos Editora Atheneu, São Paulo, 1999.
7. McArdle W, Katch FI, Katch V. Fisiologia do Exercício Energia, nutrição e desempenho humano. Guanabara Koogan: Rio de Janeiro, 2003.
8. Neder JA, Nery LE. Fisiologia Clínica do Exercício: Teoria e prática Artes Médicas: São Paulo, 2003.
9. UCI Para-cycling rules, UCI Cycling Regulations Obtido em: http://www.uci.ch /Modules/BUILTIN/getObject.asp ?MenuId=MTkzNg&ObjTypeCode=FILE&type=FILE &id=MzQwMzY&LangId=1 Acessado em: 10 de junho de 2010.
10. UCI Para-cycling Classification Guide Obtido em emhttp://www.uci.ch/Modules/ BUILTIN/getObject.asp? MenuId=&ObjTypeCode=FILE&type=FILE&id=NjA1O Dg&LangId=1 Acessado em: 10 de junho de 2010.

capítulo 12

Esgrima em Cadeira de Rodas

Valber Lázaro Nazareth
Edison Duarte

Uma Pequena Viagem na História da Esgrima

A história da esgrima está diretamente associada ao desenvolvimento das guerras e ao contexto sócio-cultural no qual esteve inserida. A necessidade de sobreviver diante das adversidades da natureza e as lutas por conquistas de territórios levaram os seres humanos a se aperfeiçoarem no manejo das armas brancas* (Fontoura dos Anjos, 2004).

De acordo com Lacaze (1991), a maioria dos povos da Antiguidade fazia uso das armas brancas, sendo que estas eram produzidas e manejadas de acordo com as características culturais e o grupo social na qual estava envolvida. Os Gregos, em especial o povo Espartano, e, posteriormente, os Romanos, tornam-se os primeiros a treinarem de forma sistemática os seus guerreiros nesta arte.

Na Idade Média, a esgrima vai se desenvolver por meio das Cruzadas. É nesse período que se popularizam os Torneios e as Justas entre os cavaleiros com armaduras e grandes espadões. A partir do século XV, já no Renascimento, a esgrima começa a desprender-se do passado rudimentar para dar lugar às primeiras teorias sobre a condução das ações técnicas. É neste período que os duelos de honra se popularizam na Europa Ocidental (ESEFEX, 1985).

O Renascimento também vai alimentar a expansão ultramarina, fazendo com que a arte da esgrima chegue ao Brasil com os primeiros exploradores a partir do século XVI. Nas terras recém-descobertas, a prática da esgrima passa a ser uma atividade quase que exclusiva dos encarregados da defesa das capitanias hereditárias, pois o elevado calor dos trópicos, aliado à falta de profissionais de ensino desta arte nas

novas terras, desestimulava o interesse pela mesma (Fontoura dos Anjos, 2004).

Com a inclusão da esgrima no programa dos primeiros Jogos Olímpicos da Era Moderna, realizada em Atenas, na Grécia, em 1896, ela foi gradativamente se desprendendo do seu caráter militar, para definitivamente se transformar em modalidade esportiva.

No Brasil, até a Proclamação da Independência, em 1822, a esgrima fica limitada a um pequeno grupo de praticantes e aos militares. Porém, é por meio de um acordo militar entre Brasil e França, que, em 1907, foi dado um passo importante para o desenvolvimento deste esporte no País – a vinda de uma missão militar francesa para ministrar instrução à Força Pública de São Paulo. Com isto, em 1910, desembarca no Porto de Santos, o Mestre D'armas e suboficial Delphin Balancier, com o objetivo de treinar os esgrimistas nacionais e formar os primeiros profissionais de ensino desse esporte no Brasil (Marinho, 1952).

Diante deste novo panorama, ocorre a necessidade da organização institucional da esgrima no Brasil. Os anos que se seguem, marca a consolidação deste esporte no País, por meio das primeiras federações, aumento do número de Salas D'Armas e, por consequência, o número de praticantes do esporte. Com isto, a esgrima nacional chega aos nossos dias com uma história consistente de implantação e desenvolvimento.

Ao contrário da Esgrima Convencional (EC)*, a Esgrima em Cadeira de Rodas (ECR) começa efe-

---

* *Armas brancas:* arte do manejo das armas de corte e estocada, atualmente representadas pelo florete, espada e sabre.

---

* A fim de facilitar a compreensão, adotou-se no texto a abreviação *Esgrima Convencional (EC)* para definir a Esgrima praticada por pessoas sem deficiência e *Esgrima em Cadeira de Rodas* (ECR) para definir a praticada por pessoas com deficiência física. Quando houver a descrição apenas do termo *Esgrima* no texto, este estará referindo-se ao Esporte de forma geral.

tivamente a ser praticada no Brasil somente no ano de 2002; no entanto, a história deste esporte no País começa a ser desenhada uma década antes, na figura da atleta Andréa de Mello.

No início dos anos 1990, Andréa mudou-se para os Estados Unidos, iniciando e treinando a esgrima naquele país, porém competindo pelo Brasil nas provas internacionais. Devido ao seu longo envolvimento com a ECR mundial, esta atleta firmou-se não somente como a primeira brasileira a defender o Brasil neste esporte, mas também uma das pioneiras na América. No entanto, devido a Andréa viver nos Estados Unidos, no próprio Brasil, não havia praticantes da modalidade.

O primeiro grupo de praticantes no Brasil da ECR surge no ano de 2002, no Departamento de Fisioterapia do Centro Universitário Hermínio Ometto – UNIARARAS, na Cidade de Araras, no Estado de São Paulo. Eram cinco pacientes*, todos amputados de perna que treinavam a ECR na perspectiva de lazer. Com o desenvolvimento dos trabalhos, começou a surgir, entre eles, o interesse em ampliar as aulas para o treinamento competitivo; assim, houve a necessidade de buscar informações mais amplas quanto ao andamento desse esporte no país. Naquela época, a associação nacional reconhecida pela IWAS para dirigir os esportes em cadeiras de rodas e, por consequência, a ECR no País, era a Associação Brasileira de Desportos em Cadeira de Rodas – ABRADECAR.

No ano seguinte, em 2003, por meio de uma concessão da IWAS, foi trazido para o Brasil o primeiro fixador de cadeira de rodas para treinamento dos atletas e realização das primeiras competições oficiais. Neste mesmo ano, participou pela primeira vez uma delegação brasileira** em uma competição internacional, a Copa do Mundo de Lonato, na Itália. Ainda no decorrer deste ano, os esgrimistas brasileiros participaram de mais duas competições intencionais: a Copa do Mundo de Varsóvia, na Polônia, e os II Jogos Parapanamericanos de Mar Del Plata, na Argentina.

Durante o período de realização dos Jogos Parapanamericanos da Argentina, foi realizado um Seminário para treinadores, na Cidade de Buenos Aires, e outro para Classificador Funcional na Cidade de Mar Del Plata, tendo a presença de vários profissionais daquele país, além de dois técnicos* brasileiros.

No ano seguinte, foi organizada uma clínica da ECR para os profissionais que se encontravam presentes nos IX Jogos Paradesportivos Regionais, da Região Centro-Oeste de 2004, organizados pela ABRADECAR, na Cidade de Goiânia – GO. Ainda nesse ano, ocorreu o I Seminário Internacional de Esgrima em Cadeira de Rodas no Brasil (Figura 12.1). Esse evento contou com a presença de dois palestrantes** internacionais e quatro nacionais. Inscreveram-se, para participar do evento, mais de 20 profissionais dos contextos da: EC, da área de Educação Física e Atividade Física Adaptada.

Por sua vez, os esgrimistas brasileiros participam de mais duas provas internacionais no ano de 2004, novamente da Copa do Mundo de Varsóvia, na Polônia, e dos Jogos Paralímpicos de Atenas, na Grécia***. Neste ínterim, novos grupos de praticantes se formam no Brasil, sendo o primeiro em Porto Alegre, na Associação de Servidores da Área de Segurança e Portadores de Deficiências do Estado Rio Grande do Sul – ASASEPODE; em seguida, na Associação dos Deficientes Físicos do Paraná – ADFP, em Curitiba, Paraná, e na capital paulista, no Clube dos Paraplégicos de São Paulo – CPSP.

Também em 2004, com organização da ASASEPODE, foi realizado, na cidade de Porto Alegre, o I Campeonato Aberto de ECR do Rio Grande do Sul. Essa prova se repetiu, no ano seguinte, na mesma cidade.

---

*Este grupo era constituído pelas seguintes pessoas: Eduardo Franco de Oliveira, Edilaz José do Santos, Amilton José dos Santos e Eduardo Rabello, sendo que as aulas eram conduzidas pelo treinador e Mestre D'Armas Valber Lázaro Nazareth.

**A delegação Brasileira na Copa de Lonato foi constituída pelas seguintes pessoas: Nivando Menin (Chefe de delegação), Valber Lazaro Nazareth (Técnico) e pelos atletas Andréa de Mello, Eduardo Franco de Oliveira, Edilaz José do Santos e Amilton José dos Santos.

* Como representantes da IWAS, vieram para ministrar o seminá-rio técnico e de classificação durante os Jogos Parapanamericanos da Argentina os Mestre D'Armas Vittorio Loi, da Itália, e o Dr. Esteban Collel, da Espanha. Os profissionais brasileiros que estiveram presentes neste curso foram os Mestres D'Armas Valber Lázaro Nazareth, de São Paulo, e Alexandre Alves Teixeira, do Rio Grande do Sul.

** Os conteúdos pedagógicos de ensino e aprendizagem da ECR foram ministrados pelo técnico da equipe francesa, Mestre D'armas Jean Deleplancque, e a classificação funcional ficou a cargo do espanhol e membro da IWFC, o Dr. Esteban Collel. Entre os palestrantes nacionais, o Prof. Dr. Edison Duarte da Unicamp, Profª. Dra. Ruth E. A. Cidade, da UFPR, Prof. Valber Lázaro Nazareth, da Força Aérea, e Profª. Dra. Maria José M. da Silva Morsoleto, da UNIARARAS.

*** Somente a atleta Andréa de Mello é convocada pela IWAS para os Jogos Paralímpicos de Atenas. Este evento marca a despedida desta atleta como representante brasileira, pois, após os jogos, ela adota a cidadania Americana, passando então a competir por aquele país.

MODALIDADES DO PROGRAMA PARALÍMPICO 107

Figura 12.1. Seminário Internacional de Esgrima em Cadeira de Rodas no Brasil.

Já em 2005, foi realizado o I Campeonato Brasileiro e a competição de ECR, nos Jogos Mundiais em Cadeira de Rodas e Amputados da IWAS*, ambos na Cidade do Rio de Janeiro.

O II Campeonato Brasileiro foi realizado no ano de 2006, nas dependências da Academia da Força Aérea – AFA, na Cidade de Pirassununga, no Interior de São Paulo, com a presença de sete atletas, de três associações nacionais. Meses depois ocorreu nas dependências do Esporte Clube Pinheiro, na cidade de São Paulo, uma clínica de treinamento e competição amistosa, entre os esgrimistas de São Paulo, Rio Grande do Sul e Paraná. No final do ano de 2006, o Comitê Paralímpico Brasileiro – CPB assume os programas da IWAS no País e, com isto, a coordenação da ECR.

Estando agora sob a gestão do CPB, no ano de 2007, uma delegação com sete componentes** viaja para a Polônia, a fim de competir mais uma vez na Copa do Mundo de Varsóvia (Figura 12.2). É incluído no grupo, pela primeira vez, um profissional para acompanhar os trabalhos de classificação funcional na competição.

Figura 12.2. Delegação brasileira na Copa do Mundo de Varsóvia.

Em Novembro de 2007, realizou-se, na Cidade de Curitiba, no Paraná, o III Campeonato Brasileiro, contando com 13 atletas esgrimistas, sendo sete do gênero masculino e seis do feminino.

Em Janeiro de 2008, na tentativa de obter uma vaga para os Jogos Paralímpicos de Pequim, o Brasil se fez representar com uma delegação de três componentes na Copa do Mundo de Malchow, na Alemanha.

Ainda no ano de 2008, ocorrem outros eventos no Brasil. O primeiro na cidade de Maringá, no Paraná, por meio do Centro de Vida Independente – CVI, onde é realizada uma clínica de ECR para um público de mais de 50 pessoas. Posteriormente, no mês de Novembro, porém agora na cidade de Curitiba, ocorre o IV Campeonato Brasileiro e o I Estágio

---

* A competição de Esgrima dos Jogos Mundiais da IWAS foi realizada na Escola Naval, sendo a equipe brasileira formada pelo paulista Eduardo Franco de Oliveira e os gaúchos Lauro Brachtvogel, Maurício Stempniak e Daiane Perón.

** Fizeram parte desta delegação os seguintes atletas: Maurício Stempniak, Daiane Perón, Eduardo Franco de Oliveira e Lauro Brachtvogel. Na função de Chefe de Missão do CPB, o Sr. Arisson Dias; na função de classificador funcional, o Prof. Dr. Edison Duarte, da UNICAMP, e Valber Lázaro Nazareth, como treinador técnico da equipe.

de Treinamento e Capacitação* de ensino da ECR. Nesse mesmo estágio, ocorre um Curso Internacional de Formação de Classificadores Funcionais, tendo a presença de quatro brasileiros**.

Os anos de 2009 e 2010 consolidam as ações evolutivas da ECR no Brasil, pois, além de ocorrerem outras participações internacionais, foi definido junto ao CPB um Projeto Estratégico de desenvolvimento nacional e metas para a modalidade visando os Jogos Paralímpicos de Londres, em 2012, e do Rio de Janeiro, em 2016.

Esgrima em Cadeira de Rodas no Mundo

A presença de pessoas com deficiência no contexto da esgrima é uma conquista muito recente. Semelhante a outros esportes que vieram a ser adaptados e criados logo após a Segunda Guerra Mundial, nos Estados Unidos e na Europa, visando reintegrar e reabilitar os lesionados da guerra, a esgrima também passou a ser praticada por estas pessoas, a partir desse período.

A ECR surge a partir da adaptação da EC. Essa foi apresentada, pela primeira vez, nos Jogos de Stoke Mandeville, em 1953. Gradativamente, esta "nova" esgrima veio se organizando institucionalmente, tornando-se um dos esportes mais prestigiados dos Jogos Paralímpicos (Martínez, 1994).

Os primeiros países a desenvolver a ECR no mundo foram justamente aqueles que já detinham uma ampla tradição e supremacia na EC, como a Inglaterra, a França e a Itália. A primeira prova oficial desse esporte ocorreu em 1955, em Stoke Mandeville, sendo disputada somente a modalidade de sabre.

A ECR entra para o programa das Paralimpíadas em 1960, em Roma, na Itália. Neste mesmo evento é proposto pela França um regulamento específico, adaptado a partir do regulamento da Federação Internacional de Esgrima – FIE***.

Nos Jogos Paralímpicos de Tóquio, em 1964, acontecem, pela primeira vez, as três modalidades oficiais: Florete, Espada e Sabre. O Florete ficou restrito apenas aos principiantes. Atualmente, as três modalidades são realizadas tanto para os homens como para as mulheres.

A ECR é um esporte controlado pela International Wheelchair & Amputee Sports Federation – IWAS. Por sua vez, a International Wheelchair Fencing Committee – IWFC é um órgão ligado e subordinado a IWAS, que gerencia as ações organizativas da ECR no mundo.

Igual aos demais esportes paralímpicos, também na ECR, houve a necessidade de implantar um sistema específico de classificação dos atletas****. Para tanto, em 1988, nas Paralimpíadas de Seul, na Coreia, foi introduzindo um novo Sistema de Classificação Funcional para este esporte. Este sistema permitiu classificar os atletas em três categorias, de acordo com o tipo e o nível de lesão e potencial de execução motora no desempenho das ações de esgrima.

Características Gerais da Esgrima

Apesar de a esgrima ser um esporte, ela não deixa de ser em essência uma arte de luta. Neste sentido, pode ser definida como uma atividade de luta predominantemente tática, no modelo 1 x 1 (relação interpessoal com implemento) que apresenta um desenho de modificação constante da ação motora (ataque – defesa) (Gomes, 2008; Sola, 2005). Na esgrima, as ações de execução da ação técnica não podem ser programadas, pois existe a imprevisibilidade tanto das situações do campo de jogo, como das próprias respostas do adversário.

Tendo em vista esta realidade, é muito comum, o jogo, da esgrima, ser comparado ao do xadrez. A diferença, no entanto, como nos alerta Iglesias *et al.* (2007), é que na esgrima não se pode parar o relógio para pensar antes de tomar a decisão e, portanto, a dinâmica se apresenta de forma mais complexa, pois, além disso, existe um grande empenho cognitivo, para solução dos problemas apresentados pelo adversário. Além do mesmo se desenvolver sob uma ampla gama de deslocamentos, realizações e adaptações de movimentos técnicos e relações táticas, em um curto espaço de tempo.

A atividade do esgrimista é composta por diversos

---

* Entre os palestrantes internacionais deste evento, estiveram presentes o chefe da classificação funcional da IWFC, o italiano Dr. Luca Michelini, e o Mestre D'Armas francês Jean Deleplancque. Entre os brasileiros, o professor Dr. Edison Duarte, da Unicamp; o presidente do CPB, o Sr. Vital Severino Neto; o coordenador da ECR no CPB, Valber Lázaro Nazareth; e o presidente do Comitê Paralímpico das Américas, o Sr. Andrew Parsons.

** Os brasileiros que se titulam no Curso de Classificador Funcional de Esgrima em Cadeira de Rodas são os seguintes: Profs. Ruth E. A. Cidade, da UFPR, Deborah de Carvalho Kaiser, Patrícia S. de Freitas, da UFU, Gustavo Abrantes e Dr. Edison Duarte, da Unicamp.

*** O Regulamento de Provas da FIE é um documento oficial que regulamenta todas as regras referentes às generalidades comuns ao jogo da esgrima convencional nas três armas (sabre, espada e florete).

**** Este sistema foi proposto pela médica alemã Rita Strohm nos campeonatos europeus de Glasgow, em 1987, sendo modificado posteriormente (Regulamento do manual do Comitê Paralímpico Internacional, 2004).

movimentos especializados – gestos ou movimentos técnicos específicos de Esgrima, e não especializados – movimentos diversos com ou sem ação da lâmina. Todos os movimentos técnicos especializados ou não, que são utilizados nas diversas variantes do jogo combativo, com a intenção de tocar, são denominados ações de esgrima. A troca de ações entre o adversário, de forma contínua ou descontínua, durante um determinado período de tempo, no combate com intenções táticas, é definida como: frases d'armas. Tais conjuntos de trocas de ações entre ambos os esgrimistas do assalto (duelo) formam o desenho de jogo combativo na esgrima (Arkayev, 1990).

O trabalho constante de manejo da lâmina e condução de ponta da arma aprimora uma qualidade especial do esgrimista, o domínio cinestésico para o *Sentiment du fer* (capacidade de percepção dos movimentos da arma adversa), e para o *Le doigté* (capacidade de condução da ponta da arma apenas com a ação dos dedos) (Thirioux, 1970). Essas habilidades desenvolvem-se com auxílio da visão e da audição e são importantes na condição perceptiva do esgrimista, na detecção nos estímulos produzidos pelo adversário, durante o duelo.

Do ponto de vista fisiológico, a esgrima encontra-se entre os esportes de sistema energético alático; no entanto, devido à grande variação de esforços e eventuais repousos durante o assalto*, em menores proporções ocorre a implicação de outros sistemas, como o anaeróbico lático e o aeróbico (Diaz, 1984, Penã, 1993 e Iglesias, 1995). Elementos como capacidade de adaptação física, apurado sentido de distância, tempo de reação, força relativa e equilíbrio psicológico, são algumas qualidades que definem um esgrimista versátil e talentoso (Thirioux, 1970, Beke e Polgar, 1976).

Sistema de Classificação da Esgrima em Cadeira de Rodas

O Sistema de Classificação que hoje é utilizado na ECR foi proposto pela alemã Rita Strohn, nos campeonatos europeus de Glasgow, em 1987, e aplicado, pela primeira vez, em Seul, na Coreia, em 1988. Podem participar das competições da ECR somente indivíduos com deficiência motora, sendo as amputações, paraplegias, má-formação congênita e acidentes vasculares as lesões mais comuns entre os atletas (IPC, 2004).

Segundo o Regulamento do Manual do Comitê Paralímpico Internacional (2004), o processo avaliativo da ECR é realizado por meio de um conjunto de provas funcionais. Essas visam estabelecer um parâmetro quanto à condição funcional do atleta, e baseiam-se na capacidade do indivíduo em realizar movimentos não específicos e específicos de Esgrima, como: inclinações do tronco em várias direções, simulação da execução do afundo**, recuo do tronco para trás e para os lados em atitude de contra-ataque, conforme apresentado no Quadro 12.1.

Quadro 12.1		
Sequência das provas funcionais da Esgrima em Cadeira de Rodas		
Prova Nº	Objetivo	Descrição do movimento
Prova 1	Avaliar a extensão da musculatura dorsal	Tronco flexionado e apoiado sobre as pernas com os cotovelos estendidos e braços ao lado do corpo, realizar a extensão lombar retornando o tronco à posição vertical, sem o apoio das mãos.
Prova 2	Avaliar o equilíbrio lateral dos braços (músculos oblíquos)	Estando os cotovelos estendidos e braços em posição lateral na linha dos ombros, realizar movimentos de flexão e extensão lateral oblíqua do tronco, em ambos os lados.
Prova 3	Avaliar a extensão da musculatura dorsal com ação limitadora	Tronco flexionado e apoiado sobre as pernas, com os cotovelos flexionados e mãos apoiadas na nuca, realizar a extensão lombar retornando o tronco à posição vertical.
Prova 4	Avaliar o equilíbrio lateral dos braços (músculos oblíquos com ação limitadora)	Estando os cotovelos estendidos e braços em posição lateral na linha dos ombros, realizar movimentos de extensão e flexão lateral oblíqua do tronco, em ambos os lados, segurando uma arma.

Fonte: Reglamento del Manual del Comité Paralímpico Internacional (2004).

---

* *Assalto* é o duelo de treinamento, e *match* é definido como o duelo realizado em competições oficiais.

** O afundo é o um movimento ofensivo realizado alongando-se o braço armado em direção ao adversário, seguido da máxima inclinação do tronco, a fim de tocá-lo.

Após o atleta ser avaliado, ele é classificado dentro de uma das cinco classes da Modalidade, que são 1A, 1B, 2, 3 e 4, para, em seguida, ser definitivamente direcionado para uma das três categorias da ECR, que são A, B e C, conforme apresentado no Quadro 12.2.

É importante destacar que, sendo a Esgrima um esporte de ampla exigência cognitiva, no caso de lesões físicas que tenham comprometimento cerebral ou qualquer outra deficiência que remeta a dúvidas, quanto à classificação do esgrimista, a avaliação se amplia para a observação do mesmo durante a competição.

Regras Básicas da Esgrima em Cadeira de Rodas

A ECR é constituída de três armas ou modalidades: florete, sabre e espada. As armas diferenciam-se em suas especificidades técnicas e táticas, nas características de formato da arma, forma de duelar e região de toque, conforme as Figuras 12.3 e 12.4.

O florete e a espada são armas de estocada; os toques válidos ocorrem somente com a ponta lâmina. No florete, a área de jogo é limitada ao tronco, excluindo-se os braços e a cabeça, já na espada é

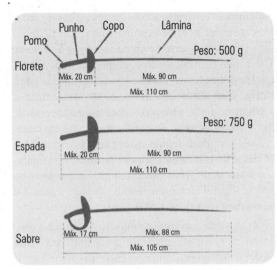

Figura 12.3 – Armas da esgrima (In: Silva, 2001).

válido em todos os membros superiores. O sabre é a única arma que toca de lado (corte, contra-corte) e de ponta, sendo que a região válida compreende todo o tronco superior.

Objetivando facilitar ao árbitro identificar os toques dados durante o *match*, é utilizado o aparelho elétrico de sinalização. Esse é constituído de dois

Quadro 12.2
Categorias da Esgrima em Cadeira de Rodas conforme a determinação da classe

Nível de comprometimento	Classe	Categoria
Grande equilíbrio na cadeira de rodas com possibilidade de apoio das pernas, com os braços normais – Lesões abaixo da L4 ou deficiências equiparáveis	Classe 4	A
Grande equilíbrio na cadeira de rodas sem a ação das pernas, com o braço armado normal – Paraplégicos – D10 a L2 com pontuação nas provas nº 1 e nº 2 entre 5 e 9 – Amputação dupla acima do joelho ou lesões incompletas acima de D10 e deficiências equiparáveis	Classe 3	A
Bom equilíbrio na cadeira de rodas *Braço armado normal* – Tetraplégicos incompletos com braço armado, minimamente lesionado, e equilíbrio na cadeira de rodas – Paraplégicos – D1 a D9 que não conseguiram mais do que 4 pontos nas provas nº 1 e nº2	Classe 2	B
Sem equilíbrio na cadeira de rodas *Braço armado lesionado* *Funcionalidade na extensão do cotovelo, mas sem flexão funcional dos dedos da mão armada* *A arma necessita ser fixada com ataduras* – Tetraplégicos – C7 e C8 ou lesões superiores incompletas	Classe 1B	C
Sem equilíbrio na cadeira de rodas *Braço armado lesionado* *Extensão prejudicada do cotovelo da mão armada* *Sem funcionalidade da mão dominante, com necessidade de fixação da arma com ataduras* – Tetraplégicos – C5 e C6	Classe 1A	C

Fonte: Regulamento do Manual do Comitê Paralímpico Internacional (2004).

MODALIDADES DO PROGRAMA PARALÍMPICO   111

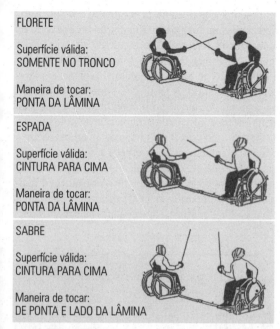

Figura 12.4. Armas da esgrima (In: Silva, 2001).

No combate de espada, o esgrimista que tocar primeiro tem direito ao ponto. Caso os dois esgrimistas venham a se tocar simultaneamente, ambos recebem o ponto. O árbitro geralmente confirma o toque efetivamente dado e acusado pela luz acesa do aparelho de sinalização.

A ECR pode ser disputada tanto de forma individual como por equipe e cada forma de disputa segue critérios específicos de organização, pontuação e classificação.

A Extensão das Adaptações na Esgrima em Cadeira de Rodas

A Esgrima em Cadeira de Rodas nasce da adaptação da Esgrima Convencional, e se desenvolve no mundo oficialmente como uma modalidade esportiva Paralímpica a ser praticada em cadeira de rodas, por pessoas com deficiência física. Da mesma forma, ao adaptar as estruturas na EC, visando adequá-la às condições funcionais de uma pessoa com deficiência, também surgiram um conjunto de novas características específicas e inerentes à própria ECR e seus praticantes.

A ECR se diferencia muito pouco da EC, no que concerne à estrutura dos equipamentos já existentes e comuns ao próprio esporte. No entanto, para possibilitar a prática de pessoas com deficiência física neste esporte, houve a necessidade de serem desenvolvidos novos materiais específicos para a ECR, como o fixador de cadeira de rodas, a saia metálica* de isolamento dos membros inferiores e as cadeiras de rodas esportivas, projetadas para serem acopladas aos fixadores (Figura 12.5).

pares de lâmpadas que indicam os toques separadamente. De um lado do aparelho, uma luz vermelha e outra branca, do outro lado, uma verde e outra branca. Quando uma das lâmpadas coloridas se acende acompanhada de um sinal sonoro, isso significa que o esgrimista do lado em questão tocou em superfície válida. Da mesma forma, quando acende a luz branca, significa que o toque chegou à superfície não válida. Em ambas situações, é o árbitro que deverá validar ou não o toque a partir da interpretação da frase d'armas.

Na espada, somente as luzes coloridas se acionam, já as luzes brancas ficam apagadas. Neste caso, quando ocorre um toque, não é necessária a interpretação do árbitro na definição de quem é o toque.

* A saia metálica é constituída de material condutivo, permitindo que ela seja aterrada eletricamente, a fim de bloquear os toques do adversário que chegue aos membros inferiores.

Figura 12.5. Equipamentos criados especificamente para a Esgrima em Cadeira de Rodas.

Além disso, a pista metálica de jogo* teve que ser reduzida, a fim de se adequar ao fixador de cadeira de rodas; os demais equipamentos, como o aparelho de sinalização de toques** e enroladeiras***, além daqueles utilizado pelo esgrimista, como as armas, roupa, máscara e luva, não sofreram modificações (Martinez, 1994).

Na ECR, os esgrimistas não se deslocam, pois as cadeiras são bloqueadas pelo fixador de cadeira de rodas (Figura 12.6), permitindo a esses jogarem com segurança e sem o receio de a cadeira virar e causar um acidente. Os fixadores de cadeira são constituídos por duas plataformas, medindo aproximadamente 78 cm de largura e comprimento, estando unidas, por uma barra central formando uma disposição em ângulo de 110°. As plataformas têm um sistema de agarre, para fixação das rodas da cadeira, impedindo que elas se desloquem durante o combate. Em competições oficiais, o fixador de cadeira de rodas deve estar disposto sobre a pista metálica.

O fixador permite que a distância entre os esgrimistas possa ser ajustada à envergadura dos mesmos, sendo que, para isto, ambos os esgrimistas devem estar sentados em suas cadeiras de rodas com o tronco totalmente na posição vertical e centralizado no assento. Uma vez nesta condição, um dos esgrimistas deverá flexionar a articulação do cotovelo da mão armada, formando um ângulo de 90° graus entre braço e antebraço; o outro esgrimista deverá estender a articulação do cotovelo do braço armado em direção ao adversário. A partir daí, a medida é definida da seguinte forma: a) no florete: colocar a ponta da arma na face interna da articulação do cotovelo do adversário sob uma linha imaginária vertical, entre o braço e o antebraço; b) na espada e sabre: colocar a ponta da arma próxima ao olécrano (ulna) da articulação do cotovelo do adversário. A distância é definida tendo como referencial o esgrimista com menor envergadura, conforme apresentado na Figura 12.7.

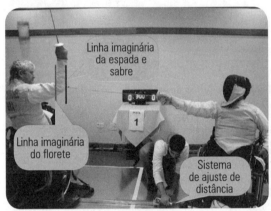

Figura 12.7. Linhas imaginárias de definição da distância nas três armas da Esgrima.

Figura 12.6. Fixador de cadeira de rodas feito de fibra de carbono, de fabricação francesa.

Além do fixador, houve a necessidade de ser desenvolvido um tipo de cadeira de rodas esportiva, específica para os assaltos da ECR, permitindo ao praticante maior liberdade para a realização das ações de Esgrima. De acordo com o Regulamento Oficial da ECR, do Manual do IPC (2004), a cadeira de rodas esportiva deve ter as seguintes medidas: a) no máximo, 63 cm de altura do chão até o limite superior da almofada ou 53 de altura do chão até o limite do assento, sem a almofada; b) o apoio do dorso deve ter, no mínimo, 15 cm de altura, desde o assento ou da almofada; c) a almofada não pode ter mais que 10 cm de altura e ter dimensão igual ao do assento da cadeira; d) a cadeira deve comportar um respaldo lateral de quadril do lado oposto à mão armada de, no mínimo, 10 cm de altura acima da almofada. Do lado da mão armada não pode haver respaldo de proteção do quadril; e) a cadeira deve ser totalmente isolada com algum tipo de material permanente, conforme as Figuras 12.8 e 12.9.

---

* A pista metálica é considerada o terreno de jogo dos esgrimistas, sendo que ECR, devido ao fato de os esgrimistas não se deslocarem durante o assalto, a pista é menor e tem 4,5 metros de comprimento por 2,5 metros de largura. Ela obrigatoriamente deve ser confeccionada de material metálico, para que a mesma possa ser aterrada, e evite que o aparelho de sinalização seja acionado toda vez que o esgrimista tocar no chão.

** O aparelho de sinalização de toques é um equipamento que foi desenvolvido com o objetivo de facilitar a identificação de um toque, por meio de lâmpadas de identificação: este equipamento permite a materialização do toque quando chega ao corpo do adversário.

*** Enroladeira é um sistema de extensão que tem por objetivo conectar a arma do esgrimista ao aparelho de sinalização de toques.

Figura 12.8. Cadeira de rodas da Esgrima, com face oposta à mão armada com apoio.

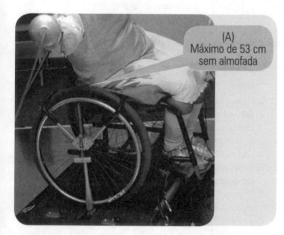

Figura 12.9. Cadeira de rodas da Esgrima, com face da mão armada sem o respaldo do quadril e apoio para mão.

zação do movimento, permite aos esgrimistas ampliar o seu potencial de execução do movimento técnico.

Quanto às regras utilizadas na ECR, referentes à direção dos assaltos e organização das competições, elas são as mesmas descritas para a EC e, portanto, definidas pelo Regulamento de Provas da Federação Internacional de Esgrima – FIE. Porém, tendo em vista algumas particularidades inerentes à ECR, houve também a necessidade de adequações nesta área.

No sentido prático, essas adequações produzem mudanças significativas na cadeira de rodas, pois, além de ficar em situação mais elevada, quando comparada às cadeiras comuns, também permitem ao esgrimista maior liberdade para a realização de qualquer ação de Esgrima. Outro fator importante é que a adaptação de uma cadeira comum para uma cadeira esportiva de Esgrima não exige grandes modificações, e o custo desse trabalho é relativamente baixo, quando comparado ao de outros esportes.

É permitido anexar uma barra (Figura 12.10) para o apoio da mão desarmada, a fim de auxiliar na execução das inclinações de tronco, na realização do afundo, das esquivas e de outras ações com a arma. No caso de indivíduos com pouca capacidade funcional de tronco, o auxílio da mão desarmada, na reali-

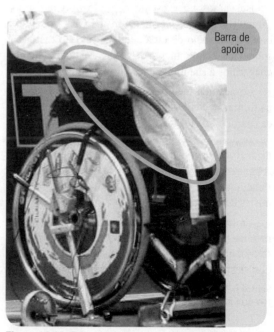

Figura 12.10. Barra de apoio para mão desarmada utilizada na execução dos movimentos de inclinação.

Como na ECR os esgrimistas não se deslocam com a cadeira durante o combate, não é necessário que o árbitro também se desloque. Quase sempre ele fica sentado em uma cadeira, o que não significa que tal condição leve a direção do assalto da ECR a ser mais simples que da EC (Figura 12.11). Na ECR, as frases d'armas costumam se desenvolver com muita velocidade e constante movimentação de tronco, ampliando a dificuldade de observação daquele que dirige o duelo. Por esta razão, é comum árbitros experientes na EC apresentarem dificuldades para identificar as frases d'armas dos esgrimistas com deficiência.

Figura 12.11. Condição na qual se posiciona o árbitro durante o assalto na Esgrima em Cadeira de Rodas.

Conclusão

Buscamos no presente capítulo apresentar as características que normatizam a ECR. Iniciamos o texto por meio de uma pequena revisão histórica sobre o desenvolvimento deste esporte no mundo até chegarmos à sua implantação no Brasil.

Em seguida, tendo em foco a questão da adaptação na formação da ECR, partimos para o esclarecimento das particularidades das estruturas dos equipamentos, das regras e dos regulamentos, e do sistema de organização das competições. Aliado a isto, abordamos sobre as particularidades do Sistema de Classificação Funcional específico para a classificação dos esgrimistas com deficiência física.

Em relação à pedagogia de ensino e aprendizagem da ECR, devido ao conhecimento neste campo se encontrar quase que limitado à experiência prática dos Mestres D'Armas que se dedicam ao ensino deste esporte, ainda hoje existem poucos documentos escritos que abordem sobre este tema com propriedade.

Cabe, no entanto, salientar, em certa medida, que o jogo no âmbito do duelo esportivo da esgrima é o mesmo, independente de ser realizado por uma pessoa com ou sem deficiência. No entanto, na área pedagógica de ensino e aprendizagem da ECR, dada a variabilidade e particularidade das deficiências físicas, pensar o ensino da esgrima para estes indivíduos, somente pela ótica dos modelos tradicionais da EC com pessoas sem deficiência, podem, em certa medida, limitar o aprendizado dos primeiros (Nazareth, 2009).

Bibliografia Consultada

1. Azevedo W. A Esgrima no Rio de Janeiro. Revista de Educação Física – EsEFEx, Rio de Janeiro, n. 31, p. 34, 1936.
2. Beke Z, Polgar J. La Metodologia de la esgrima con sabre. Tradução de Eduardo Portela Cruz, Habana: Orbe, 1976.
3. Diaz JAR. Fundamentos pedagógicos y fisiológicos del entrenamiento de los esgrimistas. Habana: Científico-Técnica, 1984.
4. Escola de Educação Física do Exército. História da Esgrima. Rio de Janeiro: EsEFEx, [1985].
5. Fontoura dos Anjos AM. A inserção da esgrima no currículo da escola nacional de educação física e desportos (1939-1974): Uma perspectiva histórica. 2004. 183f. Dissertação (Mestrado em Educação Física) – Instituto de Educação Física, Universidade Castelo Branco, Rio de Janeiro, 2004.
6. Gomes MSP. Procedimentos pedagógicos para o ensino das lutas: Contextos e possibilidades. 2008. 137f. Dissertação (Mestrado em Educação Física) – Faculdade de Educação Física, Universidade Estadual de Campinas, Campinas, 2008.
7. Iglesias XR et. al. Valores en guardia. In: Apunts, Barcelona, p. 35-53, (1ª trimestre), 2007.
8. Iglesias XR, Rodríguez FA. Caracterización de la frecuencia cardíaca y la lactatemia en esgrimistas durante la competición. In: Apunts, Barcelona, v. XXXII, p. 21-31, 1995.
9. Lacaze P. En garde: Du duel à l'escrime. Paris: Gallimard, 1991.
10. Marinho IP. Formação do pessoal especializado no Brasil e a Escola de Educação Física do Exército. Revista de Educação Física – EsEFEx. Rio de Janeiro, n. 71, 1952.
11. Martínez AV. Esgrima en silla de ruedas. In: Comité Olímpico Español. Deportes para minusválidos físicos, psíquicos y sensoriales. Madrid: Carácter, 1994.
12. Peña FO. Preparación física del tirador de esgrima. In: Comité Olímpico Español e Real Federación Española de Esgrima. Madrid, 1993. p. 255-291.
13. Regulamento do Manual do Comitê Paraolímpico Internacional. Esgrima en silla de ruedas. 2004. Disponível em <http://paralimpicos.sportec.es/publicacion/ficheros/File/reglamento_esgrima.pdf.>. Acesso em 10 de Fevereiro de 2009.
14. Silva CAL. Brassard amarelo de espada. 2001. 29 f. Apostila adaptada do método de ensino Brassard Francês de esgrima – Rio de Janeiro, RJ.
15. Solà JS. Estudio funcional del saber deportivo para la comprensión de la táctica. Apunts, Barcelona, 4º trimestre, p. 26-35, 2005.
16. Thirioux P. Escrime Moderne. Paris: Amphora, 1970.

capítulo *13*

Futebol de Cinco

Jonas Freire
Márcio Pereira Morato

Histórico

A prática do futebol por pessoas com deficiência visual teve seu início em meados da década de 1920, na Espanha, nas escolas e nos institutos especializados ao atendimento desse público, como forma de recreação dos alunos (Ibsa, 2010a). No Brasil, existem relatos da prática do futebol desde a década de 1950, também em escolas e institutos especializados. Segundo Fontes (2006), os primeiros institutos a praticar o futebol de cinco foram o Instituto Santa Luzia, em Porto Alegre; o Instituto Padre Chico, em São Paulo; e o Instituto Benjamim Constant, no Rio de Janeiro. Em alguns casos, as crianças com deficiência visual começaram a praticar a modalidade em ambientes informais, pela convivência com outras crianças (Itani, 2004).

Não há como negar a influência do fenômeno futebol para o desenvolvimento dessa prática esportiva também para as pessoas com deficiência visual. O peso dessa influência pode ser demonstrado pela busca das próprias pessoas com deficiência visual, por adaptações ao jogo de futebol, antes mesmo da regulamentação da modalidade. Eles colocavam tampa de garrafa na parte externa de uma bola ou a revestiam com saco plástico; jogavam com latas ou com suas tampas; colocavam pedras dentro de garrafas de plástico; inventavam "bolas" que produzissem som quando em deslocamento (Fontes, 2006; Itani, 2004; Mataruna, *et al.* 2005).

Itani (2004) relata que a vontade de jogar futebol serviu de motivação para a fundação de entidades e associações para o atendimento de pessoas com deficiência visual, não somente em relação ao esporte, mas também no que tange ao atendimento em outros âmbitos.

Souza (2002) cita a criação do gol a gol pelos alunos do Instituto Benjamim Constant, no Rio de Janeiro. Um jogo armado com um número não determinado de jogadores e praticado nos intervalos das aulas, com a utilização de bolas envoltas com saco plástico no espaço demarcado pelas pilastras e o teto do pátio da instituição. Cada equipe tenta marcar gol na meta adversária respeitando um aviso verbal do oponente para a autorização do chute.

São as particulares percepções sobre um mesmo fenômeno que criam as diferentes formas de lidar com ele. Nesse sentido, apesar da especificidade do futebol de cinco e de suas diferenças em relação ao futebol ou ao futsal, ele é expressão desse fenômeno nas possibilidades das pessoas com deficiência visual. É, ao mesmo tempo, uma nova modalidade, sem deixar de ser futebol.

O futebol de cinco tem as regras baseadas no futsal, com algumas alterações. A International Blind Sports Federation (IBSA), criada em 1981, na Espanha, gerencia a modalidade e todas as outras modalidades esportivas para cegos em nível mundial e o Comitê Paralímpico Brasileiro (CPB) em nível nacional.

O primeiro campeonato brasileiro de futebol de cinco foi disputado em 1986, mesmo ano do primeiro campeonato espanhol. Foi organizado pela Associação Brasileira de Desportos para Cegos (ABDC). Antes disso, ocorreram alguns campeonatos organizados pela Associação Nacional de Desporto para Deficientes (ANDE) e pela Associação de Pais e Amigos dos Excepcionais (APAE). Nas Olimpíadas das APAEs, o futebol de cinco era disputado por instituições convidadas (Fontes, 2006; Itani, 2004).

Em 1994, a IBSA criou o subcomitê de futebol, fato fundamental para a regulamentação da modali-

Tabela 13.1 Equipes por Estado – 2010		
Estado	Número de Equipes	Por Região
Rio Grande do Sul	1	Região Sul 2 equipes
Paraná	1	
São Paulo	4	Região Sudeste 10 equipes
Rio de Janeiro	3	
Minas Gerais	2	
Espírito Santo	1	
Maranhão	2	Região Nordeste 8 equipes
Paraíba	2	
Bahia	4	
Mato Grosso	1	Região Centro 4 equipes
Mato Grosso do Sul	1	
Distrito Federal	1	
Goiás	1	
Acre	1	Região Norte 3 equipes
Pará	2	

dade, já que cada país propunha suas próprias regras. Isso permitiu a disputa de campeonatos internacionais, apesar de o país ter disputado um torneio internacional na Espanha antes dessa unificação, em 1988 (FONTES, 2006). Na unificação da regra, o principal ponto discutido foi a inclusão da "banda lateral", que trouxe um maior dinamismo ao jogo, pois com ela a ocorrência dos arremessos laterais tornou-se rara, além de ser uma referência de orientação, tornando o jogo mais dinâmico ao mesmo tempo que mais seguro para os atletas.

O primeiro campeonato mundial foi realizado no Brasil, em Paulínia-SP, em 1998. O Brasil é bicampeão mundial (1998 e 2000) nas quatro vezes em que o título foi disputado (Tabela 13.3).

O país é também bi-campeão paralímpico, em Atenas/2004 e Pequim/2008, nas únicas ocasiões em que a modalidade foi disputada nos Jogos (Tabela 13.4); campeão Parapanamericano, nos jogos disputados no Rio de Janeiro, em 2007; e tetracampeão da Copa América.

Características do Futebol de Cinco

Dentre as modalidades esportivas coletivas, o futebol é indubitavelmente o fenômeno esportivo de maior difusão mundial. Possui poder de alcance nas mais diversas culturas, influenciando comportamentos, costumes e tradições. Fascina diferentes populações que, na ânsia de praticá-lo, buscam novas maneiras de jogar capazes de atender suas peculiaridades. Fato que possibilita uma reconstrução do fenômeno, criando novos e diferenciados "futebóis".

O futebol de cinco é uma modalidade coletiva adequada às potencialidades das pessoas cegas. A sua elaboração foi baseada nas regras do futsal adotadas pela FIFA*. As alterações ou adaptações existentes visam contemplar as características específicas da pessoa cega. Como o futsal é uma modalidade tradicional de enorme difusão e muito praticada no Brasil, serão relatadas somente as adaptações ocorridas no futebol para cegos**.

A Quadra de Jogo

As dimensões são as mesmas do futsal: largura de 18m (dezoito metros) a 22m (vinte e dois metros) e comprimento de 38m (trinta e oito metros) a 42m (quarenta e dois metros) (Figura 13.1). O piso pode ser de cimento, madeira, borracha sintética ou similar, grama natural ou, ainda, grama sintética e deve ser plano, liso e não abrasivo. O uso de concreto ou asfalto deve ser evitado.

Na limitação lateral da quadra, as linhas laterais do jogo são substituídas pelas chamadas bandas laterais, que são barreiras ao longo de toda sua extensão e mais 1m (um metro) além de ambas as linhas de meta (Figura 13.2). As bandas medem de 1 m (um metro) a 1,20m (um metro e vinte centímetros) de altura. Quando a bola passa sobre a banda é cobrado lateral com os pés do ponto que ela saiu. Elas diminuem a ocorrência de laterais, aumentando o tempo de bola em jogo.

A área do goleiro não corresponde à área de pênalti (Figura 13.3). Ela foi reduzida para uma área retangular de 5m16cm (cinco metros e dezesseis centímetros) por 2m (dois metros). A atuação do goleiro, tanto com as mãos quanto com os pés, fora de sua área ocasiona pênalti para a equipe adversária.

A marca do duplo pênalti (Figura 13.1) é de 8m (oito metros) de distância do ponto médio da linha entre as traves e não de 10m (dez metros) como no futsal. A partir da quarta falta acumulativa (coletiva) não é permitida a formação de barreira e o jogador pode escolher entre cobrar o tiro livre da marca do duplo pênalti ou de onde ocorreu a falta.

---

* Federação Internacional de Futebol Associado.

** Para maiores informações sobre as regras do jogo de futebol de cinco, visite o site da Federação Internacional de Esportes para Cegos (IBSA, 2010b).

MODALIDADES DO PROGRAMA PARALÍMPICO **117**

Tabela 13.2
Copa Brasil de Futebol de Cinco – Campeões de Todos os Tempos

Ano	Local	Campeão	Vice-Campeão	3º Lugar
2009	Ilha Solteira/SP	ICB/BA	CEIBC/RJ	ADEVIPAR/PR
2008	Niterói/RJ	CEIBC/RJ	ACERGS/RS	ICB/BA
2007	Campina Grande/PB	CEIBC/RJ	APACE/PB	ICB/BA
2006	São Paulo/SP	APACE/PB	AMC/MT	ACERGS/RS
2005	Cuiabá/MT	ACERGS/RS	APACE/PB	AMC/MT
2004	Belo horizonte/MG	AMC/MT	APACE/PB	CESEC/SP
2003	Niterói/RJ	AMC/MT	APACE/PB	CEIBC/RJ
2002	Niterói/RJ	AMC/MT	APACE/PB	ADEVIPAR/PR
2001	Rio de Janeiro/RJ	ADEVIPAR/PR	APACE/PB	ADEVIBEL/MG
2000	Belo Horizonte/MG	APACE/PB	CESEC/SP	CCLBC/SP
1999	Macaé/RJ	APACE/PB	CESEC/SP	ACERGS/RS
1998	Paulínia/SP	APACE/PB	CESEC/SP	ADEVIBEL/MG
1997	Não ocorreu o evento			
1996	Campina Verde/MG	ADEVIBEL/MG	APACE/PB	CESEC/SP
1995	Belo Horizonte/MG	CESEC/SP	ADEVIBEL/MG	ADEVIPAR/PR
1994	São Paulo/SP	UNICEP/ES	ADEVIPAR/PR	CADEVI/SP
1993	Não ocorreu o evento			
1992	Vila Velha/ES	ADEVIBEL/MG	ADVC/RJ	CESEC/SP
1991	Campos/RJ	ADEVIBEL/MG	ADEVIPAR/PR	ABDV/DF
1990	Nova Londrina/PR	AADV/PR	CESEC/SP	ADEVIBEL/MG
1989	Belém/PA	GRESJO/RJ	ADEVIBEL/MG	IECN/PB
1988	Porto Alegre/RS	ADEVIBEL/MG	AADV/PR	ADEVIPAR/PR
1987	Belo Horizonte/MG	ADEVIBEL/MG	ADEVIPAR/PR	GRESJO/RJ
1986	São Paulo/SP	GRESJO/RJ	ADEVIPAR/PR	CDVERJ/RJ

Tabela 13.3
Mundiais de Futebol de Cinco

Ano	Local	Campeão	Vice	3º Lugar
1998	Paulínia-SP, Brasil	Brasil	Argentina	Espanha
2000	Jerez de la Fronteira, Espanha	Brasil	Espanha	Argentina
2002	Niterói-RJ, Brasil	Argentina	Espanha	Brasil
2006	Buenos Aires, Argentina	Argentina	Brasil	Paraguai

Fonte: CBDC (2010).

Tabela 13.4
Futebol de cinco em Paralimpíadas

Ano	Local	Campeão	Vice	3º Lugar
2004	Atenas, Grécia	Brasil	Argentina	Espanha
2008	Pequim, China	Brasil	China	Argentina

Fonte: IPC (2010).

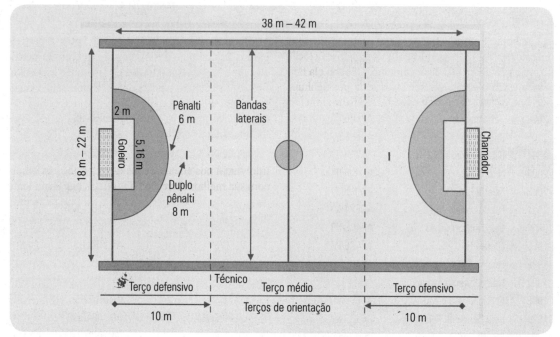

Figura 13.1. A quadra de futebol de cinco (Fonte: Morato, 2007).

Figura 13.2. As bandas laterais (Fonte: Morato, 2007). Fotos: Márcio Pereira Morato.

Figura 13.3. A área do goleiro (Fonte: Morato, 2007). Fotos: Márcio Pereira Morato.

O Implemento de Jogo

A bola (Figura 13.4) tem um sistema de som interno (guizos) para permitir que os jogadores a localizem e percebam seu deslocamento. Quando ela fica imobilizada e não pode ser localizada por nenhum jogador, cabe ao árbitro efetuar um ligeiro movimento para que se reinicie o sistema auditivo dos jogadores. Atualmente, apenas as bolas produzidas no Brasil e na Espanha são homologadas pela IBSA para campeonatos internacionais oficiais.

Figura 13.4 – A bola oficial (Fonte: Morato, 2007). Fotos: Márcio Pereira Morato.

A Formação das Equipes

Assim como no futsal, as equipes são formadas por cinco jogadores dentro de quadra, sendo quatro atletas cegos, da classe B1, jogadores de linha e um goleiro, que pode ter baixa visão ou nenhum comprometimento visual. Os jogadores de linha jogam vendados para que todos fiquem em igualdade de condições, pois a cegueira pode apresentar diferentes níveis de percepção de vulto, luz ou até mesmo de cores.

A Classificação dos Jogadores

Para que os jogadores estejam aptos a participarem de competições oficiais de futebol de cinco, eles precisam passar por uma classificação esportiva. Em esportes para pessoas com deficiência visual, essa classificação é realizada mediante exames clínicos e, portanto, conduzida por especialistas em oftalmologia.

As avaliações averiguam a funcionalidade do sentido visual nos atletas e consideram ambos os olhos, com sua melhor correção*. Os atletas que usam lente de contato ou lentes corretivas devem fazer uso delas durante a classificação, mesmo que eles não utilizem tais lentes para competir.

Após a aferição da função visual de cada atleta, ele é classificado em uma das três classes: B1, B2 ou B3, sendo o B1 de maior comprometimento (cego), o B3 de menor comprometimento (baixa visão) e o B2 também com baixa visão, mas de comprometimento intermediário entre as outras duas classes.

Somente os atletas da classe B1 podem participar da modalidade Futebol de cinco, com exceção do goleiro.

A Duração da Partida

Os jogos são disputados em dois tempos de 25 minutos, com um intervalo de dez minutos entre eles. Cada equipe tem direito a solicitar um minuto de tempo técnico em cada um dos períodos.

A Disputa de Bola

No futebol de cinco existe uma regra específica para a disputa de bola entre atletas. Nessa regra, o jogador deve, sempre que disputar ou buscar a bola, manter a cabeça erguida e o defensor deve dizer de forma clara e audível a palavra "voy" ou "go", ou outra palavra similar, para sinalizar ao atacante a sua presença. A não execução dessas ações pelos jogadores acarreta uma falta acumulativa e pessoal. Essa regra contribuiu para a diminuição de choques e lesões por permitir uma localização prévia do defensor adversário.

---

* Alguns atletas já nascem cegos ou perdem a visão antes do primeiro ano de vida (cegueira congênita), não se lembrando de qualquer informação visual. Outros perdem a visão posteriormente (cegueira adquirida) (Menescal, 2001) e dizem se lembrar de algumas imagens, que vão se perdendo no decorrer da vida com o desuso da memória visual (Sacks, 1995).

A Função de Orientação

A função de orientação deve ser exercida de forma discreta e responsável, sem chegar a prejudicar a atuação dos jogadores. Existem três pessoas responsáveis por essa função e cada um tem seu espaço delimitado em quadra para realizá-la, são os chamados terços de orientação (Figura 13.1).

O terço defensivo é de responsabilidade do goleiro. O terço ofensivo é do chamador que se posiciona atrás do gol da equipe rival com o objetivo de indicar o alvo (Figura 13.5). E o terço médio é de responsabilidade do técnico, situado no banco de reservas de sua equipe.

A função de orientação é utilizada pelos jogadores como ponto de referência em quadra. Porém, o exercício dessa função não pode atrapalhar os jogadores. Falar em demasia dificulta a percepção de outras referências sonoras.

Fundamentos Técnicos

Para a prática do futebol de cinco, os atletas devem desenvolver os mesmos fundamentos já conhecidos do futsal, que são: recepção e condução de bola, passe, drible, chute, marcação individual e movimentação individual. No entanto, alguns desses fundamentos são desenvolvidos de diferentes formas, pela adaptação à falta do fator visão.

Pela sua especificidade e necessidade de adaptação à dimensão eficácia (finalidade, ajustamento das soluções) do gesto técnico deve ser mais enfatizada do que a dimensão eficiência (forma de realização) (Garganta, 1997). E mesmo a dimensão eficiência deve ser analisada sob outros parâmetros, diferentes daqueles utilizados no futebol convencional.

Na recepção de bola, por exemplo, o modelo de eficiência utilizado no futebol preza pelo domínio de bola realizado pelo atleta em apenas um movimento, o que chamamos na linguagem do futebol de "dominar de primeira". Mas no futebol de cegos ainda podemos considerar um bom domínio a recepção realizada com até três toques na bola.

Como complemento fundamental da recepção de bola vem sua condução, que merece grande destaque na diferenciação de sua execução. O atleta, quando em posse da bola, precisa poder conduzi-la, caminhar ou correr com a bola, de forma com que esta sempre continue sob seu domínio para poder, assim que possível, executar outra ação, focando sua atenção a outros elementos do jogo.

Para quem tem a visão, a condução de bola exige uma constante recuperação do implemento, visualmente. Isso acontece de forma natural e, muitas vezes, imperceptível. Nessa nova condição percebemos a importância de um novo caminho para a execução desse fundamento. Essa resposta veio diretamente do desenvolvimento dos próprios atletas em resposta às situações-problema do jogo, que passaram desde o início da prática desse esporte a conduzir a bola de forma particular, capaz de permitir o seu controle incondicional a todo o momento em que esta estivesse sendo conduzida.

Assim foi criada uma condução de bola exclusivamente com a parte interna dos pés, em que a bola sempre mantém contato com esta parte do corpo. Nesta forma de condução, a bola é conduzida pela face medial dos pés com toques de um lado para o outro durante a corrida. Os jogadores costumam deixar a bola ligeiramente à frente de seus pés, e durante a corrida, a perna que está na fase aérea é levada à frente e conduz a bola em direção à outra perna.

Quando a perna de condução toca o solo, entrando na fase de sustentação, a perna que estava atrás entra na fase aérea, passa à frente e entra em contato com a bola para direcioná-la novamente à outra perna, reiniciando o ciclo. Se porventura os jogadores começarem a perder o contato com a bola, eles pisam nela, param e reiniciam a condução.

Figura 13.5. A área de atuação do chamador (Fonte: Morato, 2007). Fotos: Márcio Pereira Morato.

Figura 13.6. A condução de frente (Fonte: Morato, 2007). Fotos: Reginaldo Castro. Arquivo de divulgação – CBDC.

Essa condução exige uma grande concentração em treinamentos, pois ela inicialmente reduz significativamente a velocidade de locomoção do atleta, que somente consegue recuperá-la depois de um aprendizado eficaz de todo o movimento.

Outro fundamento que exige atenção especial é o chute, mais especificamente o chute de bola parada. Assim como na condução de bola, esse fundamento se diferenciou totalmente do que é feito no futebol convencional, quando nessas ocasiões os atletas se distanciam da bola para executar a cobrança.

Os atletas cegos precisam manter o contato com a bola o máximo de tempo possível imediatamente antes da execução do chute. A técnica de maior utilização é a que o atleta curva-se para frente (flexão do tronco) segurando a bola com as pontas dos dedos da mão contrária ao pé de chute e mantém o pé de apoio já na posição correta para seu chute. Com a autorização do árbitro, o atleta executa o chute sem tirar o pé de apoio da posição de sustentação.

Os Esquemas Táticos

Podem ser citados quatro tipos de esquemas táticos básicos utilizados pelas equipes no futebol de cinco: o sistema 3-1, o 2-2, o 2-1-1 e o 4-0. A escolha pela utilização de cada um deles varia de acordo com as características dos jogadores de cada equipe, com o esquema utilizado pela equipe adversária e com o momento e a situação do jogo (vantagem ou desvantagem no placar em conjunto com o tempo decorrido da partida – minutos iniciais ou finais).

As equipes se estruturam ofensiva e defensivamente, não necessariamente de acordo com os esquemas táticos utilizados. Existem equipes que jogam mais ofensivamente no 3-1 do que outras que jogam no 2-2, e estas podem, por sinal, serem bem defensivas, dependendo das características dos jogadores e também do esquema tático da equipe adversária. As análises abaixo são frias em relação a contextos e situações do jogo, pois apresentam o diagrama de cada um dos esquemas táticos, que serve como referência para a orientação espacial das equipes, mas não demonstra todas as intenções e estratégias utilizadas, já que cada equipe, em cada situação, usa o esquema como uma das referências para solucionar os problemas encontrados no jogo de acordo com a sua leitura tática.

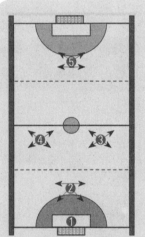

Esquema 3-1

No sistema 3-1 jogam um fixo, dois alas e um atacante (pivô).

O pivô raramente recua até sua meia quadra defensiva e o fixo dificilmente avança até a ofensiva. Os alas transitam entre as duas metades de quadra auxiliando o fixo na defesa e o pivô no ataque.

É um sistema mais maleável que pode se tornar mais ofensivo, dando mais liberdade aos alas para atacar, modificando-se para 1-3 ou 1-2-1.

Ou também se tornar mais defensivo, tirando dos alas as funções ofensivas e deixando-os mais próximos do fixo na meia quadra defensiva.

Figura 13.6. Esquema tático 3-1.

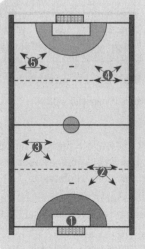

Esquema 2-2

No sistema 2-2, são dois jogadores responsáveis por funções defensivas e os outros dois por funções ofensivas.

Os atacantes podem jogar abertos pelas alas, diferindo-se das características do pivô no sistema 3-1, ou também se pode jogar com um ala aberto e um pivô mais próximo a área.

Um dos defensores tem mais liberdade, mas raramente eles vão à meia quadra ofensiva e os atacantes também raramente a deixam.

É um sistema considerado ofensivo por disponibilizar sempre duas opções na meia quadra ofensiva para as saídas de bola.

Figura 13.7. Esquema tático 2-2.

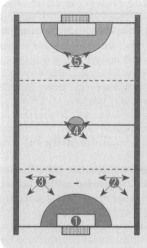

Esquema 2-1-1

O sistema 2-1-1 é uma variação do 2-2.

A diferença entre os dois sistemas é que no 2-1-1 um dos atacantes faz a função de um ala, com características próximas de um volante/ofensivo do futebol de campo. Ele recua para auxiliar a defesa, seja tentando interceptar o lançamento do goleiro adversário sobre a linha central, ou voltando para dobrar a marcação quando a bola lançada pelo goleiro passa por ele. Este jogador continua responsável por funções ofensivas, mas sem se esquecer de suas funções defensivas.

O atacante joga infiltrado pelo meio como um pivô, mas abre também para as alas para dar opções ao ala quando ele avança.

Figura 13.8. Esquema tático 2-1-1.

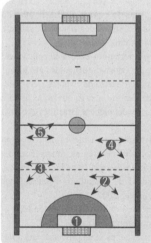

Esquema 4-0

Existem algumas equipes que jogam no sistema 4-0, com todos os jogadores recuados – três defensores e um ala.

É um sistema tático que dificulta o ataque adversário. Porém apresenta-se passivo por jogar à espera de erros da equipe oposta.

Somente um dos atletas exerce os princípios ofensivos. Raramente um parceiro se apresenta para ajudá-lo. Isso faz com que esse sistema seja coletivo na defesa e individual no ataque.

Figura 13.9. Esquema tático 4-0.

Capacidades Físicas no Futebol de Cinco

A modalidade futebol utiliza diferentes perfis de atividades e capacidades físicas. No decorrer de uma partida os atletas são exigidos de diversas formas, e dependendo da função tática estabelecida pelo treinador ou pela equipe adversária, as demandas físicas podem sofrer alterações significativas.

É uma modalidade totalmente acíclica, que exige a manifestação de várias capacidades motoras durante um único jogo, dentre as quais podemos destacar (TESSUTTI, 2003):

- Capacidade de resistir a vários esforços intermitentes;
- Capacidade de recuperação rápida da força intensa, otimizada diante de uma boa capacidade aeróbia;
- Capacidade de performance em esforços de alta velocidade, determinante em disputas com o adversário;
- Capacidade de desenvolver altos níveis de força, principalmente em situações como saltos e chutes.

O perfil da atividade pode variar desde o repouso completo, numa situação onde a bola está fora do campo de jogo e os atletas aguardam sua reposição, até *sprints* em alta velocidade, passando ainda por trotes leves, deslocamentos laterais e para trás, saltos e chutes. Ou seja, a intensidade do esforço pode ser alterada a qualquer instante do jogo (Tessutti, 2003).

Atletas de Destaque

- **Mizael Conrado de Oliveira**
  - Campeão Brasileiro em 1995;
  - Tri-campeão das Américas em 1997, 2001 e 2003;
  - Bi-campeão mundial em 1998 e 2000;
  - Bi-campeão Paralímpico em Atenas – 2004 e Pequim – 2008;
  - Eleito o melhor jogador do Mundo pela IBSA em 1998.

- **João Batista da Silva**
  - Hexa-campeão Brasileiro em 1996, 2002, 2003, 2004, 2007 e 2008;
  - Tetra-campeão das Américas em 1997, 2001, 2003 e 2009;
  - Bi-campeão mundial em 1998 e 2000;
  - Bi-campeão Paralímpico em Atenas – 2004 e Pequim – 2008.

- **Ricardo Alves Steinmetz**
  - Campeão Brasileiro em 2005;
  - Campeão das Américas em 2009;
  - Campeão Paralímpico em Pequim – 2008;
  - Eleito o melhor jogador do Mundo pela IBSA em 2006.

Bibliografia Consultada

1. Confederação Brasileira de Desportos para Cegos (CBDC). Futebol B1 (atletas cegos). Disponível em http://www.cbdc.org.br/novo_site/index.php?idmenu=34&codtipoconteudo=4. Acesso em 14 de Abril de 2010.
2. Fontes MS. Futebol de cinco para cegos. In: CASTELLI, D. P.; FONTES, M. S. Futebol paraolímpico: manual de orientação para professores de educação física. Brasília: Comitê Paraolímpico Brasileiro, 2006.
3. Garganta J. Modelação táctica do jogo de futebol: estudo da organização da fase ofensiva em equipes de alto rendimento. 1997. 312f. Tese (Doutorado em Educação Física) – Universidade do Porto. Faculdade de Ciências do Desporto e de Educação Física. Porto, 1997.
4. International Blind Sports Federation (IBSA). Futebol. Disponível em http://www.ibsa.es/esp/deportes/football/presentacion.htm. Acesso em 01 de Março de 2010a.
5. International Blind Sports Federation (IBSA). Futsal de IBSA: Reglamento. Disponível em http://www.ibsa.es/esp/deportes/football/reglamento.htm. Acesso em 03 de Março de 2010b.
6. International Paralympics Committee (IPC). Results. Disponível em http://www.paralympic. org/Sport/Results/index.html?sport=10&games=2008PG&ct=PG&ordered=1#general. Acesso em 10 de Março de 2010.
7. Itani DE. Futebol de cinco: um esporte possível para cegos. 2004, 90f. Trabalho de Conclusão de Curso (Graduação em Educação Física) – Universidade Estadual de Campinas. Faculdade de Educação Física. Campinas, 2004.
8. Mataruna L, Oliveira Filho CW, Fontes MS, Almeida JJG. Inclusão social: esporte para deficientes visuais. In: DaCosta L (Org.) Atlas do esporte no Brasil: atlas do esporte, educação física e atividades físicas de saúde e lazer no Brasil. Rio de Janeiro: Shape, 2005.
9. Menescal A. A criança portadora de deficiência visual usando o seu corpo e descobrindo o mundo: atividades físicas e esportivas. In: Ministério do Esporte e Turismo/Secretaria Nacional de Esporte. Lazer, atividade física e esporte para portadores de deficiência. Brasília: Sese-DN, 2001.
10. Morato MP. Futebol para cegos (futebol de cinco) no Brasil: leitura do jogo e estratégias tático-técnicas. 2007. 202f. Dissertação (Mestrado em Educação Física) – Universidade Estadual de Campinas. Faculdade de Educação Física. Campinas, 2007.
11. Sacks OW. Um antropólogo em marte: sete histórias paradoxais. São Paulo: Companhia das Letras, 1995.
12. Souza RP. de. Futsal para cegos: uma proposta para a iniciação. In: Revista Benjamin Constant. Rio de Janeiro, ano 8, n. 22, p.3-6, ago de 2002.
13. Tessutti LS. Análise fisiológica e bioquímica da temporada de 2001 em jogadores de futebol categoria sub-20. 2003, 46f. Trabalho de Conclusão de Curso (Graduação em Educação Física) – Universidade Estadual de Campinas. Faculdade de Educação Física. Campinas, 2003.

capítulo 14

Futebol de Sete

Paulo Cruz

Histórico da Modalidade

O Futebol de Sete, modalidade praticada por pessoas com Paralisia Cerebral, é uma adaptação do esporte mais famoso do planeta. Surgiu oficialmente durante os 3rd International CP Games (3º Jogos Internacionais para Paralisados Cerebrais), realizados na cidade de Edimburgo, na Escócia, em 1978.

Nesta mesma ocasião, foi fundada a CP-ISRA (Cerebral Palsy International Sports and Recreation Association), que, desde então, tem por objetivo maior promover e desenvolver atividades esportivas e recreativas, em nível mundial, para pessoas com Paralisia Cerebral e com outras sequelas neurológicas específicas.

A modalidade desenvolveu-se principalmente na Europa, berço da CP-ISRA. No ano de 1982, na Dinamarca, aconteceu o primeiro Campeonato Mundial de Futebol de Sete, sendo que nos Jogos Paralímpicos de 1984, em Nova Iorque, a modalidade estreou no programa oficial.

Figura 14.1. Disputa de bola entre atletas com paralisia cerebral de diferentes classes.

Em 1985, em Glasgow, na Escócia, foi realizado o 1º Campeonato Europeu. A partir de então, houve a introdução de competições regionais regulares, bem como vários torneios que visavam a expansão da modalidade pelo mundo afora.

A partir de 1989, os Jogos Internacionais da CP-ISRA passaram a se chamar World Championships/Robin Hood World Games, pois eram disputados na cidade de Nottingham, na Inglaterra, que ficou reconhecida como o "coração do desenvolvimento do esporte para pessoas com paralisia cerebral". Essa competição agregava todas as modalidades esportivas praticadas por pessoas com paralisia cerebral e aconteceu nos anos seguintes às Paralimpíadas de Seul (1988), Barcelona (1982), Atlanta (1996) e Sidney (2000), tendo sido de extrema importância para o progresso do Futebol de Sete.

No ano de 2005 foi realizado o último mundial multi-esportivo na ciade de New London /EUA. Cada uma das modalidades passou a ter um Mundial independente. O torneio de de futebol desmembrado desse evento, passou a ser a seletiva para o Campeonato Mundial, como veremos a seguir.

Quando se analisa os resultados, encontra-se um predomínio da equipe da Holanda desde o surgimento do Futebol de Sete até as Paralimpíadas de Atlanta (1996). Em seguida, surgiram no cenário Rússia (medalha de ouro em Sidney, 2000) e Ucrânia (bicampeã paralímpica em Atenas, em 2004, e Pequim, em 2008), que passaram a dividir as primeiras posições em todas as competições internacionais até os Jogos Paralímpicos de Pequim. Brasil e Irã juntam-se a estes países como as atuais quatro maiores forças do Futebol de Sete mundial.

Atualmente, o quadriênio do ciclo paralímpico da modalidade apresenta as seguintes competições e respectivos critérios de participação:

- *Ano I:* No ano seguinte à Paralimpíada ocorre a *International Qualifying Tournament.* Qualquer país, filiado à CP-ISRA, poderá se inscrever, sendo limitada a 16 equipes. Esta qualifica os oito primeiros colocados para o Campeonato Mundial.
- *Ano II:* Competições Regionais – Hoje existem três regiões que realizam seus eventos: Américas, Europa e Ásia (sendo que nesta região participam países do Oriente Médio e Oceania). *As equipes campeãs destes regionais garantem o direito de participar dos Jogos Paralímpicos seguintes, desde que classifiquem-se entre os dez primeiros colocados no Campeonato Mundial.* Para tal, exige-se que o Campeonato Regional tenha o mínimo de cinco países participantes. Estas competições também qualificam para o Campeonato Mundial. As regiões que organizarem eventos com cinco países terão direito a uma vaga. Para as competições com seis países ou mais, serão oferecidas duas vagas.
- *Ano III:* Campeonato Mundial – É a competição que determina os oito países que participarão dos Jogos Paralímpicos. O número máximo de participantes é de 16 (dezesseis), seguindo os critérios acima expostos para os anos anteriores. As vagas restantes são preenchidas pelo país-sede dos Jogos Paralímpicos e por outros países convidados de regiões que não apresentarem o número mínimo de participantes para um evento regional. Os países que obtiverem o direito à participação no Campeonato Mundial simultaneamente nos Anos I e II abrem uma vaga para os seguintes melhores qualificados de suas regiões.
- *Ano IV:* Jogos Paralímpicos – É a competição mais importante do quadriênio. O país-sede tem direito a uma das oito vagas, desde que participe do Campeonato Mundial do ano anterior. Há uma proposta para o aumento do número de participantes.

O Brasil no Futebol de Sete

O Futebol de Sete passou a ser desenvolvido no Brasil no final da década de 1980, no Rio de Janeiro. No início do desenvolvimento, reunia pessoas com Paralisia Cerebral que apresentavam sequelas significativas, funcionalmente alocadas nas classes mais baixas para indivíduos andantes.

Apesar de todas as dificuldades, o Brasil conseguiu formar uma equipe que representou o país nesta modalidade pela primeira vez numa Paralimpíada, em Barcelona, no ano de 1992. Esta representação alcançou o 7º lugar na competição.

Figura 14.2. Disputa de bola em partida dos Jogos Paralímpicos de Atenas 2004.

A partir de então, o Futebol de Sete brasileiro marcou presença em praticamente todas as competições internacionais realizadas, à exceção dos Jogos Mundiais de 2005. O Brasil esteve presente nos Campeonatos Mundiais da Irlanda (Dublin), em 1994; do Brasil (Rio de Janeiro), em 1998 (3º lugar); da Argentina (Buenos Aires), em 2003 (2º lugar); e novamente no Brasil (Rio de Janeiro), em 2007 (4º lugar).

Na Região Panamericana, foi 2º lugar na Argentina e no Brasil, em 1995 e em 1999, respectivamente, e campeão nas edições de 2002 (Chile) e 2007 (Jogos Parapanamericanos do Rio de Janeiro).

Nas Paralimpíadas, ficou em 7º lugar em Barcelona (1992) e em Atlanta (1996). Conquistou medalhas em Sidney, 2000 (bronze), e em Atenas, 2004 (prata). Em Pequim (2008) terminou em 4º lugar.

A categoria sub-20 obteve o título dos *World Games* de 1997, em Nottingham (a competição foi apenas para atletas nesta faixa etária) e dos Jogos Parapanamericanos Juvenis de 2009, em Bogotá, na Colômbia.

O Futebol de Sete, em nível nacional, vem progredindo lentamente. Existe um projeto para descobrimento de novos talentos, pois é do nosso conhecimento que existem muitas pessoas com Paralisia Cerebral que jogam futebol pelo nosso País com plenas condições de tornarem-se potenciais atletas paralímpicos. Os grandes centros de formação de equipes e atletas estão na cidade do Rio de Janeiro (RJ) e de Campo Grande (MS).

Características do Futebol de Sete

O Futebol de Sete é praticado por atletas com Paralisia Cerebral, além de indivíduos que tenham

MODALIDADES DO PROGRAMA PARALÍMPICO **127**

Figura 14.3. Atleta classe 8 chutando a bola.

sequelas de traumatismos crânio-encefálicos ou de acidentes vasculares cerebrais.

Todos os atletas passam por uma classificação funcional antes de qualquer competição oficial, seja nacional ou internacional. Indivíduos com paralisia cerebral são dispostos em oito classes, sendo a Classe 8 a que menor comprometimento acarreta para o atleta.

Somente podem atuar no Futebol de Sete atletas andantes das Classes 5 a 8, que não utilizem qualquer implemento para auxiliar no seu deslocamento.

Classificação Funcional

Podemos, basicamente, relacionar algumas características das classes funcionais que participam do Futebol de Sete:

- *Classe 5:* Atletas com diplegia, ou seja, a limitação concentra-se nos membros inferiores, aumentando a dificuldade de deslocamento. Estes indivíduos, quando correm, o fazem com dificuldade evidente. Há pouca ou nenhuma limitação no tronco e nos membros superiores. Quando a limitação é significativa, são utilizados como goleiros.
- *Classe 6:* Atletas com atetose ou ataxia (movimentos descontrolados e/ou involuntários) que se deslocam sem ajuda. Geralmente apresentam limitações nos quatro membros (quadriplegia espástica). Além de goleiros, são bastante utilizados como atacantes, já que, como meio-campistas, seus movimentos incontrolados, na maioria das vezes, acabam por comprometer a performance exigida para esta função dentro de campo.
- *Classe 7:* Atletas com hemiplegia (limitação de um hemisfério corporal). Apresentam marcha característica em função da limitação do membro inferior comprometido. Apesar do desequilíbrio consequente, apresentam grandes capacidades de performance em todos os setores do campo, à exceção da posição de goleiro, em função do comprometimento de um dos membros superiores.
- *Classe 8:* Atletas com comprometimento mínimo (monoplegia ou hemiplegia, atetose e ataxia muito leves). Em função desta característica, são, geralmente, os atletas de maior referência no campo de jogo, apesar da restrição quanto ao número máximo permitido durante uma partida. Isto faz com que raramente sejam utilizados como goleiros.

Inicialmente, não havia restrições, em relação aos atletas e suas classes funcionais, quanto à participação durante uma partida. No entanto, a fim de garantir a presença de indivíduos das classes de maior comprometimento, tornou-se obrigatória a presença de, pelo menos, um atleta das Classes 5 ou 6 durante todo o tempo das partidas. Está em desenvolvimento um projeto que visa aumentar o número de atletas destas classes para competições futuras. Em Sidney (2000) houve uma decisão de limitar a participação de atletas da classe 8. Atualmente, apenas dois atletas desta classe podem estar em campo simultaneamente durante a partida.

Regras Oficiais

As regras oficiais desta modalidade seguem as do Futebol convencional da FIFA, com naturais adaptações, a fim de melhor se ajustarem às condições dos atletas que praticam o Futebol de Sete. São elas:

- *Número de atletas:* Cada equipe é composta por sete jogadores, sendo 1 (um) obrigatoriamente o goleiro. No banco de reservas podem ficar até cinco atletas. Existe uma proposta, em fase final de elaboração, de aumentar para 14 o número de atletas relacionados para uma partida.
- *Dimensões do campo de jogo:* 75 m x 55 m (máximo) / 70 m x 50 m (mínimo). Na análise de algumas pessoas, estas dimensões são muito grandes para a quantidade de atletas que participam da

partida. Tais medidas foram definidas para que os atletas, nos primórdios da modalidade, tivessem maior espaço para atuarem e menor probabilidade de contato físico, já que nesta época jogavam o Futebol de Sete paralisados cerebrais com maior comprometimento motor.

- *Medidas oficiais:* O círculo central tem 7 m de raio. A marca da penalidade máxima fica a 9,2 m de distância do ponto central da linha de fundo. As medidas da grande e da pequena área são 27 m x 11 m e 12,4 m x 3,5 m, respectivamente. A distância mínima de um atleta adversário, no momento da cobrança de um tiro livre ou de um tiro de canto, é de 7 m.

- *Tamanho das metas:* As metas medem 5 m x 2 m. Esta altura também se deve ao comprometimento que muitos atletas apresentavam em relação a saltos e deslocamentos.

- *Tempo de duração da partida:* A princípio estabeleceu-se 50 minutos de partida, divididos em dois tempos de 25 para cada um, com intervalo de 15 minutos. Com o crescente desenvolvimento da modalidade, decidiu-se por aumentar este tempo para 60 minutos, divididos em dois tempos de 30.

- *Inexistência de impedimento:* Esta medida foi igualmente definida pela dificuldade que alguns atletas apresentavam para se deslocar e não ficar em situação de impedimento, o que limitaria sobremaneira a participação daqueles com um comprometimento maior.

- *Arremesso lateral:* Este movimento pode ser feito utilizando-se apenas uma das mãos. Porém, a bola não poderá ser lançada. É preciso que ela toque imediatamente o solo tão logo tenha saído da mão do atleta executante. Tal medida visou facilitar aqueles que apresentam limitação em um dos membros superiores, o que não impede que qualquer outro atleta o execute da mesma maneira.

Sistemas Táticos de Jogo

Os sistemas táticos mais utilizados no Futebol de Sete são:

- *3 x 2 x 1:* Existe uma linha formada por um zagueiro (ou líbero) e dois alas, além de dois meio-campistas e um atacante. É o sistema mais utilizado pelas equipes de maior nível técnico.

- *2 x 3 x 1:* Este esquema, com dois zagueiros, um meio-campista, dois alas e um atacante, é uma variação do 3 x 2 x 1 para casos de se querer uma defesa mais forte. Neste esquema, o meio campista pode ficar sobrecarregado na criação das jogadas.

- *3 x 3:* Esquema extremamente defensivo, em que duas linhas de jogadores são formadas. Uma na altura da marca da penalidade máxima e outra um pouco à frente da linha frontal da grande área. É utilizado por equipes que jogam contra adversários reconhecidamente muito superiores. É um esquema exclusivamente defensivo.

Figura 14.4. Atletas em treinamento.

- 4 x 2 – É uma variação do 3 x 3, com a diferença de que a equipe que o adota congestiona ainda mais a área de meta com uma linha de quatro defensores. Os outros dois ficam na altura da meia-lua para evitar os chutes de fora da área.

Capacidades Físicas

Todas as modaldades desportivas paralímpicas sofrem as devidas adaptações em suas regras e fundamentos para que os indivíduos com deficiências possam praticá-las de maneira a lhes proporcionar o alcance dos objetivos imediatos.

Não há dúvida que, para alguns, poder fazer uma atividade física regular, em função das limitações por vezes severas, é participar de experiências que apenas contribuem para aumentar a autoestima e a sensação de estar inserido no contexto social, mesmo que de forma acanhada.

Algumas pessoas com paralisia cerebral, amantes do futebol, não conseguem, devido às características físicas impostas pela limitação, participar de jogos ou até mesmo das simples "peladas" que acontecem nas suas comunidades.

Quando encontram locais específicos de atendimento, podem praticar o desporto tão apreciado de maneira absolutamente ilimitada. O profissional que o atenderá, atento a essa realidade, deverá envidar todos os esforços possíveis para que a atividade seja extremamente prazerosa.

Para tal, deverá, naturalmente, atentar para as possibilidades motoras de cada indivíduo com paralisia cerebral, a fim de, ao planejar as atividades, levar em consideração as variadas nuances de cada um.

Pelas muitas características que pode uma pessoa com paralisia cerebral apresentar, haverá a necessidade de adequar os fundamentos básicos do desporto às possibilidades dos participantes.

Indivíduos com diplegia (Classe 5), por possuírem limitações em ambos os membros inferiores, podem apresentar dificuldades ao se deslocar e/ou utilizar os pés para passar e chutar. Como têm o tronco e os membros superiores sem comprometimentos, são, muitas vezes, utilizados como goleiros.

Indivíduos com atetose (Classe 6), que apresentam movimentos bruscos involuntários e descontrolados, podem apresentar dificuldade, por exemplo, em dominar a bola com os pés. Por apresentarem, em alguns casos, uma boa apreensão com as mãos e contrações musculares que levam a movimentos muito rápidos, têm bom rendimento como goleiros, especialmente quando a bola lhes alcança com alta velocidade. No entanto, a incapacidade de controlar estes movimentos através de uma contração muscular voluntária acarreta uma grande dificuldade para algumas situações de jogo, como, por exemplo, os chutes de menor potência, que geram mais dificuldades aos goleiros com atetose.

Indivíduos com hemiplegia (Classe 7) podem apresentar um desequilíbrio ao se deslocar em função da diferença de força muscular existente entre os hemisférios corporais. Esta característica poderá gerar dificuldades em todos os fundamentos do desporto, especialmente na condução da bola, troca de direção e rotações ou giros. Para aqueles cujas hemiplegias são sequelas de paralisias cerebrais ocorridas antes, durante ou após o parto, haverá a necessidade de fazer-se um trabalho específico para o lado comprometido, a fim de que eles possam ter um rendimento satisfatório utilizando os membros inferiores com igual segurança. Percebe-se uma diferença naqueles indivíduos que possuem hemiplegia causada por traumatismo crânio-encefálico ou por acidentes vasculares cerebrais, especialmente quando ocorreram já na fase adulta. Esses apresentam uma resposta muito mais satisfatória no tocante à utilização do lado comprometido em função de todo um histórico motor adquirido ao longo de suas vidas.

Indivíduos monoplégicos (Classe 8) são minimamente afetados pelas sequelas da paralisia cerebral. A limitação em apenas um dos membros lhes fornece plenas condições de performance num nível bastante satisfatório. Executam os movimentos desportivos específicos praticamente sem qualquer impedimento gerado pela deficiência em si. O trabalho técnico específico, nestes casos, é absolutamente igual àquele executado nas atividades do futebol convencional.

Guardadas estas características, pode-se, então, realizar o desenvolvimento de muitas valências que são inerentes ao atleta de futebol. Alguns exemplos:

- *Força e potência musculares* – O trabalho destas valências através da musculação é de suma importância. Não há, no alto nível, nenhuma equipe que não se utilize deste mecanismo para o alcance dos objetivos mais altos nas competições que participe. Diferentemente do que se pensava anteriormente, a musculação proporciona enormes benefícios para os atletas com paralisia cerebral, aumentando significativamente o controle motor que pode estar severamente comprometido em função das sequelas da lesão cerebral.

- *Alongamento muscular* – Como muitos atletas com paralisia cerebral apresentam espasticidade, o alongamento passa a ser de suma importância.

- *Resistência aeróbica e anaeróbica* – A natureza da prática do futebol exige que os atletas tenham condições de suportar esforços de longa duração e outros que exijam uma intensidade alta em curto período de tempo. O mesmo se dá com atletas com paralisia cerebral que jogam futebol. Alguns apresentam espasticidade (como nos casos de atetose, hemiplegia, quadriplegia etc.) e tendem a ter um desgaste muito maior. Desta forma, para que alcancem os altos níveis de performance desportiva, necessitam ser igualmente submetidos aos métodos de treinamento convencionais.

- *Agilidade/destreza* – As limitações causadas pelas sequelas da paralisia cerebral muitas vezes são limitadoras de muitos movimentos e gestos desportivos. O treinamento físico-técnico será de fundamental importância para que os atletas desenvolvam estas valências, o que será facilmente perceptível na prática propriamente dita do futebol.

- *Desenvolvimento cognitivo e emocional* – Dentre muitas características que uma pessoa com paralisia cerebral possa apresentar, existem a instabilidade emocional e o comprometimento cognitivo. Não há dúvida quanto à necessidade de profissionais da área do comportamento humano que possam auxiliar os técnicos e preparadores físicos a atingir o nível máximo da performance dos atletas.

Figura 14.5. Atleta Brasileiro marcando um gol.

Conclusão

O Futebol de Sete, pela sua semelhança com o Futebol da FIFA, é uma das modalidades de desportos coletivos que mais atraem o público nos eventos internacionais, como no caso dos Jogos Paralímpicos.

A cada ano surgem países praticando a modalidade em todos os continentes do planeta. No entanto, as dificuldades são basicamente as mesmas, como a formação de uma equipe que possa, em médio tempo, participar das competições oficiais a ponto de obter classificação para os Campeonatos Mundiais e Jogos Paralímpicos.

A força do Futebol em todo o mundo é, sem dúvida, um dos principais fatores que determinam o surgimento dessas novas equipes.

Porém, encontra-se ainda uma grande resistência por parte de outros países, inclusive alguns de tradicional histórico no Futebol, como Alemanha, Itália e França, que não promovem o desenvolvimento do Futebol de Sete pelo fato de ser, segundo eles, uma modalidade coletiva, dispendiosa e que vai somar apenas uma medalha no quadro final das grandes competições.

Ainda assim, o Futebol de Sete tem representatividade mundial significativa e crescente, o que fará com que, em breve, mais de 30 países estejam oficialmente praticando esta modalidade em nível mundial.

E, em paralelo a esse desenvolvimento, há a constante avaliação das Regras Oficiais, a fim de que as pessoas com paralisia cerebral mais severa tenham cada vez mais oportunidades de praticar a modalidade.

capítulo 15

Goalball

Márcio Pereira Morato
José Júlio Gavião de Almeida

Histórico

O *Goalball* é um esporte paralímpico coletivo criado especificamente para pessoas com deficiência visual – pessoas cegas e com baixa visão (IPC, 2010). A especificidade de sua criação permitiu basear a dinâmica do jogo nas potencialidades apresentadas pelo público-alvo da modalidade. Por ser "jogado às escuras", já que todos os jogadores precisam estar bandados e vendados para apresentarem igualdades de condições durante a prática, toda a dinâmica do jogar pauta-se na exploração das percepções auditivas (bola com guizo interno) e táteis (linhas demarcatórias em alto relevo – barbantes sob fita adesiva).

A criação da modalidade segue as diretrizes das origens de outros esportes paralímpicos e também tem sua prática iniciada mediante a inegável influência de programas médicos e esportivos após as duas Grandes Guerras Mundiais, para o desenvolvimento e a reabilitação de veteranos de guerra acometidos por lesões (Adams, 1985; Araújo, 1998).

Criado pelo austríaco Hanz Lorenzer e pelo alemão Sepp Reindle, em 1946, na Alemanha (Ibsa, 2010a), o *Goalball* fez sua primeira aparição internacional em 1972, apenas como evento de exibição, nos Jogos Paralímpicos de Heidelberg, também na Alemanha (Ibsa, 2010a; IPC, 2010; Mataruna *et al.*, 2005), vinte e seis anos após sua origem. Em 1976, foi incorporado ao programa esportivo dos Jogos Paralímpicos de Toronto, no Canadá, apenas na categoria masculina. Em 1984, nos Jogos de Nova York, nos EUA, foi incluída a categoria feminina. Desde então, o *Goalball* nunca deixou de fazer parte do programa oficial das Paralimpíadas.

No Brasil, a modalidade teve seu início na década de 1980 (Almeida *et al.*, 2008; Mataruna *et al.*, 2005).

Existem duas vertentes sobre a introdução da modalidade em nosso País. Uma aponta Steven Dubner como o "Charles Miller" do *Goalball*. Ele trouxe a primeira bola de *Goalball* para o Brasil em 1985, e a levou ao Clube de Apoio ao Deficiente Visual (CADEVI), de São Paulo, mas manteve a prática restrita a essa instituição (CBDC, 2010; Nascimento, Morato, 2006).

A outra versão aponta o início formal da prática após o Mundial de *Goalball* da Holanda, em 1986. Mário Sérgio Fontes foi enviado a este evento com o intuito de conhecer a modalidade e retornou ao Brasil com as regras e as bolas oficiais, difundindo a modalidade por todo o País (CBDC, 2010; Mataruna *et al.*, 2005; Nascimento, Morato, 2006). No ano seguinte, em 1987, o professor Mário realizou o 1º Campeonato Brasileiro de *Goalball* em Uberlândia-MG, e este evento é pontuado como o marco de difusão da modalidade em território nacional (CBDC, 2010).

Em termos de competições internacionais, os Jogos Paralímpicos são, indubitavelmente, o mais importante evento da modalidade. Na Tabela 15.1 é apresentado um histórico resumido da participação do *Goalball* em Paralimpíadas.

A equipe brasileira debutou nos Jogos Paralímpicos de 2004, em Atenas, com a categoria feminina, que conquistou a 7ª colocação (Nascimento, Morato, 2006).

Em Pequim (2008), o Brasil conquistou a vaga para participar dos Jogos com as duas categorias, ficando em 6º lugar na categoria feminina, e em 11º na categoria masculina (IPC, 2010b).

A segunda competição internacional mais importante da modalidade é o Campeonato Mundial de *Goalball*, também realizado em ciclos de quatro anos,

Tabela 15.1
Goalball em Paralimpíadas

Ano	Local	Masculino			Feminino		
		Campeão	Vice	3º Lugar	Campeão	Vice	3º Lugar
1976	Toronto, Canadá	Áustria	Alemanha Ocidental	Dinamarca	–	–	–
1980	Arnhem, Holanda	Alemanha Ocidental	EUA	Holanda	–	–	–
1984	Nova York, EUA	EUA	Egito	Iugoslávia	EUA	Canadá	Dinamarca
1988	Seul, Coréia Sul	Iugoslávia	EUA	Egito	Dinamarca	EUA	Canadá
1992	Barcelona, Espanha	Itália	Finlândia	Egito	Finlândia	Dinamarca	Canadá
1996	Atlanta, EUA	Finlândia	Canadá	Espanha	Alemanha	Finlândia	EUA
2000	Sidney, Austrália	Dinamarca	Lituânia	Suécia	Canadá	Espanha	Suécia
2004	Atenas, Grécia	Dinamarca	Suécia	EUA	Canadá	EUA	Japão
2008	Pequim, China	China	Lituânia	Suécia	EUA	China	Dinamarca

Fonte: IPC, 2010b.

alternados em dois anos com as Paralimpíadas. A disputa do primeiro Campeonato Mundial de *Goalball* ocorreu em 1978, na Áustria (Mataruna *et al.*, 2005; Monreal, 2010), e a primeira participação brasileira nessa competição ocorreu somente em 2002, quando a cidade do Rio de Janeiro foi sede do Mundial (Tabela 15.2).

A realização do VII Campeonato Mundial, em 2002, no Brasil foi a grande responsável pela crescente procura pela prática da modalidade em nosso País. Hoje, de acordo com dados da Confederação Brasileira de Desportos para Cegos, são mais de 40 equipes em cada categoria praticando a modalidade no Brasil (CBDC, 2010).

Para além dessas duas principais competições, existem ainda outras importantes competições internacionais: Jogos Panamericanos e Mundial de Cegos da IBSA (IBSA, 2010a). Ambas também ocorrem em ciclos de quatro anos, sendo a primeira disputada no ano posterior ao ano Paralímpico, e a segunda, no ano anterior.

Características do Goalball

O que as modalidades coletivas apresentam de essencial em sua dinâmica, segundo Garganta (1995), consiste no fato de que elas são pautadas pela tríade cooperação, oposição e finalização.

Tabela 15.2
Mundiais de Goalball

Ano	Local	Masculino			Feminino		
		Campeão	Vice	3º Lugar	Campeão	Vice	3º Lugar
1978	Volkmarket, Áustria	Alemanha Ocidental	Áustria	Dinamarca	–	–	–
1982	Indianápolis, EUA	EUA	Holanda	Egito	EUA	Dinamarca	Canadá
1986	Roermond, Holanda	Iugoslávia	Israel	Egito	EUA	Dinamarca	Holanda
1990	Calgary, Canadá	Alemanha	Itália	Iugoslávia	Dinamarca	EUA	Finlândia
1994	Col. Springs, EUA	Finlândia	Itália	Eslovênia	Finlândia	Alemanha	Suécia
1998	Madrid, Espanha	Eslovênia	Espanha	Lituânia	Finlândia	Suécia	EUA
2002	Rio de Janeiro, Brasil	Suécia	Lituânia	Eslovênia	EUA	Canadá	Holanda
2006	Spartanburg, EUA	Lituânia	Suécia	EUA	Canadá	China	EUA
2010	Sheffield, Inglaterra	Lituânia	China	Irã	China	EUA	Suécia

Fonte: Monreal, 2010.

No *Goalball* não é diferente e o confronto baseia-se na troca de bolas por meio de lançamentos, com o intuito de pontuar ou marcar o gol (finalização). Não é permitido que os atletas invadam a meia quadra adversária; assim, cada equipe fica no seu lado da quadra em um espaço delimitado e se organiza (cooperação) para defender sua meta das bolas lançadas pelos adversários e lançá-las de volta para eles (oposição). O lançamento é feito com as mãos, porém o ato da defesa pode ser realizado com todo o corpo, e geralmente os jogadores deslizam pela quadra estendendo todo o corpo para aumentar a possibilidade de realização do bloqueio.

Para se jogar o *Goalball* é necessário utilizar as seis características estruturais também encontradas em qualquer outro esporte coletivo. Bayer (1994) denominou essas características de invariantes, exatamente por serem similares a todos os esportes coletivos, e enunciou-as da seguinte forma: 1) bola (ou implemento similar); 2) espaço que limita as ações dos jogadores; 3) parceiros com os quais se joga; 4) adversários com os quais se mede força; 5) alvos, um a atacar e um a defender; e 6) regras específicas.

O silêncio dos praticantes e espectadores é extremamente necessário para a audição da bola e, consequentemente, para o bom andamento da partida*.

A Quadra de Jogo

As dimensões oficiais da quadra são em formato retangular, com 18 m de comprimento x 9 m de largura, sendo idênticas à quadra de voleibol. Toda a marcação da quadra no solo é feita em alto relevo, ou melhor, todas as linhas de quadra são linhas táteis (barbantes sob fita adesiva) para permitir a orientação tátil dos jogadores.

As metas, balizas ou gols ficam sobre as linhas de fundo da quadra e medem 9 m de largura x 1,30 m de altura. Cada metade da quadra é dividida em três áreas de dimensões idênticas (3 m x 9 m): área de defesa (ou de equipe); área de ataque (ou de lançamento); e área neutra (Figura 15.1).

Os jogadores não podem invadir a meia-quadra adversária e; limitados por sua área de ataque, lançam a bola rasteira ou quicando em direção à meta adversária. A regra não permite o lançamento de bolas altas e, por tal motivo, o primeiro contato da bola com o solo, após o lançamento dos jogadores, deve acontecer obrigatoriamente dentro da área de ataque de sua equipe (6 m de distância da trave até o limite ofensivo – linha de ataque).

A defesa é realizada com os três jogadores deitando-se no piso para bloquear a bola, também dentro de uma área limite para essa ação, que consiste na área de defesa ou de equipe (limitada pela linha de defesa 3 m à frente da trave). Somente é permitido aos jogadores efetuarem a defesa das bolas lançadas pelos adversários com parte do corpo em contato com esta área.

Como a área de defesa é o principal ponto de referência para a orientação espacial dos jogadores, existem diferentes marcações em seu interior, diferenciando-a das demais áreas, que apresentam somente a marcação externa retangular. Tais marcações internas à área de equipe são referências para

---

* Para maiores informações sobre as regras do jogo de *Goalball*, visite o *site* da Federação Internacional de Esportes para Cegos (IBSA, 2010b).

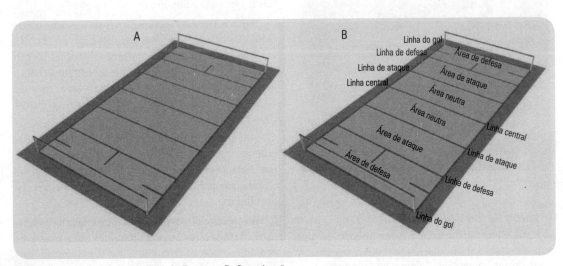

Figura 15.1. A quadra de *Goalball*. A. Formato; B. Organização

as posições dos jogadores: ala esquerdo, ala direito e central (ou pivô).

Para a transição entre as áreas de atuação das duas equipes, existem as duas áreas neutras, uma em cada metade de quadra. Os jogadores podem utilizá-las para a recuperação de um rebote defensivo, para a realização de passes, de jogadas ensaiadas etc., mas devem retornar à área de ataque antes de efetuar o lançamento. O objetivo da área neutra é aumentar a distância entre as equipes para que os defensores tenham tempo de ouvir e perceber a trajetória da bola lançada pelos atacantes.

O Implemento de Jogo

A bola oficial de Goalball (Figura 15.2) tem um tamanho semelhante à bola de basquetebol, com 24-25 cm de diâmetro e 75-78 cm de circunferência, mas seu peso é superior, sendo da ordem de 1,250 Kg.

Ela não possui enchimento (câmara de ar). É oca, feita de borracha espessa, com orifícios em sua superfície para potencializar o som produzido pelos guizos internos quando entra em contato com o solo ou quando é rolada. Tal característica somada à regra do limite ofensivo faz com que a bola ao ser lançada mantenha maior contato com o solo. Esse contato é indispensável para a boa audição, pois, em fase aérea, o barulho dos guizos internos é diminuto ou inexistente.

Figura 15.2. A bola de *Goalball*.

A Formação das Equipes

Cada equipe é formada por seis jogadores, três titulares e três substitutos. Os jogadores podem ser cegos ou ter baixa visão. Como os jogadores com baixa visão apresentam resíduos visuais, e por isso podem levar vantagem sobre aqueles que não enxergam, todos eles devem estar bandados e vendados ao entrarem em quadra.

Tal medida é tomada para cercear a utilização do sentido visual, já que a utilização deste sentido (mecanismo sensorial) pode tirar "o sentido" do jogo, além, é claro, de ferir as questões éticas do esporte.

São permitidas até três substituições durante o tempo regulamentar de jogo, não sendo contabilizadas como parte dessas três possíveis, as substituições realizadas no intervalo. Caso a partida necessite de prorrogação, é permitido mais uma substituição por equipe no tempo extra.

Os jogadores utilizam cotoveleiras, joelheiras, protetor de seios para a categoria feminina e protetor de genitais ("coquilha") na categoria masculina, dentre outros equipamentos de proteção individual para amenizar o impacto com o solo e com a bola.

A Classificação dos Jogadores

Para que os jogadores estejam aptos a participar de competições oficiais de *Goalball*, eles precisam passar por uma classificação esportiva. Em esportes para pessoas com deficiência visual, essa classificação é realizada mediante exames clínicos e, portanto, conduzida por especialistas em oftalmologia.

As avaliações averiguam a funcionalidade do sentido visual nos atletas e consideram ambos os olhos, com sua melhor correção. Os atletas que usam lente de contato ou lentes corretivas devem fazer uso delas durante a classificação, mesmo que eles não utilizem tais lentes para competir.

Após a aferição da função visual de cada atleta, ele é classificado em uma das três classes: B1, B2 ou B3; sendo o B1 de maior comprometimento (cego), o B3 de menor comprometimento (baixa visão) e o B2 também com baixa visão, mas de comprometimento intermediário entre as outras duas classes.

Não há pontuação diferenciada para cada classe, e desde que seja averiguada a disfunção visual de um atleta a ponto de enquadrá-lo em uma das classes citadas, sua participação estará legitimada em eventos oficiais.

Assim, as equipes podem escalar qualquer combinação de jogadores das três diferentes categorias, pois acredita-se que ao terem os olhos devidamente bandados e vendados para impossibilitar o uso de qualquer resquício visual, os atletas estarão em igualdade de condições.

A Duração da Partida

As partidas são disputadas em dois tempos de 12 minutos, com três minutos de intervalo entre eles. É permitido o pedido de até três tempos técnicos por equipe, com duração de 45 segundos cada pedido.

Caso uma equipe abra dez gols de vantagem sobre o adversário, a partida é automaticamente encerrada, independente do tempo regulamentar restante.

Em fases eliminatórias, em que existe a necessidade de um vencedor, as partidas terminadas em empate são acrescidas de prorrogação, jogada em dois períodos de três minutos, com os mesmos três minutos de intervalo. Nessa situação, as equipes têm direito a um pedido de tempo técnico e uma substituição. A equipe que pontuar o primeiro gol durante o tempo extra será a vencedora (gol de ouro).

Caso o empate persistir no tempo extra, as equipes irão para a disputa de pênaltis (tiros livres) e todos os jogadores inscritos na partida em questão devem participar da disputa. Os jogadores entram em quadra em pares (um de cada equipe – 1x1) e devem efetuar um arremesso e uma defesa para que o próximo par de adversários esteja habilitado a realizar sua disputa. Vence a equipe que converter o maior número de gols.

A Atuação da Arbitragem

No *Goalball*, os árbitros têm uma função extra, além de apitar os jogos. Eles também são responsáveis por comandar o jogo numa espécie de narração, para orientar a atuação dos jogadores durante a partida.

Na versão oficial, são 11 árbitros no total: a) dois árbitros principais – um em cada lado de quadra – responsáveis por orientar a dinâmica do jogo por intermédio da utilização de comandos padronizados na língua inglesa; b) quatro juízes de linha – posicionados um em cada quina da quadra – responsáveis pela reposição rápida de bola, para não atrapalhar o tempo de posse de bola da equipe; e c) cinco mesários com funções de cronometragem, marcação e controle dos arremessos, das substituições, dos tempos técnicos e de posse de bola das equipes, das penalidades etc.

Mesmo em campeonatos realizados no Brasil são utilizados os comandos em inglês, visando facilitar o entendimento dos atletas do País em eventos internacionais. São exemplos da utilização de comandos básicos: *Play* (inicia/joga): iniciar ou reiniciar a par-

tida após qualquer interrupção; *Out* (fora): indicar que o lançamento foi para fora da quadra sem tocar em nenhum jogador oponente; *Block out* (bloqueio fora): indicar que a bola saiu de quadra após ser bloqueada pelo defensor. A posse de bola ainda é da equipe que a defendeu.

As Infrações

As regras do jogo preveem ainda infrações e penalidades. As infrações invertem a posse de bola durante a partida. Elas são marcadas quando os jogadores não esperam a autorização do árbitro para lançar após qualquer interrupção da partida (*premature throw* – lançamento prematuro); ou quando tentam realizar um passe para o companheiro e jogam a bola para fora da quadra (*pass out* – passe fora); ou ainda, quando defendem a bola lançada pelo oponente, mas ela retorna para a meia quadra adversária, ultrapassando a linha de centro (*ball over* – bola perdida).

As Penalidades

As penalidades podem ser individuais ou coletivas. A ocorrência de um pênalti obriga que somente um jogador da equipe infratora permaneça em quadra para defender o tiro livre. Nas penalidades individuais, o jogador que a cometeu deve permanecer em quadra para defendê-la. Em caso de penalidades coletivas, o jogador que realizou o último lançamento de sua equipe antes do pênalti, deve defendê-lo (Nascimento; Morato, 2006).

As penalidades individuais são marcadas: se a bola lançada tiver seu primeiro contato com o solo após a área de ataque (*high ball*) ou não tocar pelo menos uma vez em uma das áreas neutras (*long ball*) ou, ainda, se não chegar à área de defesa adversária (*short ball*); se um mesmo jogador realiza três arremessos consecutivos (*third time throw*); se o primeiro contato defensivo é realizado fora da área de defesa da equipe (*illegal defense*); ou ainda, se o jogador toca em sua venda sem a autorização do árbitro (*eyeshades*), atrasa o jogo (*personal delay of game*), faz excessivo barulho durante ou após seu arremesso (*noise*) ou apresenta conduta antidesportiva (*personal un-sportsmanlike conduct*).

As penalidades coletivas ocorrem quando: a equipe demora mais de dez segundos para arremessar a bola após o primeiro contato defensivo, com ou sem controle de bola (*ten seconds*), ou faz muito barulho enquanto seu companheiro realiza o ato de arremesso (*noise*); ou ainda, se os jogadores reservas ou comissão técnica atrasam o início ou o recomeço da partida (*team delay of game*), apresentam conduta antidesportiva fora de quadra (*team un-sportsmanlike conduct*) ou passam instruções com a bola em jogo ou em outros momentos não permitidos (*illegal coaching*).

A Organização das Equipes

Tavares (1995) defende que a estruturação do treino deve proporcionar que os praticantes entendam a "intenção tática" (o que deve ser feito) antes da "modalidade técnica" (como deve ser feito), para que as ações escolhidas pelos jogadores estejam em sintonia com a dos companheiros e de acordo com a antecipação das ações que os adversários têm intenção de aplicar.

Assim, a tática é o problema fundamental a ser tratado nas modalidades esportivas coletivas e a técnica deve responder a isso. É o como fazer (técnicas) aliado às razões do fazer (táticas) (Garganta, 1995).

Com a evolução do *Goalball* e, consequentemente, da busca constante por modelos de jogo mais eficazes para a obtenção do êxito nas partidas/competições (Oliveira *et al.*, 2006), as equipes foram criando diferentes formas de organização, balizadas pela relação modalidade/características culturais da equipe (Garganta, 1997).

> "Cada equipe possui uma dimensão histórica, que difunde no seio do grupo um dinamismo evolutivo. Esta história prende-se com todos os aspectos funcionais, quer dizer, a distribuição e repartição de tarefas e papéis, a determinação de um projeto coletivo, base unificadora e denominador comum da ação empreendida por todos" (Bayer, 1994, p. 91).

Cada jogador deve integrar o projeto coletivo de sua equipe em suas ações pessoais (Morato, 2007). Assim, as interações entre os jogadores, os elementos do sistema, amplificam o todo, pois o valor global da equipe "[...] não pode ser traduzido pelo somatório dos valores individuais, mas por uma nova dimensão que emerge da interação que ocorre ao nível dos seus elementos constituintes" (Garganta, 1995, p.15).

Com isso, as equipes de *Goalball* se estruturam de forma a ocupar o espaço permitido pela regra das maneiras que julgam mais eficazes em termos de bloqueio e proteção de sua meta e de ataque da meta adversária. Tal posicionamento dos jogadores em quadra, de acordo com a função exercida por cada um, é denominado de esquema tático (Balbino, 2001; Bayer, 1994; Bota, Colibaba-Evulet, 2001; Santana, 2004).

Na Figura 15.3 estão ilustrados os esquemas táticos utilizados no *Goalball*.

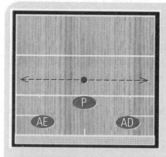

TRIÂNGULO
Formação mais tradicional da modalidade. Apresenta boa cobertura, mas deixa muito espaço entre os alas e o pivô.

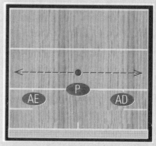

TRIÂNGULO AVANÇADO
Diminui os espaços entre os jogadores, fechando mais o ângulo do atacante adversário, mas diminui o tempo de reação da cobertura que também avança.

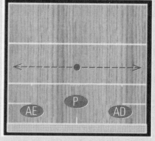

TRIÂNGULO RECUADO
Outra variação do triângulo. Dá mais tempo de reação aos defensores, mas abre mais o ângulo da meta, obrigando maior deslize antes da defesa final.

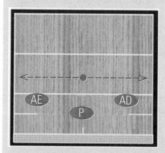

FUNIL
Utilizada por equipes que não apresentam um exímio defensor para jogar de pivô (central). Propicia maior divisão de responsabilidade defensiva e ofensiva.

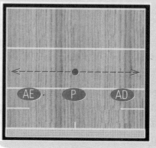

BARREIRA
Diminui os espaços, mas não apresenta cobertura. Pode propiciar choques entre os jogadores por estarem na mesma linha. É um esquema pouco utilizado.

Figura 15.3. Esquemas táticos do *Goalball*.

Os jogadores não ficam estáticos em sua posição e sempre se movimentam de acordo com o local de onde o adversário irá realizar o arremesso (como demonstrado pelas setas pontilhadas verdes), tal como o bloqueio no voleibol, que fecha o ângulo do atacante. Se o atacante está na ala direita adversária, a equipe defensora se desloca em bloco para sua ala esquerda.

Com os estudos e as análises de jogo realizados no trabalho de Doutorado, pudemos desenvolver um esquema tático para a seleção feminina em 2008, capaz de ocupar os espaços de forma eficaz e ainda proporcionar duas coberturas. Tal esquema foi nomeado de Escada (Figura 15.4).

As Estratégias Tático-Técnicas

As técnicas esportivas, além de influenciadas pelas regras específicas de cada modalidade, também respondem a uma necessidade tática, própria da lógica de cada jogo (Morato, 2007; Tavares, 1995, 2002).

Respaldados pela estratégia coletiva da sua equipe, cada jogador interpreta as situações-problema encontradas no jogo de acordo com sua capacidade perceptiva. É essa necessidade de interpretação do momento do jogo que regula as ações dos jogadores. Com isso, a leitura das situações-problema encontradas no jogo faz com que os jogadores criem estratégias de resolução baseadas no "como fazer" e nas "razões desse fazer".

Tais soluções tornam-se patrimônio da modalidade e passam a servir de modelo ao exprimir as características próprias da modalidade.

No Ataque

- *Tipo de arremesso:* pode ser frontal (como no boliche); de giro (parecido com o arremesso de disco) ou de costas (estando de costas para o adversário, flexiona-se o corpo para arremessar a bola com as duas mãos por entre as pernas, que apresentam afastamento da largura dos ombros).

- *Trajetória da bola:* pode ser lisa (ou rasteira – que aumenta a velocidade da trajetória), quicando (para dificultar a determinação da trajetória, apesar da menor velocidade) ou com efeito (para enganar o defensor ao mudar de trajetória).

- *Situação tática ou recurso tático:*
  • *Regular*: quando o jogador arremessa a bola do mesmo setor onde defendeu ou recebeu um passe com barulho. Esse tipo de situação facilita o posicionamento defensivo adversário, pois o último som escutado é marcado como origem do próximo arremesso adversário.
  • *Flutuação*: o jogador defende ou recebe a bola e, antes de arremessar, muda silenciosamente o setor de arremesso. Essa estratégia tem o intuito de enganar a defesa adversária, pois ela perderá alguns segundos para se reposicionar de acordo com a nova origem de arremesso.
  • *Contra-ataque*: ataque realizado com menos de quatro segundos após o primeiro contato defensivo.
  • *Passe alto*: quando o atacante recebe um passe silencioso, geralmente na altura do peito, antes de arremessar. Estratégia que também dificulta a leitura da posição da bola (origem de arremesso) pela defesa adversária.

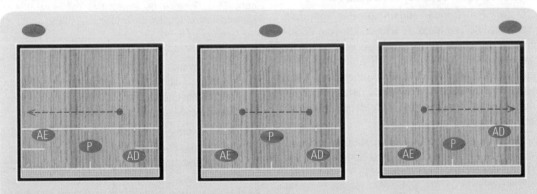

ESCADA
Cobertura e ocupação do espaço muito eficientes, mas desgaste físico/perceptivo muito elevado em virtude da grande movimentação exigida combinada ao elevado nível de concentração necessária para leitura do jogo adversário.

Figura 15.4. Esquema tático Escada.

- *Jogada combinada:* jogadas com movimentações conjuntas (envolvendo mais de um jogador), com o intuito de confundir a equipe defensora.
- *Arremesso em V:* quando o atacante faz a corrida de arremesso em direção a uma diagonal e arremessa na diagonal oposta (popularmente conhecido como contra-pé), enganando os defensores, que têm a tendência de marcar a corrida dos atacantes.

Na Defesa

- *Posição de expectativa ou atenção:* momento em que o defensor espera para identificar a trajetória e a direção da bola lançada pelo adversário. Os jogadores podem estar em pé; agachados; ajoelhados; de cócoras ou, os mais habitualmente usados, sentados na parte lateral da coxa ou apoio em um joelho (Figura 15.5).
- *Posição de finalização ou impacto:* momento em que o defensor recebe o impacto da bola para impedir o gol adversário. Esta é a fase mais importante, pois é a defesa propriamente dita. É o momento em que o jogador deita-se lateralmente em quadra e estende os braços acima da cabeça, protegendo-a, inclina tronco e quadril à frente e estende as pernas, formando uma barreira com o corpo contraído e preparado para o forte impacto da pesada bola (Figura 15.6).

Para passar da posição de expectativa para a posição de finalização da defesa, os jogadores devem empurrar o solo com braços e/ou pernas para deslizar em direção à bola.

Capacidades Físicas no *Goalball*

O *Goalball* é uma modalidade que apresenta ações ofensivas por meio de arremessos com deslocamentos de até 6 m e ações defensivas por meio de posicionamento com ou sem deslize no solo, alternadas por períodos diferenciados de repouso. Cada jogador realiza de 80 a 100 ações defensivas e de 40 a 60 ações ofensivas por jogo, dependendo das seguintes questões*:

- Categoria em disputa – no masculino ocorrem mais ações ofensivas/defensivas do que no feminino, pois o jogo é mais rápido;

---

* As informações contidas nesse texto são oriundas do estudo de Doutorado realizado pelo autor e intitulado: Análise do Jogo de *Goalball*: Modelação e Interpretação dos Padrões de Jogo da Paralímpiada de Pequim 2008.

Figura 15.5. Posição de expectativa defensiva (Fotos: Reginaldo Castro. Arquivo de Divulgação – CBDC).

- *Posição ou função exercida em quadra* – os alas arremessam mais do que o pivô (central), e este defende mais que os alas, mas isso é dependente também do esquema tático adotado e das características de cada equipe/jogadores;
- *Ritmo e estratégias de jogo adotadas pelas equipes* – algumas equipes "atrasam" mais o jogo, utilizando todos os dez segundos de posse, enquanto outras equipes "aceleram" o jogo, abusando de contra-ataques e usando o menor tempo possível em cada posse de bola.

Por apresentar tais características, o *Goalball* pode ser considerado uma modalidade intermitente

Figura 15.6. Posição de finalização defensiva (Fotos: Reginaldo Castro. Arquivo de Divulgação – CBDC).

com tempos e níveis de estímulo e pausa variados, com consequente predominância do metabolismo anaeróbio. Pelas características acíclicas, exige a manifestação de várias capacidades motoras durante um único jogo, dentre as quais podemos destacar: a) capacidade de resistir a vários esforços intermitentes com recuperação rápida da força intensa; b) capacidade de resposta rápida ao estímulo sonoro nas ações defensivas; c) capacidade de desenvolver altos níveis de força durante os lançamentos.

Como o objetivo do jogo centra-se em marcar mais e tomar menos gols que o adversário, pode-se classificar as capacidades físicas de acordo com a importância para o cumprimento da meta supracitada, sendo as capacidades *determinantes* que definirão o sucesso ou o fracasso de uma equipe; já as *predominantes* são mais empregadas no decorrer do jogo e, por isso, são a base da modalidade. As *auxiliares* podem ajudar na melhora do desempenho dos atletas (BOMPA, 2005; WEINECK, 2003).

Com a análise do jogo, podemos classificar as capacidades físicas na modalidade da seguinte forma:

- *Determinantes:* potência e tempo de reação.
- *Predominantes:* potência, tempo de reação, resistência de força e anaeróbica.
- *Auxiliares:* flexibilidade e resistência aeróbia.

Caberá aos técnicos organizar a periodização do treino de sua equipe para atender a especificidade do jogo e melhorar o desempenho na modalidade.

Bibliografia Consultada

1. Adams RC. Jogos e exercícios para o deficiente físico. São Paulo: Manole, 1985.
2. Almeida JJG, Oliveira Filho CW, Morato MP, Patrocinio RM, Munster MA. (Orgs.) Goalball: invertendo o jogo da inclusão. Campinas: Autores Associados, 2008.
3. Araújo PF. Desporto adaptado no Brasil: origem, institucionalização e atualidade. Brasília: Ministério da educação e do Desporto/INDESP, 1998.
4. Balbino HF. Jogos desportivos coletivos e os estímulos das inteligências múltiplas. 2001, 142f. Dissertação (Mestrado em Educação Física) – Faculdade de Educação Física, Universidade Estadual de Campinas, Campinas, 2001.
5. Bayer C. O ensino dos desportos coletivos. Lisboa: Dinalivro, 1994.
6. Bompa TO. Treinando atletas de desporto coletivo. São Paulo: Phorte, 2005.
7. Bota I, Colibaba-Evulet D. Jogos desportivos coletivos: teoria e metodologia. Lisboa, Instituto Piaget, 2001.
8. Confederação Brasileira de Desportos para Cegos (CBDC). Disponível em http://www.cbdc.org.br/modalidades/goalball/index.htm. Acesso em 24 de Fevereiro de 2010.
9. Garganta J. Para uma Teoria dos Jogos Desportivos Coletivos. In: Graça A, Oliveira J (Eds.). O ensino dos jogos desportivos. 2. ed. Porto: Universidade do Porto, 1995.
10. Garganta J. Modelação táctica do jogo de futebol: estudo da fase ofensiva em equipas de alto rendimento. 1997, 292f. Tese (Doutorado em Educação Física) – Faculdade de Ciências do Desporto e de Educação Física, Universidade do Porto, Porto, 1997.
11. International Blind Sports Federation (IBSA). Goalball. Disponível em http://www.ibsa.es/eng/deportes/goalball/presentacion.htm. Acesso em 01 de Fevereiro de 2010a.
12. International Blind Sports Federation (IBSA). Goalball rules. Disponível em http://www.ibsa.es/eng/deportes/goalball/reglamento.htm. Acesso em 22 de Fevereiro de 2010b.

13. International Paralympics Committee (IPC). Goalball. Disponível em http://www.paralympic.org/Sport/IOSD_Sports/Goalball/index.html. Acesso em 30 de Janeiro de 2010a.
14. International Paralympics Committee (IPC). Results. Disponível em http://www.paralympic.org/Sport/Results/index.html?sport=12&games=2008PG&ct=PG&ordered=1#general. Acesso em 30 de Janeiro de 2010b.
15. Mataruna L, Oliveira Filho CW, Fontes MS, Almeida JJG. Inclusão social: esporte para deficientes visuais. In: DaCosta L (Org.) Atlas do esporte no Brasil: atlas do esporte, educação física e atividades físicas de saúde e lazer no Brasil. Rio de Janeiro: Shape, 2005.
16. Monreal P. Resultados en Campeonatos del Mundo. Disponível em http://sites.google.com/site/pacogoalball/Home. Acesso em 24 de fevereiro de 2010.
17. Morato MP. Futebol para cegos (futebol de cinco) no Brasil: leitura do jogo e estratégias tático-técnicas. 2007. 202f. Dissertação (Mestrado em Educação Física) – Universidade Estadual de Campinas. Faculdade de Educação Física. Campinas, 2007.
18. Nascimento DF, Morato MP. Goalball. Brasília: Comitê Paraolímpico Brasileiro, 2006.
19. Oliveira B, Amieiro N, Resende N, Barreto R. Mourinho: por que tantas vitórias? Lisboa: Gradiva, 2006.
20. Santana WC. Futsal: apontamentos pedagógicos na iniciação e na especialização. Campinas: Autores Associados, 2004.
21. Tavares F. O processamento da informação nos jogos desportivos. In: Graça A, Oliveira J. (Eds.). O ensino dos jogos desportivos. 2. ed. Porto: Universidade do Porto, 1995.
22. Tavares F. Análise da estrutura e dinâmica do jogo nos jogos desportivos. In: Barbanti VJ, Amadio AC, Bento JO, Marques AT (Orgs). Esporte e atividade física: interação entre rendimento e saúde. São Paulo: Manole, 2002.
23. Weineck J. Treinamento ideal: instruções técnicas sobre o desempenho fisiológico, incluindo considerações específicas de treinamento infantil e juvenil. 9 ed. São Paulo: Manole, 2003.

capítulo 16

Halterofilismo

Antônio Ferreira Junior

Um pouco da História da Modalidade

O halterofilismo Paralímpico teve o seu surgimento nos Jogos de 1964, em Tóquio, no qual apenas os homens com lesão medular podiam competir e as regras eram um pouco diferentes das que são hoje utilizadas (IPC, 2010).

A modalidade surgiu com o nome *Weightlifting* (levantamento de peso), que, mais tarde, deu lugar ao *Powerlifting* (*halterofilismo*). Outra mudança consistiu nas deficiências elegíveis para competir nessa modalidade, que são paralisia cerebral, lesão medular, amputados (apenas de membros inferiores) e *les autres*, desde que preencham os mínimos critérios de deficiência.

As mulheres tiveram seu início em Paralimpíadas no ano de 2000, em Sidney, na Austrália.

A modalidade é praticada em mais de 100 países.

Participação do Brasil em Paralimpíadas

A primeira participação brasileira ocorreu nos Jogos Paralímpicos de 1996, em Atlanta, nos EUA, onde o Brasil teve apenas um atleta do sexo masculino, Marcelo Motta, conquistando a 11ª colocação.

Desde então, o Brasil esteve presente em todas as Paralimpíadas (Tabela 16.1).

Outras Competições Internacionais

Fora os Jogos Paralímpicos, o Brasil participou de várias outras competições internacionais, tais como:

- Jogos Parapanamericanos, nos EUA, em 2003;
- Jogos Parapanamericanos, no Rio de Janeiro, em 2007;
- Jogos Mundias da Malásia, em Kuala Lampur, em 2002;
- Korea, em Busan, em 2006.

O Brasil vem melhorando cada vez mais seus resultados, conquistando duas medalhas de ouro em Campeonatos Mundiais, além de medalhas de ouro, prata e bronze em jogos Parapanamericanos.

A Modalidade

O *powerlifting* é comandado pelas normas do Comitê Paralímpico Internacional (IPC), o qual estabelece as regras que a modalidade deverá seguir.

A modalidade é dividida apenas por categoria de peso corporal, sendo dez no masculino e dez no feminino (Tabela 16.2).

Tabela 16.1 Participação Brasileira em Jogos Paralímpicos		
Sidney (2000)	Atenas (2004)	Pequim (2008)
Alexsander Whitaker: 13ª Posição João Euzébio Batista: 14ª Posição	Alexsander Whitaker: 4ª Posição João Euzébio Batista: 12ª Posição	Maria Luzineide: 5ª Posição Josilene Alves: 5ª Posição João Euzébio Batista: 9ª Posição Alexsander Whitaker: 10ª Posição

Tabela 16.2 Categorias de Peso no Halterofilismo	
Feminino	Masculino
40 KG	48 KG
44 KG	52 KG
48 KG	56 KG
52 KG	60 KG
56 KG	67,5 KG
60 KG	75 KG
67,5 KG	82,5 KG
75 KG	90 KG
82,5KG	100 KG
+82,5 KG	+100 KG

Todas as categorias vão até o limite do peso. Para exemplificar, se o atleta pesar 44,100kg na categoria até 44 kg, ele já estará automaticamente na categoria acima, ou seja, a de 48 kg.

As Regras

O atleta após ser chamado pelo locutor deverá executar o movimento num prazo máximo de dois minutos. O movimento consiste no atleta deitado sobre o banco com os braços estendidos segurando a barra, fazendo com que esta, após o sinal sonoro de *start*, desça até o peito e permaneça imóvel ali por um breve período de tempo. Após essa fase, ela deverá ser levantada até que os braços do atleta fiquem totalmente estendidos, sendo que após o sinal sonoro de *rack*, a mesma deverá ser colocada no suporte de apoio do banco.

O atleta terá direito a três tentativas, devendo sempre o peso levantado em uma tentativa ser superior a outra. O atleta poderá, também, ter direito a uma quarta tentativa, desde que seja para a quebra de um recorde.

O atleta campeão será aquele que, dentro das três tentativas válidas, conseguir levantar o maior peso. Caso haja um empate, vencerá o atleta que possuir a menor massa corporal.

Para que o movimento seja considerado válido, pelos três árbitros da prova, há uma série de requisitos a seguir. Os principais são:

- Respeitar os sinais sonoros de *start* e *rack;*
- Subir a barra de maneira uniforme;
- Configurar a parada da barra no peito;
- Não rebotear a barra no peito;
- Não afundar a barra no peito;
- Não bater a barra no suporte;
- Realizar qualquer movimento de descida da barra durante a fase de levantamento.

O movimento será considerado válido quando o atleta receber duas ou três bandeiras ou luzes brancas. A tentativa será inválida quando receber duas ou três bandeiras ou luzes vermelhas.

Figura 16.1. Placar de resultados.

A vantagem de serem três árbitros na prova, sendo um central – responsável pelos sinais sonoros, e dois laterais, consiste no fato de vencer sempre a decisão da maioria, pois o voto de um árbitro sozinho não tem força para validar ou invalidar o movimento.

As Tentativas

A primeira pedida é sempre feita no momento da pesagem e em sigilo, e as demais ao decorrer da prova.

O atleta define antes de cada tentativa o peso que ele irá tentar levantar. Sempre ao término de uma tentativa, ou pedida, o atleta terá apenas um (01) minuto para fazer a próxima, e esta não deverá ser igual ou superior a 2,5 quilogramas. Se o atleta pedir 100 quilogramas na primeira tentativa e seu movimento for considerado válido, na segunda ele deverá pedir uma carga que seja múltipla de 2,5 quilogramas.

Caso ele perca esse tempo, automaticamente a sua nova pedida será acrescida do valor mínimo, que é de 2,5 quilos. Caso a tentativa seja inválida, o atleta pode diminuir o peso pedido, repetir a mesma carga ou aumentar. A Tabela 16.3 exemplifica algumas pedidas de peso:

Tabela 16.3
Exemplo de Pedida de Peso

Primeira Pedida	Segunda Pedida	Terceira Pedida
100 Kg	107,5 Kg	110,0 Kg

A única exceção a esta regra de pedidos de peso múltiplos de 2,5 quilos é quando se tem uma tentativa de quebra de recorde, na qual o atleta poderá pedir qualquer quantidade de peso, desde que superior a 0,5 quilograma. O atleta poderá pedir a quebra de recorde a partir do momento em que a sua pedida esteja a 10 quilogramas abaixo do atual recorde.

- *Exemplo:* o recorde é de 200 kg e o atleta pode pedir uma quebra de recorde de 200,5 kg.

Outro exemplo de quebra de recorde com a terceira pedida a 10 kg do recorde:

Tabela 16.4
Exemplo de Pedida de Peso para Quebra de Recorde

Primeira pedida	Segunda pedida	Terceira pedida	Quarta pedida
180 kg	185 kg	192,5 kg	200,5 kg

Mas um detalhe importante é que a marca executada na quarta pedida não é considerada para o resultado final, ou seja, o resultado que irá para a súmula é o de 192,5 kg. Somente são válidos os resultados até a terceira pedida, sendo que o da quarta pedida vale apenas como recorde.

Poderá acontecer de o atleta recordista não ser o vencedor da prova, pois se um outro atleta durante a prova tiver feito, dentro das três pedidas válidas, seguindo o exemplo acima citado, de 195 kg, este sim será o vencedor, e o segundo colocado será o que levantou os 192,5 kg na terceira pedida e ao mesmo tempo o recordista da categoria.

Uniforme e Acessórios de Competição

Os atletas deverão sempre competir vestidos de: macaquinho, camiseta, meia e tênis. Podendo também usar como acessórios munhequeiras e cinturões, desde que de conformidade com as regras.

O *Cinturão* apresenta as seguintes características:
- Corpo de couro, vinil ou similar inelástico de uma ou mais camadas, que podem ser coladas ou costuradas;
- Sem foro adicional, ferro ou suportes de qualquer tipo de material na superfície ou escondido entre as camadas;
- Fivela fixada em uma das pontas por costura ou botões;
- Cinto deve possuir uma fivela com uma ou duas línguas ou ser do tipo solta fácil;
- Língua (no máximo 2) deve ser fixada próxima à fivela por costura ou botões;
- Pode conter o nome da nação, clube ou estado do atleta;
- Deve ser utilizado por cima do macaquinho de competição.

A Figura 16.2 mostra o exemplo de um cinturão.

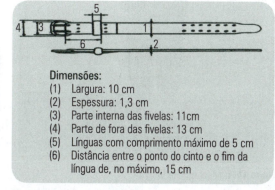

Dimensões:
(1) Largura: 10 cm
(2) Espessura: 1,3 cm
(3) Parte interna das fivelas: 11cm
(4) Parte de fora das fivelas: 13 cm
(5) Línguas com comprimento máximo de 5 cm
(6) Distância entre o ponto do cinto e o fim da língua de, no máximo, 15 cm

Figura 16.2. Cinturão de proteção.

A Figura 16.3 mostra uma atleta anã usando um macaquinho curto.

Figura 16.3. Macaquinho curto.

A Figura 16.4 mostra o exemplo de macaquinho longo.

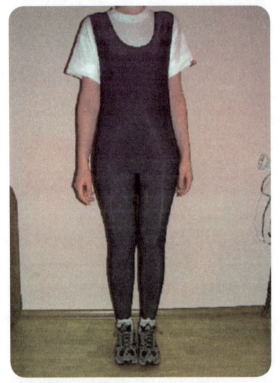

Figura 16.4. Macaquinho longo.

■ Banco oficial paralímpico.

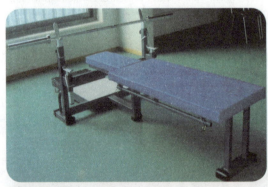

Figura 16.5. Banco de supino.

O banco apresenta as seguintes dimensões, conforme Figura 16.6 (Fonte: IPC, 2004).

Plataforma-Tablado

A estrutura deve medir, no mínimo, 2,5 x 2.5m² e, no máximo, 4 x 4m², possuir superfície plana, firme e

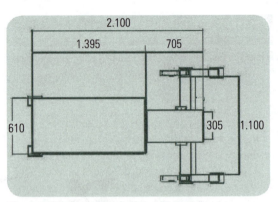

Figura 16.6. Dimensões do Banco de supino.

aderente, com, no máximo, 10 cm de altura. Quando estiver acima do nível do chão deve existir uma rampa com superfície não escorregadia para acesso de cadeiras de rodas e, se possível, uma rampa adicional para deixar a plataforma para economia de tempo.

A Barra

Deve ser de *powerlifting* e ter aprovação de halterofilismo do IPC

Para todas as competições organizadas sob as regras de halterofilismo do IPC, apenas discos de anilhas são permitidos, a barra não deve ser trocada durante a competição, exceto se estiver torta, estragada, de acordo com os árbitros. A barra deve ser reta e recartilhada, possuindo as seguintes dimensões:

- Comprimento total de 2,2 m.
- Distância entre os colares entre 1,32 m e 1,31 m.
- Diâmetro entre 2,9 cm e 2,8 cm.
- Peso da barra e presilhas de 25 kg.
- Diâmetro das mangas entre 5,2 cm e 5 cm.
- Deve possuir marcação de 81 cm para a pegada máxima.

Anilhas

As anilhas são divididas em:

Anilha	Peso
Vermelha	25 kg
Azul	20 kg
Amarela	15 kg
Verde	10 kg
Branca	5 kg
Preto	2,5 kg
Prata	1,25 kg

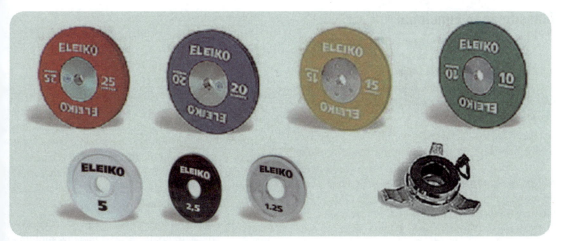

Figura 16.7. Anilhas, cada cor representa um peso específico.

Procedimentos da Prova

A prova tem início através da checagem de equipamentos.

Figura 16.8. Checagem de equipamentos.

E, em seguida, a pesagem, que tem a duração de uma hora e trinta minutos.

Trinta minutos após o término da pesagem, tem início a competição.

Figura 16.9. Pesagem.

Figura 16.10. Procedimentos de participação da atleta.

Classificação Funcional

Como toda modalidade paralímpica, o *powerlifting* tem a sua classificação funcional, que tem por objetivo qualificar o atleta, apurando se o mesmo se encaixa para a modalidade e também se a sua deficiência física não é tão severa que cause riscos à sua integridade física.

Basicamente, a classificação funcional no *powerlifting* baseia-se na perda de mobilidade articular exclusivamente de membros inferiores. Essa perda não pode ser inferior a 20 pontos; para cada perda de movimento, contam-se cinco pontos. Por exemplo, na articulação do tornozelo, a adução vale cinco pontos, a abdução vale cinco pontos, a flexão vale cinco pontos e a abdução mais cinco pontos, totalizando 20 pontos.

Neste caso, ele é considerado elegível para a modalidade.

Os deficientes visuais só poderão participar se tiverem também uma deficiência física; caso contrário, não podem participar.

Músculos Envolvidos no Supino

O supino é o exercício pelo qual se compete o Halterofilismo.

Os músculos exigidos são:

- Grande peitoral;
- Deltoide anterior; e
- Tríceps.

Em se tratando de exercícios específicos para se desenvolver um maior ganho de força para o supino, podemos destacar:

- Supino reto (para trabalhar o peitoral);
- Desenvolvimento frontal (deltoide anterior);
- Tríceps supinado (tríceps).

O Treinamento

Quando o objetivo do treinamento é um aumento de força, como é o caso desta modalidade, costuma-se trabalhar com séries de duas a seis repetições para cada exercício, com intervalos que variam de um até seis minutos.

A carga do treino deverá variar de 75% a 85% do peso máximo para estes números de repetições (Oleshko, 2008).

Com relação à frequência das sessões de treinamento, atletas de alto nível costumam treinar de quatro a seis vezes por semana (às vezes, até duas vezes ao dia).

Para a melhora da *força pura*, existem duas vias de desenvolvimento. A primeira pressupõe o aumento da espessura das fibras musculares, e baseia-se na organização do processo de treinamento, de modo a promover o desenvolvimento intenso da composição das proteínas nos músculos ativos, durante a realização de exercícios com carga. A segunda via prevê o aperfeiçoamento dos mecanismos neurorreguladores (aperfeiçoam-se os impulsos e a coordenação intra e intermuscular) e o aumento da potência, da capacidade da atividade do mecanismo alático de fornecimento de energia para as contrações musculares (Bompa, Pasquale, Cornacchia, 2004).

A coordenação intramuscular depende da capacidade do atleta de controlar as unidades motoras sincronicamente, enquanto a coordenação intermuscular envolve a ação conjunta dos músculos ou grupos musculares agonistas e antagonistas.

O treinamento de força promove o aumento do diâmetro das fibras musculares e do número de elementos que realizam a contração (miofibrilas). Inicialmente, o processo de treinamento causa o aumento de fibras que realizam a contração; posteriormente, após determinado nível de aumento, ocorre o espessamento das fibras e o crescimento do diâmetro dos músculos (hipertrofia). Logo, o aumento deste diâmetro é consequência do engrossamento das fibras e não do aumento de sua quantidade. Sabemos que a quantidade de fibras em cada músculo do ser humano é determinada geneticamente e não sofre alterações em resultado do treinamento de força (Bompa, Pasquale, Cornacchia, 2004).

Benefícios da Atividade Física para o Atleta com Deficiência

Além de ser um fator predominante de inclusão social, o esporte faz com que o atleta portador de deficiência física redescubra a vida de uma maneira ampla e global.

- Alguns dos benefícios *físicos* da prática do Halterofilismo:
  - Força muscular;
  - Coordenação motora;
  - Resistência física;
  - Melhora das condições organofuncionais (aparelhos circulatório, respiratório, digestivo);
  - Aumento da massa muscular nos membros superiores;
  - Facilidade nas transferências de um local para outro;

- Desenvolvimento de habilidades motoras e funcionais para melhor realização das atividades da vida diária;
- Baixa o percentual de gordura.

- Benefícios *psíquicos:*
  - Melhora da autoestima;
  - Aumenta a integração social;
  - Estimula a independência e autonomia;
  - Motivação para atividades futuras.

Enfim, a prática de atividades físicas promove à pessoa com deficiência física todo o tipo de melhora que se possa imaginar.

Consideração Final

Gostaria de deixar claro que a prática de exercícios é essencial para todo e qualquer ser humano. É a melhor válvula de escape que existe para liberar o *stress* do dia-a-dia. E em se tratando do nível competitivo, não existe atividade melhor. Se você ainda não pratica exercícios, começa agora; se já pratica, aprimore os seus resultados. Tenha perseverança, pois os resultados irão aparecer.

Bibliografia Consultada

1. IPC Powerlifting Disponível em http://www.paralympic.org/Sport/ IPC_Sports/ Powerlifting/index.html. Acesso em 15 de Março de 2010.
2. Oleshko VG. Treinamento de força: teoria e prática do levantamento de peso, powerlifting e fisiculturismo. [Título original: Silovye vidy sporta]. Felipe Freitas de Carvalho (Trad.). São Paulo: Phorte, 2008. 311 p.
3. Bompa TO, Pasquale MI, Cornacchia LJ. Treinamento de Força levado a sério. São Paulo: Manole, 2004.

capítulo *17*

Hipismo

José Júlio Gavião de Almeida
Isadora Augusta Carneiro da Fontoura do Carmo
Joyce Jamile Hiar Rodriguez

Introdução

O Hipismo é uma das 20 modalidades presentes nos jogos paraolímpicos de verão. A modalidade foi exibida em 1984 e teve sua apresentação oficial no ano de 1996 em Atlanta.

No Brasil, existe um número de praticantes de atividades físicas e esportivas equestres muito significativo, tendo em vista, inclusive, a manutenção de culturas que se vinculam com a utilização de eqüinos e asininos. O desenvolvimento do hipismo, entretanto, está apenas iniciando, se comparado com a maioria das modalidades paraolímpicas desenvolvidas no Brasil.

Portanto, pensarmos em ampliar perspectivas que fomentem o crescimento de oportunidades de prática e de atividades equestres como o adestramento paraequestre, que em outras palavras, é ratificar a dimensão de uma cultura brasileira, ampliando-a diante de oportunidades de ação, mais exatamente do adestramento paraolímpico de maneira a somar e valorizar o crescimento e desenvolvimento do esporte paraolímpico brasileiro*.

Desta feita, apresentaremos neste capítulo, num primeiro momento, o grande número de atividades e esportes que cercam a equitação. Compreender suas bases e fortalecer o entendimento dos caminhos que cercam as relações entre cavalo e cavaleiro, o que será enriquecedor para que possamos chegar e

atingir nosso foco específico: o adestramento paraequestre. Num segundo momento, traremos à tona conhecimentos específicos sobre o adestramento paraequestre e o adestramento convencional, provocando reflexões sobre suas similaridades e diferenças, sem que percamos a identidade própria de cada um.

Adestramento

Histórico do Adestramento

O adestramento, ou *dressage*, como é reconhecido internacionalmente, tem suas origens por volta do quarto ou quinto século a.C., quando os gregos executavam movimentos equivalentes aos do adestramento moderno nos treinamentos de seus cavalos para guerra, com o método gentil de adestramento de Xenofonte (considerado o fundador da equitação clássica), técnica que se tornou amplamente praticada centenas de anos mais tarde (Frowen,1999, p. 102).

Segundo Loch (1990), o adestramento evoluiu da Equitação Clássica ou Acadêmica, com origem nas escolas que se desenvolveram na Europa durante o período da Renascença. O interesse pela cultura clássica levou os cavaleiros renascentistas a redescobrirem os trabalhos de Xenofonte.

Xenofonte, nascido por volta de 430 a.C. foi um comandante grego, muito ativo na Guerra do Peloponeso, que escreveu o primeiro tratado de equitação, sistematizando as teorias equestres, com princípios de instrução reconhecidos até hoje. O que diferencia seu trabalho dos outros é sua abordagem psicológica a respeito do treinamento dos cavalos (Loch, 1990, p. 26).

Em 1572, surge em Viena, uma escola para educação equestre dos nobres da corte, a Escola Espanhola

---

* Na modalidade Hipismo Paraolímpico os atletas competem nos eventos de Adestramento (IPC, 2010). A Federação Internacional Equestre para diferenciar a modalidade olímpica e a paraolímpica adota a terminologia Adestramento Paraequestre. Ao longo desse capítulo usaremos o termo Hipismo para definir uma das 20 modalidades do programa paraolímpico de verão e Adestramento Paraequestre para definir a prática de maneira mais global.

de Equitação, cujo nome se deve ao fato de usarem apenas cavalos espanhóis. Nessa escola, utiliza-se a antiga técnica para treinar cavalos de guerra (Loch, 1990).

No final do século XVII, as escolas de equitação, como a Escola Espanhola de Equitação de Viena, começaram a evoluir e se desenvolver da forma como a conhecemos hoje e, em 1733, François Robinchon de La Guérinière escreveu o que é até hoje, considerado a Bíblia da Equitação, o livro *École de Cavalerie*, introduzindo exercícios de flexionamento e novas maneiras de se utilizar as ajudas. Mais tarde, a Cadre Noir, escola de Saumur, famosa escola militar da França, desenvolveu uma escola de equitação clássica baseada nos princípios de La Guérinière mesmo após a Segunda Guerra Mundial, quando o uso bélico dos cavalos diminuiu (Frowen, 1999, P. 102; Coelho, 1968).

A primeira competição de adestramento foi realizada em 1873e a primeira competição internacional em 1902, sendo incluída como esporte olímpico uma década depois em Estocolmo, na Suécia (Frowen, 1999, p. 102).

No Brasil, o adestramento inicia-se com o regresso de Luiz Jacome de Abreu e Souza da Inglaterra, trazendo os ensinamentos da escola do duque de Newcastle (fundada pelo duque de Newcastle, aluno de Pignatelli) e transmitindo-os aos oficiais do regime de Cavalaria de São Cristóvão, denominado, posteriormente, de Dragões da Independência. Após esse fato, o Brasil conhece os princípios ensinados pelos mestres da escola de Saumur, formando, assim, a base da equitação brasileira (CBH, 2010).

O desenvolvimento do adestramento pegou impulso com a vinda da Missão Militar francesa, em 1922, contratada pelo governo para transmitir conhecimentos nos campos de atuação do Exército Brasileiro.

O esporte começa a ser normatizado e organizado com a criação da Confederação Brasileira de Hipismo (CBH), em 1941 (CBH, 2010), e em 1948, em São Paulo, ocorre a primeira apresentação oficial de adestramento no Brasil, incentivando cavaleiros paulistas a realizarem algumas provas, enquanto no Rio de Janeiro, na mesma época, a federação carioca também realizava algumas provas de adestramento. Mas foi somente em 1955 que foi organizado o 1º Campeonato Brasileiro de Adestramento, com o apoio da CBH.

Desde então, o adestramento vem crescendo no Brasil, tendo seu auge em 2007, nos jogos Panamericanos, quando, pela primeira vez na história do hipismo no País, o Brasil conquista três vagas para os Jogos Olímpicos de 2008, em virtude da conquista de uma medalha de ouro, uma de prata e duas de bronze nas provas de salto, adestramento e Concurso Completo de Equitação (CBH, 2008 p. 12).

Existem, além das modalidades mencionadas a seguir, inúmeras outras atividades equestres e que retratam, de diferentes maneiras, a relação homem-cavalo, como o rodeio, as provas de tambor, as corridas de cavalo. veja alguns exemplos:

- CCE (concurso completo de equitação).
- Enduro.
- Rédeas.
- Polo.
- Corrida de trote.
- *Showmanship*.
- Turfe.
- *Western*.
- Hipismo rural .
- Equitação especial.
- Vivência ou equitação lúdica.
- Equoterapia.
- Laço comprido.
- Seis balizas.
- Prova de cinco tambores .
- *Working cow horse*.
- Caça.
- Adestramento (*dressage*).
- Passeio.
- *Cross country*.
- *Horseball*.
- Potência: salto de barreiras.
- Circense.
- Vaquejada.
- *Trail*.
- Apartação.
- Maneabilidade .
- *Teampenning*.
- *Bareback*.
- Cutiano.
- *Saddle bronc*.
- *Team ropping* (laço em dupla).
- Laço de bezerro *calf roping*.
- Três tambores.
- *Bull doging*.

No entanto, dentre tantas modalidades apresentadas, as que são regulamentadas e praticadas por pessoas com deficiência são apenas adestramento, enduro e atrelagem. Nesse capítulo especificamente abordaremos o adestramento paraequestre.

Histórico Paralímpico

As escolas de equitação surgem primeiro na França, o grande berço dos ensinamentos equestres, por influência de Sammur, Pluviniel, Razac, dentre outros nomes. Portugal e Inglaterra também contribuíram enormemente para os ensinos equestres (COELHO, 1968).

A relação terapêutica, com os cavalos, por sua vez, data de 460 a.C, mas é a partir de 1970, na Escandinávia e na Grã-Bretanha, que acontece a primeira aparição de hipismo paraequestre, na modalidade de Adestramento. No Brasil, na Granja do Torto, em Brasília (DF), dá-se início à equitação terapêutica. Nasce a ANDE – Associação Nacional de Equoterapia, que se transformaria nas décadas seguintes no maior polo do Adestramento Paraequestre (CBH, 2010).

Figura 17.1. Atleta em competição.

O adestramento é, pela primeira vez, apresentado nas paralimpíadas em 1984, na cidade de Nova York. No entanto, não havendo adesão suficiente de participantes, as provas foram suspensas do programa paralímpico.

Em 1987, aconteceu o primeiro Campeonato Mundial, realizado na Suécia. No ano de 1991, o Comitê Paralímpico Internacional – IPC designou um Comitê Técnico para gerir o Hipismo – IPEC (International Paraolympic Equestrian Committee) para organizar as competições e o desenvolvimento do esporte equestre em todo o mundo.

O adestramento foi introduzido no programa paralímpico nos Jogos de Atlanta, em 1996, ganhando expressividade a partir nos jogos de 2000, em Sidney, na Austrália. No mesmo ano, a Dra. Gabriele Walter introduziu o Adestramento Paraequestre no Brasil.

Em âmbito nacional, o esporte só garantiu sua regulamentação junto a CBH a partir de 2002. No ano de 2003, a CBH promoveu o 1º Campeonato Brasileiro de Adestramento Paraequestre em Ibiúna, interior paulista, tendo participantes de São Paulo, Minas Gerais e do Distrito Federal.

Ainda em 2003, o Brasil estreia em competições internacionais, fazendo-se representar no Mundial da modalidade, em Moorsele, na Bélgica, e no Parapan de Mar del Plata, na Argentina. Nesse último, o Brasil conquista a prata por equipe e os atletas Marcos Fernandes Alves (Joca) e Sérgio Ribeiro Fróes Oliva, respectivamente atletas dos Graus Ib e Ia, conquistam ouro individual e no Freestyle, além do atleta Paulo Roberto Meneses, que garante a medalha de prata. O resultado garante a primeira vaga brasileira para os Jogos Paralímpicos de Atenas (2004), no qual Marcos Fernandes Alves (Joca) conquista o 9º lugar (CBH, 2010).

Ainda em 2004, São Paulo é palco da II Copa Sul-americana de Hipismo Paralímpico com a participação de duas equipes brasileiras, e em 2005, o Campeonato Sul-americano é realizado em São Paulo com a vitória do Brasil. O cavaleiro paulista Donizetti Bicudo é o campeão, e os atletas brasilienses Davi Salazar Pessoa Mesquita e Sérgio Ribeiro Froes Oliva conquistam a 2ª e 3ª colocações, respectivamente (CBH, 2010).

A partir de 2006, o Comitê Paralímpico Internacional transferiu para a Federação Equestre Internacional (FEI) a gerência do hipismo paralímpico, tornando essa a oitava reconhecida disciplina da FEI (CBH, 2010).

Em 2007, o Campeonato Mundial de Adestramento Paraequestre realizado em Hartpury, na Inglaterra, reuniu 132 atletas de 34 países. O Brasil conquistou o 4º lugar por equipe – a melhor colocação do País em uma competição internacional – e o atleta Sergio Fróes Ribeiro de Oliva, montando El Grand Champ, fatura a inédita medalha de ouro no individual Grau Ia com a excelente média final de 72,4%. O conjunto também conquistou o bronze no Freestyle. O time brasileiro foi composto por Sergio Fróes Ribeiro de Oliva, Davi Salazar Pessoa Mesquita (10º no individual Ib e 5º no Freestyle), Marcos Fernandes Alves (Joca) (4º no individual e 5º no Freestyle no Ib), Elisa Melaranci (7º no Grau II) e Vera Lúcia Mazzilli (8º no individual Ia). Os atletas brasileiros montaram dois cavalos com quem treinaram na França semanas antes do Mundial: El Grand Champ e Luthenay de Vernay. Este Sela Francês foi presenteado, posteriormente, ao atleta Marcos Fernandes Alves, o Joca, pelo cavaleiro olímpico Álvaro Afonso de Miranda Neto, o Doda (CBH, 2010).

No mesmo ano, a Diretoria de Equitação Especial da CBH realiza em Brasília (DF) o 1º Curso Nacional para atletas e técnicos de Adestramento Paralímpico conjuntamente a um curso para classificadores. O curso foi ministrado pelo técnico francês Nicolas Commanche (CBH, 2010).

Em 2008, nos Jogos de Pequim, o Brasil competiu pela primeira vez em equipe e Marcos Fernandes Alves, o Joca, conquistou duas medalhas de bronze no Grau Ib (Individual e Freestyle, onde somou 67,333% de média). A 13ª edição dos Jogos Paralímpicos reuniu atletas de 28 países. A equipe contou também com Sérgio Ribeiro Fróes de Oliva (Grau Ia), Davi Salazar Pessoa Mesquita (Grau Ib) e Elisa Melaranci (Grau II). Joca montou seu próprio cavalo, Luthenay de Vernay (CBH,2010). A técnica e chefe da equipe foi Marcela Frias Pimentel Parsons, e a Delegação Brasileira contou, ainda, com Flávia Rocha Mello de Azevedo, diretora de Equitação Especial da CBH (CBH, 2010).

Em 2009, a equipe brasileira participou do Campeonato Aberto da França e conquistou quatro medalhas de bronze. Vera Lúcia Mazzilli (Grau Ia) fatura no Individual e Freestyle e seu maior percentual é de 65,4%; Davi Salazar Pessoa Mesquita (Grau Ib) repete o feito no Individual e Freestyle e seu maior percentual é de 67,9%. Simone Cordeiro Vieira (Grau II) fica em 7º com 59,2%. Com os resultados obtidos na França, o Brasil qualificou cinco cavaleiros para o Mundial de Kentucky: Marcos Fernandes Alves (Joca), Elisa Melaranci, Sérgio Ribeiro Fróes de Oliva, Davi Salazar Pessoa Mesquita e Vera Lúcia Mazzilli (CBH, 2010).

Somente em 2010 é que houve a introdução do hipismo paraequestre como disciplina dos Jogos Mundiais da FEI, realizado em Kentucky, fazendo história no mundo equino e paraequestre, sendo, portanto, um anúncio de avanço e desenvolvimento do esporte.

A modalidade é desenvolvida nos estados do Distrito Federal, São Paulo e Minas Gerais, tendo como principal polo de trabalho a cidade de Brasília.

O esporte paraequestre como modalidade, que data apenas de 2003, ainda encontra diversas barreiras e necessita muito de desenvolvimento e expansão para que mais atletas sejam incentivados e patrocinados em diferentes estados, podendo assim contribuir para uma abertura a novos e habilidosos cavaleiros.

Classificação

Competem no hipismo pessoas com diferentes tipos de deficiências, o que gera a necessidade para uma disputa em equidade de condições. O processo de classificação deve avaliar a funcionalidade de movimento dos atletas; logo, pessoas de níveis semelhantes de deficiência são agrupadas nas mesmas categorias para competirem juntas.

Os cavaleiros são classificados de acordo com a sua deficiência e julgados pela sua capacidade ou habilidade equestre. Há cinco classes de Ensino e dois para a condução. Eles variam de grau no adestramento do mais prejudicado, ou seja, com deficiência mais severa, sendo esse o grau 1A, ao menos prejudicado, de grau IV. Assim como acontece nos demais esportes paralímpicos, nos quais se pontua do mais ao menos prejudicado (CBH, 2010).

O cavaleiro deverá apresentar pelo menos um dos seguintes graus de deficiência mínimo para ser classificado para as competições:

1. Perda de mais de 15% de potência, ou de coordenação em qualquer membro ou no tronco.
2. Condição médica reconhecida que cause prejuízo e que possa ser medida objetivamente. Sintomas como frouxidão ligamentar ou dor não são reconhecidos como critérios.

Alguns perfis funcionais não são elegíveis para competir no hipismo paralímpico, quando não existir qualquer outra deficiência física associada. As seguintes condições não são elegíveis para esportes equestres:

- Condições associadas à senelidade,
- Doença debilitante geral,
- Obesidade,
- Osteocondrite,
- Doenças psiquiátricas,
- Doenças de pele,
- Hemofilia,
- Epilepsia,

- Doenças respiratórias,
- Fadiga associada à fibromialgia e encefalite miálgica,
- Vertigem ou tontura,
- Disfunção ou ausência dos órgãos internos, e
- Classe visual B3 (IBSA).

Dentro de cada grau, o competidor é julgado pelo conjunto com seu cavalo, tornando a avaliação dos juízes independente da deficiência do competidor, o que esclarece o fato de cegos participarem com videntes e com pessoas com mobilidade limitada (Ushorse, 2010).

As categorias de atletas, mais especificamente, se dá em quatro classes, sendo: Grau I (Ia e Ib), grau II, grau III e grau IV. No Grau Ia, o atleta faz sua reprise ao passo; no Grau Ib se apresenta no passo e no trote; no Grau III, o atleta compete no passo, trote e galope, e no Grau IV faz sua apresentação no passo, trote e galope com trabalho lateral (CBH, 2010).

Em cada classe temos participantes com deficiências específicas, sendo que fazem parte do grau IA e IB: usuários de cadeiras de rodas com pouco controle do tronco e comprometimento dos membros superiores, comprometimento da função nos quatro membros, mesmo que consiga deambular, ou comprometimento grave dos braços.

No Grau II estão principalmente os cadeirantes e as pessoas com problemas de locomoção severa, envolvendo o tronco, mas com funcionalidade dos membros superiores, variando de boa a razoável, ou que possuem comprometimento unilateral severo, ou comprometimento severo de membro superior, porém leve nas pernas.

Por sua vez, no grau III estão as pessoas que são capazes de andar sem auxílio, mas que possuem comprometimento unilateral moderado, comprometimento moderado nos quatro membros ou comprometimento severo dos braços. Cegos com classe funcional B1 e atletas com deficiência intelectual também fazem parte desta classe.

Por último, o grau IV é a classe que contempla os atletas com um ou dois membros comprometidos ou com baixa visão severa (classes B2) (CBH, 2010).

A classificação dos atletas é realizada por médicos ou fisioterapeutas treinados e certificados pelo Comitê Internacional Paraequestre (IPEC). Nas competições internacionais devem ser escalados pelo menos dois classificadores de nacionalidades diferentes. Os testes aplicados são os de função muscular, mobilidade articular, coordenação e equilíbrio.

Os atletas podem usar ajustes compensatórios em seus equipamentos de acordo com as regras da FEI e previamente aprovados, conforme descrito em seu cartão de avaliação. Os atletas poderão usar adaptações no chicote, sela especial, mãos ou pernas amarradas, rédeas especiais, entre outros materiais de compensação, que devem ser previamente aprovados (FEI, 2010).

Os atletas, durante as competições, são acompanhados por fisioterapeutas e seus técnicos esportivos, além da presença de um responsável, ou seja, uma pessoa competente para acompanhar os atletas e atender a necessidade de cada deficiência.

Nos graus I, II e III, a pista possui 40x20 metros, enquanto que para atletas de grau IV as reprises são realizadas em pista de 60x20 metros (CBH, 2010).

Assim, temos também a necessidade de um ambiente de prova ou treinamento adequado a essas pessoas com deficiência, que necessitarão não somente de uma rampa que facilitará para montar, mas também caminhos táteis para cegos e sinalizações táteis de obstáculos, além de banheiros adaptados, portas com acesso para cadeira de rodas e materiais especiais para adequar a montaria de cada pessoa com deficiência.

Ainda devemos encontrar, nas provas, a pista que deve oferecer níveis de segurança maior do que as pistas convencionais. Para isso, a areia é mais compactada para facilitar a locomoção do cavaleiro, e as letras de posicionamento são maiores para facilitar a leitura e a identificação. Há, também, a permissão do uso da sinalização sonora para orientar o atleta cego, no caso os "chamadores", que "gritam" letras conforme o cavaleiro se aproxima de um obstáculo.

Regras

A competição, por sua vez, se configura segundo os critérios da FEI e do IPEC, internacionalmente, e da CBH, nacionalmente.

Uma prova de adestramento consiste em reprises apresentadas pelos conjuntos (cavalo/cavaleiro). Uma reprise é um grupo de movimentos ao passo, trote ou galope, que podem ser: reunidos, médios ou estendidos, somados a movimentos e figuras, formando uma coreografia.

Nas provas de adestramento, temos uma apresentação que pode ser comparada ao balé, pois configura-se como uma apresentação da robustez, obediência, elegância, beleza, entre outros, de cavalo e cavaleiro. Uma espécie de dança ou coreografia na qual a dupla realiza figuras que formam desenhos na pista, sempre respeitando as delimitações feitas pelas letras ao redor da pista, conforme descrito no roteiro prévio, o que podemos chamar de fazer a reprise.

As reprises oficiais da CBH devem ser memorizadas e executadas inteiramente, tendo os movimentos na ordem indicada. Numa prova de adestramento, avaliam-se a qualidade do movimento do cavalo, as transições (mudanças de andadura), bem como a postura do cavaleiro.

As competições podem ser individuais, em duplas ou por equipes. A configuração dessas competições segue os seguintes critérios:

- *Equipe:* três ou quatro cavaleiros do mesmo país formam um time, sendo que ao menos um deles precisa pertencer ao grau I ou II.
- *Duplas livres:* competições opcionais em que atletas executam rotinas aos pares (Gaadin, 2010).

Sendo que em ambas categorias (equipe ou duplas) o Comitê Internacional Paraequestre (IPEC) é quem determina os movimentos a serem realizados pelos atletas (reprise pré-determinada).

- *Tipos de provas:*
  - *Campeonatos:* nos quais os atletas apresentam movimentos pré-determinados pelo Comitê Internacional Para-Equestre (IPEC).
  - *Derby:* que são campeonatos para determinar o campeão individual de cada grau.
  - *Livre:* atletas criam suas rotinas incorporando movimentos exigidos pelo IPEC, de modo a demonstrar harmonia entre o cavaleiro e sua montaria. Essa prova também é conhecida como Kur. A competição em Estilo Livre é uma apresentação de equitação artística. Entretanto, é livre em sua forma e maneira de apresentação, dentro de um tempo determinado. A reprise deve mostrar de forma clara a unidade entre cavaleiro e cavalo, assim como a harmonia em todos os movimentos e transições.

Os juízes observam a andadura do cavalo, sua impulsão e as figuras realizadas, bem como a interferência do uso das ajudas do cavaleiro, que deve ser imperceptível, dando "a impressão de uma harmoniosa cooperação entre cavalo e cavaleiro." (CBH, 2009, p. 21).

Nos eventos nacionais de adestramento, é obrigatório montar com as rédeas nas duas mãos; porém, nas reprises de Estilo Livre é permitido que se monte com as rédeas em apenas uma das mãos.

Figura 17.2. Vestimenta e equipamentos de uma atleta de hipismo.

O uso da voz ou estalo de língua repetitivamente é considerado falta grave.

O terreno deve ser plano e nivelado e medir 60 metros de comprimento por 20 metros de largura. O picadeiro deve ser predominantemente de areia.

As letras serão colocadas por fora do cercado, a cerca de 0,50 metro do mesmo e claramente indicadas.

O conjunto é penalizado nas seguintes situações:
- erro de percurso;
- entrar no picadeiro portando um chicote nos Campeonatos ou com o chicote fora da medida nos Concursos;
- não entrar no picadeiro em 45 segundos após o toque de sino;
- entrar no picadeiro antes do toque de sino ou
- no estilo livre, entrar no picadeiro após mais de 20 segundos de música.

O primeiro erro acarreta a perda de dois pontos; o segundo erro, a perda de quatro pontos; e o terceiro erro, a eliminação do conjunto. Nas reprises de Estilo Livre, o primeiro erro acarreta a perda de 1% do somatório total possível; o segundo erro, a perda

MODALIDADES DO PROGRAMA PARALÍMPICO

de 2% do somatório total possível; e o terceiro erro, a eliminação do conjunto.

Todos os movimentos e transições de um a outro, recebem graus de 0 a 10 dados por cada juiz, sendo:

10. Excelente.
9. Muito bom.
8. Bom.
7. Quase bom.
6. Satisfatório.
5. Suficiente.
4. Insuficiente.
3. Quase mal.
2. Mal.
1. Muito mal.
0. Não executado.

Em reprises de estilo livre, "meias" notas podem ser atribuídas nos graus artísticos.

São atribuídos graus de conjunto depois que o concorrente tiver terminado sua reprise, sendo:

1. Andaduras.
2. Impulsão.
3. Submissão.
4. Posição e o assento do concorrente; a correção e o efeito das ajudas.

Cada grau de conjunto varia de 0 a 10.

Nos graus I, II e III, a duração da prova pode variar entre quatro e quatro minutos e meio; já no grau IV, além da pista maior, a apresentação deve ter obrigatoriamente quatro minutos e meio.

A cronometragem da reprise começará quando o cavaleiro se mover após o primeiro alto e termina no alto final. Os dois altos devem ser executados na linha central, de frente para o juiz localizado no ponto central.

Os cavaleiros de Grau I (Ia e Ib) não podem galopar nem mostrar *piaffe* ou *passage*. Os de grau II, por sua vez, não podem mostrar *piaffe* ou *passage* e devem apenas usar trabalho de galope que não inclua trabalho lateral, mudanças de sequência, meia pirueta ou pirueta completa. (o galope não é obrigatório). Cavaleiros de Grau III não podem mostrar *piaffe*, *passage*, mudança de sequência, nem meia pirueta ou pirueta completa em galope. Por fim, os cavaleiros de Grau IV não podem mostrar *piaffe*, *passage*, mudança de sequência em um ou dois tempos, nem piruetas completas. O cavaleiro que apresentar intencionalmente os passos ou movimentos não permitidos durante a execução da reprise será eliminado.

No estilo livre, os atletas criam suas rotinas (figuras, no adestramento clássico) incorporando alguns movimentos exigidos pelo IPEC, em prol de demonstrar harmonia entre cavaleiro e cavalo. Entre equipes, temos as competições realizadas individualmente e com somatória de percentagens, na qual serão computadas as três melhores notas obtidas, sendo que pelo menos um deve ser de Grau I. *Podemos encontrar ainda as competições em duplas livres, competição opcional em que atletas executam rotinas (figuras) aos pares.*

Essa competição envolve dois cavaleiros que executam uma reprise de estilo livre em dupla. Os cavaleiros podem ser do mesmo Grau ou qualquer combinação de Graus.

Os cavaleiros devem fazer a entrada juntos e completar o alto final juntos, mas podem se separar durante a execução da reprise.

A reprise será julgada quanto à:

• Correção dos passos;
• Compatibilidade como dupla;
• Clareza e correção dos movimentos pretendidos;
• Coreografia e harmonia com a música (CBH, 2010).

As reprises do IPEC, com exceção das realizadas no Estilo Livre, não são cronometradas. Os tempos anotados nas planilhas são meramente para a orientação.

Todos os movimentos de trote podem ser realizados com o competidor sentado ou elevado, à sua escolha.

O cavalo não deve sair com as quatro patas da pista delimitada por tábuas contínuas, pois este movimento receberá nota 0. Se a pista for delimitada por tábuas intermitentes, a penalidade fica a critério do juiz. Se o cavalo sair da pista fora do controle do cavaleiro, o cavaleiro será eliminado. A desobediência de mais de 60 segundos acarreta a eliminação. Em caso de queda do cavalo ou do cavaleiro, a reprise poderá continuar ou não, a critério do juiz em C.

A pontuação é a seguinte:

10. Excelente.
9. Muito bom.
8. Bom.
7. Quase bom.
6. Satisfatório.
5. Suficiente.

4. Insuficiente.
3. Quase mal.
2. Mal.
1. Muito mal.
0. Não executado.

Cada erro de percurso, soando ou não o sino, será penalizado da seguinte forma:

- 1º Erro - 2 pontos.
- 2º Erro - 4 pontos.
- 3º Erro - 8 pontos.
- 4º Erro - Eliminado.

O julgamento das provas se dá de modo subjetivo, com os critérios apresentados nas regras e instruções dos juízes de adestramento paralímpico, avaliando as exibições das habilidades da equitação dos cavaleiros e amazonas, como estes montam seus cavalos, como são realizados os comandos, se o ritmo é correto, a harmonia dos movimentos e das transições e, ainda, a elegância dos movimentos. No caso do estilo livre, é pontuada a escolha da música e os movimentos realizados, tanto as rotinas criadas como as predeterminadas (FEI, 2010).

Os movimentos de teste são definidos por sequências de letras, como, por exemplo, "andar HEK médio". Isto significa que a partir de H e K passado, o cavalo deve demonstrar andar médio. Letras (D, X e G) indicam posições na linha de centro marcado da arena (IPC, 2010).

Os cavaleiros ou amazonas com deficiência visual do Grau III ou Grau IV podem usar métodos alternativos para se orientarem dentro da arena. A eles são permitidos "chamadores" em torno da arena, que apitam quando o conjunto se aproxima das letras e passam pelos locais indicados para a reprise. Muitos cavaleiros e amazonas experientes usam apenas um interlocutor (IPC, 2010).

No regulamento da FEI ainda consta que se deve procurar incluir todas as classes de participantes nas provas e que estas devem ser abertas a todos os tipos de deficiência que atendam às normas do IPEC.

Para que as provas ocorram é necessário, além das pistas adequadas, pistas de trabalho (uma em separado e fechada, se possível, para cegos), pistas niveladas e com as dimensões apresentadas nas Figuras 17.3A e B.

Dentro das normas e procedimentos para a competição sugere-se ao comitê organizador realizar uma reprise de aquecimento, uma reprise individual, *uma reprise em estilo livre e uma opcional Campeonato Individual de Derby para cada Grau*. Uma competição por equipes também deve ser programada. A reprise de adestramento em dupla também pode ser realizada, se o tempo permitir (CBH, 2010).

Tem-se como alternativa para determinar o cavaleiro campeão de cada Grau, em substituição ao Campeonato Individual de Derby, a somatória das pontuações percentuais de cada cavaleiro nas reprises Individual e Estilo Livre de cada Grau.

As reprises de Derby, mais curtas, devem ser utilizadas no lugar das reprises Individuais nos casos em que reprises mais curtas sejam melhores para os cavalos (como no caso de cavalos compartilhados em competições locais e nacionais).

As reprises devem durar um tempo de até oito minutos para a equipe, tendo intervalo de 10-15 minutos após duas horas de competição, pois além do descanso dos juízes é necessário passar o rastelo na pista. Caso a competição dure mais do que quatro horas, tem que haver 50 minutos de intervalo, sendo que os membros do júri não devem julgar mais de 40 reprises por dia (CBH, 2010).

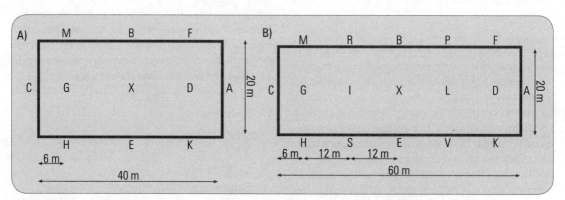

Figura 17.3. A. Pista de adestramento pequena; **B.** Pista de adestramento grande (adaptado de CBH, 2000).

Em competições de Hipismo em nível internacional, temos a participação dos seguintes oficiais técnicos: Classificadores, Organizadores do evento, Organizadores das cocheiras, Delegados técnicos, Júri de pista, cinco juízes para analisar cada reprise, júri de apelação, Comissário chefe e Comissão de avaliação de cavalos.

- Os classificadores são os profissionais que qualificam a qual classe pertence cada atleta.
- Os organizadores do evento tomam conta do preparo do evento e das contratações.
- Os organizadores das cocheiras prezam pelo bem-estar dos cavalos e pela organização de baias e tratadores.
- Os delegados técnicos devem aprovar todos os procedimentos administrativos e supervisionar a competição, sendo responsável pelo cumprimento das regras e regular os aspectos técnicos do evento.
- Os juízes, junto ao júri de pista, julgam a qualidade de uma série de movimentos realizados pelo cavalo sob influência do cavaleiro, além de darem notas para cada movimento de cada reprise.
- O júri de apelação, por sua vez, deverá julgar os recursos contra as decisões do Júri de Pista e protestos relacionados a ocorrências que não sejam de competência do Júri de Pista.
- O comissário chefe tem a responsabilidade geral e o controle sobre os cavalos e seu arreamento, inclusive a aplicação de regras especiais sobre equipamento, regulamentando-as. Deve organizar as funções dos Comissários escalados pelo Comitê Organizador e supervisionar o(s) Gerente(s) de Cocheiras.
- A comissão de avaliação dos cavalos deverá instruir os proprietários, ou seus representantes, com relação à classificação, avaliação de cavalos e formação de grupos, sorteio e outras questões, conforme necessário (CBH, 2009).

Quanto à indumentária, os cavaleiros ou amazonas devem trajar um capacete de proteção preto, azul ou marrom, botas pretas ou marrom, ou ainda botinas de salto, culotes de cor clara, uma jaqueta preta e luvas, se possível. Os ajustes compensatórios usados na sela, de acordo com o Grau, podem ser cintos de segurança para os cavaleiros, bem como velcros para prender as pernas aos estribos; uma sela adequada para cada cavaleiro e que se acomode bem no cavalo; embocaduras próprias a cada categoria, no caso os Graus I e II só devem usar bridão simples e os Graus III e IV *podem usar embocadura a cima ou bridão duplo.*

Quanto ao cavalo de adestramento paraequestre, este deve ser dócil (que executa com facilidade o que lhe é pedido) e saudável, seus treinos devem ser feitos igualmente a de outros cavalos de adestramento, porém as figuras a serem realizadas são mais simples, não sendo necessário, por exemplo, gestos como o *piaffer* ou pirueta ao galope.

Para finalizar, devemos sempre lembrar que o cavalo é a figura mais importante dentro dos esportes equestres e, portanto, deve-se prezar pelo seu bem-estar, de modo que essa condição esteja acima dos interesses de criadores, treinadores, cavaleiros, proprietários, comerciantes, organizadores, patrocinadores e oficiais. Quando falamos de bem-estar do cavalo, nos referimos à sua saúde, higiene e segurança, bem como aos métodos não agressivos de treinamento ou mesmo da utilização de medicamentos (CBH, 2009).

O Adestramento Paraequestre e as Pessoas com Deficiência

O desporto para pessoas com deficiência veio despertar de uma maneira geral para uma realidade diferente na qual se acreditavam que esses indivíduos com deficiência estavam limitados, impossibilitados e debilitados das possibilidades de movimento e de interação com o meio. No entanto, através dessa prática, esses mostram, muito pelo contrário, toda garra, vivacidade, vigor e possibilidades diversas de que são capazes.

Deste modo, esses cavaleiros ou amazonas com deficiência precisam de profissionais qualificados para trabalhar com eles, usando metodologia adequada para potencializar suas capacidades. Seja pela linguagem usada, que, no caso dos cegos, as explicações ocorrem de maneira diferente, ou pelo fato de adaptar um cavalo a ser controlado apenas na boca quando guiado por um cadeirante, ou no desenvolvimento da corporeidade desse atleta, o que também será verdadeiro para paralisados cerebrais e amputados.

Pensar, então, no ensino de adestramento às pessoas com deficiência, não foge as demandas da iniciação de qualquer outra pessoa, porém de uma maneira individualizada, assim como deve ser para todos os outros, tendo alguma deficiência ou não.

Sendo assim, ensinar equitação começa pelo contato homem/animal, pelo entendimento de seus sentidos e, mais ainda, quando se trata de pessoas com deficiência, é a formação desse conjunto.

A equitação, por sua vez, já contribui no fortalecimento das musculaturas de membros inferiores, principalmente da pelve. Essa condição ajuda muito aos cadeirantes que têm esse movimento paralisado, além de melhorar o domínio dos movimentos e a orientação do esquema corporal. Além da disciplina que vem naturalmente no treinamento, a pessoa trabalha a questão de poder ao dominar o cavalo, estratégias psicológicas e polidez por conta da elegância do esporte (Jolibois, 1976).

Proposta de Ensino do Adestramento Paraequestre para Pessoas com Deficiência

É possível imaginar que o adestramento paraequestre tende a ser um jogo entre cavaleiro e cavalo por si só. A interação entre homem e cavalo acaba por ser prazerosa e lúdica, gerindo, como prática formadora, processos educativos comuns. O local onde se encontram incertezas, imprevisibilidades e movimento, tal como o ambiente do adestramento, são itens favoráveis também como ambiente educativo.

Entender o mundo do cavalo faz parte da imagem simbólica do aluno que monta, que, ao optar por este esporte, também optou por entender um novo meio e mundo, que deve ser construído culturalmente através das apropriações do que a criança já tem e poderá adquirir.

Logo, pensar o ensino de equitação requer uma intervenção interprofissional, passando pelos conhecimentos hípicos, próprios dos instrutores práticos, além dos procedimentos pedagógicos, metodológicos e didáticos que são abordados por profissionais formados e qualificados para propiciar o desenvolvimento do cavaleiro ou amazona. A proposta aqui sugerida usa como instrumento o jogo, dentro do ensino do adestramento.

Esta proposta pedagógica é voltada a uma amplificação da base da equitação dos alunos com deficiência, pensando nas peculiaridades dos mesmos, como formação e desenvolvimento de suas vivências e personalidades, sem excluir a posterior especialidade técnica.

Ensinar equitação não é simplesmente fazer com que o aluno aprenda a técnica com perfeição, mas sim trabalhá-lo para uma relação positiva com o animal, sabendo como tratá-lo dentro ou fora da pista, seus custos, cuidados, sentimentos, entre outros, ou seja, viver o mundo do cavalo.

Ainda, ensinar equitação é ir além das gestualidades, habilidades e capacidades, e adentrar em uma nova cultura, e trabalhar o controle emocional, a auto-

estima, a confiança e a determinação, trabalhar o ser dentro de suas expectativas, perspectivas e realizações, tudo isso de maneira didática e contemplando as necessidades do ser infantil e/ou deficiente em cada fase de seu desenvolvimento.

A proposta de fazer toda essa transmissão do ensino do adestramento, usando como instrumento o jogo ou mesmo os jogos pré-esportivos. Portanto, se faz necessário que o professor saiba utilizar desta ferramenta valiosa que é o jogo, tendo sempre um olhar organizado, objetivo e reflexivo sobre as possibilidades das atividades lúdicas.

Quanto à brincadeira, nas palavras de Wajskop (1995), esta poderá se configurar como espaço de diagnóstico dos interesses e necessidades infantis e das pessoas com deficiência. Transformando-se em espaço de experimentação e estabilização de conhecimentos e afetos, por meio das interações entre crianças e adultos, possibilitando a criação de vínculo com o trabalho nas diferentes áreas do conhecimento.

Assim, educar o aluno com deficiência, no esporte equestre, é fazê-los se apaixonarem cada vez mais pelo seu cavalo, e ter dedicação, prudência, respeito, saber perder, ter responsabilidade, autocontrole, autoconfiança, firmeza, suavidade, autonomia, decisão, saber lidar com diferentes tipos de pessoas, compreenderem as diferentes realidades, saber seus limites e capacidades. Concomitante a isto, é importante também educar o corpo, seja para as capacidades técnicas ou para a expressão deste perante o mundo.

O cavalo é um animal que causa fascínio à criança. Devemos deixá-la se apropriar desse sentimento simplesmente, explorando nas primeiras aulas o caminhar dos cavalos, aplicando concomitantemente os jogos de exercício propostos por Piaget (1982) com a criança e/ou deficiente, instigando sua exploração. Nesse processo, cabe ao professor/instrutor primar sempre pela segurança da mesma, já que o cavalo é um ser vivo e que mesmo o cavalo mais dócil é passível de sustos e imprevisibilidades.

Portanto, os primeiros contatos serão de adaptação e vivência da pessoa com deficiência junto ao cavalo. A evolução dos acontecimentos dependerá de muitos fatores, como a idade em que a criança iniciou o seu contato com cavalo, o tipo de deficiência, a personalidade, o espaço que dispõe para o trabalho, dentre outros.

Podemos, então, trabalhar dentro do adestramento, com jogos de reprises, utilizando os jogos de construção de Piaget, pois como é uma modalidade que não envolve velocidade, possibilita um ambiente seguro ao iniciante e trabalha o poder deste em sujei-

Figura 17.4. Habilidades necessárias para prática do hipismo.

tar o cavalo às suas ordens. Essa condição possibilita que a pessoa com deficiência perceba as exigências sobre si mesma e sobre o cavalo, e, ainda, poderá servir como ferramenta de avaliação para o professor perceber o quanto a criança exige de si mesma, o quanto aprendeu, bem como o quanto exige do cavalo e é apta a dominá-lo.

Este esporte ainda possibilita maior contato com o cavalo, sendo possível explorá-lo em toda sua dimensionalidade; envolve também a arte e o trabalho, a fim de ampliar culturalmente a criança e/ou deficiente a partir da musicalidade, coreografia, figurino, entre outros.

O esporte eqüestre, assim como foi exposto junto ao jogo, deve ser uma possibilidade para o ensino – aprendizagem, bem como a formação de futuros atletas, já que, como visto, são facilitadores pedagógicos, que proporcionam vivência, aprendizagem do esporte em si, e possibilidades sócio-afetivas individuais e coletivas.

Assim, como já apresentado, a união homem--cavalo é de grande importância para que os procedimentos dos esportes hípicos se relacionem com a perspectiva do homem-social.

Considerações Finais

As possibilidades do adestramento paraequestre estão associadas às várias manifestações desse esporte, como o lazer, a reabilitação e o rendimento. Embora todas essas propiciem o desenvolvimento do indivíduo, a abordagem dada ao alto-rendimento é o foco desse trabalho, sem esquecer o foco na construção do ambiente favorável para este.

O processo de construção do cavaleiro e da amazonas através do esporte passa pela reabilitação com o uso do cavalo; no entanto, a modalidade paralímpica é um passo posterior para o atleta.

A modalidade associa controle corporal, domínio do animal e precisão nos gestos técnicos, possibilitando ao atleta com deficiência não só a superação de barreiras impostas pela sua deficiência, mas interagir com um dos esportes mais fascinantes do mundo.

Bibliografia Consultada

1. CBH. Anuário brasileiro de hipismo, ano 7, n. 7, 2007-2008.
2. CBH. Histórico do Adestramento por Coronel Salim Nigri. Disponível em http://www.cbh.org.br/site/historias_mod.php?mod=2 Acesso em 5 de Julho de 2010
3. CBH. Paraequestre. Disponível em http://www.cbh.org.br/site/historias_mod.php?mod=3 Acesso em 5 de Julho de 2010.
4. CBH. Regulamento do IPC para esportes equestres. FEI. 2000. Disponível em http://www.cbh.org.br/admin/arquivos/regulamento_equitacaoespecial_ipc_fei2000.pdf Acesso em 5 de Julho de 2010.
5. CBH. Volteio. Disponível em http://www.cbh.org.br/site/historias_mod.php?mod=7
6. Acesso em 15 de Julho de 2009.
7. Chambry P. La equitacion. Hispano europea, 4 ed. Espanha, 1993.
8. Coelho JLF. O Romance da Equitação. São Paulo, 1968.
9. Curso básico de equoterapia. Associação Nacional de equoterapia – Ande-Brasil, Coordenação de ensino, pesquisa e extensão – COEPE. Brasília: [s.n.], 2007. Apostila.
10. Equestrian Australia. What is Para-Equestrian?. Disponível em http: //www. equestrian.org.au/?Page=8667&MenuI

D=Sports% 2F11 757% 2F0%2F% 2C Para%2DE questrian%2F 11738%2F9224%2F0 Acesso em 5 de Julho 2010.

11. FEI. About para equestrian dressage. Disponível em http://www.fei.org/ Acesso em 5 de Julho de 2010.

12. FEI. Rules for para-equestrian dressage events. 2nd edition, effective 1st January 2010. Fédération Equestre Internationale. Switzerland, 2009.

13. Ferreira R. O hipismo Brasileiro. Editora e design. Rio de Janeiro, 2009.

14. FPH. Regulamentos. Disponível em http://www.fph.com.br/regulamentos.php?m=7 Acesso em 5 de Julho de 2010.

15. Frowen, D. The Complete Guide to the Horse (Complete Animal Guides). 1999.

16. GAADI. Jogos Paraolímpicos 2008. Disponível em http://www.gaadin.org.br/images/artigos/06-09 2008_Jogos_Paraolimpicos.pdf Acesso em 5 de Julho de 2010.

17. IPC, International Paralympic Committee. Equestrian. Disponível em http://www.paralympic.org/release/Summer_Sports/Equestrian/About_the_sport/Competition_Description/ Acesso em 5 de Julho 2010.

18. Jolibois RP. Técnicas de educação: a iniciação desportiva da infância à adolescência. São Paulo: Estampa, 1976.

19. Loch S. Dressage: the art of classical riding. Trafalgar Square Publishing. Vermont, 1990.

20. Phillips M. Equitacion hispano europea. Espanha, 1992.

21. Ribeiro IA. III curso de credenciamento e reciclagem de instrutores oficiais. Centro Hípico Mirassol. Apostila. Campinas, 2005.

22. Sayer, A. O mundo maravilhoso dos cavalos. São Paulo: S/A, 1977.

23. Silveira CR. O lúdico e a deficiência visual nas aulas de educação física. 2002. 51 f. Monografia (Graduação) – Curso de Educação Física. Unicamp, Campinas, 2002.

24. Ushorse. Introduction to Para-equestrian. Disponível em http://www.ushorse.biz/ discipline-para-equestrian.htm Acesso em 12 de Julho de 2010.

25. Vicente AA. Promoção da Qualidade de Vida: Equitação Tradicional e Especial. Escola Superior Agrária de Santarém – ESAS. Newsletter no 10, 2009 Disponível em http://www.esa.ipsantarem.pt/newsletter/ N10Maio2009 / Vicente.pdf Acesso em 20 de Julho de 2010.

capítulo *18*

Judô

Diego Cerqueira
Mariana Simões Pimentel Gomes
José Júlio Gavião de Almeida

Judô

Para que possamos compreender de forma global o Fenômeno Judô, faz-se necessário resgatar a sua origem, bem como conhecer um pouco de sua trajetória e perspectivas, considerando o passado, presente e futuro, pensando a construção e "desconstrução" que permeia sua identidade. Entender a filosofia e os princípios que o fundamentam, assim como conhecer os aspectos técnicos que estruturam a sua prática corporal, entre tantas riquezas que o Judô tem para oferecer, é necessário.

Nota-se, assim, que o Judô Olímpico e o Paralímpico possuem muitas similaridades, e que, apesar de suas peculiaridades, são, portanto, extremamente próximos entre si, pois carregam consigo a mesma essência e princípios que norteiam suas práticas.

Trataremos, portanto, nesse capítulo, de princípios básicos para o entendimento do Judô paralímpico, da iniciação à especialização.

Judô: A Origem e Seus Princípios

O Judô (Ju = Suave; Dô = Caminho) surgiu para o mundo, no Japão, em 1882, quando o professor Jigoro Kano, baseado no Jujutsu, modalidade que praticava, reorganizou, de forma pedagógica, os aspectos técnicos desta arte marcial, aliando a esse sistema uma sólida base filosófica.

Para o seu criador, o Judô deveria ser um caminho de busca em direção ao aperfeiçoamento físico, moral, intelectual e espiritual, utilizando esses conhecimentos para o bem da sociedade e contemplando um dos seus princípios básicos, denominado *jita kyoei* (bem-estar e benefícios mútuos). Para isso,

Kano defendia que a melhor forma de seguir por esse caminho seria conjugar o treinamento físico e técnico, a luta e as condutas, de acordo com a filosofia do Judô (Kano, 2008).

O Judô (tanto no contexto Olímpico, como no Paralímpico), em sua prática corporal, divide-se em:

1. Luta em pé, na qual as principais técnicas acontecem através de *nage-waza* (técnicas de projeção), golpes nos quais o objetivo principal é desequilibrar e arremessar o oponente, fazendo com que ele encoste as costas no chão.

2. Luta no solo, realizada através de *katame-waza* (técnicas de domínio), em que as principais técnicas acontecem através de ossae-komi-waza (técnicas de imobilização), kansetsu-waza (técnicas de articulação) e shime-waza (técnicas de estrangulamento) (Gomes, 2005).

Aproximando-se de um olhar esportivo, todas essas técnicas buscam o *Ippon* (ponto perfeito), que determina o fim da luta.

Dessa forma, o Judô possui algumas características que o classificam como uma modalidade de "curta distância", pois depende do contato direto e constante entre os praticantes, possibilitando, então, algumas ações constitutivas, como agarrar, controlar, desequilibrar e projetar (Gomes, 2008).

O princípio do *seiryoku zenyo* (máxima eficiência) é um dos princípios fundamentais que permeiam o Judô e deve estar presente em todos os aspectos técnicos. Este princípio deve ser incorporado à suavidade proposta por Jigoro Kano, para que a máxima eficiência seja atingida com o mínimo de esforço necessário.

Judô: O Esporte

Para entender melhor o Judô Olímpico e Paralímpico é necessário compreender o Judô como fenômeno esportivo. O esporte pode ser compreendido como um fenômeno sócio-cultural, caracterizado pela pluralidade de possibilidades e, também, por sua complexidade. O esporte apresenta diferentes formas de expressão, onde diversas populações podem ser contempladas: homens, mulheres, jovens, crianças, adultos, idosos, atletas, não atletas, pessoas com necessidades especiais (e que podem se enquadrar em qualquer dos grupos anteriores), entre outros (Paes, 2005). Isso se deve ao grande aspecto agregador que a prática esportiva possui, aproximando diferenças e evidenciando que supostas limitações, ou melhor, que diferentes formas de expressar as potencialidades, podem se tornar fontes ilimitadas de superação.

Sabendo-se da riqueza e amplitude que o esporte possui, nos concentraremos, num primeiro momento, no modelo do esporte de alto rendimento, inclusive com a prerrogativa de contribuir para a construção do modelo do esporte-aprendizagem (iniciação/educacional), que também será abordado brevemente neste capítulo.

Figura 18.1. Luta de solo.

Principais Regras do Judô

Ao longo dos anos, o Judô passou por um intenso processo de esportivização. Mas foi em 1974 que a FIJ (Federação Internacional de Judô) programou algumas mudanças significativas nas regras do Judô, com o intuito de torná-lo mais atraente, dando mais ação às lutas e tornando mais fácil a assimilação dessa modalidade pelo público leigo. Constantes mudanças continuam acontecendo com esse mesmo propósito.

Área de Competição

A área de competição deverá ter dimensões entre 14 m x 14 m e 16 m x 16 m, sendo que, dentro deste espaço, reserva-se a área para combate. A zona de combate será, no mínimo, de 8 m x 8 m e, no máximo, de 10 m x 10 m (CBJ, 2010a).

Arbitragem

A luta deverá ser dirigida por um árbitro central e dois laterais, sob a supervisão da Comissão de Arbitragem. O Árbitro Central (o único, entre os árbitros, posicionado dentro da área de combate) e os Árbitros Laterais (posicionados em lados opostos, fora da área de combate) serão assistidos pelos oficiais de mesa, responsáveis por registrarem as pontuações e as marcações do tempo no combate.

Tempo de Luta

Uma luta de Judô (seja Olímpico ou Paralímpico) em competições oficiais deve durar cinco minutos. Caso o combate permaneça empatado, deverá ser acrescido mais três minutos além do tempo regular. Nessa prorrogação (*golden score*), o primeiro lutador que efetuar alguma pontuação será considerado vencedor. Se ainda assim permanecer o empate, caberá aos árbitros decidirem qual dos dois competidores lutou melhor. Ao longo das lutas existem pequenas pausas, isso acontece quando o árbitro central anuncia *matte*. O cronômetro deve então ser pausado, os atletas devem soltar o *judogi* (vestuário usado pelos judocas, também conhecido popularmente como kimono) do adversário e retornarem às suas posições iniciais, permanecendo ali até o reinício da luta, quando o árbitro pronuncia *hajime*. No caso do Judô Paralímpico, o árbitro central deve se certificar de que os atletas realizaram a pegada (*kumi-kata*) antes de reiniciar a luta. É reservado, entre uma luta e outra, o tempo mínimo de descanso de dez minutos.

Pontuações

Como foi observado anteriormente, no Judô busca-se o *Ippon* (ponto perfeito). Existem também outras pontuações intermediárias que podem ser alcançadas ao longo da luta.

A. *Ippon:* pode ser conquistado através de:
  1. *nage-waza* (técnicas de projeção). Quando um dos judocas, ao aplicar um golpe, projetando seu adversário ao chão, encosta completamente as costas deste no solo (*tatame*) com força e velocidade.

MODALIDADES DO PROGRAMA PARALÍMPICO 163

2. *ossae-komi-waza* (técnicas de imobilização do oponente), onde se deve imobilizar o oponente com as costas no chão por 25 segundos.

3. Ou, ainda, através da desistência de um dos lutadores; que pode acontecer por meio de um estrangulamento, uma chave de braço ou, então, pela incapacidade de um dos participantes poder prosseguir na luta.

A luta também chega ao fim caso o tempo de combate se esgote, ou através de um ato punitivo, onde existe a desclassificação imposta pelos árbitros (*hansoku-make*).

B) *Waza-ari:* pode ser conquistado através de:

1. *nage-waza* (técnicas de projeção), quando um dos competidores é projetado com as costas no chão, mas sem força e/ou velocidade suficientes.

2. *ossae-komi-waza* (técnicas de imobilização), onde se deve imobilizar o oponente com as costas no chão por, no mínimo, 20 segundos.

3. Ou, ainda, através de punições; quando um lutador recebe três *shido* (penalização), o outro competidor é pontuado com *waza-ari*. Dois waza-ari são equivalentes a um *Ippon*.

C) *Yuko:* pode ser conquistado através de:

1. nage-waza (técnicas de projeção), em que um dos competidores é projetado parcialmente com as costas no chão (geralmente de lado), mesmo que seja com força e velocidade razoáveis.

2. *ossae-komi-waza* (técnicas de imobilização), onde se deve imobilizar o oponente com as costas no chão por, no mínimo, 15 segundos.

3. Ou, ainda, através de punições; quando um lutador recebe dois *shido* (penalização), o outro competidor é pontuado com *yuko*.

Categorias

No Judô, as categorias são divididas por sexo, idade e peso. Nas Olimpíadas e Paralimpíadas utiliza-se como padrão a categoria Sênior (20 anos e acima), com a divisão descrita na Tabela 18.1.

Judô Olímpico

O professor Jigoro Kano, que mantinha boas relações com Pierre de Coubertin, tornou-se o primeiro membro asiático a compor o Comitê Olímpico

Tabela 18.1 Categorias de Peso		
Categorias	Masculino	Feminino
Ligeiro	Até 60 kg	Até 48 kg
Meio Leve	Até 66 kg	Até 52 kg
Leve	Até 73 kg	Até 57 kg
Meio Médio	Até 81 kg	Até 63 kg
Médio	Até 90 kg	Até 70 kg
Meio Pesado	Até 100 kg	Até 78 kg
Pesado	Acima de 100 kg	Acima de 78 kg

Adaptado de Confederação Brasileira de Judô – CBJ, 2010a.

Internacional em 1909 e, utilizando-se desta influência, trabalhou para difundir o Judô pelo mundo. Em 1964, nos Jogos Olímpicos de Tóquio, o Judô foi disputado como esporte de exibição e, em 1972, nas Olimpíadas de Munique, foi incluído como modalidade oficial. O Judô feminino apareceu, em forma de exibição, apenas em Seul, na Coreia, em 1988, tornando-se oficial nos Jogos de Barcelona, em 1992 (FIJ, 2010a).

O Judô Olímpico brasileiro, devido aos seus expressivos resultados internacionais é, atualmente, considerado uma das grandes forças do Judô mundial. Em 11 Olimpíadas em que a modalidade foi disputada, o país conquistou 15 medalhas (duas de ouro, três de prata e dez de bronze). Em apenas três edições, o Brasil não subiu ao pódio.

Em mundiais, o Judô Olímpico brasileiro também apresenta bom desempenho competitivo, tendo conquistado ao longo da história 19 medalhas (quatro de ouro, duas de prata e treze de bronze) (CBJ, 2010a).

Quando se fala em Judô Olímpico e Paralímpico, consideradas as expressões internacionais e suas respectivas divulgações em mídia, é natural associá-los ao esporte de alto rendimento, onde o árduo treinamento físico, assim como a busca incessante pela maestria técnica, faz parte do cotidiano dos atletas. Entretanto, é de suma importância apontar para as amplas manifestações que o Judô pode apresentar. A potencialidade contida nesta modalidade (principalmente como instrumento educacional) pode se tornar fonte de inúmeras possibilidades.

Essas possibilidades podem ser evidenciadas na aplicação do Judô em diversas situações:

• No alto rendimento, como já observado.

• No contexto escolar, como conteúdo integrante da Educação Física.

- Na sua função social, pois há diversos projetos com esse propósito atualmente.

- No lazer, exemplificando aqueles que vivenciam os fundamentos de forma lúdica, para conhecer ou apenas se exercitar.

- Na condição de atividade complementar para praticantes de outras modalidades e com a perspectiva de propiciar um desenvolvimento geral.

- Na capacidade que o Judô possui de abranger outras populações, tal como as com deficiência, sejam elas físicas, intelectuais e/ou sensoriais. Lembrando que a pessoa com deficiência pode enquadrar-se nas condições ventiladas anteriormente (da prática do Judô escolar ao de alto rendimento).

Judô Paralímpico

Falar de Judô Paralímpico é falar, antes de tudo, de Judô. A FIJ, órgão internacional que rege o Judô Olímpico, é também o modelo regimental adotado para a prática do Judô Paralímpico.

Entretanto, mais do que regras que se assemelham, a filosofia e as considerações gerais do Judô Olímpico e do Paralímpico são as mesmas e, como vimos no início deste capítulo, formam a base para o estado atual e para as mudanças pretendidas, principalmente quando os agentes norteadores de sua proposta envolvem o Esporte em suas variadas formas de manifestação, tal como já observamos nesse capítulo anteriormente (do escolar ao alto rendimento).

Há, entretanto, que se compreender as diferentes relações entre o esporte paralímpico e olímpico, tanto no que se refere às suas similaridades quanto às suas diferenças. Exemplo disso é o estudo sociológico tratado por Marques *et al.* (2009, p. 31), como descrito abaixo.

> [...] embora herdeiro dos princípios fundamentais do esporte moderno, tem origem sócio-histórica e razões para seu surgimento diferentes [...] Ao analisar os objetos esporte olímpico e esporte paralímpico numa perspectiva sociológica, pode-se notar que em alguns aspectos ambos se encontram no mesmo estágio de amadurecimento e de perspectivas em relação à sociedade contemporânea [...]

Este estudo sobre as semelhanças e diferenças entre esporte olímpico e paralímpico, nos faz refletir sobre a grandeza do esporte e, nesse contexto específico, nos faz compreender que o Judô não se resume às técnicas e à sua origem filosófica e educacional (foco básico desse texto), mas, inclusive, entre tantos outros assuntos, abrange temas como o da importância da apropriação das conquistas sociais, tal como a riqueza do Judô praticado por pessoas com deficiência visual. "Sujeito" dominado e dominante de um amplo processo em pleno desenvolvimento.

Mesmo tendo sido praticado em alto rendimento desde a década de 1970, a estreia do Judô para deficientes visuais como modalidade paralímpica aconteceu apenas em 1988, nas Paralimpíadas de Seul, na Coreia do Sul. Isso fez com que o Judô se tornasse a primeira modalidade de luta de origem asiática a participar do programa paralímpico. Essa estreia aconteceu somente para os atletas do sexo masculino. O Judô Paralímpico feminino teve o seu início, em 2004, nos Jogos de Atenas, na Grécia (Gomes, 2005).

O Judô Paralímpico, apesar de ser considerado um esporte jovem, possui um histórico respeitável de conquistas brasileiras. Desde que o Judô foi oficializado como esporte paralímpico em 1988, o Brasil conquistou 14 medalhas nas seis edições dos Jogos. O que faz do Brasil umas das grandes potências mundiais desta modalidade. Atletas de ambos os gêneros (masculino e feminino) têm levado a equipe nacional em inúmeros eventos internacionais. Vale destacar um dos expoentes desta história vitoriosa, o atleta Antonio Tenório da Silva, único judoca a conquistar a posição de tetracampeão paralímpico (Atlanta – 1996, Sydney - 2000, Atenas – 2004 e Pequim – 2008).

Adaptações às Regras da FIJ

No Judô Paralímpico, apenas atletas com deficiência visual (cegos e com baixa visão) podem competir.

O órgão que regulamenta a classificação visual dos atletas do Judô paralímpico é a IBSA (International Blind Sports Federation), que estabeleceu os seguintes critérios a seguir, para a participação nas competições, tal como descreveram Munster e Almeida (2005):

- *B1:* desde a inexistência da percepção luminosa em ambos os olhos, até a percepção luminosa, mas com incapacidade para reconhecer a forma de uma mão a qualquer distância ou direção.

- B2: desde a capacidade para reconhecer a forma de uma mão, até a acuidade visual de 2/60 metros e/ou campo visual inferior a 5 graus.

- B3: acuidade visual entre 2/60 e 6/60 metros, ou um campo visual entre 5 e 20 graus.

Obervações:

1. 2/60 ou 6/60 significam que onde uma pessoa sem deficiência visual enxerga a 60 metros, uma pessoa com deficiência visual enxerga a uma distância de 2 m ou 6 m. Portanto, os números 2/60 e 6/60 relacionam-se com a medida da acuidade visual (medida em distância).

2. A letra B é uma abreviação da palavra Blind, da língua inglesa, e que na língua portuguesa significa cego. De outra forma, apenas B1 refere-se às pessoas cegas, enquanto B2 e B3 referem-se às pessoas com baixa visão, apesar da conservação da letra B.

As categorias anteriormente citadas são consideradas com as melhores correções possíveis óticas (lentes ou óculos) ou cirúrgicas (IBSA, 2010a).

Vale lembrar que o campo de visão de um vidente é de aproximadamente 180 graus, e que a perda da visão de um dos olhos apenas implicaria numa ausência de 30 graus na visão total, ou seja, o resíduo visual abrangeria um campo de 150 graus. Portanto, uma pessoa com função normal em apenas um dos olhos não é, necessariamente, classificada como deficiente visual.

Nota-se assim, que a classificação (grande diferencial do esporte olímpico e paralímpico) do Judô Paralímpico é médica, o que difere da maioria das modalidades esportivas paralímpicas, pois estas outras se baseiam numa classificação funcional.

Os atletas B1, B2, e B3 podem lutar entre si, entretanto existe a divisão por categorias de peso, que segue o mesmo padrão do Judô Olímpico.

Além da classificação visual elaborada pela IBSA, existem outras pequenas adaptações nas regras da FIJ (Federação Internacional de Judô), órgão máximo que regulamenta o Judô convencional como esporte.

Segundo Gomes (2005), as principais são:

■ *Os atletas não são punidos caso ultrapassem a faixa que delimita a área de combate.* Isto se justifica pela ausência de visão apropriada para perceber tais limites. É confiável que as pessoas com deficiência visual, treinadas (mesmo cegos), tenham ótima noção espacial para se orientarem em determinado local. Porém, como o judô competitivo é muito dinâmico e os tatames não possuem delimitações táteis da área de combate, essa adaptação de regra se faz necessária.

■ *Os árbitros são encarregados de acompanhar os atletas (um árbitro para cada atleta)* desde a entrada no shiai-jo (local de competição), até o centro, onde se deve iniciar a luta (mesmo com atletas de baixa visão). Idem para o término da competição, com os árbitros ajudando os judocas a saírem do local de competição.

■ *O árbitro que conduzirá a luta dentro do local de competição, também deve conduzir e manter a "pegada" constante entre os participantes, ou seja, durante toda a luta os atletas devem ter contato permanente uns com os outros.* Visto que um atleta cego e um com baixa visão podem competir juntos, essa adaptação não desencadeia desvantagem a um dos competidores.

■ *Os atletas B1 são identificados por um círculo vermelho, que se situa em uma das mangas do judogi na direção dos ombros.* Esta adaptação serve para que os árbitros possam direcionar os participantes novamente se houver uma separação dos atletas durante (ou melhor, da inicialização ao término) o combate.

■ *Cabe ao árbitro avisar verbalmente quando os atletas obtêm pontuações.* Para os olímpicos (ou judocas videntes que não sejam atletas olímpicos), existem placares mostrando as vantagens dos atletas. Os placares também estão normalmente presentes nas competições de judocas paralímpicos, para informar técnicos e torcedores, criando-se, assim, um recurso auditivo para auxiliar os judocas com deficiência visual.

■ *Faltando um minuto e meio para o final do combate, uma campainha tocará para alertar o atleta do tempo restante.* Para os videntes, existem cronômetros digitais que dispensam a campainha de alerta (o instrumento chamado cronômetro digital também é utilizado nas competições para pessoas com deficiência visual).

O Judô para Pessoas com Deficiência Visual

Como já observado nesse capítulo, no Judô Paralímpico os praticantes possuem deficiência visual. Assim sendo, trataremos a seguir de alguns aspectos que podem elucidar o desenvolvimento do Judô para a população em questão.

Quase não há diferenças ao observar uma luta de Judô, quando os judocas já efetuaram a pegada no *judogi*, comparando a modalidade Olímpica e a Paralímpica. Existem apenas algumas adaptações que são necessárias para um melhor andamento da modalidade, visando sempre a segurança dos atletas.

Isso faz com que as estratégias pedagógicas e de treinamento sigam a mesma tendência, principalmente de evolução técnica e de condicionamento.

O contato constante na luta de Judô faz com que o sentir seja muito mais importante do que o enxergar. Talvez seja esse o principal fator que faz com que a luta de Judô seja tão adaptável e agradável às pessoas com deficiência visual, pois a carência de visão pode fazer com que outros sentidos se fortaleçam pelas necessidades e práticas, inclusive da "sensibilidade corporal".

Estratégias Pedagógicas

Aprendizagem

Pessoas (principalmente as crianças) cegas e de baixa visão geralmente apresentam menor desempenho nas áreas motora, cognitiva e social afetiva em relação às pessoas que não possuem essa deficiência. Normalmente isso se deve à falta de estímulos adequados em diferentes fases da vida, comprometendo, então, o seu desenvolvimento geral com reflexos ou posturas inadequadas até mesmo na fase adulta (Conde, 1994 apud Diehl, 2008).

O Judô, quando bem aplicado, pode contribuir de forma significativa no desenvolvimento geral dos seus praticantes, inclusive às pessoas com deficiência visual, enriquecendo o repertório motor através da prática corporal, proporcionando integração social e possibilitando a aquisição de importantes valores presentes na filosofia do Judô.

A prática do Judô deve ser uma atividade prazerosa e saudável. Deve ser realizada em um *dojo* (local de prática) agradável, que transmita acolhimento e proporcione segurança ao aluno, em uma atmosfera de respeito mútuo. As propostas que norteiam o desenvolvimento ideal para o ensino e prática do Judô, todavia, não devem representar a inviabilidade de sua prática fora dos padrões normalmente desejados. Exemplo é lecionar o Judô para alunos carentes e em pisos adaptados ou com roupas não específicas. Nesses casos, as adaptações físicas deverão ser compatíveis às propostas pedagógicas.

O *sensei* (professor) deve ser uma importante referência, transmitindo confiança aos seus alunos, contribuindo para que eles enfrentem seus medos e inseguranças, potencializadas pela ausência de visão. O *sensei* deverá ter equilíbrio para proporcionar segurança e independência, de acordo com o tempo de prática e o tipo de exigência que envolver as tarefas solicitadas. Tal equilíbrio, portanto, será a soma entre o que o *sensei* tem para ensinar e o que tem para

absorver com seus alunos (considerando o mundo que os rodeia fora dos tatames – ou seja, o meio e o tempo como agentes influenciadores do processo).

Com o apoio do professor e dos companheiros, cria-se um clima em que o aluno sente-se livre para descobrir mais sobre si mesmo, seu corpo e suas potencialidades. Pensar no ensino do Judô para pessoas com deficiência visual é, antes de tudo, pensar no ensino do Judô em si, e nas relações que surgem a partir desta prática.

Antes de ser uma pessoa com deficiência, trata-se de uma pessoa: criança, adolescente, adulta ou idosa. É ela que tem boa base de bagagem motora ou não, geral ou específica. Enfim, os conceitos norteadores de ensino e de treinamento, atuais, são resultados que estão compostos por modelos e teorias cada vez mais presentes nas escolas, clubes e outras instituições.

Os estudos de Gomes (2008) sobre o desenvolvimento das lutas como um dos conteúdos a serem explorados pela Educação Física podem subsidiar os leitores interessados no assunto, para um aprofundamento no mesmo.

Atividades Adaptadas

No Judô, a queda é uma característica muito marcante e, para uma pessoa cega ou que possui resíduos visuais bastante restritos, pode ser um movimento extremamente traumático se não for bem orientado durante sua assimilação inicial. Portanto, é imprescindível um cuidado especial com os *ukemis* (formas de amortecimento), onde existe uma série de técnicas para que as quedas sejam efetuadas de forma segura.

Um importante ensinamento do Judô está relacionado a este conteúdo (*ukemis*), pois levantar após uma queda deve ser também um exercício de humildade e determinação na busca do crescimento pessoal. Isso pode ser realizado explorando rolamentos simples (como a "cambalhota" – rolamento para frente ou para trás, explorados com variantes) e gradualmente adotando movimentos mais específicos e complexos.

Muitas atividades do Judô convencional podem ser aplicadas também às pessoas com deficiência visual, mas, sempre que possível, criando o máximo de estímulo sensório motor, com o intuito de aguçar os outros sentidos disponíveis. Nesse contexto, brincadeiras e Jogos podem ser importantes instrumentos pedagógicos.

No Judô para pessoas com deficiência visual, a aprendizagem não se restringe à percepção corporal da queda, pois, além dela, deve-se incluir a capacidade do aluno de se orientar no espaço de treino e luta.

Há constantemente movimentos onde a mudança de direção e da posição do corpo é imprescindível, antes e depois dos golpes aplicados e recebidos.

Almeida e Oliveira Filho (2005) oferecem subsídios em relação aos mecanismos de informação que possam vir a auxiliar nas estratégias de ensino e aprendizagem de pessoas com deficiência visual. Estas se resumem em informações táteis (direta e indireta) e auditivas (sinalética e explicativa). Um aprofundamento na citada referência é indicado para subsidiar o Professor na iniciação ou mesmo no treinamento especializado.

A utilização desses sistemas de informação tende a auxiliar o desenvolvimento de atividades que explorem a lógica e a dinâmica interna do judô na iniciação, antecedendo a aprendizagem de gestos técnicos específicos. Gomes (2008) aponta para ações recorrentes nas modalidades de curta distância, como derrubar, rolar, desequilibrar, imobilizar, que, por serem ações de contato direto, podem fazer com que os alunos com deficiência visual se sintam mais seguros e confiantes em realizar as atividades propostas.

Desta forma, com o auxílio dos mecanismos de informação, o professor consegue adaptar seus procedimentos pedagógicos ao contexto da deficiência visual, enfatizando o pensamento tático e a leitura da luta, o que contribui para o posterior entendimento dos gestos técnicos considerando as "razões do fazer" sempre atreladas aos "porquês do fazer" (Garganta, 1995).

Estratégias de Treinamento

O treinamento esportivo é uma ciência bastante ampla, composta por vários aspectos (físicos, técnicos, táticos, fisiológicos, psicológicos etc.). Não temos o objetivo de abordar todos esses segmentos, mas sim de registrar a importância dessas áreas de conhecimento, que são inerentes, hoje, à prática do Judô como esporte de alto rendimento.

O Judô é um dos esportes de luta mais praticados no mundo. Isso faz com que essa modalidade seja bastante estudada através de experiências, no *dojo*, ou em outros ambientes. A evolução científica e o enriquecimento da literatura específica desse esporte têm auxiliado na sua difusão e popularização. É natural que esse processo se estenda ao Judô Paralímpico devido ao seu desenvolvimento, crescimento e congruências.

Principais Capacidades Físicas

O Judô é composto por complexos movimentos que exigem grande coordenação para que possam ser executados de maneira eficiente. Esses movimentos podem ser explorados através de capacidades e habilidades como força, velocidade, resistência, flexibilidade, coordenação, entre outras. São várias capacidades e habilidades físicas, mas cada uma delas exerce predominância em algum momento específico da luta. A capacidade técnica e a habilidade do atleta são grandes diferenciais, que, muitas vezes, determinam o resultado da luta. Soma-se, aqui, a capacidade tática de se "ler a luta" e a importância desse processo.

Treinamento Técnico

O treinamento técnico no Judô Paralímpico, com suas devidas adaptações, é muito similar ao Judô Olímpico. O Professor Jigoro Kano (2008) afirmava que as principais formas de treinamento do Judô são: *randori* (prática livre simulando uma luta) e *kata* (formas padronizadas de ataque e defesa). Aliada a essas duas formas existe também o *uchi-komi* (entrada de golpes), sendo este último realizado de variadas maneiras em incontáveis repetições, buscando a perfeição técnica.

Avaliações

A fase de avaliação constitui um processo importante, pois é possível verificar as condições iniciais do atleta, bem como se o treinamento está afetando as variáveis de capacidades físicas almejadas (Franchini, 2001). Além das capacidades físicas fundamentais no Judô, é importante abordar também avaliações que reproduzam a especificidade que a modalidade apresenta. Um dos testes específicos já consolidados no Judô olímpico é o Special Judô Fitness Test – (Sterkowics, 1995 apud Franchini, 2001), que vem sendo estudado e adaptado por um grupo de pesquisadores (alunos e professores) da Faculdade de Educação Física da Unicamp, para ser aplicado com judocas paralímpicos.

Competições

No Judô Paralímpico existe um número muito menor de competições, comparado com o Judô Olímpico. Isso faz com que a estruturação e a periodização do treinamento dos atletas ao longo do ano sejam diferentes. As adaptações que existem nas competições de Judô Paralímpico já foram tratadas em tópicos anteriores.

As competições de Judô Olímpico e Paralímpico, porém, seguem hoje as mesmas exigências para sua realização, tendo em vista, por exemplo, o compromisso entre o Comitê Olímpico e Paralímpico na realização conjunta de eventos como as Olimpíadas e Paralimpíadas de Verão.

Em competições regionais, é comum o registro de recursos humanos (árbitros, técnicos, administradores etc.) e recursos físicos para o Judô "Adaptado", oriundos do Judô "Convencional".

As competições e os eventos tipo Festival Esportivo de Judô para crianças e iniciantes tem se desmistificado em função de inúmeras propostas oferecidas pela experiência prática e de estudos da Educação Física. Um marco que vale o registro consiste nos Jogos Escolares realizados pela Confederação Brasileira de Esportes para Cegos – CBDC (na ocasião, ABDC, no ano de 2005), quando o Judô pôde ser massificado através de estratégias de ensino de seus fundamentos para crianças deficientes visuais, de vários Estados do Brasil (MATSUI, 2007).

Considerações Finais

O Judô, como é possível notar no desenvolvimento do texto, possui uma identidade própria, é agente influenciado e influenciador da sociedade, no campo do Esporte e da Educação.

Convive e valoriza com suas reservas culturais, assim como tem se transformado para um novo e mutante convívio esportivo e educacional.

Está internacionalizado e, ao mesmo tempo, demonstra espaço para o respeito tanto de suas tradições, quanto das necessidades prementes de uma sociedade moderna. É esta uma demonstração de que *ensina* com o que já aprendeu desde seu surgimento, e *aprende* com quem, a cada nova etapa de seu crescimento, "esbarra" em seus ensinamentos.

A participação cada vez mais efetiva das pessoas com deficiência no Esporte, e já efetivamente no Judô, traz o repensar, inclusive, do Judô como uma modalidade de Luta Esportiva moderna e de instrumento pedagógico da atualidade e não somente como de Arte Marcial, independente da manutenção e valorização dos citados e tradicionais conhecimentos que o originaram.

Enfim, o Judô é um esporte plural, e o Judô Paralímpico, uma dessas facetas cuja realidade apropria-se de consistência estabelecida e determinante à escalada científica e pedagógica contemporânea.

Bibliografia Consultada

1. Confederação Brasileira de Judô (CBJ). Disponível em <www.cbj.com.br>. Acessado em 11 de Julho de 2010.
2. Comitê Paraolímpico Brasileiro (CPB). Disponível em <www.cpb.org.br>. Acessado em 12 de Julho de 2010.
3. Diehl RM. Jogando com as diferenças: jogos para crianças e jovens com deficiência: em situação de inclusão e em grupos específicos. São Paulo: Phorte, 2008.
4. Franchini E. JUDO: Desempenho Competitivo. Barueri, Manole, 2001.
5. Gomes MSP. Análise Comparativa entre atletas olímpicos e paraolímpicos de Judô: a luta de solo. 2005. 40f. Monografia (Graduação em Educação Física) – Faculdade de Educação Física. Universidade Estadual de Campinas, Campinas, 2005.
6. Gomes MSP. Procedimentos pedagógicos para o ensino de lutas: contextos e possibilidades. Dissertação (Mestrado em Educação Física) – Faculdade de Educação Física. Universidade Estadual de Campinas, Campinas, 2008.
7. International Blind Sports Federation (IBSA). Disponível em <www.ibsa.es>. Acessado em 13 de Julho de 2010.
8. International Judo Federation (IJF). Disponível em <www.ijf.org>. Acessado em 11 de Julho de 2010.
9. Kano J. Energia mental e física: escritos do fundador do judô / Jigoro Kano. São Paulo: Pensamento, 2008.
10. Marques RFR, Duarte E, Gutierrez GL, Almeida JJG, Miranda J. Esporte olímpico e paraolímpico: coincidências, divergências e especificidades numa perspectiva contemporânea. Revista Brasileira de Educação Física e Esporte/Brasilian Journal Of Physical Educacion And Sport. Escola de Educação Física e Esporte da Universidade de São Paulo. São Paulo, v. 23, n. 4, p. 309-324; p. 365-377, outubro/dezembro de 2009.
11. Van Munster MA, Almeida JJG. de. Atividade física e deficiência visual. In: Gorgatti MG, Costa RF. Atividade física adaptada: qualidade de vida para pessoas com necessidades especiais. São Paulo: Manole, 2005.
12. Paes RR, Balbino HF. Pedagogia do esporte: contextos e perspectivas. Rio de Janeiro: Guanabara Koogan, 2005.
13. Oliveira Filho CW, Almeida JJG. Pedagogia do Esporte: um enfoque para pessoas com deficiência visual, p. 91-110. In: PAES, R. R.; BALBINO, H. F. Pedagogia do esporte: contextos e perspectivas. Rio de Janeiro: Guanabara Koogan, 2005.

capítulo *19*

Natação

Gustavo Maciel Abrantes

Introdução

Os primeiros Jogos Paralímpicos foram realizados imediatamente após os Jogos Olímpicos de Roma, em 1960. O evento utilizou os mesmos locais de competição do evento olímpico e incluiu 400 atletas deficientes físicos de 23 países. Entre as modalidades em disputa, estava a natação, que, desde então, faz parte do programa paralímpico, como um dos principais esportes (IPC 2010).

No início dos Jogos Paralímpicos, apenas atletas com lesão medular participaram (Roma/1960, Tóquio/1964 e Tel Aviv/1968). A partir de Heldelberg/1972, atletas com deficiência visual participaram em eventos demonstrativos. Neste mesmo ano, a natação brasileira teve sua primeira representação nos Jogos (IPC 2010).

Em 1980, na cidade de Arnhem, na Holanda, atletas cegos e com baixa visão puderam competir nas primeiras provas oferecidas no programa paralímpico (IPC 2010).

As primeiras medalhas da natação paralímpica brasileira só foram conquistadas 12 anos após a primeira participação, nos Jogos Paralímpicos de New York e Stoke Mandeville, em 1984, quando a natação brasileira ocupou a 18ª posição no quadro de medalhas, ajudando o Brasil a ficar entre as 24 maiores potências paralímpicas.

O CPB, fundado em 1995, gerenciou a participação brasileira a partir dos Jogos de Atlanta, em 1996, e tem mostrado bom desempenho com ações voltadas ao desenvolvimento do esporte paralímpico brasileiro. O Quadro 19.1 demonstra o crescimento da natação em jogos paralímpicos após a criação do CPB (CPB 2010).

A melhora nos resultados deve-se à organização geral da modalidade, principalmente após Sydney, devido à melhora da qualidade de nosso atletas e a criação de critérios técnicos de convocação. As vagas da seleção começaram a ser diputadas entre as 14 classes existentes, aumentando a qualidade dos selecionados.

Esta comparação é simples quando visualizado o Quadro 19.2, que mostra os dez maiores atletas da natação paralímpica brasileira, considerando o *ranking* por medalhas IPC 2010 conquistadas em Jogos Paralímpicos em toda a história.

Os cinco primeiros atletas do *ranking* surgiram após o ano de 1996. Essa condição foi decisiva para o país ascender no quadro de medalhas, no período pós-Sydney, já que 50% das medalhas de ouro brasileiras passaram a vir da natação, como apresenta o Quadro 19.3. Nas Paralímpiadas de Atenas (2004) e Pequim (2008), a natação confirmou sua importância para o Brasil no Quadro Geral de Medalhas, já que nos dois Jogos seguintes a modalidade foi responsável por 50% das medalhas de ouro, sendo que em Pequim conquistou, também, 50 % das medalhas de prata e quase 25% das medalhas de bronze.

O sucesso da natação paralímpica brasileira é fato apontado no Quadro 19.4, com um crescimento quantitativo de atletas, mesmo com uma queda na distribuição das vagas disponíveis nas duas últimas edições dos Jogos Paralímpicos.

Características

A natação paralímpica é controlada pelo Comitê Paralímpico Internacional (IPC) e coordenada pelo seu Comitê Técnico de Natação (IPC-Swimming), que estabelece todos os aspectos relacionados com

NATAÇÃO

Quadro 19.1
Posicionamento no Quadro de Medalhas da Natação

Colocação	1996 Atlanta, USA	2000 Sydney, AUS	2004 Atenas, GRE	2008 Pequim, CHN
1ª	Alemanha	Canadá	China	EUA
2ª	Grã-Bretanha	Espanha	Grã-Bretanha	China
3ª	Austrália	Grã-Bretanha	EUA	Ucrânia
4ª	EUA	EUA	Canadá	Grã-Bretanha
5ª	Espanha	Austrália	Espanha	Russia
6ª	França	China	Ucrânia	Espanha
7ª	Holanda	França	Japão	Austrália
8ª	Canadá	Japão	México	Brasil
9ª	Noruega	Holanda	Brasil	África do Sul
10ª	Nova Zelândia	México	Austrália	Canadá
24ª	Brasil	Brasil		

Quadro 19.2
Dez Maiores Atletas da Natação Paralímpica Brasileira, no *Ranking* por Medalhas (IPC-2010) Conquistadas em Jogos Paralímpicos

Atletas	Ouro	Prata	Bronze	Total	Rank IPC	Paralímpiadas, Ano
Clodoaldo Silva	6	5	2	13	50ª	2000, 2004, 2008
Daniel Dias	4	4	1	9	120ª	2008
André Brasil	4	1	0	5	141ª	2008
Fabiana Sugimori	2	0	1	3	416ª	2000, 2004, 2008
Luis Silva	1	5	1	7	486ª	2000, 2004, 2008
Adriano Lima	1	4	3	8	491ª	1996, 2000, 2004, 2008
Maria Jussara Matos	1	3	1	5	507ª	1984, 1988
Francisco Avelino	1	1	1	3	592ª	2000, 2004
Graciana Moreira Alves	1	0	2	3	670ª	1988
José Medeiros	1	0	0	1	748ª	1992, 1996 e 2004

Quadro 19.3
Medalhas Brasileiras e da Equipe Brasileira nos Jogos Paralímpicos

Jogos Paralímpicos	Brasil				Natação Paralímpica			
	Ouro	Prata	Bronze	Total	Ouro	Prata	Bronze	Total
Atlanta 1996	2	6	13	21	1	1	1	3
Sydney 2000	6	10	6	22	1	6	4	11
Atenas 2004	14	12	7	33	7	3	1	11
Pequim 2008	16	14	17	47	8	7	4	19

MODALIDADES DO PROGRAMA PARALÍMPICO

| Quadro 19.4 Participação Brasileira na Natação |||||||
Paralímpiadas	NPCs	Atletas/ Total	% > Atletas	Atletas Brasil	% > Brasil	% > Brasil/Total
Atlanta 1996	50	457	-6%	11	+15%	-2%
Sydney 2000	62	575	+25%	16	+45%	+3%
Atenas 2004	61	559	-3%	21	+31%	+4%
Pequim 2008	62	547	-2%	24	+14%	+4%

% atletas – crescimento percentual do total de atletas em relação à Paralímpiada anterior; % > Brasil – crescimento percentual do total de atletas de natação do Brasil em relação à Paralímpiada anterior; % > Brasil/Total – crescimento percentual dos atletas brasileiros em relação às vagas distribuidas; NPCs – Comitês Paralímpicos Nacionais.

regras, arbitragem, classificação, calendário de competições, *ranking*, recordes e fiscaliza as entidades esportivas internacionais (IOSDs) que estabelecem as adaptações específicas para seus atletas. São as IOSDs que trabalham a prática de natação para populações específicas: Federação Internacional de Desporto para Paralisados Cerebrais (CP-ISRA), Federação Internacional de Desporto para Cegos (IBSA), Federação Internacional de Desporto para Atletas Deficientes Intelectuais (INAS-FID) e Federação Internacional de Desporto para Cadeirantes e Amputados (IWAS).

Classificação

A natação é oferecida para os três grupos de deficiência (física, visual e mental). A maior diferença em relação a qualquer outra modalidade paralímpica é o fato de o atleta da natação utilizar apenas o próprio corpo para competir, sem a utilização de nenhuma prótese, órtese, cadeira ou implemento para executar o percurso da prova.

Cada um dos três grandes grupos congrega inúmeras etiologias diferentes. Desse modo, faz-se necessária uma forma de igualar a disputa. Neste sentido, a classificação é um instrumento da natação para dar justiça às disputas entre diferentes deficiências; por isso, ela se apresenta em três tipos: 1) classificação funcional para os atletas com deficiência física, 2) classificação oftalmológica para os atletas com deficiências visuais e 3) critérios de elegibilidade para os atletas com deficiências intelectuais. Na natação, as três áreas de deficiência são separadas conforme a Figura 19.1.

Classificação Funcional

A deficiência física tem suas classes determinadas pela classificação funcional, que divide os atletas em dez classes (S1 a S10) para os nados livre, costas e borboleta determinados pela letra "S" (S, da palavra inglesa *Swimming*, que significa natação em português), nove classes (SB1 a SB9) para o nado peito indicados pelas letras SB (B = *breaststroke* ou nado peito em português) e 10 classes (SM1 a SM10) para o nado medley indicados pelas letras SM (M = medley).

O atleta com deficiência física é submetido, antes de competir, à Banca de Classificação formada por

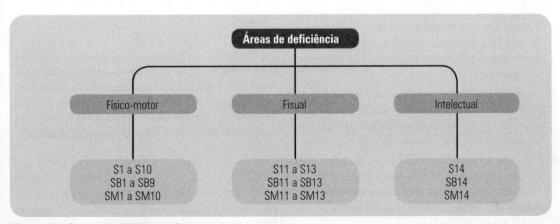

Figura 19.1. Sistema de divisão por classes.

172 NATAÇÃO

classificadores clínicos (fisioterapeuta e/ou médico) e classificadores técnicos (professores de educação física), que o destinarão ao atleta à classe compatível com suas capacidades funcionais, a fim de habilitá-lo para disputar com outros nadadores que possuem aproximadamente a mesma funcionalidade de movimento.

Os procedimentos adotados pela banca de classificação são:

- Testes clínicos e físicos (teste de força muscular, de coordenação motora ou de disfunção e de amplitude de movimento);
- Teste de mobilidade articular, medição do membro amputado e do tronco;
- Testes técnico-motores (realizados dentro da água).

Padrões motores da classificação funcional da natação:

- **S1:** lesão medular completa abaixo de C4-5, ou pólio com comprometimento similar à lesão medular de C4-5, ou paralisia cerebral – quadriplégico severo;
- **S2:** Lesão medular completa abaixo de C6, ou pólio com comprometimento similar à lesão medular de C6, ou PC – quadriplégico grave, com grande limitação dos membros superiores;
- **S3:** lesão medular completa abaixo de C7, ou lesão medular incompleta abaixo de C6, ou pólio com comprometimento similar à lesão medular de C7, ou amputação dos quatro membros;
- **S4:** lesão medular completa abaixo de C8, ou lesão medular incompleta abaixo de C7, ou pólio com comprometimento similar à lesão medular de C8, ou amputação de três membros;
- **S5:** lesão medular completa abaixo de T1-8, ou lesão medular incompleta abaixo de C8, ou pólio com comprometimento similar à lesão medular de T1-8, ou acondroplasia de até 130 cm com problemas de propulsão, ou paralisia cerebral com hemiplegia severa;
- **S6:** lesão medular completa abaixo de T9-L1, ou pólio com comprometimento similiar à lesão medular de T9-L1, ou acondroplasia de até 130 cm, ou paralisia cerebral com hemiplegia moderada;
- **S7:** lesão medular abaixo de L2-3, ou pólio com comprometimento similar à lesão medular de L2-3, ou amputação dupla abaixo dos cotovelos, ou amputação dupla acima do joelho e acima do cotovelo em lados opostos;

- **S8:** lesão medular abaixo de L4-5, ou pólio com comprometimento similar à lesão medular de L4-5, ou amputação dupla acima dos joelhos, ou amputação dupla das mãos, ou paralisia cerebral com diplegia mínima;
- **S9** – Lesão medular na altura de S1-2, ou pólio com uma perna não funcional, ou amputação simples acima do joelho, ou amputação abaixo do cotovelo;
- **S10** – Pólio com prejuízo mínimo de membros inferiores, ou amputação dos dois pés, ou amputação simples de uma mão, ou restrição severa de uma das articulações coxofemoral.

Classificação Oftalmológica

As pessoas com deficiência visual são classificadas através de avaliação médica oftalmológica, que considera a acuidade e o campo visual do atleta. A classificação só poderá ser feita por médicos oftalmologistas em clínicas ou consultórios especializados.

Todas as classificações deverão considerar ambos os olhos, com a melhor correção. Todos os atletas que usarem lente de contato ou lentes corretivas deverão usá-las para classificação, mesmo que decidam usar ou não para competir.

As classes visuais reconhecidas pelo IPC são:

- **S11:** nenhuma percepção luminosa em ambos os olhos à percepção de luz, mas com incapacidade de reconhecer o formato de uma mão a qualquer distância ou direção.
- **S12:** capacidade em reconhecer a forma de uma mão à acuidade visual de LogMar 1.6 e/ou campo visual inferior a cinco graus.
- **S13:** da acuidade visual de LogMar 1.6 até 1.0 e/ou campo visual maior que cinco graus e menor que vinte graus.

Critérios de Elegibilidade

Os atletas deficientes intelectuais classe S14 devem satisfazer os critérios de elegibilidade definidos pela Federação Internacional de Esportes para Atletas com Deficiência Intelectual (INAS-FID), que baseia-se na Organização Mundial de Saúde e na Associação Americana sobre Deficiência Intelectual.

Regras

O IPC-Swimming incorpora as regras da Federação Internacional de Natação Amadora (FINA), com algumas adaptações específicas para cada tipo de deficiência. As regras paralímpicas associam a estruturação da classificação funcional e acompanham a evolução do esporte.

Os árbitros atuam como fiscais de prova e verificam se os estilos são respeitados, se as viradas são executadas de forma correta e contam o número de voltas realizadas. Qualquer irregularidade nestas atividades pode desclassificar o nadador.

O acesso à área da piscina durante a competição é restrito aos membros da organização, à força de trabalho (delegado técnico, gerente de competição, árbitros, voluntários etc.) e aos atletas no momento de competir, todos devidamente credenciados. Para ter acesso à área de competição durante as provas, qualquer técnico ou membro de uma equipe deverá preencher o formulário de solicitação de auxílio (*deck acess*), explicando o motivo pelo qual precisa entrar e submetê-lo à aprovação do delegado técnico ou pessoa responsável pela organização da competição.

As principais adaptações da regra para a natação paralímpica são destinadas a atletas com maior grau de deficiência, que ocupam as classes mais baixas, como S1, S2, S3, S4 e S11 e são facilmente visualizadas nas saídas, viradas e execução do nado.

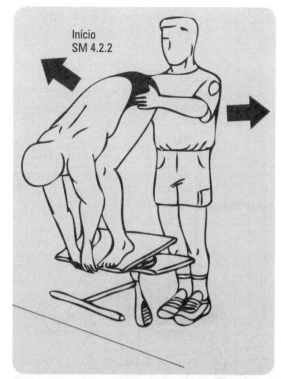

Figura 19.2. Auxílio permitido na saída do bloco.

Saídas

Nas saídas, os atletas podem ser auxiliados no bloco ou dentro da água. Os nadadores poderão sair de cima, sentados (nadadores com deficiência em MMII) [regra SM 4.2.4] ou ao lado do bloco [SM 4.2.3], nas provas dos estilos costas, borboleta ou livre. Nas saídas realizadas em cima do bloco de partida, o atleta que apresentar problemas de equilíbrio poderá ter auxílio do seu técnico ou de um voluntário para equilibrar-se, com apoio pelos quadris, mãos, braços, dentre outros, porém não poderão ser projetados a mais de 90 graus do bloco, assim como não podem ter auxílio na impulsão (Figura 19.2).

As classes S1, S2 e S3 têm autorização para sair de dentro d'água e manter seu(s) pé(s) encostado(s) à parede, com a ajuda do técnico ou voluntário [SM 4.2.8], até que seja dado o sinal de largada (Figura 19.3). Esta saída é permitida para os estilos livre e costas. Não é permitido ao apoio dar impulso ao nadador no momento da largada.

Atletas acima da classe S3 poderão sair de dentro da água, mas com uma mão agarrada na borda [SM 4.2.5]. Se a piscina tiver calha, os atletas não poderão segurar nela.

Caso o atleta queira colocar a toalha sobre o bloco para executar saídas de cima ou sentado, só será per-

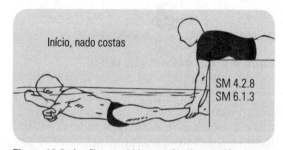

Figura 19.3. Auxílio permitido na saída dentro d'água.

mitida uma camada de toalha cobrindo o bloco; caso a toalha seja dobrada, será considerada uma ação irregular, levando à desclassificação do atleta.

No nado costas, a saída deverá ser realizada com os pés abaixo do nível da água [SM 6.1] (Figura 19.4). Nos casos de atletas que não tenham braço ou não consigam realizar a saída com agarre, poderão ser auxiliados com a utilização de implementos e/ou com a ajuda do técnico (Figura 19.5).

Atletas cegos podem ter orientação nos blocos de saída, desde que não seja verbal. Dentro da área de competição não é permitida a comunicação verbal entre técnico e atleta, independente da deficiência.

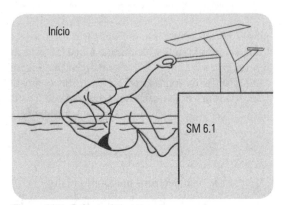

Figura 19.4. Saída nado costas.

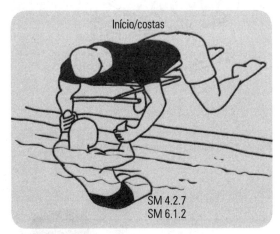

Figura 19.5. Auxílio na saída nado costas.

No caso de um competidor com uma deficiência física, visual ou intelectual associada à surdez, o treinador deve indicar-lhe o sinal de largada por meio do toque, ou poderá solicitar o sinal visual (*Strobe light*).

Virada/Chegada

O toque nos atletas da classe S11 (*tapping*) permite ao nadador um melhor aproveitamento da técnica ao executar suas viradas ou chegadas (Figura 19.5), garantindo também a sua segurança. O toque é o aviso que se dá ao nadador quando de sua aproximação às extremidades da piscina, indicando o momento da virada ou chegada. Normalmente, o técnico toca na cabeça, nas costas do atleta, ou qualquer outro lugar que o atleta preferir, sem atrapalhar o desenvolvimento do nado.

A técnica de tocar os atletas S11 antes das viradas ou chegadas foi desenvolvida pelos canadenses Welf e Audrey Strom, em meados da década de 1980. Por ser simples e importante para a segurança do atleta cego, a técnica foi adotada em todo o mundo, sendo obrigatória por regra para todo atleta da classe S11 (LUZ, 2006). Tanto o técnico que realiza o toque com o bastão no nadador, quanto o bastão utilizado recebem o nome de *tapper*.

O equipamento utilizado para realizar o toque deve ser um bastão, que possibilite um contato firme com o corpo do nadador. As regras não fazem restrições a modelos ou comprimentos, porém é necessário que a extremidade do bastão seja recoberta por algo macio. Entre os materiais possíveis de serem utilizados na confecção do bastão, a vara de pescar é a mais adequada por suas características físicas, durabilidade e baixo custo.

O nadador e o *tapper* deverão treinar em conjunto, de maneira que o *tapper* tenha plena consciência dos hábitos do nadador e este esteja habituado com os métodos de toque, sendo um fundamento importante a treinar. A responsabilidade do *tapper* não engloba apenas a performance, mas também a segurança e integridade do nadador. Quando ocorre um toque falho, o *tapper* deve rapidamente colocar a extremidade acolchoada do bastão entre a cabeça do nadador e a parede da piscina, evitando possíveis ferimentos na face. É preferível tocar o atleta em uma distância segura, principalmente nos estilos peito e borboleta (Figura 19.6), evitando que o atleta inicie outro ciclo de braçadas, sem espaço para a finalização, evitando, desta forma, o risco do choque contra a parede.

Figura 19.6. Auxílio do Tapper.

Atletas cegos também têm a obrigatoriedade de utilizar óculos totalmente opacos, que são verificados sempre ao término da prova pelos árbitros. O atleta pode ser punido caso perca os óculos durante a prova.

Nas viradas e chegadas dos nados peito e borboleta, nadadores cegos podem ter dificuldades para efetuar o toque simultâneo, já que a recuperação da braçada pode ser impedida pela raia. Somente ocorrerá a desclassificação se o nadador ganhar propulsão com o auxílio da raia.

MODALIDADES DO PROGRAMA PARALÍMPICO

Nas saídas e viradas do nado peito ou borboleta, atletas que não conseguem dar impulso com as pernas podem executar uma braçada não simultânea para retomar a posição do corpo [SM 7.1.1]. Na virada e na chegada, os nadadores com comprimentos diferentes de braços devem tocar a borda da piscina com o braço mais longo, porém ambos devem estar extendidos à frente [SM 7.6.1]; caso os membros superiores sejam curtos e não ultrapassem a cabeça, o nadador poderá tocar na virada e na chegada com qualquer parte de cima do tronco [SM 7.6.2].

Durante a Prova

Os estilos peito e borboleta, além de todos os aspectos de regra já descritos, sofrem algumas adaptações, como, por exemplo, no caso dos atletas sem movimento de perna, que nadam o peito normalmente com mais bloqueios (menos respirações), porém mantendo a obrigação de o atleta ter de quebrar a linha da água com uma parte da cabeça. No nado borboleta, não é comum as classes baixas (S1, S2 e S3) participarem, devido às exigências físicas e técnicas do estilo.

Durante o nado de costas, os atletas das classes baixas poderão nadar com braços alternados, simultâneos ou utilizando a ondulação da cabeça e do tronco. Normalmente, estas classes nadam costas e *crawl* com a mesma técnica.

A natação paralímpica tem uma prova que não é oferecida na natação olímpica – a prova dos 150 metros medley individual (três estilos), em que os nadadores nadam os estilos costas, peito e livre, nesta ordem, respectivamente [SM 9.1.1].

Um caso pouco comum, porém previsto em regra, acontece quando um nadador da classe S11, inadvertidamente, emerge em uma raia diferente da sua, após a largada ou a virada. Estando esta raia ocupada ou não, será permitido ao nadador cumprir a prova naquela raia. Se o atleta que mudou de raia e o que estava originalmente nessa forem prejudicados, por tal incidente, o árbitro poderá solicitar que os dois nadem a prova novamente.

Muitas adaptações são feitas para o nadador paralímpico, dependendo da sua capacidade de realizar alguns movimentos. Mesmo com estas adaptações, o nado não deverá ser descaracterizado.

Competições

As competições são divididas em categorias masculinas e femininas, respeitando sempre a classe dos nadadores, e as provas disputadas podem ser individuais ou em equipes de revezamento.

As principais competições da natação paralímpica regidas pelo IPC são os Jogos Paralímpicos, os Campeonatos Mundiais de piscina longa (50 m) e de piscina curta (25 m) e os Jogos Parapanamericanos (ou regionais da Ásia, Europa etc.). Estas competições ocorrem a cada quatro anos, respeitando o ciclo paralímpico (quadriênio) na ordem apresentada a seguir:

- *1º ano:* campeonato mundial de piscina curta (25 m).
- *2º ano:* campeonatos mundiais (50 m).
- *3º ano:* campeonatos regionais (50 m).
- *4º ano:* Jogos Paralímpicos (50 m).

Nas competições descritas, cada país poderá inscrever, no máximo, três competidores, por classe, prova e gênero (masculino ou feminino). Da mesma forma, só poderá inscrever uma equipe de revezamento por pontuação e gênero (masculino e feminino).

Tabela 19.5 Provas Individuais Oferecidas dentro do Programa Paralímpico		
Prova	Gênero	Classes
50 metros livre	Masculino Feminino	S1, S2, S3, S4, S5, S6, S7, S8, S9, S10, S11, S12, S13, S14
100 metros livre	Masculino Feminino	S1, S2, S3, S4, S5, S6, S7, S8, S9, S10, S11, S12, S13, S14
200 metros livre	Masculino Feminino	S1, S2, S3, S4, S5, S14
400 metros livre	Masculino Feminino	S6, S7, S8, S9, S10, S11, S12, S13
50 metros costas	Masculino Feminino	S1, S2, S3, S4, S5
100 metros costas	Masculino Feminino	S6, S7, S8, S9, S10, S11, S12, S13, S14
50 metros peito	Masculino Feminino	SB1, SB2, SB3
100 metros peito	Masculino Feminino	SB4, SB5, SB6, SB7, SB8, SB9, SB11, SB12, SB13, SB14
50 metros borboleta	Masculino Feminino	S1, S2, S3, S4, S5, S6, S7
100 metros borboleta	Masculino Feminino	S8, S9, S10, S11, S12, S13, S14
150 metros medley	Masculino Feminino	SM1, SM2, SM3, SM4
200 metros medley	Masculino Feminino	SM5, SM6, SM7, SM8, SM9, SM10, SM11, SM12, SM13, SM14

As federações internacionais por área de deficiência (IBSA, IWAS, INAS-FID) também oferecem campeonatos mundiais e regionais, assim como outros eventos internacionais.

As provas de revezamento, assim como na natação tradicional, são compostas por quatro atletas, porém não se monta uma equipe apenas respeitando o melhor tempo, pois é necessário respeitar a pontuação de cada atleta para não ultrapassar os pontos limites de cada revezamento.

O revezamento físico/motor é dividido em dois grupos de pontuação conhecidos como revezamento baixo (20 pontos) e revezamento alto (34 pontos), que seguem, respectivamente, as pontuações máximas de 20 pontos e de 34 pontos. Estas pontuações são seguidas respeitando a classe dos atletas que formarão as equipes de revezamento. Por exemplo, o Brasil possui seis atletas das classes S4, S5, S6, S9 e S10; desta forma, para que possamos compor o revezamento de quatro atletas, podemos usar as seguintes formações: exemplo 1 – S6+S9+S9+S10 = 34 pontos, ou exemplo 2 – S5+S9+S10+S10 = 34 pontos.

No revezamento para deficientes visuais ou 49 pontos, usa-se o mesmo racíocinio, não podendo exceder a pontuação máxima de 49 pontos. No caso dos revezamentos medley, respeita-se a pontuação de peito do nadador que irá nadar o peito.

Para o revezamento S14, a regra é a mesma do revezamento olímpico, bastando apenas escolher os quatro melhores tempos dos atletas S14.

Além das competições realizadas pelo IPC, existem as competições aprovadas e sancionadas por ele. Cada Comitê Paralímpico Nacional – CPN, como é o caso do CPB, disponibiliza seu calendário anual. Essas competições nacionais são de extrema importância para que os atletas possam executar o que treinaram e obter índices para competições internacionais. Outro fator de extrema importância é a detecção de novos talentos, que poderão futuramente renovar as seleções de seus países.

Iniciação ao Esporte

Para pessoas com deficiência física, a iniciação na natação normalmente se dá pelo trabalho de reabilitação feito geralmente em hospitais, clínicas ou faculdades.

Para as pessoas com deficiência visual, a natação é ótima por proporcionar liberdade total de movimentos e um rico local para o desenvolvimento motor. O retorno físico e psicológico da natação para as pessoas com deficiência pode ser notado, principalmente, na facilidade de o indivíduo locomover-se sem

Tabela 19.6 Revezamentos Oferecidos no Programa Paralímpico		
Prova	Gênero	Classes
4x50 metros livre 20 pontos	Masculino Feminino	S1, S2, S3, S4, S5, S6, S7, S8, S9, S10
4x50 metros medley 20 pontos	Masculino Feminino	S1, S2, S3, S4, S5, S6, S7, S8, S9, S10, SB1, SB2, SB3, SB4, SB5, SB6, SB7, SB8, SB9
4x100 metros livre 34 pontos	Masculino Feminino	S1, S2, S3, S4, S5, S6, S7, S8, S9, S10
4x100 metros medley 34 pontos	Masculino Feminino	S1, S2, S3, S4, S5, S6, S7, S8, S9, S10, SB1, SB2, SB3, SB4, SB5, SB6, SB7, SB8 e SB9
4x100 metros livre 49 pontos	Masculino Feminino	S11, S12 e S13
4x100 metros medley 49 pontos	Masculino Feminino	S11, S12, S13, SB11, SB12 e SB13
4x100 metros livre S14	Masculino Feminino	S14
4x100 metros medley S14	Masculino Feminino	S14

grandes esforços, pois sua propriedade de sustentação (empuxo) e eliminação quase que total da gravidade facilita a execução de movimentos que, em terra, poderiam ser difíceis ou impossíveis de serem realizados sem auxílio.

Da reabilitação à prática da natação como competição é uma questão de tempo e escolha. A natação, como todo esporte, é um ótimo fator de reinserção social, o que ajuda muito na autoestima, no bem-estar, no controle corporal e na autonomia de todos os praticantes. Para as pessoas com deficiência, os benefícios são muito evidenciados no aumento da longevidade, que está diretamente ligada à melhor orgânica.

O processo de ambientação que resulta na execução do nado implica a passagem por vários níveis de aprendizado associados e sequenciais. Embora as linhas gerais do processo estejam ligadas umas às outras, em ordem sucessiva, o professor ou instrutor deve analisar cada tipo de deficiência para aplicar a metodologia correta, visto que, em alguns casos, é impossível utilizar-se a ordem lógica. Para aqueles que desejam iniciar na natação adaptada, eis os seguintes passos:

1. Desenvolvimento da habilidade de entrar e sair da piscina, de preferência sem a ajuda de outra pessoa (mesmo que seja com o auxílio da escada ou raia); porém, com classes baixas, o importante é colocar o nadador da forma mais confortável possível.

2. Capacitação quanto à locomoção na piscina em diferentes profundidades (andando, pulando, boiando), até fazê-lo com a água na altura do peito. Inicialmente, o aluno pode dispor de boias.

3. Desenvolvimento da habilidade de manter-se equilibrado dentro d'água na melhor forma que a deficiência permita.

4. Trabalho de controle da respiração.

5. Trabalho de equilíbrio em posição de nado com mudança de decúbito, podendo variar de acordo com a deficiência de cada aluno. O importante é encontrar uma posição em que o nado possa ser executado sem que ocorra a sua descaracterização.

6. Movimentação dos membros exigidos pelo esporte (braços e pernas). Os alunos amputados, ou sem movimentos nos membros, podem, nessa fase, desenvolver outras técnicas de nado.

7. Deslocamento em posição de flutuação (nado) ou com a movimentação dos membros ou do tronco seguido dos saltos, se possível.

Na fase de iniciação do esporte, dá-se importância ao ensino por meio do lúdico (jogos aquáticos). Estes jogos estimulam o deslocamento dos alunos, bem como sua flutuação e superação, para atingirem as metas, assegurando que todos participem com as mesmas condições de sucesso, proporcionando meios (tapetes, boias, espaguetes) para que cada um possa jogar adaptando suas condições funcionais. No que tange às pessoas com deficiência visual é muito importante o uso da linguagem correta, descrevendo da melhor forma possível os movimentos, utilizando bonecos articulados para a "visualização" do movimento por parte dos alunos cegos, assim como o contato físico através do tato para sentir o movimento executado pelo professor, e o auxílio do professor na execução dos movimentos do aluno.

Para evitar acidentes e não trazer prejuízos na execução da técnica de virada e chegada dos nadadores com cegueira, deficiência visual e deficiências físicas severas, é necessário recorrer a algumas estratégias: como a utilização de protetores acolchoados nas bordas da piscina, para evitar o choque mais forte da cabeça; o uso de elásticos ou extensores entre as raias, indicando uma determinada metragem para chegar à borda da piscina; a contagem de braçadas para trabalho de técnica e segurança do aluno; o toque com os dedos na parede da piscina, facilitando a informação do espaço de virada; o uso de jatos d'água, utilização de um sistema paralelo à raia que crie um corredor para o atleta cego, evitando, assim, ferimentos causados por nadar sempre raspando nas raias, entre outros. Estas estratégias devem ser incorporadas pelo aluno/atleta e cobradas pelo professor/treinador durante as aulas/treinamentos.

Os atletas cegos e com deficiências visuais devem evitar nadar de um lado da raia para a outra, otimizando, assim, a distância e o tempo, melhorando a economia de movimento. Os nadadores que possuam resíduo visual devem orientar-se pelas linhas (contrastes no fundo da piscina) e por outras pistas visuais que sejam acessíveis a eles.

Iniciação ao Treinamento

A natação trabalha diversas capacidades físicas, melhorando, de forma geral, a coordenação, o equilíbrio, a flexibilidade, a força, a resistência (aeróbica e anaeróbica), a velocidade e, ao mesmo tempo, estimulando uma grande quantidade de órgãos, através das adaptações das funções fisiológicas que favorecem tanto a acumulação de energia como sua liberação para as contrações musculares.

O treinamento consiste na preparação de atletas para atingir um objetivo ou resultado em médio ou longo prazo. Essa fase de preparação apresenta etapas de desenvolvimento físico, técnico e psicológico.

O desenvolvimento do atleta ocorre de maneira individual e progressiva, respeitando um plano de treinamento inicialmente básico que se torna cada vez mais específico com a proximidade da competição.

Para tal, é preciso que o treinador tenha conhecimento das potencialidades do nadador, do tempo disponível para o treinamento e das necessidades físicas, sensoriais e técnicas a serem desenvolvidas para atingir a maximização do resultado. Podem ser alternados trabalhos de resistência e velocidade, dependendo da prova que será disputada.

O planejamento geral e detalhado do treinamento, respeitando os princípios científicos do exercício desportivo, é denominado periodização, sendo o mesmo já conhecido no esporte para pessoas não deficientes.

Para a obtenção destes objetivos, é necessário, entre muitos outros fatores, aprimorar: as técnicas de saídas e viradas; a relação entre comprimento e frequência de braçada; a velocidade nas recuperações de braço; a potência de tração das puxadas; os ritmos de nado; os gestos técnicos altamente especializados; e as capacidades físicas.

Atletas cegos normalmente têm vícios na execução das braçadas, que, por insegurança, acabam prejudicando a técnica dos estilos. Desta forma, o programa de treinamento destes atletas devem dar importante espaço aos exercícios educativos, que devem compor grande percentual do trabalho desenvolvido nas fases básicas e específicas de treinamento.

Bibliografia Consultada

1. Abrantes GM, Luz LMR, Barreto MM. Natação Paraolímpica: manual de orientação para professores de educação física. Brasília: Comitê Paraolímpico Brasileiro, 2006. 46p; il.
2. International Paraolympic Committee. Official Website of the Paralympic Movement. Disponível em <http://www.paralympic.org/>. Acessado em 01/03/2010.
3. International Paraolympic Committee. IPC Swimming. Disponível em <http://www.ipc-swimming.org/>. Acessado em 01/03/2010.
4. International Paraolympic Committee. IPC Historical Results Database. Disponível em <http://www.paralympic.org/Sport/Results/index.html>. Acessado em 01/03/2010.
5. Comitê Paraolímpico Brasileiro. Movimento Paraolímpico. Disponível em < http://www.cpb.org.br/institucional/movimento-paraolimpico>. Acessado em 01/02/2010.

capítulo 20

Tênis em Cadeira de Rodas

Wanderson Araújo Cavalcante

História

Em 17 de Janeiro de 1976, o norte-americano Brad Parks, atleta de ski acrobático, sofreu um acidente durante seu primeiro salto de aquecimento, sendo então diagnosticado com o quadro de lesão medular. Em sua reabilitação, leu um arquivo sobre Jeff Minnenbraker, um atleta com deficiência de Los Angeles, que estava experimentando jogar tênis na cadeira de rodas com dois quiques da bolinha.

Em Maio de 1976, após cinco meses de acidente, Brad tentou bater algumas bolas na sua própria cadeira com seus pais nas férias, usando os dois quiques. Extremamente excitado com as possibilidades desse novo esporte, ele retornou para casa e pensou mais sobre como seria o progresso desse novo esporte. Um mês mais tarde, durante uma rotina de *check-up* no Hospital Brad Parks, encontraria Jeff Minnenbraker. A partir de então, os dois começaram a discutir sobre a possibilidade de realmente as pessoas com deficiência praticarem o tênis em cadeira de rodas. Nascia assim o tênis em cadeira de rodas, e Brad Parks não imaginava a dimensão que o esporte alcançaria depois de alguns anos, e nem que seria conhecido pelos tenistas como "pai" do Tênis em Cadeira de Rodas.

No ano seguinte, Brad Parks fez sua própria cadeira personalizada e começou a promover o tênis em cadeira de rodas ao redor da costa oeste dos Estados Unidos junto com Jeff Minnenbraker. Logo após algumas experiências ensinando pessoas com deficiência a jogarem o esporte, eles definitivamente perceberam que a única mudança na regra seria a utilização dos dois quiques, e que as dimensões da quadra poderiam ser as mesmas.

Em 1978, o esporte já contava com vários adeptos pelos Estados Unidos, e os torneios começaram a apa-

recer. Jeff Minnenbraker e Brad Parks estavam muito animados com todo o desenvolvimento da modalidade e levaram a promoção do esporte através de extensivos programas de acampamentos, clínicas e exibições, fazendo com que cada vez mais pessoas experimentassem jogar esse novo esporte.

Havia mais de 300 tenistas em 1980 jogando ativamente a modalidade nos Estados Unidos, e essa década transformaria o tênis em cadeira de rodas em um esporte não somente praticado nos Estados Unidos, mas em vários países do mundo. Nesse mesmo ano, criou-se a National Foundation of Wheelchair Tennis (NFWT) em colaboração com a Associação de Tênis dos Estados Unidos (USTA), com o propósito de promover manifestações que contribuíssem na disseminação do esporte.

Em 1982, o tênis em cadeira de rodas começa a ser praticado na Europa, a princípio na França, seguido de Holanda e Alemanha, que futuramente seriam os países com o maior crescimento e número de adeptos na Europa. No ano de 1984, a modalidade chegou à Ásia através do Japão.

No ano seguinte, teve início a expansão do esporte para o público feminino e a categoria quad (quadriplegic) para pessoas com comprometimento funcional em três ou mais extremidades. Nesse mesmo ano foi celebrada, pela primeira vez, a World Team Cup, que seria o Mundial por equipes, a Copa Davis do tênis paralímpico. Em 1986, incorpora-se ao mundial a categoria feminina, sendo Holanda e EUA os dois únicos países a participarem do evento.

A Federação Internacional de Tênis em Cadeira de Rodas (IWTF) foi criada em 1988, e seria a responsável por adaptar oficialmente as regras do tênis ao tênis em cadeira de rodas com as especificações pertinentes. Em 1991, o presidente da International Tennis Federation (ITF) nomeia Ellen de Lange como secretária executiva da IWTF, sendo a primeira vez na história que a modalidade teria uma pessoa dedicada exclusivamente ao desenvolvimento e à promoção do esporte ao redor do mundo. Como resultado desse trabalho, criou-se o Circuito Mundial de Tênis em Cadeira de Rodas, perfazendo 80 eventos de diferentes categorias e classificações em todos os continentes.

O Circuito Mundial transformar-se-ia oficialmente na Nec Wheelchair Tennis Tour, inicialmente sendo jogada com somente 12 torneios internacionais. Hoje, a Nec Tour inclui cerca de 150 torneios realizados ao redor do mundo, em todos os principais continentes, sendo administrada e supervisionada pelo escritório da ITF, em Londres.

Falar em profissionalismo entre tênis e tênis em cadeira de rodas ainda é difícil, principalmente quanto à premiação oferecida aos atletas. Mas é inevitável sua comparação com as outras modalidades paralímpicas, pois grandes parceiros corporativos, como a NEC, fazem com que o tênis em cadeira de rodas tenha mais visibilidade, pois hoje são distribuídos mais de um milhão de dólares em prêmios durante o ano.

Em 1998, a ITF estabelece um precedente entre as Federações Esportivas Internacionais, ao integrar totalmente o tênis em cadeira de rodas em sua organização. Atualmente, o Departamento de Desenvolvimento do Tênis em Cadeira de Rodas é totalmente responsável pela direção e administração do esporte, supervisionando áreas tais como as regras do jogo, desenvolvimento, organização da Nec Wheelchair Tennis Tour, o sistema de *ranking* e, em geral, assegurando o crescimento contínuo e o aperfeiçoamento do esporte. Desta forma, desaparece a IWTF e cria-se a International Wheelchair Tennis Association (IWTA), formada por membros dos países participantes. Cada país membro tem direito a um voto representativo como membro da IWTA, sendo esta uma forma de organismo consultivo da ITF Wheelchair Tennis Committee.

O tênis em cadeira de rodas tem se tornado um dos esportes para pessoas com deficiência que mais cresce no mundo. Desde o primeiro torneio em Los Angeles, em 1977, são realizados sucessivamente numerosos torneios e grandes eventos em todo o mundo, culminando nos Jogos Paralímpicos de Barcelona (1992), Atlanta (1996), Sidney (2000), Atenas (2004) e Pequim (2008).

Atualmente, as grandes potências no tênis em cadeira de rodas masculino são Japão, Holanda, França e Suécia, e no feminino são Holanda, França e Grã Bretanha.

História no Brasil

O tênis em cadeira de rodas surgiu no Brasil no ano de 1985 através de José Carlos Morais, considerado o "pai" do tênis em cadeira de rodas brasileiro. Zé Carlos, como é conhecido, começou a jogar tênis com 12 anos de idade, e aos 25 anos tornou-se paraplégico. Tudo começou quando Zé Carlos, então atleta da seleção brasileira de basquete em cadeira de rodas, foi disputar um campeonato internacional que reunia várias modalidades em Stock Mondeville. Durante o evento, ele conheceu um atleta americano chamado Randy Snow, medalhista paralímpico em três Paralimpíadas diferentes nos esportes de atletismo, basquete em cadeira de rodas e tênis em cadeira de rodas.

Randy Snow estava difundindo o tênis em cadeira de rodas pelo mundo através de clínicas e pediu para que os atletas presentes no campeonato experimentarem o tênis, dentre eles José Carlos Morais. Após duas bolas golpeadas, Randy Snow chamou Zé Carlos na rede e disse que ele jogava bem e deveria aprender realmente a jogar. Zé Carlos voltou empolgado para o Brasil e começou a praticar com seu pai e primo.

Após algumas tentativas, Zé Carlos começou a procurar alguém em cadeira de rodas para praticar junto com ele. Foi quando fez o convite a Celso Lima, parceiro de seleção brasileira. Em 1986, Zé Carlos e Celso Lima começaram a jogar tênis em sua cidade, Niterói. O começo foi muito difícil, pois as cadeiras não eram adaptadas ao esporte, nem a treinadora acreditava que eles pudessem jogar tênis. Zé Carlos e Celso Lima foram aos EUA e compraram suas primeiras cadeiras de tênis; nessa viagem eles fizeram contato com o representante das cadeiras, e então ele os convidou para que jogassem um torneio nos EUA.

Naquela época já existia um *ranking* americano, e em seu primeiro torneio Zé Carlos foi campeão, sem perder nenhum *set*, surpreendendo a todos com o seu modo de jogar, devolvendo a bola com apenas um quique. Empolgado com os bons resultados, com a estrutura e a qualidade dos eventos nos EUA, Zé Carlos decidiu dar prosseguimento ao aprendizado e começou a difundir o tênis em cadeira de rodas no Brasil. Zé Carlos começou a fazer algumas clínicas pelo Brasil, para que as pessoas pudessem conhecer o tênis em cadeira de rodas. Foram realizadas clínicas em São Paulo, no Rio de Janeiro e em Curitiba.

Sergio Gatto foi o primeiro jogador de São Paulo, em 1987. Sérgio também se tornou o primeiro professor usuário de cadeira de rodas a ministrar aulas de tênis.

Nesse mesmo ano, Zé Carlos voltou aos EUA, agora para estudos, e assim teve a oportunidade de jogar mais alguns torneios. Em um desses torneios, ele conheceu Brad Parks; assim, os dois precursores do tênis em cadeira de rodas, no mundo e no Brasil, respectivamente, estavam frente a frente.

O Brasil, em 1987, teve sua primeira participação em mundiais. Estiveram presentes nove países, e o Brasil terminou em 8º lugar.

A primeira escola de tênis em cadeira de rodas do Brasil surgiu no ano de 1988, utilizando a estrutura da Andef, na cidade de Niterói. Na década de 1990, a ITF veio ao Brasil, a convite de Zé Carlos, e começaram a realizar algumas clínicas. O 1º torneio de tênis em cadeira de rodas foi realizado também na cidade de Niterói e contou com uma chave formada por oito jogadores.

Em 1994, foi elaborado pela equipe da Associação de Centro de Treinamento de Educação Física Especial (CETEFE), com o apoio do Ministério do Esporte, o primeiro material áudio-visual de tênis em cadeira de rodas. A proposta do documento era disseminar e divulgar a modalidade entre professores e técnicos, informar sobre suas atuações no atendimento da pessoa com deficiência na iniciação desportiva, como também demonstrar as adaptações necessárias para a prática da modalidade.

O Brasil participou pela primeira vez de uma Paralimpíada em Atlanta (1996), nos EUA. Naquela época foi feito um torneio interno para saber quem representaria o Brasil; ganharam as vagas José Carlos Morais e Francisco Reis. Essa participação significou muito para o tênis em cadeira de rodas brasileiro, sendo um marco para a história dessa modalidade no País. Em Sidney (2000), o Brasil não participou, voltando apenas em Atenas (2004), com Carlos Santos "Jordan" e Maurício Pomme.

Em 1999, o Brasil teve a sua primeira participação em Mundiais na categoria *Quad* (*quadriplegic*) com os jogadores Augusto Fernandes e Anderson Oliveira. Nesse mesmo ano foi criado o Departamento de Tênis em Cadeira de Rodas da Confederação Brasileira de Tênis (CBT), que, a partir de então, seria responsável pelo desenvolvimento e administração da modalidade no País. Enfim, no ano de 2004, a CBT filiou-se ao Comitê Paralímpico Brasileiro (CPB), o que viabilizou o recebimento de recursos financeiros oriundos da Lei "Agnelo Piva". Atualmente, a CBT é a entidade responsável pela administração e desenvolvimento do tênis em cadeira de rodas no Brasil.

O tênis em cadeira de rodas participou pela primeira vez dos Jogos Parapanamericanos na cidade do Rio de Janeiro, em 2007. A participação brasileira nos Jogos trouxe mais visibilidade para a modalidade, muito devido aos resultados obtidos. O tênis em cadeira de rodas contou com quatro representantes nos Jogos, sendo dois homens e duas mulheres. Os resultados vieram com uma medalha de prata na dupla feminina, com Rejane Cândida e Samanta Almeida. Os homens trouxeram a almejada medalha de ouro na dupla masculina, com os representantes brasileiros das Paralimpíadas de Atenas, Carlos Santos e Maurício Pomme. Carlos Santos foi também medalhista de bronze em simples. A dupla formada por Carlos Santos e Maurício Pomme compôs novamente a representação brasileira nas Paralimpíadas de Pequim (2008).

No Brasil são realizadas seis etapas do Circuito Internacional – Nec Wheelchair Tennis Tour, que também conta pontos para o *ranking* brasileiro. O número de adeptos da modalidade tem crescido a cada dia, atualmente são um pouco mais de 100 praticantes em pelo menos dez Estados brasileiros.

Elegibilidade

Para poder competir em torneios sancionados pela ITF e CBT, os Jogos Parapanamericanos e as Paralimpíadas, o jogador de tênis em cadeira de rodas tem que apresentar algum comprometimento físico permanente relacionado à sua mobilidade. Este tem que resultar em perda parcial ou total da função de uma ou mais extremidades inferiores. Esta limitação funcional, decorrente da deficiência, deve impedir o jogador de praticar o tênis convencional, ou seja, não conseguir mover-se em quadra com velocidade e habilidade adequada. Então, este jogador é elegível para jogar o tênis em cadeira de rodas competitivo em torneios sancionados pela ITF e CBT.

Qualquer questão ou apelo relativo à elegibilidade do jogador de tênis em cadeira de rodas será levada para a comissão médica da ITF, que avaliará e julgará o caso em questão.

Classificação Funcional

O tênis em cadeira de rodas não tem um sistema complexo de classificação funcional, como acontece em esportes como o basquete em cadeiras de rodas e a natação. Os jogadores são basicamente classificados de acordo com sua habilidade funcional no tênis e não de acordo com sua deficiência; portanto, todos os grupos de deficiências, como, por exemplo, quadros de amputação e lesão medular, competem uns com os outros.

Existe uma categoria específica para atletas com maior comprometimento funcional – a Quad (*quadriplegic*), que agrega jogadores com comprometimento em três ou mais extremidades do corpo, ou seja, ele deve ter obrigatoriamente comprometimento funcional nos membros inferiores e em um dos membros superiores. As categorias *Quad* e Junior (jogadores até 18 anos) são disputadas de forma mista, ou seja, mulheres podem jogar contra os homens e vice-versa.

No tênis em cadeira de rodas é mais comum falar em divisões quanto à habilidade, pois são baseadas no *ranking*, do que em classificações.

Nos torneios é comum encontramos as divisões em forma de chaves, ou seja, temos a chave principal, a segunda chave e as demais, caso seja preciso. Os melhores no *ranking* jogam na chave principal, *segunda, A, B, C e assim sucessivamente*, dependendo do número de atletas inscritos no torneio. A maioria dos eventos da NEC Tour oferece pelo menos duas divisões para homens e uma para mulheres.

Regras

O jogo de tênis em cadeira de rodas segue as mesmas regras do tênis, em conformidade com as regras oficiais da ITF, com exceção da permissão dada ao jogador de tênis em cadeira de rodas durante a partida de que a bola toque no chão duas vezes. Esta ação é denominada pela ITF de "regra dos dois quiques". O jogador tem que devolver a bola antes que esta toque no chão pela terceira vez.

A regra dos dois quiques foi ampliada em 1999, quando a ITF acrescentou as suas regras do tênis, a saber: quando um jogador em cadeira de rodas jogar contra ou com um jogador sem deficiência, o jogador em cadeira de rodas terá direito aos dois quiques e o jogador sem deficiência somente a um. Isto significou muito, pois os jogadores em cadeira de rodas agora podem competir "legalmente" em torneios de tênis para tenistas sem deficiência e sem modificações na regra.

A cadeira de rodas é considerada como parte do corpo do jogador, ou seja, todas as regras da ITF referentes ao corpo do jogador também se aplicam à cadeira de rodas. Todas as outras regras são as mesmas praticadas, pois tanto no tênis como no tênis em cadeira de rodas, não há diferença.

Os torneios são classificados pela ITF com base em uma série de critérios que incluem aspectos como organização do evento, premiação em dinheiro, histórico do evento e nível de arbitragem. A classificação segue basicamente o mesmo modelo do tênis profissional. Assim, temos em escala crescente, no topo, os Grand Slams, Super Series (SS), ITFs 1, 2 e 3, e torneios Futures. Para cada classificação são determinados o número de pontos e a premiação que o atleta recebe, quanto melhor a classificação do torneio mais pontos e dinheiro são distribuídos aos jogadores. Todo final de ano, a ITF divulga o calendário de torneios para o próximo ano, no qual também são listadas todas as datas e detalhes dos eventos.

Semelhanças e Diferenças

As semelhanças entre tênis e tênis em cadeira de rodas vão muito além das regras, o que facilita ao professor e técnico trabalhar com ambas as modalidades. A maior diferença entre esses, como se pode imaginar, será quanto à mobilidade.

Primeiro de tudo, o tênis em cadeira de rodas é tênis. A maioria dos princípios que são aplicáveis ao tênis, também são aplicáveis ao tênis em cadeira de rodas. Todos os aspectos relacionados ao movimento do golpe, a tática, as técnicas corretivas, metodologias de ensino e progressões didáticas são os mesmos aplicados para ambas as modalidades.

O que realmente fará diferença é quanto à mobilidade, pois o jogador de tênis em cadeira de rodas joga sentado, e todas as adaptações devem ser feitas considerando a posição sentada e seu comprometimento funcional.

A seguir temos a Tabela 20.1 informando as principais semelhanças e diferenças entre os dois jogos.

Tabela 20.1 Diferenças e Semelhanças entre o Tênis em Cadeira de Rodas e o Tênis Convencional	
Semelhanças	Diferenças
• Técnicas de golpeio • Progressões didáticas • Técnicas de correção • Posicionamento em quadra • Superfície das quadras • Táticas fundamentais	• Métodos de mobilidade • Deslocamento em relação à bola • Dois quiques • Abordagens de recuperação • Considerações físicas

Semelhanças

■ As técnicas de movimento do golpe são as mesmas utilizadas entre atletas cadeirantes e os ambulantes. Os mesmos princípios da biomecânica a partir dos quais foram construídos e adaptados os movimentos dos golpes no tênis também se aplicam ao jogo em cadeira de rodas.

- As mesmas progressões de ensino do tênis podem ser aplicadas ao tênis em cadeira de rodas. Comece com os alunos perto da rede e aos poucos trabalhe com eles se posicionando ao fundo.

- As técnicas de correção são as mesmas para os atletas cadeirantes e ambulantes. Na primeira fase, temos a preparação, na qual se reúnem as informações sobre o golpe, o jogador e a situação que se observa. Em seguida, o treinador observa sistematicamente várias séries do golpe em diferentes ângulos. Na terceira fase, o treinador avalia e diagnostica o rendimento, identificado os pontos fortes e fracos de cada golpe. Na quarta fase, o treinador faz as devidas intervenções.

- O posicionamento e o espaçamento do jogador em relação à bola são importantes para um movimento bem executado, tanto no tênis como no tênis em cadeira de rodas. Um posicionamento eficiente e efetivo em quadra é crucial para o êxito do jogador em ambos os jogos.

- O tênis em cadeira de rodas é jogado em todos os tipos de piso. Superfícies mais "moles", como quadras de saibro ou grama sintética, podem representar alguns problemas relacionados à mobilidade.

- As táticas básicas do tênis se aplicam ao tênis em cadeira de rodas. Alguns fatores devem sofrer adaptações devido à posição sentada e à altura do jogador, isso pode influenciar nas decisões táticas de jogo.

Diferenças

- O que se deve levar em consideração quanto aos métodos de mobilidade é que o tênis em cadeira de rodas é jogado inteiramente do quadril para cima, sem interferência das extremidades inferiores. Consequentemente, movimentar-se em direção à bola, golpear e recuperar, tudo é feito somente com o uso dos membros superiores.

- O deslocamento até a bola nem sempre é feito com o intuito de o jogador chegar até ela na posição de frente, como acontece no jogo de tênis; muitas vezes, o jogador de tênis em cadeira de rodas é obrigado a jogar de costas para a quadra.

- Os dois quiques são extremamente importantes para jogadores iniciantes e intermediários. A velocidade da bola é muito alta, o que atrapalha os jogadores iniciantes, além de dificultar sua aprendizagem e desenvolvimento. Portanto, é recomendável que se trabalhe com dois ou mais quiques com jogadores iniciantes.

- Saber recuperar-se e posicionar-se de uma maneira favorável na quadra, utilizando as unidades de giro no tênis em cadeira de rodas é mais do que uma técnica: é uma arte de sobrevivência dentro do jogo. A recuperação está associada com a técnica do toque da cadeira, com a capacidade de giro da cadeira e, principalmente, com a posição tática do jogador. Recuperar bem é o mesmo que golpear bem no tênis em cadeira de rodas.

- As limitações físicas dos jogadores de tênis em cadeira de rodas são muitas, fato que, às vezes, impede os jogadores de executar determinados tipos de golpes. Essas limitações estão associadas com seu comprometimento funcional ou seu nível de lesão, como nos quadros de paraplegia.

Equipamento

Atualmente, a tecnologia empregada na fabricação das cadeiras de rodas tem ajudado a reduzir a lacuna entre o tênis e o tênis em cadeira de rodas. Dessa forma, o nível dos jogadores de tênis em cadeira de rodas tem aumentado significativamente, contribuindo para a proximidade de ambas as modalidades.

Realmente, o que diferencia o tênis em comparação ao tênis em cadeira de rodas quanto ao equipamento é o uso da cadeira de rodas esportiva. Os demais materiais utilizados para a prática do tênis, como raquetes e bolas, são os mesmos para ambos os jogos.

Algumas considerações devem ser feitas sobre o uso da cadeira de rodas esportiva:

1. *Conforto*: para o jogador, a cadeira de rodas deve fazer parte do seu corpo, ou seja, ela é uma extensão do seu corpo; é com ela que ele deve se sentir confortável ao se sentar e ao se mover em quadra.

2. *Segurança*: o jogador deve sentir-se seguro de que não irá cair da cadeira de rodas.

3. *Equilíbrio*: o jogador deve sentir-se equilibrado para que possa se mover e golpear a bola adequadamente.

Algumas considerações devem ser feitas sobre as adaptações típicas da cadeira de rodas esportiva:

- O ângulo formado entre o assento e o encosto das costas deve ser ajustado de acordo com o equilíbrio ou a lesão do jogador. Ao diminuir esse ângulo, os jogadores podem trazer seus joelhos para mais perto do tórax e evitar que a parte superior do corpo caia em função do nível de sua lesão.

- Os eixos (rodas laterais) podem ser ajustados para frente ou para trás. Esse ajuste considera o centro de gravidade do jogador, o que favorece o seu equilíbrio e a estabilidade ao sentar-se e movimentar-se na cadeira.

- O apoio dos pés pode ser ajustado para cima ou para baixo, de forma a permitir que as pernas fiquem mais próximas do tórax do jogador. Ele também pode ser ajustado para frente ou para trás, o que fará com que o jogador mantenha uma posição mais sentada, ou seja, jogado para frente (posição mais agressiva).

- A cambagem das rodas auxilia na segurança durante o giro da cadeira de rodas, sendo frequentemente usada durante o movimento de golpeio e recuperação do jogador.

A meta de todas essas considerações e ajustes na cadeira de rodas é criar uma união entre o jogador e sua cadeira de rodas, de modo que cadeira e corpo trabalhem em sintonia. O ideal é que o jogador principiante tenha uma cadeira ajustável para que possa fazer todos os ajustes necessários, e assim encontre a melhor forma de estar sentado na cadeira de rodas. Depois de todas as tentativas e ajustes feitos, ele pode passar para uma cadeira não ajustável; por ter menos peças, esse tipo de cadeira torna-se mais leve e eficiente.

A amarração é outra forma eficiente de criar uma união entre o jogador e sua cadeira de rodas. Para aumentar sua segurança e equilíbrio, o jogador amarra-se à sua cadeira de rodas. Normalmente usam-se faixas de velcro, cintos, faixas elásticas e cordas elásticas. As amarrações são utilizadas nos pés (para prendê-los ao apoio de pés), nos joelhos (para estabilizar os movimentos das pernas), nos quadris (para mantê-los fixos à cadeira) e no tronco (para manter o equilíbrio).

É importante que o jogador de tênis em cadeira de rodas experimente diferentes posições e métodos de amarração, principalmente quando há uma preocupação com a segurança, o equilíbrio e a estabilidade do jogador.

Considerações Finais

O tênis em cadeira de rodas é uma modalidade relativamente recente. Apesar de ter chegado ao Brasil em 1985, a modalidade ganhou maiores proporções somente no final da década de 1990. A partir de 2004, com a chegada de novos recursos, constatou-se um grande desenvolvimento da modalidade através de escolinhas, novos jogadores, eventos nacionais e internacionais, palestras, cursos, além, é claro, de importantes conquistas, como a medalha de ouro nos Jogos Parapanamericanos de 2001, no Rio de Janeiro.

Atualmente, vem se discutindo muito a questão da classificação funcional, que são apenas duas. A maioria dos jogadores acha que deveria haver uma classificação mais complexa e com mais categorias. Segundo eles, por exemplo, é injusto um jogador com quadro de paraplegia jogar contra alguém com quadro de amputação. Questões como equilíbrio, estabilidade e mobilidade na cadeira de rodas fazem diferença no resultado final da partida.

Talvez um dos pontos mais fortes da modalidade é que para jogar tênis em cadeira de rodas é necessário apenas uma cadeira de rodas esportiva. Não há necessidade de nenhuma adaptação a mais para se jogar o tênis em cadeira de rodas, ou seja, as regras são as mesmas praticadas no tênis, assim como o material utilizado para sua prática.

Oficialmente é permitido ao jogador de tênis em cadeira de rodas disputar um torneio para pessoas sem deficiência. Isso torna viável não só a prática, mas também a participação daquele jogador em torneios locais de tênis. Teoricamente, o jogador de tênis em cadeira de rodas não precisa de outros jogadores com deficiência para praticar e participar de torneios.

Quando afirmamos que "tênis em cadeira de rodas é tênis", queremos mostrar que tudo que existe no tênis está presente no tênis em cadeira de rodas. A única diferença é realmente quanto à questão da mobilidade. Todo professor e técnico que trabalha com tênis também podem trabalhar com tênis em cadeira de rodas, pois as técnicas, correções, progressões e metodologia de ensino são as mesmas. É importante esclarecer que algumas adaptações devem ser feitas, mas nada impede de ser aprendido e desenvolvido por qualquer profissional que tenha um conhecimento mínimo a respeito da pessoa com deficiência.

O tênis em cadeira de rodas é uma das modalidades paralímpicas que mais cresce no mundo, muito devido à sua forma mundial de administração e aos parceiros internacionais envolvidos nesse processo de divulgação e desenvolvimento da modalidade.

Mais informações sobre a modalidade podem ser obtidas através do *site* da Federação Internacional de Tênis – ITF (www.wheelchairtennis.com), da Confederação Brasileira de Tênis – CBT (www.cbtenis.com.br) e do Comitê Paralímpico Brasileiro – CPB (www.cpb.org.br).

Referências Bibliográficas

1. Cavalcante WA, Pomme M. Manual de Orientação para Professores de Educação Física: Tênis em Cadeira de Rodas. Comitê Paraolímpico Brasileiro – Brasília, 2006.
2. International Tennis Federation. More than tennis: the first 25 years of wheelchair tennis. London: ITF, 2000.
3. International Tennis Federation. Wheelchair tennis coaches manual. London: ITF, 2000.
4. Sanz D. El tenis em silla de ruedas. Barcelona: Paidotribo, 2003.
5. Elliott B, Reid M, Crespo M. Biomecánica del tenis avanzado. España: ITF, 2003.

capítulo 21

Tênis de Mesa

Celso Toshimi Nakashima

A Origem do Tênis de Mesa

Três dos modernos jogos populares com raquete descendem diretamente do antigo jogo medieval de tênis, que costumava ser praticado tanto ao ar livre quanto em espaços fechados. Todos nasceram e se desenvolveram na Inglaterra durante a segunda metade do século XIX: o tênis de campo, praticado com uma bola mais macia (borracha coberta com felpo) em terrenos gramados; o tênis de mesa (do mesmo modo, um passatempo social) em salas comuns; e o badminton, no qual se usa uma peteca no lugar da bola.

As primeiras lembranças registradas do tênis de mesa revelam um jogo rude, iniciado por estudantes universitários, com livros dispostos no lugar da rede e por militares que o praticavam com equipamentos improvisados no país e no exterior. De madeira, papelão ou tripa de animal, as raquetes podiam ser cobertas algumas vezes por cortiça, lixa ou tecido; bolas de cortiça ou borracha e redes de diferentes alturas, às vezes consistindo de apenas um simples fio. Mesas de dimensões variadas, partidas com contagens de 10 ou 100 pontos, saques com quique inicial na metade da mesa do sacador ou diretamente na outra metade de encontro a um espaço limitado ou não, porém com a obrigatoriedade de o sacador estar afastado da linha de fundo da mesa.

Desde a sua criação, foram várias as adaptações nas regras e nos materiais/equipamentos usados (raquetes, borrachas etc.), até que em 1926 oficializou-se a modalidade com a fundação da ITTF (International Table Tennis Federation), órgão que dirige o tênis de mesa mundial, com regras oficialmente estabelecidas (Nakashima, 2006).

A Introdução no Brasil

Os iniciantes da prática do tênis de mesa no Brasil foram os turistas ingleses, que, por volta de 1905, começaram a implantá-lo em São Paulo. O nome adotado era ping-pong, o mesmo utilizado em Londres, derivado do som que a bolinha fazia ao bater na mesa. Quanto às regras, eram as mais diversas possíveis, com a mesa possuindo a dimensão que os seus praticantes tinham à disposição, a contagem era variável e o saque diretamente por cima da rede. Em seguida, por falta de contato, o tênis de mesa marchou atrasado em relação ao resto do mundo.

Com a criação de ligas e associações nos Estados de São Paulo e do Rio de Janeiro, pode-se fixar o ano de 1912, como o início das atividades organizadas do tênis de mesa, pois, até então, o esporte era praticado em casas particulares e clubes. O tênis de mesa no Brasil é administrado em nível nacional pela CBTM (Confederação Brasileira de Tênis de Mesa), fundada em 1979, no Rio de Janeiro, e regionalmente pelas federações estaduais (Nakashima, 2006).

A Introdução no Movimento Paralímpico Internacional

Nakashima (2006, p. 09) comenta que "o tênis de mesa é um dos mais tradicionais esportes paralímpicos. Desde os Jogos Paralímpicos de Roma, em 1960, a bolinha não parou tanto no masculino quanto no feminino."

Conforme dados disponíveis pelo Comitê Paralímpico Brasileiro, todas as edições das Paralimpíadas tiveram jogos da modalidade, sendo que, com o passar dos anos, ocorreram mudanças no sistema de disputa. Entre Roma (1960) e Tel Aviv (1968), houve competições no individual e em duplas. Em Heidelberg (1972), foi acrescentado o torneio por equipes. Em Toronto (1976) e em Arnhem (1980) ocorreram jogos de simples e por equipes. Nos Jogos de 1984 (Nova Iorque/Stoke Mandeville) e de 1988 (Seul), o Open (categoria única envolvendo todas as classes andantes ou cadeirantes) entrou no calendário paralímpico oficial. A partir de Barcelona (1992), as disputas passaram a ser apenas no individual e por equipes.

A Introdução no Movimento Paralímpico Nacional

As primeiras competições regionais e nacionais para pessoas com deficiência física foram promovidas na década de 1970 pela ANDE (Associação Nacional de Desporto para Deficientes), que foi fundada em 1975. Dois anos mais tarde, a ANDE realizou os Jogos Parapanamericanos no Rio de Janeiro, e nesse evento o tênis de mesa fez-se presente com alguns atletas.

A partir daí, com o desenvolvimento do esporte nacional e o aumento expressivo do número de atletas, houve a exigência de que novas entidades fossem criadas: ABRADECAR (Associação Brasileira de Desporto em Cadeira de Rodas), a ABDC (Associação Brasileira de Desporto para Cegos) e, mais tarde, em 1990, a ABDA (Associação Brasileira de Desporto para Amputados) e a ABDEM (Associação Brasileira de Desporto para Deficientes Mentais).

No ano de 2000, foi fundada a CBTMA (Confederação Brasileira de Tênis de Mesa Adaptado), que, no final de 2006, mudou o nome para CBTMP (Confederação Brasileira de Tênis de Mesa Paralímpico). Nesta haviam oito federações regionais filiadas: Paraná, São Paulo, Goiás, Rio Grande do Norte, Distrito Federal, Rondônia, Rio Grande do Sul e Ceará. A CBTMP, filiada ao CPB, administrou o tênis de mesa paralímpico até 2008, organizando os circuitos nacionais e as seletivas para a formação das equipes que representaram o País nos eventos internacionais.

A partir de 2009, dada a fusão do IPTTC (International Paralympic Table Tennis Committee) com a ITTF (International Table Tennis Federation) e a consequente junção do tênis de mesa olímpico com o paralímpico, o Comitê Paralímpico Brasileiro (CPB) decidiu seguir o modelo de administração internacional. A Confederação Brasileira de Tênis de Mesa (CBTM), filiada à ITTF e responsável pelo tênis de mesa olímpico, passou a administrar o tênis de

mesa paralímpico. Hoje, a CBTM realiza todos os eventos olímpicos, como etapas da Copa Brasil e Campeonatos Brasileiros, tendo, em paralelo, eventos paralímpicos. As seletivas e os critérios de formação de seleção para as participações em jogos parapanamericanos, campeonatos mundiais e jogos paralímpicos também são de responsabilidade da CBTM.

Participações dos Mesatenistas em Eventos Internacionais

O departamento técnico do CPB e seus respectivos coordenadores eram os responsáveis pela formação das seleções brasileiras que participavam dos Jogos Parapanamericanos. Os campeões individuais de cada classe junto com os melhores ranqueados mundialmente eram selecionados para participar dos Jogos Paralímpicos.

No ano de 1996, em Atlanta, nos EUA, o Brasil participou com três mesatenistas: Luiz Algacir Vergílio da Silva, Francisco Eugênio Sales e Maria Luiza Pereira Passos.

Em 2000, nos Jogos Paralímpicos de Sidney, na Austrália, foram cinco os representantes brasileiros: Luiz Algacir Vergílio da Silva, Franciso Eugenio Sales, Carlo Di Franco Michell, Lucas Maciel e Anita Sutil.

No ano de 2004, em Atenas, na Grécia, o Brasil participou com seis atletas: Luiz Algacir Vergílio da Silva, Iranildo Conceição Espíndola, Ivanildo Pessoa de Freitas, Cristóvan Jaques Pereira Lima, Roberto Pereira Alves e Lucas Maciel.

E em 2008, nos Jogos Paralímpicos de Beijing, a quantidade de mesatenistas aumentou para dez atletas: Luiz Algacir Vergílio da Silva, Iranildo Conceição Espíndola, Hemerson Kovalski, Welder Knaf, Ivanildo Pessoa de Freitas, Alexandre Macieira Ank, Claudiomiro Segatto, Carlo Di Franco Michell, Jane Karla Rodrigues e Carollina Maldonado.

Principal Atleta do Mesatenismo Paralímpico Brasileiro

Sem dúvida alguma, o maior e eterno nome do mesatenismo paralímpico nacional é Luiz Algacir Vergílio da Silva*, atleta curitibano que participou de quatro edições dos Jogos Paralímpicos, conquistou todos os títulos possíveis no continente americano, desde os Jogos Regionais até os Jogos

---

* O atleta faleceu vítima de câncer no dia 23 de Janeiro de 2010, aos 36 anos.

Parapanamericanos, onde foi campeão individual da Classe 3 nas últimas duas edições – em 2007, no Rio de Janeiro, e em 2003, em Brasília. Outro título importante foi no Campeonato Aberto da Holanda, no Emmen, em 2004, no qual Luiz derrotou os principais atletas da classe do mundo e sagrou-se campeão individual da Classe 3.

E a consagração do atleta veio, em 2008, nos Jogos Paralímpicos de Beijing, onde juntamente com o atleta Welder Knaf, conquistaram a inédita medalha no mesatenismo paralímpico e olímpico – medalha de prata, na competição por equipes, derrotando a poderosa e favorita China na semifinal (3 x 2), e sendo derrotada pelos franceses na final por 3 a 1 (Figura 21.1).

Figura 21.1. Luiz Algacir (esquerda), eleito duas vezes o "melhor atleta cadeirante das Américas" e Welder Knaf (direita).

O Tênis de Mesa Paralímpico

Os indivíduos praticantes do tênis de mesa paralímpico são divididos de duas formas: andantes, que jogam em pé, e cadeirantes, que jogam em cadeira de rodas. Atletas com paralisia cerebral, amputados ou deficientes físico-motores e mentais disputam os torneios da modalidade. Mais de 80 nações praticam o esporte, sendo as regras estabelecidas pela ITTF, com sutis adaptações feitas pelo PTT, principalmente para os atletas em cadeira de rodas.

Regras Simplificadas

A Mesa

Tem 2,74 m de comprimento, 1,525 m de largura e 0,76 m de altura. Pode ser feita de qualquer material, na cor escura e fosca, produzindo um quique uniforme de bola oficial aprovada pela ITTF.

A Rede

Estende-se por 15,25 cm além das bordas laterais da mesa e tem 15,25 cm de altura, devendo ser de cor escura com uma faixa branca na parte superior da mesma, e possuindo malhas de, no mínimo, 7,5 mm quadrados e, no máximo, 12 mm quadrados.

A Bola

Deve ser feita de celuloide ou plástico similar, nas cores branca ou laranja, e deve ser fosca, pesar 2,7 g e ter diâmetro de 40 mm.

A Raquete

Pode ser de qualquer tamanho, forma ou peso, sendo constituída de, no mínimo, 85% de madeira natural; o lado usado para bater na bola deve ser coberto com uma borracha com pinos para fora ou para dentro, tendo uma espessura máxima de 2 mm, ou por uma borracha "sanduíche", ou seja, esponja mais pinos voltados para fora ou para dentro, totalizando, no máximo, 4 mm; as borrachas podem ser somente de duas cores, vermelha ou preta; se num dos lados da raquete a borracha for preta, obrigatoriamente o outro deverá ser vermelha, e vice-versa

A Partida

Constitui-se de *sets* de 11 pontos. Pode ser jogada em qualquer número de *sets* ímpares (um, três, cinco, sete, nove etc.). No caso de empatarem em dez pontos, o vencedor será aquele que conseguir dois pontos de diferença em relação ao outro; o atleta que atua o primeiro *set* num lado é obrigado a atuar o *set* seguinte no lado contrário; no último *set* (*tie break*), os atletas devem mudar de lado, logo que um dos atletas atinja 5 pontos.

O Saque

A bola deve estar apoiada no centro da palma da mão livre e ser projetada verticalmente para cima (16 cm, no mínimo), devendo ser batida na descendente, de forma que ela toque primeiro no campo do sacador, passe sobre a rede sem tocá-la e toque no campo do recebedor; o saque deve ser dado atrás da linha de fundo da mesa ou numa extensão imaginária desta; cada atleta executa dois saques alternadamente, independente de quem conquista o ponto; com o placar 10 x 10, a sequência de saque e recepção permanece a mesma, mas cada atleta saca uma vez alternadamente até o final do *set*.

Uma Obstrução

A partida deve ser interrompida quando: o saque "queimar" (tocar) a rede; as condições de jogo forem perturbadas (barulho, bola de outra mesa, entre outras), o adversário não estiver preparado para receber o saque; no jogo de duplas, houver um erro na ordem do saque, recebimento ou lado.

Um Ponto

Um atleta marca o ponto quando o adversário: erra o saque; erra a devolução do saque; toca na bola duas vezes consecutivas ou mais; deixa a bola tocar em seu campo duas vezes consecutivas ou mais; rebate a bola com o lado da madeira da raquete ou movimenta a mesa de jogo durante a disputa do ponto.

Diferenças de Regras Paralímpicas

Para os mesatenistas paralímpicos andantes, as regras são idênticas aos olímpicos, com exceção do saque: no caso de alguns atletas com o braço livre amputado ou com alguma deficiência que não lhes permite estender totalmente a palma da mão, é permitido que esses atletas executem o saque projetando a bola com a própria mão de jogo.

Figura 21.2. Atleta com prótese de perna (Fonte: International Paralympic Table Tennis Committee, 2010).

No caso dos mesatenistas cadeirantes, o saque deve ser executado de modo que a bola sempre ultrapasse a linha de fundo da mesa adversária. Saques nos quais a bola saia pela linha lateral da mesa oponente são repetidos quantas vezes forem necessários; o cadeirante, após rebater a bola, pode se apoiar na mesa para retornar à cadeira; nos jogos de duplas entre cadeirantes, o mesmo atleta pode rebater a bola após a devolução do oponente, duas vezes ou mais consecutivamente, desde que a roda de sua cadeira não invada a área de seu parceiro, ou seja, não ultrapasse a linha central imaginária da mesa.

Equipamentos e Materiais Adaptados Utilizados

Próteses (Figura 21.2) e órteses (Figura 21.3) podem ser utilizadas pelos atletas que já o fazem no seu dia-a-dia; muletas (Figura 21.4); tênis com um salto alto para compensar a diferença no comprimento de uma das pernas; faixa ou bandagem para fixar a mão que joga com a raquete (Figura 21.5); extensor ou um aumento do cabo da raquete (Figura 21.6); almofadas ou assento de cadeira mais alto; rodas da cadeira com um maior ou menor raio; dentre outros criados de acordo com a deficiência ou necessidade do atleta.

Figura 21.3. Atleta com órtese de perna (Fonte: International Paralympic Table Tennis Committee, 2010).

MODALIDADES DO PROGRAMA PARALÍMPICO 191

Foto 21.4. Atleta com muleta (Fonte: International Paralympic Table Tennis Committee, 2010).

Foto 21.5. Atleta com raquete fixada por faixa (Fonte: International Paralympic Table Tennis Committee, 2010).

Classificação Funcional

O tênis de mesa paralímpico é dividido em 11 classes distintas, sendo: cinco (I, II, III, IV, V) para atletas cadeirantes, cinco (VI, VII, VIII, IX, X) para atletas andantes e a classe XI destinada aos atletas andantes com deficiência mental.

Foto 21.6. Atleta com extensor do cabo da raquete fixada por faixa. (Fonte: International Paralympic Table Tennis Committee, 2010).

Classe I – Tetraplégicos

Atleta com grave redução da função do braço de jogo, afetando a ação de agarrar, a flexão do pulso e a extensão do cotovelo e da mão, que são conseguidas com um movimento de balanço iniciado no ombro. O músculo tríceps não é funcional. Não possui balanço de tronco (Figura 21.7).

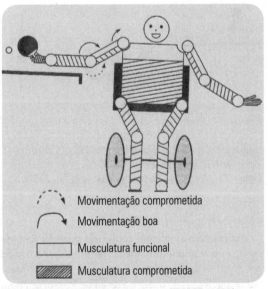

Figura 21.7. Perfil de Classe I (Fonte: TEPPER, 2007).

Classe II – Tetraplégicos

Atleta com extensão do cotovelo e com movimentos da mão bem coordenados, mas sem força normal. Possuem os músculos tríceps e deltoide funcionais. Não possui balanço de tronco (Figura 21.8).

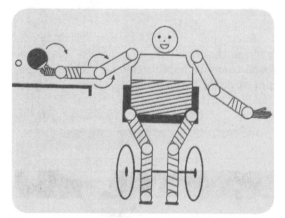

Figura 21.8. Perfil de Classe II (Fonte: TEPPER, 2007).

Classe III – Paraplégicos

Atleta com insuficiente equilíbrio quando sentado ereto numa cadeira de rodas sem suporte de um encosto. Músculos abdominais e das costas insuficientes para controlar a parte superior do tronco e fixar a posição lombar. Possui balanço do tronco praticamente nulo (Figura 21.9).

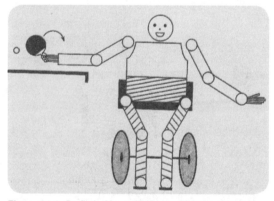

Figura 21.9. Perfil de Classe III (Fonte: TEPPER, 2007).

Classe IV – Paraplégicos

Atleta com suficiente equilíbrio quando sentado ereto, mas sem um movimento deliberado do tronco nos planos sagital e frontal, devido à falta dos músculos funcionais do quadril e da coxa. Possui um bom balanço de tronco. (Figura 21.10).

Classe V – Paraplégicos.

Atleta com excelente equilíbrio quando sentado ereto, podendo realizar movimentos em todas as direções. Possui um balanço de tronco normal e, em alguns casos, podem até caminhar (Figura 21.11).

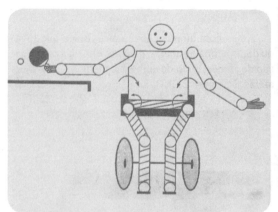

Figura 21.10. Perfil de Classe IV (Fonte: TEPPER, 2007).

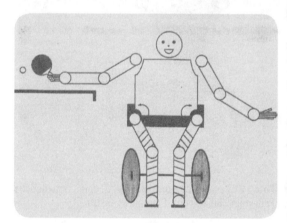

Figura 21.11. Perfil de Classe V (Fonte: TEPPER, 2007).

Classe VI

Atleta com a combinação de deficiências no braço que joga e nos membros inferiores (Figura 21.12).

Figura 21.12. Atleta Classe VI (Fonte: International Paralympic Table Tennis Committee, 2010).

Classe VII

Atleta com amputação simples (braço que joga) ou dupla acima ou abaixo do cotovelo, ou a combinação de ambos, além de ambos os membros inferiores afetados (Figura 21.13).

Figura 21.13. Atleta Classe VII (Fonte: International Paralympic Table Tennis Committee, 2010).

Classe VIII

Atleta com amputação simples acima ou dupla abaixo do joelho. Atleta com grave limitação em um ou dois membros inferiores. Atleta com amputação acima do cotovelo ao nível do ombro (Figura 21.14).

Figura 21.14. Atleta Classe VIII (Fonte: International Paralympic Table Tennis Committee, 2010).

Classe IX

Atleta com amputação simples abaixo do joelho, mas bom equilíbrio dinâmico em uma perna. Atleta com leve impedimento no braço que joga, com os dedos sem o agarre funcional na raquete (Figura 21.15).

Figura 21.15. Atleta Classe IX (Fonte: International Paralympic Table Tennis Committee, 2010).

Classe X

Atleta com amputação de, no mínimo, 1/3 do antebraço do braço livre, com função normal do braço que joga. Atleta com deficiência mínima em um dos membros inferiores (Figura 21.16).

Figura 21.16. Atleta Classe X (Fonte: International Paralympic Table Tennis Committee, 2010).

Classe XI

Atleta com deficiência intelectual, os quais obedecerão aos critérios de elegibilidade definidos pelo INAS-FID, entidade que administra internacionalmente os esportes para pessoas com esse tipo de deficiência.

Capacidades Motoras

Segundo Weineck (1999), capacidades motoras representam condições centrais para o aprendizado e a realização dos movimentos corporais relacionados ao esporte. Em modalidades de jogos, são requisitos fundamentais para um desempenho técnico, tático, físico e psíquico estável em competição. No tênis de mesa são importantes as capacidades motoras: velocidade de reação, velocidade de movimento, orientação espacial, potência e resistência de potência.

De acordo com Verkhoshanski (2001, *apud* Marinovic *et al.* 2006), numa atividade desportiva não há uma capacidade que caracterize a atividade, mas sim um conjunto específico de muitas capacidades. Essas capacidades interagem entre si, atribuindo a característica da modalidade e moldando a forma de como ela é desenvolvida.

No tênis de mesa paralímpico, principalmente nas classes mais altas, tanto para andantes (Classes VIII, IX, X) como para cadeirantes (Classes IV, V), vemos a velocidade como uma das principais capacidades motoras e suas interações com as outras capacidades, caracterizando a modalidade. Para as Classes mais baixas (I, II, III, VI, VII), o que mais se exige, além da limitada velocidade, é a habilidade e a inteligência para se explorar limitações causadas pela deficiência física do adversário.

Velocidade

Não é só a capacidade de poder correr velozmente, mas, também, a capacidade de coordenar movimentos acíclicos, seguidos de movimentos cíclicos (Weineck, 1999). No tênis de mesa paralímpico, assim como em outras modalidades, a velocidade é utilizada de outras formas, não somente como velocidade pura.

Indica a velocidade de um jogador como uma condição complexa, composta de outras capacidades psicofísicas secundárias, a saber (Weineck, 1999):

- Capacidade de percepção de situações de jogo e suas alterações no menor espaço de tempo possível = velocidade de percepção.

- Capacidade de antecipação do desenvolvimento do jogo, em especial do comportamento dos adversários no menor tempo possível = velocidade de antecipação.
- Capacidade de decisão de jogada no menor tempo possível = velocidade de decisão.
- Capacidade de reação a uma jogada inesperada no decorrer do jogo = velocidade de reação.
- Capacidade de realização de movimentos cíclicos e acíclicos sem a bola, com grande ritmo = velocidade de movimento cíclico e acíclico.
- Capacidade de rápida realização de jogadas específicas com a bola diante do adversário num curto prazo de tempo = velocidade de ação.
- Capacidade de ajuste rápido das possibilidades cognitivas, técnico-táticas e condicionais = velocidade de ajuste.

No tênis de mesa paralímpico, todas essas capacidades são aplicadas na dinâmica do jogo. Um atleta veloz é aquele que utiliza o máximo das capacidades motoras derivadas da velocidade, como, por exemplo, velocidade de percepção (perceber com que efeito o adversário está golpeando a bola) e velocidade de decisão (escolher rapidamente entre atacar o saque do adversário ou apenas passar a bola). O atleta não precisa de uma velocidade pura alta, mas, sim, dessas diversas capacidades secundárias bem desenvolvidas.

Velocidade de Reação

Definida como sendo a capacidade de reação a um estímulo num menor espaço de tempo (Weineck, 1999). No tênis de mesa paralímpico, podemos entender a importância dessa capacidade motora conhecendo a velocidade da bola e o espaço que ela percorre (a mesa tem comprimento de 2,74 m), associando, ainda, à deficiência e limitação física de cada atleta, o tempo de resposta poder ser diminuto para qualquer movimento ou reação. Podemos dizer que essa capacidade está muito ligada também a todas as outras classificações de velocidade citadas anteriormente.

Os diferentes tipos de velocidades estão intimamente ligados numa ação esportiva, pois a velocidade de reação pode ser melhorada se a velocidade de antecipação, a velocidade de ação ou a velocidade de percepção estiverem bem desenvolvidas.

Velocidade de Movimento

Pode ser definida como sendo a capacidade de realizar movimentos únicos, acíclicos, com máxima velocidade contra pequenas resistências (Weineck, 1999).

No tênis de mesa paralímpico podemos dizer que seria a velocidade de executar um golpe de batida forte ou deixar uma bola curta na lateral da mesa. Essa capacidade motora faz com que o atleta possa tanto imprimir velocidade à bola, quanto defendê-la ou mesmo contra-atacá-la.

Potência

A força rápida compreende a capacidade do sistema neuromuscular de movimentar o corpo, partes do corpo (braços e pernas para andantes ou braços e cadeira para cadeirantes) ou, ainda, objetos (raquete) com uma velocidade máxima (Weineck, 1999).

No tênis de mesa paralímpico, para se imprimir maior velocidade à bola, é necessária uma movimentação de corpo (andantes classes altas) com grande velocidade, ou um bom equilíbrio na cadeira (cadeirantes), a fim de se projetar a raquete com a máxima velocidade possível durante o impacto com a bola.

Resistência de Força

É a capacidade de resistência à fadiga em condições de desempenho prolongado de força (Weineck, 1999). A intensidade e o volume do estímulo são importantes na definição de resistência de força. O volume se caracteriza pelo acúmulo de carga ou soma das repetições dos movimentos.

No tênis de mesa paralímpico, principalmente os cadeirantes, a resistência de força ocorre de uma forma especial: a resistência de potência. O atleta não necessita de grande quantidade de força em cada movimento, porém vale ressaltar que o volume é alto e uma deficiência nessa capacidade motora poderia prejudicar nos momentos finais de uma partida.

Segundo Weineck (1999), esse tipo de resistência tem grande importância em todas as modalidades esportivas em que há, por longo tempo, mobilização de força rápida do tronco ou das extremidades. A resistência de potência é essencialmente dependente da capacidade de rápida recuperação da musculatura participante e também do desempenho da resistência anaeróbia local e geral. No tênis de mesa paralímpico, além de mobilização de força rápida do tronco e de extremidade (andantes), ou deslocamento com a cadeira (cadeirantes), um fator complicador é o peso do implemento (raquete), além dos equipamentos que porventura o atleta possa utilizar e acelerar a fadiga, tal como muleta, órtese, prótese, dentre outros.

Orientação Espacial

É a capacidade de determinação de mudança de posição ou de movimento de um corpo no espaço e no tempo, com relação a um campo de ação ou um objeto em ação (Weineck, 1999). Um fator que auxilia muito a orientação espacial é a propriocepção*.

No tênis de mesa paralímpico, essa capacidade motora auxilia na melhora da velocidade e da precisão. Nesta modalidade, a raquete é uma extensão do corpo (braço que joga). Saber "sentir" sua posição, grau de inclinação e velocidade que se está imprimindo à mesma na hora do impacto com a bola são atributos necessários para uma boa execução de movimento.

Habilidade

É a capacidade que um indivíduo pode desenvolver em uma determinada modalidade esportiva, com a máxima precisão e eficiência mecânica, utilizando menos energia possível. Esta habilidade pode ser adquirida através de um bom desenvolvimento das valências físicas inerentes ao ser humano, tais como flexibilidade, força, equilíbrio, coordenação motora etc.

No tênis de mesa paralímpico, principalmente nas classes mais baixas, ou seja, em atletas com maiores deficiências físicas e consequentes limitações, a habilidade associada à inteligência são fundamentais e imprescindíveis para realizar boas jogadas. Na maioria dos casos das partidas entre cadeirantes de Classe baixa (I, II), os pontos são conquistados, muitas vezes, pela habilidade do atleta em explorar com inteligência a limitação física do oponente, através de jogadas com bolas curtas ou com efeito lateral, atingindo regiões fora do alcance do adversário.

Considerações Finais

Podemos concluir que o tênis de mesa paralímpico possui suas capacidades motoras interadas entre si, predominando como característica principal a velocidade e suas derivações. Vale salientar que, devido às suas diversas formas ou estilos de se jogar, e de acordo com a deficiência física e respectiva classe funcional do atleta, essa característica principal pode variar. Além de aperfeiçoar as capacidades motoras citadas, devemos trabalhar outras, como a coordenação motora e a resistência geral, possibilitando, assim, que o atleta realize os fundamentos básicos da modalidade com facilidade e perfeição, e jogadas características de sua classe funcional, tornando-se um mesatenista paralímpico de grande potencial.

---

* Segundo Schmidt e Wrisberg (2001), propriocepção é a informação sensorial que chega dentro do corpo do indivíduo e que sinaliza a posição e movimento do corpo e segmentos.

Sites Utilizados

1. www.cpb.org.br
2. www.ipttc.org

Bibliografia Consultada

3. Bergert C, Guetzoyan P. O Tênis de Mesa em 10 lições. Publicações Europa-América, 1981.
4. Camargo F. CBTM, cursos para formação de técnicos de tênis de mesa. Estágio I. 1994-1996. Rio de Janeiro.
5. Grumbach M. Tênis de Mesa: Ensino básico para colégios e clubes. Rio de Janeiro: Tecnoprint, 1984.
6. Marinovic W, Iizuka CA, Nagaoka KT. Tênis de Mesa – Teoria e Prática. São Paulo: Ph Editora, 2006.
7. Nakashima AHS, Nakashima CT. Tênis de mesa paraolímpico: manual de orientação para professores de educação física. Brasília: Comitê Paraolímpico Brasileiro, 2006.
8. Schmidt RA, Wrisberg CA. Aprendizagem e performance motora: uma abordagem da aprendizagem baseada no problema. 2ª Ed. Porto Alegre: Artmed, 2001.
9. Tepper G. ITTF-IPTTC Level 1 Coaching Manual. Shanghai Minsun Packaging & Printing Company. Sixth Edition, 2007
10. Verkhoshanski YV. Treinamento desportivo: teoria e metodologia. Porto Alegre: Artmed, 2001.
11. Weineck J. Treinamento ideal. 9ª Ed. São Paulo: Manole, 1999.

capítulo 22

Tiro Esportivo

Tatiane Jacusiel Miranda
Ciro Winckler

O Tiro Olímpico

As competições de tiro têm início entre os séculos XV e XVII, período em que surgem as primeiras armas de fogo (Duarte, 2004). A sistematização da modalidade ocorre no século XIX com o surgimento dos Clubes de Tiro, que, posteriormente, se desenvolveram em federações nacionais de tiro.

O Tiro faz parte dos Jogos Olímpicos Modernos desde sua primeira edição, em 1896, em Atenas. Na ocasião, 39 atiradores, de sete países competiram em três provas de pistola e duas de carabina.

Em 17 de Julho de 1907, representantes de sete federações nacionais de tiro, seis da Europa (Áustria, França, Grécia, Itália e Holanda) e uma da América do Sul (Argentina) se reuniram em Zurique, na Suíça, para oficialmente estabelecer a União Internacional das Federações e Associações Nacionais de Tiro (L'Union Internationale des Fédérations et Associations nationals de Tir), que, posteriormente, tornou-se a Federação Esportiva Internacional de Tiro (ISSF, na sigla em inglês).

Em 1937, Catherine Woodring, membro da equipe americana, foi a primeira mulher a participar de uma prova de tiro em um Campeonato Mundial. Em 1966, a ISSF reconhece todos os seus eventos abertos como eventos "mistos" nos quais poderiam participar homens e mulheres. O Comitê Olímpico Internacional (COI) decide então aplicar os mesmos critérios para as provas de tiro Olímpicas, durante quatro Jogos Olímpicos, de 1968 a 1980, em que as provas de tiro Olímpicas foram mistas. Em 1984, o COI adiciona ao programa dos Jogos Olímpicos três provas para mulheres. A partir de Atlanta, as provas mistas deixam de existir.

No dia 17 de Julho de 2007, a ISSF celebrou seu centenário; ela conta atualmente com 158 federações membros em 146 países dos cinco continentes. Em 2008, nos Jogos Olímpicos de Pequim, participaram 390 atiradores de 103 países, competindo em 15 provas (nove para homens e seis para mulheres) nas modalidades Rifle, Pistola e Carabina (ISSF, 2010).

O Tiro Olímpico no Brasil

A prática do Tiro surgiu no Brasil em meados do século XIX com a fundação, por imigrantes europeus, de Clubes de Caça e Pesca na região sul do País. As colônias alemãs implantaram a primeira competição de Tiro, o "Tiro ao Rei" (CBC, 2010).

Em 10 de Março de 1899, o Exército Brasileiro cria, no Rio Grande do Sul, o Tiro Nacional que objetivava:

> "...pela prática do tiro com armas portáteis, a unificação da instrução de tiro e a familiarização das tropas com o armamento disponível; pelo desenvolvimento de atividades técnicas de tiro, o aprimoramento profissional dos efetivos do Exército; pelo estímulo a competições de tiro, a integração de civis e militares no projeto comum de defesa da pátria; pelo incentivo a criação de sociedades afins e de linhas de tiro, em todo o território nacional, a formação de núcleos de reserva mobilizáveis." (CBTE, 2010)

A partir da criação do Tiro Nacional começam a surgir, nos diversos estados, as sociedades e linhas de tiro, e com elas as competições, que eram realizadas de modo separado para o Exército e para civis e militares. Em 5 de Setembro de 1906 é criada a Confederação Brasileira de Tiro, reunindo as sociedades nacionais e sendo subordinada ao Estado Maior do Exército. A primeira participação brasileira no Tiro Esportivo em Jogos Olímpicos acontece em

198 TIRO ESPORTIVO

1920, em Antuérpia, na Bélgica. O Brasil conquista então sua primeira medalha olímpica com Afrânio Antônio da Costa, que obtém o 2º lugar na Prova de Pistola Livre (50 m, 60 tiros). O Tenente Guilherme Paraense vence a prova de Pistola de Tiro Rápido (25 m, 60 tiros), conquistando uma medalha de ouro para o País. Ambos integraram ainda a equipe que levaria o bronze na pistola livre de 50 metros, ao lado de Sebastião Wolf, Dario Barbosa e Fernando Soledade.

Em 2 de Julho de 1923, Afrânio Antônio da Costa funda a Federação Brasileira de Tiro como entidade civil de Tiro.

O Brasil participou ainda, sem conquista de medalhas, dos Jogos de Los Angeles, 1932; Berliń, 1936; Londres, 1948; Helsinque, 1952; Melbourne, 1956; Roma, 1960; México, 1968; Munique, 1972; Montreal, 1976; Moscou , 1980; Los Angeles, 1984; Seul, 1988; Barcelona, 1992; Atlanta, 1996; Atenas, 2004 e Pequim, 2008.

O Tiro Paralímpico

O Tiro Paralímpico é uma adaptação do Tiro Olímpico; dele participam pessoas com deficiência locomotora que competem sentados ou em pé. Os atletas competem com Carabina e Pistola, de ar comprimido ou de calibre 22, em provas cujas distâncias variam entre 10, 25 e 50 metros. As provas podem ser femininas, masculinas ou mistas.

No início dos anos 1970, na Escócia, o Tiro para pessoas com deficiência começa a ser promovido (LOCOG, 2010). Em 1976, em Toronto, o tiro faz a sua estreia em Jogos Paralímpicos, com 34 homens e três mulheres disputando três provas mistas. Em 1980, nos Jogos de Arnhem, na Holanda, além de provas mistas são incluídas provas para o gênero feminino e masculino. Em 1992, nos Jogos de Barcelona, as provas femininas não ocorrem, sendo retomadas em Atlanta (1996). Desde então as provas femininas, masculinas e mistas são disputadas. Atualmente, os Jogos Paralímpicos contam com 12 provas de tiro, das quais seis são mistas, três são femininas e duas são masculinas.

O sistema de classificação dos atletas também evoluiu ao longo dos anos. Inicialmente orientada para a deficiência, a partir dos Jogos Paralímpicos de Atlanta, em 1996, passa a ser uma classificação funcional, permitindo que atletas de diferentes classes de deficiência possam competir juntos, individualmente ou em equipes.

O Tiro paralímpico é gerenciado pelo Comitê Paralímpico Internacional (IPC, na sigla em inglês) e coordenado pelo Comitê Técnico de Tiro do IPC. O IPC tem registro de que a modalidade hoje é praticada em aproximadamente 60 países (IPC, 2010).

O Tiro Paralímpico no Brasil

Em 1976, na estreia do Tiro em Jogos Paralímpicos, o Brasil foi representado na competição pelos atletas Robson Almeida, Manoel Alves, Jorge Ney e Jose F. da Penna. O País somente voltou a ser representado em Jogos Paralímpicos em Pequim(2008), com a participação de Carlos Garletti (IPC, 2010).

A prática regular do tiro para pessoas com deficiência no Brasil tem início de fato em 1997, no Centro de Reabilitação da Polícia Militar do Rio de Janeiro. O tiro paralímpico surge como ferramenta para o processo de reabilitação de policiais militares acidentados em serviço. Serão estes policiais os responsáveis pela disseminação inicial da prática do tiro esportivo no País ao levarem para associações de reabilitação de outros estados a experiência carioca (Ferraz, 2006).

Quadro 22.1 Tiro Paralímpico em Jogos Paralímpicos: Participantes, Gêneros e Provas					
	Países	Masculino	Feminino	Total de Atletas	Provas
1976	14	34	3	37	3
1980	15	44	4	48	11
1984	20	94	20	114	29
1988	23	111	28	139	23
1992	26	100	32	132	18
1996	32	103	32	135	15
2000	36	108	32	140	12
2004	35	101	41	142	12
2008	44	96	44	140	12

Fonte: IPC, 2010.

Em 2003, Walter Calixto, presidente da Associação de Reabilitação da PM do Rio (ARPM), Carlos Strub e Cillas Viana, seus companheiros da ARPM, conquistam uma medalha de bronze por equipe no Aberto de Tiro de Apeldoorn, na Holanda. O Brasil também esteve representado no Campeonato Mundial de Tiro do IPC, em 2006, realizado na Suíça (Ferraz, 2006).

O Sistema de Classificação

O sistema de classificação do tiro divide os atletas, de acordo com a funcionalidade motora para a prática do tiro, em três grupos (SH1, SH2 e SH3). Esse sistema possibilita que atletas com diferentes deficiências compitam juntos, desde que apresentem o mesmo nível de capacidade funcional, em eventos individuais ou por equipe. As classes são:

- *SH1:* competidores de pistola e carabina que não necessitem do apoio para o tiro.
- *SH2:* competidores de carabina que não tenham condição para suportar o peso de uma arma de fogo com seus braços e por isso necessitem de um apoio para o tiro.
- *SH3:* competidores de carabina com deficiência visual.

Apenas as classes SH1 e SH2 participam de competições paralímpicas. A classe SH3 vem passando por um processo de reformulação, sendo que para essa classe ainda não foram definidas as provas e os critérios de classificação.

Os critérios de classificação para as classes SH1 e SH2 dependem das limitações existentes (grau de funcionalidade existente no equilibrio do tronco, equilibrio sentado, força muscular, mobilidade dos membros superiors e inferiores) e das habilidades necessárias para o tiro.

A diferença básica entre SH1 e SH2 é que na segunda classe o atleta pode usar um suporte especial para sua arma, que deve ser feita de acordo com as especificaçõees do IPC.

Deficiência Mínima (IPC, 2010a)

Os critérios para determinação da deficiência mínima no tiro paralímpico variam de acordo com o tipo de arma utilizado no caso de deficiência de membro superior; quando se trata de deficiência de membro inferior, os critérios são os mesmos, independente da arma.

Para deficiência do membro superior, os critérios são:

- *Provas de pistola:* amputação no nível do pulso no braço contrário ao do tiro; para outras deficiências que não a amputação, perda de força muscular no braço contrário ao do tiro de, pelo menos, 30 pontos e que impessam a pessoa de segurar a arma com a mão desse braço, e severos problemas articulares que causem comprometimento semelhante ao dos dois tópicos anteriores.
- *Provas de carabina:* amputação abaixo do cotovelo com coto de menos de 2/3 de comprimento em relação ao outro antebraço; para outras deficiências que não a amputação, perda de força muscular de, pelo menos, 30 pontos em um braço ou 50 na somatória de ambos, e severos problemas articulares que causem comprometimento semelhante ao dos dois tópicos anteriores.

Para deficiência do membro inferior, o critério é:

- Amputação no nível do tornozelo; em caso de outra deficiência que não a amputação, perda de força muscular correspondente a 20 pontos em uma perna ou a somatória de 25 pontos em ambas, ou, ainda, limitações severas das articulações que limitem a coordenação e a força.

Nesse sentido podem competir atletas com lesão medular, amputações ou outras limitações motoras. No entanto, as pessoas com déficit de estatura não são elegíveis para competir se não tiverem nenhum outro comprometimento, conforme descrito anteriormente.

A classificação mínima para atletas com deficiência visual SH3 ainda passa por estudos para sua definição.

Perfil das Classes (IPC, 2010a)

A *classe SH1* é composta por atletas que atiram com pistola e carabina. Essa classe é composta por atletas que apresentem desde bom controle de braços e tronco até os que não tenham funcionalidade das pernas e tronco, mas em todos os casos a funcionalidade dos braços deve estar preservada.

Quando o atleta da classe SH1 vai atirar na prova da "posição em pé", mas sentado na cadeira de rodas, os braços não poderão tocar em nenhuma estrutura da cadeira. Na posição de joelhos, o atleta também poderá atirar sentado na cadeira e apenas um cotovelo poderá tocar uma das estruturas da cadeira. Na posição deitado, o atirador também poderá atirar sentado em sua cadeira de rodas e ambos os cotovelos poderão tocar a mesa de apoio do atirador.

Os atletas da *classe SH2* atiram com a carabina. Para essa classe, a deficiência deve ser permanente e mensurável, além de não ser capaz de segurar e sustentar o peso de sua arma, necessitando de um suporte para a sustentação da mesma. O comprometimento dos membros superiores pode ser em um ou nos dois braços e dependendo do comprometimento de equilíbrio,

TIRO ESPORTIVO

ajustes na cadeira de rodas podem se fazer necessários, como a altura do encosto. O atleta desta classe pode optar por competir em pé utilizando órteses ou próteses.

As classes SH1 e SH2 são divididas em subclasses apenas para estabelecer critérios de classificação e estabelecer permissões para determinadas características da cadeira de rodas que facilitem no equilíbrio dos atletas.

Regras da Modalidade

As competições seguem as regras da Federação Internacional Tiro Esportivo (ISSF) adaptadas pelo Comitê Paralímpico Internacional (IPC).

Segurança é um dos aspectos fundamentais da modalidade, sendo o espaço e o manuseio da arma aspectos regulamentados. A arma só pode ser carregada e descarregada conforme as ordens dadas pelo árbitro.

Podem ser usados alvos de papel ou sistemas eletrônicos. Esses devem ser divididos em dez zonas de marcação caracterizadas pela divisão em anéis. As zonas mais externas têm um valor menor em relação às mais internas, variando de 1-10 pontos. A pontuação de cada tiro será dada pelo local de impacto da bala na zona correspondente do alvo.

O Quadro 22.2 apresenta os alvos e suas características que variam conforme a prova, que se caracteriza pelo tipo de arma e a distância da prova.

Quadro 22.2 Os Alvos e Suas Especificações Técnicas		
Prova	**Alvo**	**Diâmetros do Alvo**
Pistola de Ar a 10 m		Máximo = 155,5 mm Zona preta: anéis 7 ao 10 = 59,5-0 mm Anel do 10 é branco = 11,5 mm
Carabina de Ar a 10 m		Máximo = 45,5 mm Zona preta: anéis 4 ao 9 = 30,5 mm Anel do 10 é branco = 0,5 mm
Pistola 25 m e para Pistola 50 m		Máximo = 500 mm Zona preta: anéis 7 ao 10 = 200-0 mm Anel do 10 é preto = 50 mm
Carabina a 50 m		Máximo = 154,4 mm Zona preta: anéis 3 ao 10 = 122,4-0 mm Anel do 10 é preto = 10,4 mm

Fonte: CBTE, 2010.

MODALIDADES DO PROGRAMA PARALÍMPICO

Os eventos de Pistola e de Carabina apresentam condições específicas em cada prova. Existem variações da posição em que o atleta deve atirar em pé, deitado ou ajoelhado, com distância do alvo em 10 a 50 metros, número de tiros – 20 a 120 repetições e tempo de prova em 1:00 a 2:30.

O Quadro 22.3 apresenta a nomenclatura das provas do Programa Paralímpico, o gênero e classe que a pratica.

Os Quadros 22.4 e 22.5 apresentam as características de cada evento como número de tiros, distâncias e o tempo para realizar o evento em minutos.

Sistema de Disputa

Caso haja mais de oito atiradores, a competição utilizar-se-á de fase eliminatória e final. As competições serão realizadas em grupos de quatro atiradores;

	Quadro 22.3 Provas do Programa Paralímpico		
Evento	Prova	Gênero	Classe
R1	Carabina de ar. Posição em pé 10 m	Masculino	SH1
R2	Carabina de ar. Posição em pé 10 m	Feminino	SH1
R3	Carabina de ar. Posição Deitado 10 m	Misto	SH1
R4	Carabina de ar. Posição em pé 10 m	Misto	SH2
R5	Carabina de ar. Deitado 10 m	Misto	SH2
R6	Carabina .22 – 50 m. Posição Deitado	Misto	SH1
R7	Carabina .22 – 3 x 40 50 m	Masculino	SH1
R8	Carabina .22 – 3 x 20 50 m	Feminino	SH1
R9	Carabina .22. Deitado 50 m	Misto	SH2
P1	Pistola de ar.	Masculino	SH1
P2	Pistola de ar.	Feminino	SH1
P3	Pistola *sport*.	Misto	SH1
P4	Pistola livre	Misto	SH1
P5	Pistola *standard* de ar	Misto	SH1

	Quadro 22.4 Características das Provas de Carabina				
Evento	Prova	Gênero	Classe	Tiros	Tempo
R1	Carabina de ar. Posição em pé	Masculino	SH1	60	1:45
R2	Carabina de ar. Posição em pé	Feminino	SH1	40	1:15
R3	Carabina de ar. Posição deitado	Misto	SH1	60	1:30
R4	Carabina de ar. Posição em pé	Misto	SH2	60	1:45
R5	Carabina de ar. Posição deitado	Misto	SH2	60	1:30
R6	Carabina .22 – 50 m. Posição deitado	Misto	SH1	60	1:30
R7	Carabina .22 – 50 m	Masculino	SH1	40 deitado 40 em pé 40 ajoelhado	1:00 1:30 1:15
R8	Carabina .22 – 50 m	Feminino	SH1	20 deitado 20 em pé 20 ajoelhado	2:30
R9	Carabina .22. – 50 m. Posição deitado	Misto	SH2	60	1:30

Quadro 22.5
Características das Provas de Pistola

Evento	Prova	Gênero	Classe	Tiros	Distância	Tempo
P1	Pistola de Ar	Masculino	SH1	60	10	1:45
P2	Pistola de Ar	Feminino	SH1	40	10	1:15
P3	Pistola Sport	Misto	SH1	60	25	
P4	Pistola Livre	Misto	SH1	60	50	2:00
P5	Pistola Standard de ar	Misto	SH1	40	10	

os dois primeiros com maior número de pontos passam à fase posterior.

Equipamentos de Competição (IPC, 2010b)

A Cadeira de Tiro

O termo *cadeira de tiro* refere-se a cadeira de rodas, cadeira, banco ou assento usado pelo atleta. A cadeira deve variar entre 35 e 45 cm de altura. Cadeiras mais altas que 45 cm serão aprovadas desde que respeitem a relação na qual a altura do assento deverá ter, ou seja, até 1,12 vez a altura da parte superior do joelho.

A mesa de Tiro

A mesa de tiro funciona como um apoio para a arma, a qual pode ser livre ou fixada na cadeira de rodas. Os atiradores usam-na especialmente na posição pronada, mas essa pode ser usada em outras variações. As mesas devem ser feitas de acordo com as características de cada atirador (Shooting4disabled, 2010). A mesa deverá ser paralela ao chão e ter espessura máxima de 2 cm.

Todos os atletas da classe SH2 podem usar um suporte para a arma, que é padronizado e aprovado pelo árbitro antes da prova e pode ser conectado à mesa de tiro (IPC, 2010).

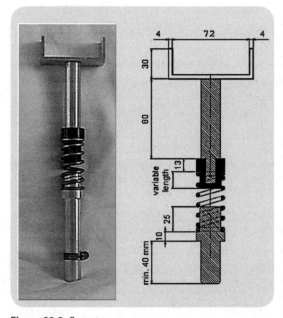

Figura 22.2. Suporte para a arma.

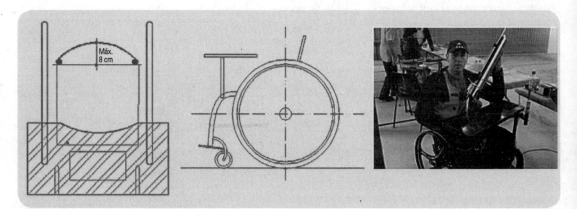

Figura 22.1. A cadeira e a mesa de tiro (Fonte: Shooting4Disabled, 2010).

A Jaqueta de Tiro

A jaqueta de tiro serve para dar estabilidade e suporte para o atleta nas posições de tiro.

Figura 22.3. Jaqueta de tiro (Fonte: Shooting4Disabled, 2010).

Todos os atiradores podem usar uma jaqueta desde que esteja de acordo com as regras da ISSF. Ela não poderá imobilizar ou reduzir os movimentos das pernas, do corpo ou dos braços do atirador, com o fim de aumentar artificialmente o seu desempenho.

O comprimento da jaqueta do atirador deve respeitar os seguintes critérios: na frente deve chegar até, no máximo, o colo do atirador, e nas costas, até a almofada da cadeira. O comprimento da jaqueta será medido com o atleta na posição sentada.

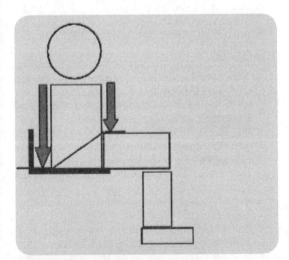

Figura 22.4. Comprimento da jaqueta de tiro.

Luva de Tiro

Os atletas da classe SH1 podem usar luvas para proteger a mão, dar suporte e conforto. Ela pode ser usada para as provas nas posicões em pé e deitada. Os atletas da classe SH1 podem usar, também, na posição deitada, uma fita que dará suporte para fixar a carabina na jaqueta de tiro.

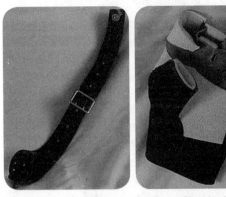

Figura 22.5. Fita de fixação e luva (Fonte: Shooting4Disabled, 2010).

Armas

As carabinas e pistolas podem ser de ar comprimido ou .22. São armas de precisão e usam como munição: chumbo, no primeiro, ou projétil com ponta de chumbo do calibre 22.

Armas de Ar

Quando estão com o gatilho acionado, a carabina e a pistola de ar liberam o ar comprimido que irá propelir o chumbo; o ar comprimido pode ser proveniente de um cilindro conectado à arma.

Figura 22.6. Carabinas de ar. (Fonte: Shooting4Disabled, 2010).

Figura 22.7. Pistola de ar. (Fonte: ISSF, 2010a).

A munição de chumbo tem, aproximadamente, 4.5 mm de diâmetro (Figura 22.8).

Figura 22.8. Munição de chumbo. (Fonte: Shooting4Disabled, 2010).

Armas de calibre 22

A pistola e a carabina .22 usam munição calibre 22. O diâmetro do projétil tem 22 mm e é projetado pela explosão causada pela pólvora, que fica armazenada numa cápsula que pode ser reaproveitada.

Figura 22.9. Carabina .22. (Fonte: Championshooters, 2010).

Figura 22.10. Pistola .22. (Fonte: ISSF, 2010b).

Considerações Finais

A modalidade de tiro esportivo é uma atividade recente no Brasil, já que tem efetivamente menos de dez anos de prática competitiva.

O acesso à prática pode ser bastante difundido entre os policiais feridos em combate e servir como uma ferramenta na reabilitação destes, bem como de outras pessoas com deficiência; no entanto, esse primeiro grupo pode ter um acesso facilitado aos estandes de tiro e ao armamento.

A velocidade com que vem crescendo pode ser um dos grandes trunfos não só no processo de reabilitação das pessoas com lesão medular, mas principalmente na busca de consolidar o Brasil como potência paralímpica, já que o número de medalhas em disputa nessa modalidade é grande.

Bibliografia Consultada

1. CBC. História do Tiro Esportivo. Disponível em http://www.cbc.com.br/tiroesportivo/ historia /index.php?acao3_cod0=33b86449039151d21885516aae2be0af Acessado em 10/08/2010.
2. CBTE. História do Tiro no Brasil. Disponível em http://www.cbte.org.br/ Acessado em 10/08/2010.
3. CBTE. Regulamento Geral. Disponível em http://www.cbte.org.br/tecnico/regulamento /issf_regulamento_geral.pdf Acessado em 10/08/2010.
4. Championshooters Rifle .22. Disponível em http://championshooters.com /2012big.htm Acessado em 10/08/2010.
5. Duarte O. História dos esportes. 3ª edição. Ed. SENAC São Paulo, SP, 2004 560p.
6. Ferraz L. Em Ponto de Bala. Revista Brasil Paralímpico, n. 19, jan/fev, 2006.
7. IPC. IPC Shooting Classification Rules and Regulations 2005-2008. Disponível em http://www.ipc-shooting.org/export/sites/ipc_sports_shooting/Classification/a2010_03_ Shooting_classification_RulesRegulations_x2005-2008x.pdf Acessado em 10/08/2010a.
8. IPC. IPC Shooting Rules and Regulations. Disponível em http://www.ipc-shooting.org/export/sites/ipc_sports_ shooting/Rules/2010_03_Shooting _RulesRegulations_ final xv1.1 _amendedMay2010x.pdf Acessado em 10/08/2010b.
9. IPC. Introduction. Disponível em www.ipc-shooting.org. Acessado em 10/08/2010.
10. ISSF. History. Disponível em http://www.issf-sports.org/theissf/history.ashx Acessado em 10/08/2010.
11. ISSF. Air Pistol. Disponível em http://www.issf-sports.org/photoplayer.aspx?Gallery key=942-6681 Acessado em 10/08/2010.
12. LOCOG. Paralympic shooting. Disponível em http://www.london2012.com/games/ paralympic/paralympic--shooting.php Acessado em 10/08/2010.
13. Shooting4disabled. Air rifle. Disponível em http://www.shooting4disabled.com Acessado em 10/08/2010.

capítulo 23

Tiro com Arco

Christian Haensell

O Tiro com Arco como Esporte

A Modalidade é um Excelente Meio de Integração entre os Esportes Paralímpicos e Olímpicos

Os benefícios da modalidade estão presentes não apenas no aspecto físico, no fortalecimento da musculatura de sustentação, na melhora da capacidade de concentração, na disciplina e no foco, mas também por ser um ambiente que possibilita ao atleta com deficiência competir de igual para igual com o andante, além de servir de excelente meio de integração, aumentando a autoestima do atleta.

A modalidade permite ao arqueiro paralímpico competir junto com os arqueiros sem deficiência (andante), inclusive, dependendo de sua pontuação, fazer parte da seleção nacional olímpica. O arqueiro paralímpico treina no mesmo campo, sob as mesmas condições e com o mesmo material que o andante.

Existem inúmeros casos nos quais atletas paralímpicos representam seus países em campeonatos mundiais andantes. Alguns países adotaram este critério: Canadá, Itália, Inglaterra, Noruega, México e Turquia. No ano de 2009, o para-atleta brasileiro Diogo Gonçalves Duarte ficou em 3º lugar no campeonato brasileiro andante, na categoria recurvo cadete masculino.

Adaptações Necessárias

A prática sempre começa com o primeiro tiro numa escolinha com material básico. No processo pedagógico, ele poderá usar vários tipos de apoios e suportes, mesmo que não esteja de acordo com as normas e regras vigentes, o que poderá acontecer até o atleta ter suficiente costume para atirar de acordo com sua classificação funcional.

Isso é feito para proporcionar e incentivar o atleta a começar a praticar o esporte. Inclusive, tais suportes adicionais são permitidos em campeonatos de caráter regional que não valem a classificação para seleção e para *ranking* nacional ou internacional.

Dependendo da classificação do atleta, este pode fazer as adaptações necessárias para lhe proporcionar maior estabilidade, conforto e segurança no tiro. As adaptações variam desde o uso de uma cadeira ou banco, uma prótese especial para braços ou mãos, até o uso na categoria recurvo de um gatilho.

Competições Nacionais e Internacionais

No Brasil existem competições nos estados *outdoor* (ambientes abertos) e *indoor* (ambientes fechados): Campeonato Brasileiro Adulto, Máster e de Base. Internacionalmente, temos campeonatos para *ranking* internacional: o Mundial Paralímpico e os Jogos Paralímpicos, sem esquecer que o atleta paralímpico ainda pode participar de todas as competições andantes.

Breve Histórico do Tiro com Arco Paralímpico

Para podermos entender melhor como o arco Paralímpico atualmente funciona, vamos conhecer um pouco da história do arco olímpico e sua evolução:

- As competições de tiro com arco foram introduzidas, pela primeira vez, nos jogos olímpicos de 1900, em Paris, repetindo-se nos Jogos de 1904, 1908 e 1920. No entanto, não existiam regras difundidas e padronizadas nos vários países; assim sendo, essas variavam de acordo com o país anfitrião e, consequentemente, as competições nestes tempos eram muito diferentes conforme o país, o que provocou a retirada do Tiro com Arco das Competições Olímpicas.

- Em 1931, foi fundada a FITA (Federation Internationale de Tir a l'Arc), que implementou regras gerais e aceitas em todo o mundo, permitindo assim a execução do primeiro torneio mundial. Apenas em 1972, o Tiro com Arco voltou a ser olímpico, nos Jogos de Munique, na Alemanha.

- As principais mudanças da modalidade ocorreram em 1988, pois até essa data só existia a competição individual, sendo que em Seul foi introduzida a competição por equipes. Em 1994, foi introduzida a pré-classificação, sendo limitado em 64 vagas o número de competidores nas olimpíadas, na qual o vencedor é determinado pelas eliminatórias.

O Tiro com Arco Paralímpico

O Tiro com Arco Paralímpico fez parte tanto dos primeiros Jogos em Stoke Mandeville, como dos Jogos Paralímpicos de 1960, em Roma, na Itália. Atualmente, nos Jogos Paralímpicos, os atletas atiram com a mesma distância, e no mesmo molde dos Jogos Olímpicos, na classificação e nas eliminatórias são executados os tiros com o alvo a 70 metros. Essa condição possibilita ao atleta competir em ambos os Jogos representando seu País.

Nos últimos anos, o esporte vem crescendo, em especial em países com pouca tradição no arco e flecha. Sua maior visibilidade foi nas Olimpíadas de Barcelona, em 1992, quando o atleta paralímpico Antonio Rebollo acendeu a chama olímpica com uma flecha.

Até 2007, o Tiro com Arco era regido pelo Comitê Paralímpico Internacional – IPC. Nesse ano foi firmado um acordo entre o IPC e a Federação Internacional de Tiro com Arco – FITA. Essa parceria possibilitou que as federações olímpicas da modalidade divulgassem e promovessem a modalidade paralímpica, pois os filiados a FITA estão presentes na grande maioria dos países. O acordo passou para a FITA a responsabilidade de gerenciar essa modalidade paralímpica. Tal condição possibilitou a prática sistematizada da modalidade, na maioria dos países, em especial onde o arco não tem tradição, viabilizando o aumento do número de arqueiros e melhora da estrutura.

O órgão que representa a FITA no Brasil é a Confederação Brasileira de Tiro com Arco (CBTARCO), filiada tanto ao Comitê Paralímpico Brasileiro (CPB) quanto ao Olímpico (COB), sendo a responsável por promover, incentivar e treinar técnicos e atletas no Brasil. A CBTARCO foi a primeira a aderir à proposta paralímpica da FITA e elogiada no Congresso da FITA em Ulsan, na Coreia do Sul, durante o mundial de 2009.

No ano de 2007, a CBTARCO fez o primeiro Campeonato Brasileiro Paralímpico de tiro com arco oficial. Em 2008, o Composto foi considerado categoria paralímpica, e é disputado em Pequim.

O Arco Paralímpico no Brasil

O Tiro com Arco começa no Brasil na década de 1950, com o retorno de um piloto da Varig para o Rio de Janeiro, que conheceu o esporte em Portugal.

A modalidade paralímpica inicia-se somente em 2002, quando surge o primeiro arqueiro paralímpico brasileiro, Paulo Emílio Pereira Silva – a primeira pessoa com deficiência filiada à CBTARCO na condição de atleta paralímpico. Na época, ele residia em Pernambuco e praticava o esporte pelo ADM de Pernambuco.

Em 2003 tivemos a nossa primeira atuação internacional, no Campeonato Mundial Paralímpico de Madri, com Paulo Emílio Pereira da Silva acompanhado pelo técnico Renato Emílio. Nessa ocasião, o atleta também foi devidamente classificado internacionalmente na classe ARW2.

Em 2005, sob a orientação do técnico Renato Emílio, formou-se um grupo de atletas sob a direção do professor de educação física e técnico Roberto de Sena, em Natal. Tivemos mais dois atletas: Severino Cavalcante do Nascimento, na categoria W2, e Francisco das Chagas Dantes, na categoria ARST (*standing* – em pé).

Os atletas participaram no mesmo ano do Campeonato Regional Paradesportivo do Nordeste e depois dos primeiros Jogos Brasileiros Paradesportivos no Rio de Janeiro (campeonato da IWAS).

De 25 de Setembro a 3 de Outubro de 2005, os atletas Francisco Dantas e Paulo Emílio Silva, acompanhados pelo técnico Roberto de Sena, representaram o Brasil pela segunda vez em um Campeonato Mundial Paralímpico na cidade Massacarra, na Itália.

Em 2006, temos o nosso primeiro arqueiro cadeirante de composto, Jozé Henrique Sousa, em Brasília. Ainda neste ano, o técnico Christian Haensell, junto com o Professor de educação física Reginaldo Salles Miranda (atual diretor técnico paralímpico da CBTARCO), montam no CETEFE, em Brasília, o primeiro centro de treinamento para arqueiros paralímpicos, que contava com nutricionista, preparador físico e fisioterapia. No mesmo ano iniciaram o trabalho com os primeiros arqueiros cegos em Brasilia.

Em 2007, a CBTARCO promove o primeiro Campeonato Brasileiro de Tiro com Arco Paralímpico em Brasília, valendo como índice e seleção dos atletas para as Paralimpíadas de 2008. Nessa ocasião estavam presentes dois atletas estrangeiros: Tomas Levansqui, que representou a Polônia nas Paralimpíadas de 2008 (conquistou sua vaga aqui no Brasil), e Lorenzo Shieda, da Itália. Do lado brasileiro, tivemos a presença de cinco atletas paralímpicos atirando as distâncias oficiais e de 12 atletas atirando como iniciantes, sendo estes de seis estados brasileiros (DF, BH, RJ, SP, RN e RO).

O primeiro técnico contratado pela CBTARCO foi o professor de educação física Erisson Ronaldo Martins. Em Setembro de 2008, a CBTARCO promove junto com o Campeonato Brasileiro Olímpico em Goiânia, o 2º Campeonato Brasileiro Paralímpico. Durante este campeonato, numa reunião dos atletas com os dirigentes da CBTARCO, foi determinado que no futuro os campeonatos brasileiros paralímpicos seriam feitos em separado, com local e data própria.

Em Outubro de 2008, a CBTARCO promove o primeiro curso de classificadores nacionais em Brasília, com a presença da Classificadora Internacional Pauline Beterig. Na ocasião foram formados 14 classificadores.

Em Março 2009, a CBTARCO contrata o alemão Christian Haensell como técnico da seleção paralímpica brasileira de Tiro com Arco. Em Agosto desse mesmo ano, os atletas Francisco Dantas, na categoria ARST, e Andrey Muniz de Castro, na categoria Composto livre, acompanhados pelo treinador nacional, representam o Brasil no Mundial Paralímpico em Nimburk, na República Tcheca, no qual Francisco Dantas conquista a 10ª colocação.

No mês de Dezembro de 2009, os atletas Francisco Dantas e Andrey Muniz de Castro, junto ao técnico e Christian Haensell, compõem a delegação brasileira nos Jogos Mundiais da IWAS em Bangalore, na Índia, onde o Brasil conquista suas primeiras medalhas internacionais: Francisco Dantas conquistou duas medalhas de ouro na categoria Recurvo Standing (ARST); e Andrey Muniz de Castro, duas medalhas de prata na categoria composto livre.

Tabela 23.2
Atletas Devidamente Classificados por Estado em Abril de 2010

Estado	Número de Atletas
Distrito Federal	15
Minas Gerais	1
Rio de Janeiro	2
Rio Grande do Norte	3
São Paulo	5

Tabela 23.1
Evolução do Arco Paralímpico no Brasil

Ano	Quantidade de atletas atirando nas distâncias oficiais	Atletas classificados	Quantidade de atletas no mundial ou IWAS	Colocação no mundial
2002	1			
2003	1	1	Mundial: 1	W2: 46º
2005	3	2	Mundial: 2	W2: 26º ARST: 35º
2006	4	2		
2007	5	2		
2008	8	11		
2009	12	14	Mundial: 2	ARST: 10º Composto: 35º
2009			IWAS: 2	ARST: 1º Composto: 2º
2010	17	26		

Categorias de Competição (IPC, 2010)

As classes funcionais são divididas da seguinte forma:

■ Na categoria arco recurvo, temos:
- Para os cadeirantes:
  - ARW2 (Archery weelchair 2)
  - ARW1 (archery weelchair 1)
- Para os atletas atirando em pé ou sentados em um banco ou cadeira sem encosto, ou usando uma apoio adicional para manter o equilíbrio
- ARST *Archery standing*

■ Na categoria composto, temos:
- Composto livre (inclui todos atletas, tanto cadeirantes como os que atiram em pé)
- Competição por equipes
- Combate por equipes no recurvo (três atletas, independentemente da classe)
- Combate por equipes no composto livre (três atletas) – só ocorre nos Campeonatos nacionais, intencionais e mundiais

■ Cegos – Só é valido para campeonatos nacionais, intencionais e mundiais, mas não é oferecido nos Jogos Paralímpicos.

Quantidade de Atletas por Modalidade e Classe

Tanto nos Jogos Paralímpicos como em mundiais, a quantidade de atletas é limitada.

O número de inscrições é, no máximo, de três atletas por modalidade e por categoria, sendo que nos mundiais cada país pode trazer, no máximo, 24 atletas.

Para os Jogos Paralímpicos, os atletas precisam já ter conquistado sua classificação, pois o número de vagas é limitado; em regra, gira em torno de 24 a 28 atletas por categorias no masculino e de 16 a 20 atletas no feminino.

Deficiências Elegíveis

Amputações, paralisia ou paresias (paraplégicos, tetraplégicos), paralisia cerebral, doenças disfuncionais e doenças progressivas, como a atrofia muscular e escleroses, com disfunções nas juntas, problemas na coluna e múltiplas-deficiências.

Sistema de Classificação Funcional (Para-archery 2010, IPC 2010)

Este sistema tenta identificar o perfil de deficiência e usa um sistema numérico para calcular a habilidade locomotora do atleta.

Deficiência Locomotora

Todas as habilidades locomotoras são testadas da seguinte forma:
- Força muscular,
- Teste de coordenação funcional (disfuncional) ou
- Teste de mobilidade das articulações (juntas).

A pontuação do atleta é constantemente atualizada a cada competição, onde serão demonstradas as capacidades funcionais (durante a prática do tiro).

Procedimento de Classificação

A banca de classificadores é constituída, no mínimo, por três pessoas, na qual pelo menos um tem de possuir conhecimento clínico (fisioterapeuta ou médico).

Os testes são feitos em uma maca médica e, depois, em campo, os atletas são averiguados sob condições reais de tiro. O teste é sempre em favor do atleta e levando em conta a função mais severa como parâmetro de pontuação.

Pontos a Serem Testados

■ Função e força muscular

■ As disfunções: falta de coordenação e contrações espásticas

■ Teste de atividade motora e flexibilidade das juntas

■ Teste de mobilidade funcional

Perfis de Classificação Esportiva

ARW1

Arqueiros cadeirantes tetraplégicos ou equivalente.

■ Perfil prático
- *Braços:* limitação na ação de movimentos, força muscular ou coordenação;
- *Tronco:* pouquíssima ou não existente controle muscular e/ou equilíbrio estático, quando o arco é levantado na posição de tiro; e/ou
- *Membros inferiores:* normalmente considerado não funcional, com limitação de movimentação, força e/ou controle (isto significa mínima capacidade de andar longas distâncias).

ARW1-C

Dentro da categoria ARW1, arqueiros com uma deficiência maior podem ser relocados para a subcategoria ARW1-C, porém apenas para competições em nível regional.

ARW2

Define o arqueiro cadeirante paraplégico ou com deficiência equivalente.

■ Perfil prático

- *Braços:* nenhuma disfunção em seus movimentos, força ou controle;
- *Tronco:* controle de equilíbrio em posição estática bom, muito ruim ou sem função, quando o arco é erguido na posição de tiro;
- *Membros inferiores:* considerado não funcional por causa de amputação, limitação de movimentação, força e/ou controle (mínima capacidade de se locomover em longas distâncias).

ARST

Definido como arqueiro em pé ou atirando em apoio em uma cadeira ou banco.

■ *Perfil da deficiência:* membros inferiores funcionais para locomoção.

ARST-C

Dentro da categoria ARST, arqueiros com severas deficiências nas extremidades são autorizados a atirarem na subcategoria ARST-C apenas para competições em nível regional.

Regras do Tiro com Arco Paralímpico (FITA, 2010, IFAA, 2010)

As regras são estipuladas pela FITA (Federação Internacional de Tiro com Arco) com algumas modificações:

- Dependendo do nível de deficiência, o uso de cadeira de rodas é aceito.
- Atletas com dificuldade de ficar em pé podem usar um apoio.
- Um sistema mecânico de soltar a flecha é autorizado para atletas com deformação nos dedos de ambas as mãos.
- Atletas com deficiência nos braços podem usar um arco composto, mas somente com os recursos do arco recurvo, conforme o regulamento da FITA para arco recurvo – classe ARW1.
- Atletas com problemas na mão podem usar um suporte ou atadura para facilitar segurar o arco ou, ainda, um suporte de cotovelo ou de pulso;

- Atletas da categoria ARW1 e ARST-C podem ter uma pessoa que lhes ajude a posicionar a flecha no arco.

As competições mais praticadas pelos para-atletas (devido às dificuldades de locomoção) são as do tipo FITA (*indoor* e *outdoor*) e as Paralímpicas.

Competição Individual

■ Nas competições FITA e Paralímpica pode-se atirar com dois tipos de arco: o recurvo e o composto.

■ As competições FITA e Paralímpica dividem-se em uma fase de classificação e outra eliminatória.

■ Nas Olimpíadas e Paralimpíadas se atiram 2 *rounds* de 36 flechas a 70 m, totalizando 72 tiros.

■ No Mundial e Copa do Mundo, as competições FITA (como nas competições brasileiras que valem para o *ranking* nacional), atiram de quatro distâncias:

■ São atiradas 36 flechas em cada distância, totalizando 144 tiros, sendo a pontuação máxima de 1.440 pontos.

■ No campeonato estilo *indoor* atiram a 18 metros, sendo dois *rounds* de 30 flechas, totalizando 60 tiros.

■ Após encerrada a classificatória, os 64 melhores arqueiros passam para a próxima fase em competições de estilo combate, onde o 1º atira contra o 64º, o 2º contra o 63º, e assim por diante, até determinar os finalistas e o vencedor.

■ São premiados os três melhores atletas; em campeonatos nacionais e de *ranking* internacionais, também pode-se premiar os melhores por distância.

Competição de Time

■ O procedimento é o mesmo que no *round* de *ranking* da FITA ou competição paralímpica. A somatória dos pontos dos três melhores atletas de cada país, fornece a pontuação final de cada time. Da classificatória passam os 16 melhores times para disputar as eliminatórias, a fim de determinar o vencedor.

Pontuação

■ No campeonato FITA e Campeonato Paralímpico, o sistema de pontuação é baseado na pontuação de 10 anéis.

■ Cada anel vale de 1 a 10 pontos, sendo 10 a maior pontuação.

210 TIRO COM ARCO

- Para as flechas que se encontram nas linhas divisórias, são dadas a maior pontuação.
- Flechas que ricochetam ou atravessam o alvo também são contadas.
- O alvo é fixo a 70 metros, da linha de tiro.
- O centro amarelo do alvo está a 135 cm do chão.
- A face do alvo é usualmente feita de papel e tem um diâmetro total de 122 cm.
- A face é dividida em cinco áreas coloridas.
- A largura de cada zona colorida é de 12.2 cm e a largura de cada anel (metada da área colorida) é de 6.1 cm.
- Os valores de cada anel são os seguintes: contando do centro para fora, sendo que o amarelo centra vale 10 pontos:

Posicionamento do atleta na linha de tiro

O arqueiro tem que atirar de pé, sem apoios artificiais na classe ARST. Se o atleta estiver numa cadeira de rodas, uma roda tem que estar na frente e a outra atrás da linha. O mesmo vale para o atleta sentado num banco; para o atleta da classe ARST com autorização de sentar no banco, um pé tem que estar na frente e o outro, atrás da linha.

- O anteparo
  - O anteparo pode ser feito de palha prensada, papelão ou borracha (EVA), com tamanho de 124 cm de diâmetro e inclinação de 15°. O centro do alvo deve ter uma altura de 130 cm em relação ao chão, em linha reta, com variação de ± 5 cm.

- O alvo
  - Os alvos oficiais e reconhecidos pela FITA são divididos em 10 anéis de 1 a 10: 10 e 9 = ouro (amarelo), 8 e 7 = vermelho, 6 e 5 = azul, 4 e 3 = preto e 2 e 1 = branco (Figura 23.1).

Os alvos são divididos em cinco anéis, sendo o central amarelo e todos os outros anéis pretos com divisórias brancas.

Na Tabela 23.3, está apresentada uma lista com as distâncias e os tamanhos dos alvos, conforme as regras da FITA:

Tabela 23.3 Prova e Tamanho do Alvo	
Tamanho oficial do alvo FITA-*indoor*	
Distância: 25 m	60 cm Ø/3fach Spot vertical
Distância: 18 m	40 cm Ø/3fach Spot vertical
Tamanho oficial do alvo FITA-*outdoor*	
Distância: 90 m, 70 m, 60 m	122 Ø
Distância: 50 m	80 Ø
Distância: 30 m	4 x 80 – Spot
Tamanho oficial do alvo FITA-*field*	
Distância: 30 – 60 m	80 cm Ø
Distância: 15 – 45 m	60 cm Ø
Distância: 10 – 30 m	40 cm Ø
Distância: 5 – 20 m	20 cm Ø

Ouro interno	10 pontos
Ouro externo	9
Vermelho interno	8
Vermelho externo	7
Azul interno	6
Azul externo	5
Preto interno	4
Preto externo	3
Branco interno	2
Branco externo	1

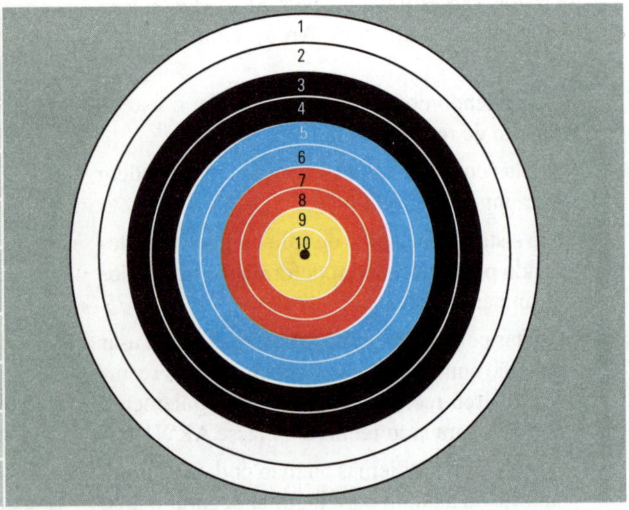

Figura 23.1. Pontuação do alvo.

As Distâncias
Modalidades, Categorias e Distâncias

■ As provas são disputadas nas seguintes categorias etárias:

- Arco recurvo e composto – masculino ou feminino:
  - Infantil: até 16 anos completos no ano do Campeonato
  - Cadete: até 18 anos completos no ano do Campeonato
  - Juvenil: até 20 anos completos no ano do Campeonato
  - Adulto: acima de 20 anos
  - Master: acima de 50 anos

■ Distâncias:
- Competições tipo FITA
  - Feminino, cadete masculino, máster nas categorias ARW2 e ARST e adulto masculino ARW1: 70, 60, 50, 30 metros.
  - Adulto ARW2 e ARST: 90, 70, 50, 30 m.
  - Cegos ou com baixa visão visual atiram quatro rodadas de 36 flechas, sendo todas as rodadas a uma distância de 30 m, em quatro alvos de tamanhos diferentes. Na primeira rodada, o alvo é de 60 cm; nas próximas duas rodadas, num alvo de 80 cm; e na última rodada, num alvo de 122 cm.
- Competição olímpica e paralímpica
  - São duas rodadas de 36 flechas, totalizando 72 tiros.

■ Quantidade de tiros
- Competição tipo FITA
  - No total, são atiradas 144 flechas, sendo 36 flechas por cada distância.
- Competição olímpico
  - Se atira sempre a 70 m (2 x 36 flechas), tanto no masculino como no feminino, independentemente de classe, idade e tipo e arco.

■ Equipamento
- Os atletas devem participar com seu próprio equipamento identificado (inclusive as flechas) e de acordo com as especificações da FITA, os quais são vistoriados pelo árbitro durante a sessão de treino.

Tipos de Arcos Usados em Campeonatos FITA *Outdoor* e *Indoor*, Mundiais e Jogos Paralímpicos

São dois os arcos usados por atletas paralímpicos: o recurvo e o composto.

■ Arco recurvo

Usado por atletas olímpicos e paralímpicos. É um arco em que a lâmina, que além da curva normal proporcionada pela corda, possui outra curvatura em sentido contrário, aumentando sua eficácia. É o tipo de arco permitido em Olimpíadas. Aceita diversos acessórios, como mira, *set* de estabilizadores, apoio de flecha (*rest*), botão de pressão (*button*), dedeira, protetor de braço, beijador e protetor peitoral.

O arco recurvo varia em comprimento de 1220 mm (48 polegadas) a 1780 mm (70 polegadas). No entanto, a maioria dos arcos de competição olímpica estão entre 66 polegadas (1675 mm) e 70 polegadas.

Cada arco possui uma potência específica das lâminas, sempre levando em conta o arco sendo puxado a 28 polegadas.

O punho (a parte central do arco) dos arcos de competição olímpica é feito de alumínio, existindo também vários modelos feitos de carbono e fibra de vidro. Já as lâminas são uma combinação de vários produtos de alta tecnologia, envolvendo carbono, fibra de vidro, madeira, cerâmica e outros.

■ Arco composto

Usado exclusivamente em competições paralímpicas. Esse é composto por polias (roldanas) excêntricas por onde passam diversos cabos que se fixam às lâminas, proporcionando uma redução da pressão do arco (em até 80%) ao ser puxado. Aceita dezenas de acessórios sofisticados, como miras com lentes, gatilhos para disparo, nível de água, *set* de estabilizadores, apoio de flecha e outros.

É um arco moderno, uma verdadeira evolução do arco comum, mas, por ter sido considerado "máquina" demais, reduzindo o papel do arqueiro como atleta, não é aceito em Olimpíadas.

Um arco composto pode variar no tamanho entre 840 mm a 1220 mm (33 a 48 polegadas), dependendo da sua finalidade. O elemento mais marcante num arco composto são as roldanas, que possibilitam ao arqueiro puxar maiores potências do que com o arco recurvo.

O punho, a parte central do arco, é na maioria das vezes, feito de alumínio, mas também pode ser feito de carbono. As lâminas são feitas de carbono de alta densidade (20 vezes mais denso do que o carbono comum) e são fixas no arco, podendo ser ajustadas com uma variação de até 15 libras de diferença entre potência mínima e máxima.

O composto para campeonatos não pode ultrapassar de 60 libras de potência, mas para caça existem compostos de até 80 libras.

Gostaria de agradecer a ajuda dos atletas paralímpicos Paulo Emílio Pereira da Silva e Severino Cavalcanti do Nascimento, bem como a Confederação Brasileira de Tiro com Arco – CBTARCO pela ajuda na obtenção de dados importantes para a construção deste capítulo.

Sites Relacionados

* FITA: http://www.archery.org/default.asp?s_id=0&link_id=3
* Para-archery: http://www.paraarchery.org/News/index.php
* IPC: http://www.ipcarchery.org/Contacts/index.php
* CBTRACO (Confederação brasileira de tiro com arco): http://www.cbtarco.org.br/
* IFAA (International Field Archery Assossiation) - http://www.ifaa-archery.org/
http://www.arqueiroparalimpico.com.br/

Bibliografia Consultada

1. IPC IPC ARCHERY RULES & REGULATIONS. Disponível em http://www.paraarchery.org/ Rules/ IPC_Archery_Rulebook__2007-2008__Final. Acessado em 10/02/2010.
2. PARA-ARCHERY IPC ARCHERY RULES & REGULATIONS. Disponível em http://www. paraarchery.org/News/index.php. Acessado em 10/02/2010.
3. FITA RULES. Disponível em http://www.archery.org/default.asp?s_id=0&link_id=3. Acessado em 10/02/2010.
4. IFAA RULES Disponível em http://www.ifaa-archery.org/ Acesso em 10 de Fevereiro de 2010.

capítulo 24

Voleibol Sentado

Alexandre Medeiros
Amauri Ribeiro
Ronaldo Gonçalves de Oliveira

Introdução

Histórico do Voleibol Sentado

Segundo a Organização Mundial de Vôlei para Deficientes – WOVD (2007), o Voleibol Sentado surgiu em 1956, na Holanda, a partir da combinação do Atletismo e do Sitzball (esporte alemão que não tem a rede, praticado por pessoas com limitação e que jogavam sentadas). Logo se percebeu que o Sitzball era muito passivo; e estavam sendo então procuradas outras formas de jogo que promovessem maior mobilidade.

Em 1956, o Comitê de Esportes da Holanda introduziu um novo jogo denominado Vôlei Sentado. Desde então, o Vôlei Sentado tem crescido e se transformou em uma das modalidades mais praticadas em competições, não só por pessoas com deficiências, mas também jogadores com lesões de tornozelo ou joelho, e ainda por praticantes sem deficiência, o que torna o jogo especialmente inclusivo e integrador.

Desde 1967, são realizadas competições internacionais; no entanto, a WOVD teve que esperar até 1978 para que a Organização Mundial de Esportes para Deficientes (ISOD) aceitasse o Vôlei Sentado em seu programa de modalidades da entidade.

O primeiro torneio internacional oficial – reconhecido pela ISOD – foi realizado em 1979, em Haarlem, na Holanda. Em 1980, a modalidade fez sua estreia em Jogos Paralímpicos com a participação de sete seleções.

O desenvolvimento internacional da modalidade ocorreu através de clínicas realizadas em todo o mundo para o fomento. Estas clínicas eram compostas por cursos de Arbitragem, Classificação Funcional e de Técnicos. Isto contribuíu e ainda contribui para o crescimento constante do voleibol sentado.

Desde 1993, ocorrem campeonatos mundiais da modalidade, tanto no masculino como no feminino.

No Brasil, o voleibol sentado foi introduzido no final de 2002, em um torneio realizado com três equipes, na cidade de Mogi das Cruzes, em São Paulo. No ano de 2003, foi realizado o primeiro campeonato brasileiro da modalidade, sendo que participaram sete equipes.

Em 2005, no 1º Mundial Júnior da modalidade, realizado na Eslovênia, o Brasil já começou a colher os primeiros frutos desse trabalho, quando os jovens praticantes da Seleção Brasileira conseguiram a medalha de bronze. No ano de 2007, nos Jogos Parapanamericanos do Rio de Janeiro, a seleção adulta sagrou-se campeã, vencendo na final a equipe dos Estados Unidos, que, pela primeira vez em 27 anos, perdeu a vaga Paralímpica.

Classificação Funcional do Voleibol Sentado

- *Elegível:* atleta que está dentro dos padrões de classificação funcional, ou seja, sua deficiência está dentro daquelas estabelecidas pela federação máxima da modalidade.

- *Não elegível:* atleta que não está dentro das normas de classificação funcional, ou seja, sua deficiência não está dentro dos padrões da modalidade.

- *Mínima deficiência:* jogador que possuí algum problema de joelho, tornozelo, quadril ou semelhante e que, por consequência deste, tenha alguma sequela permanente, como perda de força muscular ou amplitude articular.

Classificação Geral

O sistema baseia-se na análise das amputações adquiridas e má-formações congênitas semelhantes a elas.

- Abreviações das amputações:
  - AK = acima ou ao nível do joelho
  - BK = abaixo do joelho ou ao nível da articulação do tornozelo
  - AE = acima ou ao nível do cotovelo
  - BE = abaixo ou ao nível da articulação do punho

Figura 24.1. Atleta (cruz de malta) com amputação bilateral.

Figura 24.2. Atleta (ANDEF) com amputação transfemural.

Les Autres

O sistema funcional de classificação é aplicável à incapacidade de locomoção indiferente ao diagnóstico.

Os atletas com certas amputações, paralisia cerebral, lesão medular e poliomielite têm a permissão para participar sob a classificação de *Les Autres*.

Estão aptos para jogar, atletas com incapacidades permanentes, de acordo com os seguintes exemplos:

- Displasia ou luxação do quadril, prótese total do quadril ou joelho, insuficiência vascular no(s) membro(s) inferior(es), Pseudoartrose no membro inferior (fratura não consolidada), instabilidade ântero-posterior de 1,5 cm no joelho, luxação escápulo-umeral, encurtamento em um membro inferior ou igual a uma diferença de 7 cm (as medidas são tomadas da espinha ilíaca anterior-superior até o maléolo medial no mesmo lado), entre outros.

Elegíveis com Mínima Deficiência

Amputações como definidas anteriormente, com as seguintes mudanças e adições:

- Amputação dos dois primeiros dedos em duas mãos, amputação de sete dedos ou mais nas duas mãos, amputação em uma das mãos entre a articulação metacarpo, falange e o punho, limitação da abdução e flexão do ombro inferior a 90 graus, cotovelo sem mobilidade com, no mínimo, 45 graus de flexão, decréscimo na flexão ou na extensão do joelho de 45 graus, instabilidade no joelho *valgo* ou *varo* de, no mínimo, 15 graus, dorsiflexão ou plantiflexão do tornozelo de não mais que 5 graus, entre outros.

- *Observação:*
  - Somente dois atletas com deficiência mínima poderão estar em um time, sendo que um em quadra e outro no banco, ou os dois no banco, mas nunca os dois em quadra ao mesmo tempo.

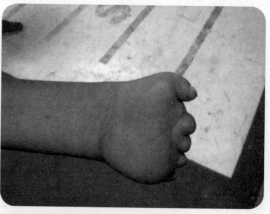

Figura 24.3. Exemplo de mínima deficiência (amputação congênita da mão).

MODALIDADES DO PROGRAMA PARALÍMPICO 215

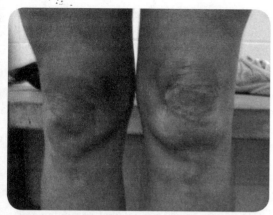

Figura 24.4. Exemplo de mínima deficiência (lesão nos joelhos – operação devido ao rompimento do tendão patelar).

- *Dicas importantes:*
  - Como o voleibol paralímpico é um esporte que exige muito dos deslocamentos no chão, devemos observar alguns aspectos, a fim de preservar as articulações e musculaturas envolvidas. Por esta razão, seguem algumas dicas:
    1. *Amputado de membro superior (mão e braço):* cuidado para não sobrecarregar a articulação do ombro, pois o atleta terá que deslocar e fazer os fundamentos com um único membro.
    2. *Lesado medular:* muito desequilíbrio na hora da execução dos fundamentos, sendo que devemos ter um cuidado especial no deslocamento, pois existe uma propensão ao aparecimento de escaras e também existe possibilidade de rompimento da bolsa coletora.

O Jogo

Diferenças e semelhanças entre o voleibol convencional e o voleibol paralímpico

Existem algumas diferenças entre o voleibol paralímpico e o voleibol convencional. Joke (1988) relata que a principal diferença é o fato de ser jogado sentado no chão; no entanto, existem muito mais semelhanças do que diferenças, e todo o contexto e dinâmica do jogo são preservados.

Diferenças
- Tabela 24.1.

Tabela 24.1
Variação nas Dimensões entre o Volei Olímpico e o Paralímpico

	Voleibol convencional	Voleibol paralímpico
Altura da rede	Masculino: 2,43 m Feminino: 2,24 m	Masculino: 1,15 m Feminino: 1,05 m
Tamanho da quadra	9,0 m X 18,0 m	10,0 m X 6,0 m
Altura do poste	2,50 m	1,30 m
Linha de ataque	3 m	2 m

Figura 24.5. Quadra de voleibol paralímpico.

Semelhanças

- Pontuação (25 pontos corridos e *tie-break* de 15 pontos);
- Sistema Tático (5-1, 4-2 simples, 4-2 com infiltração etc.);
- Fundamentos (toque, manchete, saque, ataque, bloqueio, defesa etc.);

Fundamentos e Técnicas

Posição Básica de Jogo

É a postura que o jogador deve adotar no jogo, no intuito de facilitar a ação rápida dos fundamentos. Será fundamental descobrir junto ao praticante, nesse primeiro momento, uma posição confortável para sentar-se na quadra. Condição que não limite a ação dos braços para um possível deslocamento e que cause um mínimo de desgaste quando isso ocorrer.

- *Técnica:* as mãos devem permanecer em contato com o solo e o tronco ligeiramente inclinado à frente (em equilíbrio). Uma boa posição básica aumenta a mobilidade e eficiência do jogador em situações de jogo.

- *Recomendações:* a(s) perna(s) estará(ão) em uma posição que ofereça conforto e que, principalmente, facilite o deslocamento e não interfira na execução dos fundamentos técnicos.

Deslocamento

O deslocamento no voleibol sentado, segundo Vute (2004), é um dos atos motores mais importantes da modalidade. Para que ocorra a execução dos fundamentos (toque, manchete, defesa, bloqueio, levantamento etc.) com eficiência, torna-se necessário que o atleta chegue no tempo exato junto à bola.

O desafio inicial no voleibol paralímpico está diretamente ligado ao deslocamento, e daremos especial destaque a este que consideramos fundamental para que o jogo possa acontecer. Favorece a ação do jogador em todas as situações, sendo realizado de diferentes formas em função da diversidade de deficiências permitidas na prática da modalidade. Como o voleibol paralímpico se desenvolve com os atletas sentados na quadra, a utilização dos membros superiores para o deslocamento é de suma importância, dando não somente agilidade para o praticante, como também equilíbrio ao locomover-se.

Figura 24.7. Deslocamento (Atletas ADFP e PPP).

- *Técnicas:* partindo da posição básica de jogo, desloca-se para frente, para trás, lateralmente e em diagonais.
- *Recomendações:* a(s) mão(s) deve(m) estar sempre no chão para uma rápida resposta ao estímulo, que é dado em função da direção, altura e velocidade da bola.

Saque

Ato de colocar a bola em jogo com um golpe realizado por uma das mãos, lançando-a por cima da

Figura 24.6. Jogador (ANDEF) – posição básica de expectativa.

rede à quadra adversária. É a primeira ação ofensiva do *rally*.

- *Técnicas:* saque por baixo e saque por cima.
- *Recomendações:* deve-se estar atento ao lançamento da bola que antecede ao golpe, para que não haja desequilíbrio e consequente comprometimento do movimento.

Figura 24.9. Recepção (passe).

Levantamento

É o passe visando posicionar a bola na melhor condição possível para a conclusão do ataque. Quanto melhor for o levantamento, maiores serão as possibilidades de um bom ataque.

Figura 24.8. Atleta (cruz de malta) sacando.

Recepção (Passe)

É o ato de receber a bola vinda do saque adversário, tendo como principal objetivo enviá-la nas mãos do levantador.

- *Técnicas:* executada de toque, manchete ou com uma das mãos.
- *Recomendações:* o saque adversário deve ser analisado, e sendo fraco, as mãos deverão ser postas em contato com o solo para execução de deslocamento, caso haja necessidade; sendo forte, as mãos deverão posicionar-se soltas à frente, na altura do peito, para efetuar a técnica ideal rapidamente.

Figura 24.10. Jogadora SESI-SP – Levantamento.

- *Técnicas:* executada de toque, manchete ou com uma das mãos.
- *Recomendações:* posicionar o corpo lateralmente à rede e variar bolas altas, curtas, rápidas e do fundo com o máximo de precisão, possibilitando ao cortador mais de uma alternativa de ataque.

Ataque

Ato de golpear a bola para a metade adversária da quadra com a intenção de se obter o ponto.

Figura 24.11. Atleta (cruz de malta) atacando, Mundial Junior – Eslovênia, 2005.

- *Técnicas:* ataque, largada ou toque.
- *Recomendações:* deve-se tomar muito cuidado, principalmente com os jogadores que atacam utilizando-se do apoio da outra mão no chão, com a perda de contato com o solo (*lifting*).

Bloqueio

É a interceptação do ataque adversário acima do bordo superior da rede.

Figura 24.12. Atletas SESI-SP – bloqueio duplo.

- *Técnicas:* defensivo ou ofensivo.
- *Recomendações:* manter o tronco próximo da rede e deixar as mãos na altura dos ombros, que facilitará tanto o gesto técnico do fundamento, quanto um possível deslocamento para um melhor posicionamento.

Defesa

É a ação de recuperar as bolas vindas do ataque adversário, criando condições de realizar os contra-ataques.

Figura 24.14. Atleta ADFEGO – defesa.

- *Técnicas:* executada de toque, manchete, com uma das mãos, com quedas (para trás e lateral), entrada frontal (peixinho) e o recurso com os pés ou qualquer outra parte do corpo.
- *Recomendações:* as mãos deverão posicionar-se soltas à frente, na altura do peito, para efetuar o fundamento ideal rapidamente.

Estrutura do Voleibol Sentado

No Brasil, a Associação Brasileira de Voleibol Paralímpico (ABVP), que possui um *status* de Confederação, é a entidade oficial que controla o Voleibol Sentado.

A entidade é filiada ao Comitê Paralímpico Brasileiro (CPB) e também a World Organization Volleyball for Disabled (WOVD), sendo este último o órgão que controla a modalidade em nível internacional.

A ABVP possui atualmente cerca de 20 entidades ou clubes de todo o território nacional como filiados, e organiza diversos campeonatos, tendo como principais os campeonatos Brasileiros masculinos e femininos. No masculino participam cerca de 18 equipes, divididas em duas séries A e B, e no campeonato feminino participam seis equipes.

A ABVP ainda é responsável pelas seleções nacionais: masculina, feminina e seleção Jr. ou sub-23, todas com participações em campeonatos internacionais, mundiais, Jogos Parapanamericanos e Jogos Paralímpicos.

A Associação Brasileira de Voleibol Paralímpico (ABVP) foi criada em 7 de Abril de 2003. Motivada por todas as vitórias do vôlei brasileiro, dentro e fora das quadras, a ABVP toma a iniciativa e dá o exemplo de como o esporte pode contribuir para a melhoria das condições de vida e para o resgate da autoestima e da cidadania de nossos jovens com ou sem deficiência.

Bibliografia Consultada

1. Jouke H. *Sitting-Volleyball. Technique and Exercises.* Booksellers, Haarlem/The Netherlands, 1988.
2. Vute R. *Studies on Volleyball for the Disabled.* Word Organisation Volleyball for Disabled, Research and Education Department, 2004.
3. WOVD – World Organization Volleyball Disabled. Disponível em http://www. wovd.info Acessado em 1/10/2009.
4. WOVD. Classification Et Sports Rules Manual, 2005-2009.

capítulo 25

Remo

Julio Noronha
Eliana Mutchnik

Introdução

Relatos variados apontam para um longo período de utilização de barcos a remo por povos desde as antigas civilizações que garantiam a sobrevivência nas regiões cortadas por rios e mares. No entanto, não existem relatos sobre a data provável do surgimento das primeiras adaptações para a prática do Remo por pessoas com algum tipo de deficiência.

O remo paralímpico é um esporte muito recente, sendo que a mais nova das modalidades no programa paralímpico teve início em 2005 e fez sua estreia nos Jogos Paralímpicos de Pequim, em 2008.

Ao lado da natação, o remo é um dos esportes mais completos. Utiliza vários grupamentos musculares, beneficia o sistema cardiorrespiratório e cardiovascular e não tem efeitos traumáticos, podendo ser praticado por qualquer pessoa. Mas para se atingir bons resultados, é preciso ter muita determinação, pois o treinamento para competições em alto rendimento é intenso e sistemático.

Disputado atualmente nas modalidades Single-Skiff Feminino, Single-Skiff Masculino, Double-Skiff Misto e Quatro Misto com timoneiro, em provas de mil metros. Foram muitos estudos e testes sobre as adaptações nos barcos, nas regras e quanto à classificação funcional.

Os *princípios* e *premissas* que deram origem e embasam esta modalidade paralímpica são:

- Princípios:
  - Uso equiparável
  - Uso flexível
  - Simples e intuitivo
  - Informação perceptiva
  - Nível de exigência de esforço físico
  - Dimensões quanto ao tamanho e espaço, equilíbrio com base em segurança para o acesso e o uso dos barcos pelos atletas.
- Ergonomia:
  - *Finalidade:* melhorar as condições de bem-estar e segurança e aperfeiçoar o desempenho.
  - Fatores de análise
    - Postura durante os movimentos do corpo
    - Esforço físico exigido
    - Condições climáticas
    - Iluminação do local
    - Magnitude de vibrações e marolas
    - Equipamentos e sistemas utilizados em outras modalidades paralímpicas
- Premissas:
  - Respeitar a filosofia e os critérios estabelecidos pela Federação Internacional de Remo – FISA
  - Garantir autonomia e segurança dos atletas

Origens

A Federação Internacional de Remo (FISA), em 2001, debateu junto ao Comitê Paralímpico Internacional (IPC) sobre a inclusão do remo nos Jogos de 2008. Para tanto, foi requisitada a realização de dois campeonatos mundiais de remo adaptável.

Em 2002, no Campeonato Mundial de Remo Olímpico, foi assinado o Protocolo de Remo Adaptável de Sevilha, na Espanha, onde a FISA e 36 de suas filiadas sinalizaram com a oportunidade aos atletas com deficiência, as normas técnicas e os regulamentos da nova modalidade, além da perspectiva da realização do Mundial da categoria em 2004, quando foi requerida a participação de, ao menos, 24 países.

Outra exigência do IPC, para que a modalidade pudesse ser disputada nos Jogos Paralímpicos de Pequim, em 2008, era referente aos barcos e equipamentos que deveriam ser projetados especificamente para que a prática do remo por atletas com deficiência ocorresse de forma segura e o mais similar às técnicas e regras utilizadas no remo Olímpico.

Outra ação exemplar, favorável aos atletas com deficiência, defendida pela FISA, consiste no fato de que o Mundial e outros eventos internacionais de Remo Adaptável devem ser realizados nos mesmos eventos que o Remo Olímpico, o que propicia aos atletas paralímpicos a possibilidade de convivência com os atletas olímpicos, além de caracterizar oportunidade única de se atualizar quanto às tendências tecnológicas e técnicas de remo. A visibilidade desses eventos torna-se importante, já que os eventos são televisionados e reúnem, em média, 12.000 espectadores presentes nas raias europeias.

A FISA preconiza que o remo adaptável esteja incluso no programa de provas dos eventos do remo convencional, mesmo as provas sendo disputadas em um percurso menor que as provas olímpicas, na distância de 1.000 metros.

Cenário Nacional

No Brasil, o Remo Paralímpico originou-se de um programa de reabilitação iniciado nos anos de 1980, chamado de "Remo Adaptado".

Desenvolvido pela Confederação Brasileira de Remo em parceria com a Superintendência de Desportos do Rio de Janeiro (SUDERJ), participavam do Remo Adaptado pessoas com deficiência física, paralisia cerebral, deficiência intelectual e também deficiência auditiva.

Durante o Campeonato Mundial de Remo disputado em Munique, na Alemanha, em 2007, a delegação brasileira, composta por nove atletas, conquistou três vagas das quatro obtidas para os Jogos Paralímpicos de Pequim (2008).

Neste mesmo evento, a delegação de remo adaptável mudou a história do remo olímpico e paralímpico nacional. O Remo do Brasil conquistou, pela primeira vez, duas medalhas de ouro e dois recordes mundiais em um Campeonato Mundial com as embarcações Double-Skiff Misto e Single-Skiff Feminino.

Em maio de 2008, também em Munique, na Copa do Mundo, conquistou a vaga para o Single-Skiff Masculino.

Em setembro de 2008, o Brasil levou nove atletas para os Jogos Paralímpicos de Pequim e conquistou uma medalha de bronze com o barco Double-Skiff Misto.

Atletas das Águas

Em duas das principais conquistas do Remo Paralímpico Brasileiro, a integração da natação paralímpica com a vida esportiva dos atletas foi de grande relevância, pois a bagagem competitiva e as condições físicas dos mesmos possibilitaram a aplicabilidade imediata do intenso treino preparatório para os campeonatos.

Os esforços associados das duas modalidades foram empregados para compor os parâmetros fisiológicos até então nunca estudados no remo paralímpico brasileiro. O perfil dos atletas e a compatibilidade técnica foram decisivos para o aproveitamento do potencial máximo de cada atleta e a rápida adaptação à disciplina e metodologia utilizada no exaustivo treinamento do remo, indispensável para a conquista do tão sonhado ouro.

Classificação Funcional

O sistema de classificação funcional do Remo Paralímpico objetiva garantir a integração da pessoa com deficiência nos mesmos ambientes que os remadores sem deficiência e principalmente possibilitar melhores condições de disputa entre os atletas numa classe.

Fatores de Análise

- Adequação ao espaço físico
- Instrumentos, equipamentos, órteses e próteses que não propiciem ajudas técnicas vantajosas
- As capacidades motoras remanescentes
- Funcionalidade motora
- Ergonomia Física (capacidades físicas e sensoriais)
  - Postura
  - Mobilidade
  - Manipulação dos materiais e equipamentos
  - Movimentos repetitivos e cíclicos
  - Restrições motoras e sensoriais
  - Segurança e saúde

Embarcações e Classes Funcionais

Os barcos são compostos por um, dois ou quatro atletas, formados por remadores com diferentes tipos de deficiências e classificados de acordo com a capacidade funcional.

Os atletas são alocados em classes referentes aos membros utilizados para a propulsão do barco na remada:

- *Arms (A):* grupamento funcional utilizado: braço.
  - Os atletas da classe A são elegíveis para competir no barco Single-skiff, em ambos os gêneros.
- *Trunk and Arms (TA):* grupamento funcional utilizado: tronco e braço. Os atletas da classe TA são elegíveis para competir no barco Double-Skiff Misto.
- *Legs Trunk and Arms (LTA):* grupamento funcional utilizado: perna, tronco e braço. Os atletas da classe LTA são elegíveis para competir no barco Quatro com Timoneiro, na qual a composição da tripulação é mista: pessoas com deficiência física e visual. Os remadores podem ter deficiência física ou visual, sendo um de cada gênero, mas somente um atleta com a classe B3 na deficiência visual. O timoneiro é considerado tripulante, mas poderá ser um atleta sem deficiência (a exemplo dos atletas guias do atletismo). Os atletas das classes B1, B2 e B3 devem usar óculos ou máscaras cobrindo os olhos, sendo que essas devem ser verificadas por oficiais IBSA no início e no término da prova.

A Classificação Funcional 2008/2012

Durante os Jogos Paralímpicos de 2008 foram disputadas as quatro categorias de competição: Single-Skiff Masculino, Single-Skiff Feminino, Double-Skiff Misto e Quatro com Misto, porém o IPC adotou nomenclatura diferente para as classes funcionais dos atletas, incluindo na sigla o Status Confirmed or Revew.

Após os Jogos Paralímpicos de Pequim (2008), a Comissão de Classificação Internacional FISA adequou as normas, condutas e regras da classificação funcional com base nos registros, estudos e levantamentos realizados entre 2004 e 2008, com o propósito de preservar o Fair Play.

Essas foram divulgadas durante o ano de 2009 e adotadas a partir de 2010. As novas regras limitam a utilização de órteses e próteses durante a competição, evitando o *"doping* tecnológico".

Os aparatos devem ser apresentados durante o painel de classificação funcional e os atletas devem demonstrar sua capacidade técnica no remo ergômetro e/ou no barco com a utilização e sem a utilização do equipamento.

As nomenclaturas e siglas foram incrementadas, facilitando ao espectador o entendimento e a relação do movimento apresentado pelo atleta durante a competição.

Os Barcos e as Categorias

Atualmente existem cinco classes de barcos a remo nas principais competições internacionais FISA, sendo que quatro delas foram disputadas nos Jogos Paralímpicos.

Nos Campeonatos Mundiais em 2007 e 2008, que antecederam os Jogos Paralímpicos de Pequim (2008), a FISA adotou o sistema paralímpico de competição, realizando a disputa de quatro categorias: A masculino, A feminino, TA misto, LTA misto, e utilizando o Campeonato Mundial de Munique (2007) para a qualificação dos barcos.

Os barcos são tripulados por um, dois ou quatro remadores, usando um ou dois remos para cada atleta. Para reduzir o atrito com a água e possibilitar maior velocidade, os barcos de competição são longos e estreitos. Por conta desta característica, são também instáveis e extremamente sensíveis, exigindo muita habilidade dos remadores para manter o equilíbrio e a trajetória ideal. O material utilizado para construção dos barcos é a fibra de carbono, o que os torna leves e resistentes.

Até os Jogos Paralímpicos de Pequim (2008), os barcos oficiais de competição regulamentados pela FISA eram produzidos por um único fabricante.

Nos barcos paralímpicos Single-Skiff e Double-Skiff, a *direção* correta do deslocamento é empregada com o esforço da remada de um ou de outro bordo.

Nos *Skiffs* é utilizada a técnica da *palamenta* dupla, em que cada remador utiliza dois remos de aproximadamente três metros em barcos compostos por um ou dois atletas.

Os dois tipos de barcos Skiffs paralímpicos dispõem de *assentos* fixos nos trilhos. Permitindo aos atletas do Double movimentos apenas dos troncos e braços e aos atletas do Single, é acrescido um encosto na cadeira fixa, que viabiliza apenas o movimento dos braços e ombros.

No outro tipo de barco paralímpico, o *Quatro Com,* existe um leme para ajudar na *direção,* que fica sob o controle do timoneiro, podendo movimentar o barco para a direita ou esquerda. As equipes são formadas por quatro atletas e um timoneiro. É utilizada a *palamenta* simples na qual a remada é realizada com um remo por atleta, chamado também de remo de ponta, com aproximadamente três metros e nove centímetros.

Este tipo de barco dispõe de um *assento* com rodas, chamado de carrinho, que se movimenta sobre trilhos, permitindo que os remadores movimentem as pernas e potencializem a força da remadas, tornando possível a máxima propulsão do barco sobre a água.

Os remadores do Double-Skiff Paralímpico podem atingir mais de 60 remadas por minuto; já os remadores do Single-Skiff podem atingir um ritmo com mais de 80 remadas por minuto na competição. Já o deslocamento do barco é resultado da ação combinada de movimentos coordenados e cíclicos, possibilitando aos remadores do Quatro Com atingir mais de 40 remadas por minuto.

Em todos os barcos, os remadores ficam posicionados de costas para a proa do barco.

Características de Cada Barco

- Single-Skiff (1x)
  - Um remador
  - Dois remos
  - Um par de flutuadores
  - Assento fixo com encosto
  - Utilização opcional do finca pé
  - Comprimento médio: seis metros e nove centímetros
  - Peso mínimo: 19 quilos
- Double-Skiff (2x)
  - Dois remadores, sendo um homem e uma mulher
  - Dois remos por atleta
  - Cadeira fixa, utilização opcional do encosto
  - Utilização opcional do finca pé
  - Utilização opcional de flutuadores
  - Comprimento médio: dez metros
  - Peso mínimo: 34 quilos
- Quatro com Timoneiro (4+)
  - Quatro remadores, sendo dois homens e duas mulheres, e um timoneiro; utilizam um remo por atleta, com quatro remos de ponta
  - Comprimento médio: doze metros e trinta centímetros
  - Peso mínimo: 50 quilos
  - Obs: o barco é igual ao utilizado nos eventos convencionais. Não há adaptações neste barco.

As Principais Regras

Para o espectador acompanhar as emoções do remo paralímpico, só é preciso saber que o objetivo nas provas, assim como em todas as competições em distâncias pré-estabelecidas, é chegar primeiro, com o menor tempo.

As provas no Remo Paralímpico são sempre disputadas em raias de 1.000 metros, independente da categoria. Todas as embarcações devem estar dentro das medidas previstas especificadas em cada categoria, assim como todos os atletas têm classes funcionais iguais para os tipos de embarcação que remam.

Como em qualquer modalidade esportiva, o remo é regido por um conjunto de regras. Destacaremos aqui os pontos mais importantes.

O regulamento pode variar de competição para competição. As regras para os campeonatos mundiais e copas do mundo podem ser diferentes das regras dos Jogos Paralímpicos, alterando a composição dos barcos Quatro com Timoneiro (4+), em que a participação de atletas deficientes intelectuais é aceita nos dois primeiros eventos.

Para todos os eventos internacionais, as raias são demarcadas com boias ao longo de toda sua extensão, é o chamado sistema de balizamento Albano, ou ainda utilizado outro tipo de marcação flutuante, que demarque, obrigatoriamente, cada 250 metros.

A raia de competição tem nas provas oficiais internacionais seis raias para a competição, além de duas para o escape, totalizando um campo de provas com oito raias, na largura de 13,5 metros cada raia.

Caso haja mais de seis barcos inscritos, executam-se provas eliminatórias compostas como descrito abaixo:

- Classificatórias
- Repescagem
- Semifinal
- Final

Nas regatas classificatórias, as raias são determinadas por sorteio. Durante as semifinais e finais, competem nas raias três e quatro as guarnições que obtiveram os melhores tempos nas etapas anteriores. Essas são definidas em virtude de serem as mais protegidas dos fatores naturais, como vento e marolas. As demais guarnições participantes são alocadas nas raias ímpares e pares, consecutivamente.

Caso ocorra empate, faz-se uma regata de desempate, e caso isso ocorra na final é oferecida uma medalha a mais.

Somente uma guarnição por país é inscrita por prova nos mundiais. Para os Jogos Paralímpicos, as seis vagas de cada bateria são disputadas na Copa do Mundo do ano que antecede os Jogos ou no Mundial do ano dos Jogos.

As inscrições são feitas em duas etapas: primeiro ocorre o credenciamento da embarcação. Posteriormente, em data determinada pela FISA, ocorrem as inscrições nominais, podendo haver remadores reservas, que serão confirmados ou substituídos durante o congresso técnico que antecede a regata. Nos barcos com apenas um remador, não poderá haver substituições nominais antes da primeira regata classificatória. Todas as substituições com a competição em andamento só serão permitidas em caso de doença ou acidente, sob avaliação da FISA.

Glossário

Balizamento Albano/raia Albana: raia com demarcação com boias por toda extensão.

Bombordo: lado direito do remador, esquerdo do barco visto da ré para proa.

Boreste: lado esquerdo do remador, direito do barco visto da ré para proa.

Braçadeira: em forma triangular, presa à borda do barco, sustenta a forqueta.

Carrinho: assento deslizante.

Castelo de proa: borda mais alta na região da proa para evitar a entrada da água.

Enforcar o remo/afogar o remo: quando o remo fica preso repentinamente na água, travando o barco por alguns segundos.

Finca-pé: suporte ajustável no qual ficam presos os pés do remador.

Forqueta: suporte do remo nas bordas do barco, na extremidade da braçadeira, que gira em torno de um pino de metal, sendo fechado por uma espécie de cancela.

Guarnição: equipe que compõe a embarcação

Pá: parte do remo que propulsiona a água.

Proa: ponta dianteira do barco, no sentido para onde ele se desloca; é também o nome dado ao remador mais próximo dessa extremidade do barco.

Raia: local de competição

Ré: ponta traseira do barco.

Timoneiro: tripulante que controla o leme e incentiva os remadores.

Voga: ritmo de remadas determinado em *remadas por minuto*; é também o nome atribuído ao remador que dita a cadência do barco.

capítulo 26

Vela

Renato Valentim
Berenice Chiarello

Vela é o nome dado ao esporte náutico, praticado com barcos que utilizam exclusivamente a força dos ventos sobre velas como meio de propulsão. O termo iatismo também é utilizado para o esporte, mas engloba também as competições de barcos a motor. Apesar do uso de barcos à vela ser pré-histórico, a vela como esporte somente surgiu na Holanda do século XVIII; entretanto, foi a Inglaterra que desenvolveu as primeiras regras de competição e fundou os primeiros clubes de iatismo.

Com a difusão da vela pelo mundo, inúmeros clubes de regatas foram fundados em diversos países, o que constituiu o maior estímulo para competições nacionais e internacionais. No Brasil, os primeiros clubes surgiram a partir de 1906, no Rio de Janeiro e em São Paulo. Inicialmente, os atletas competiam em barcos diferentes e necessitavam de complicadas regras de *handicap**. Com o surgimento das classes de barcos semelhantes, os monotipos, as competições foram simplificadas e tornaram-se mais vibrantes e justas.

A vela se tornou modalidade olímpica em Paris, em 1900. O esporte não esteve presente nos Jogos de 1904, mas a partir de Londres, em 1908, esteve em todos os posteriores. O Brasil estreou na vela olímpica em Berlin, em 1936, sendo hoje considerado uma

potência nesse esporte. A vela foi a modalidade que mais conquistou medalhas para a nação – 14 no total, sendo seis ouros, duas pratas e seis bronzes.

A Vela Paralímpica

A Vela Paralímpica no mundo é bastante recente. A modalidade nasceu no início da década de 1980 simultaneamente em diversos países e classes de velejadores. Um dos marcos da vela paralímpica foi a criação do barco 2.4mR, em 1983, na Suécia. Esse pequeno veleiro, para apenas um atleta, rapidamente passou a ser utilizado por deficientes físicos em competições oficiais da classe. O primeiro campeonato internacional para pessoas com deficiência física foi realizado na Suíça (International Handicap Trophy Regatta). O sucesso foi tão grande que foi seguido por campeonatos similares na Alemanha, Holanda e França.

Em 1988 foi fundado o International Handicap Sailing Committee (IHSC). Essa instituição organizava regatas, promovia a vela para pessoas com deficiência física e servia como uma fonte internacional de informações técnicas, viabilizando encontros e fóruns sobre iatismo adaptado. O contínuo interesse da comunidade paralímpica internacional nesse novo esporte culminou com a decisão do Comitê Paralímpico Internacional (IPC), em 1990, de aceitar a vela como esporte de demonstração nos Jogos Mundiais para Pessoas com Deficiência Físicas (World Games for People with a Disability).

O IHSC foi reconhecido em 1991 pela organização internacional da vela IYRU (posteriormente ISAF) e renomeado International Foundation for Disabled Sailing (IFDS). Em 1992, o Campeonato Mundial de Vela para Deficientes Físicos foi reali-

---

* *Handicap* é uma palavra inglesa que significa *desvantagem*. As regras de *handicap* existem para nivelar competições entre participantes de níveis diferentes, utilizando uma fórmula que é calculada segundo um parâmetro técnico. Por exemplo: em uma competição com barcos diferentes, um barco que seja 10% mais lento que os demais (medido previamente por especialistas) receberá na cronometragem final um desconto de 10% no seu tempo. Essas regram permitem a comparação de atletas ou equipamentos diferentes, mas criam distorções que, por vezes, podem beneficiar ou prejudicar determinados atletas.

zado na Espanha paralelamente às Paralimpíadas de Barcelona como forma de divulgar o esporte, entretanto não fazia parte da estrutura dos Jogos. A primeira participação da vela em um Jogo Paralímpico foi em Atlanta (1996). Esta modalidade foi apresentada pela primeira vez como esporte de exibição, sem direito a medalhas, e foi um grande sucesso. O IPC rapidamente promoveu a vela para esporte oficial, definindo sua participação nos jogos Paralímpicos de Sydney, em 2000.

Em Sidney foram realizadas competições em duas categorias: individual, em barcos 2.4mR e equipes de três velejadores, em barcos da classe Sonar. Participaram 17 países na classe 2.4mR e 15 na Sonar.

Figura 26.1. Prêmio Grascon-Superação. São Paulo, Dezembro de 2000.

As regatas das Paralimpíadas de Atenas foram realizadas no bonito Centro de Vela Aghios Kosmas. Foram 16 equipes de 2.4mR e 15 de Sonar. As medalhas de ouro, prata e bronze foram conquistadas na classe 2.4mR por França, USA e Holanda, e na Sonar por Israel, Holanda e USA, respectivamente.

Nas Paralimpíadas de Pequim, em 2008, as competições de vela foram realizadas na cidade de Qingdao. Um monumental centro náutico foi construído para isso. Desta vez, três categorias estavam competindo: 2.4mR com 14 países, Sonar com 14 veleiros e, pela primeira vez, uma categoria para deficiências severas, o SKUD 18 com 11 barcos. As medalhas de ouro, prata e bronze foram conquistadas na classe 2.4mR por Canadá, França e USA; na Sonar, por Alemanha, França e Austrália; e na SKUD, por EUA, Austrália e Canadá, respectivamente.

A Vela Paralímpica no Brasil

A vela para pessoas com deficiência física no Brasil começou 1999, quando a classe Day Sailer foi procurada por atletas paralímpicos da natação que queriam conhecer o esporte. Em 3 de Julho, o Clube Municipal de Iatismo, na represa Guarapiranga em SP, recebeu 15 atletas com vários tipos de deficiência física para o primeiro dia de treinos, coordenados por Renato Valentim e Berenice Chiarello. O grande sucesso desse primeiro trabalho levou a um convite aos atletas paralímpicos para um programa de treinamentos que foi batizado pelos próprios velejadores de Projeto Água-Viva. O programa consistia em treinos mensais com barcos Day Sailer. A participação dos atletas foi crescendo e em Dezembro de 2000 foi realizada a primeira regata para pessoas com deficiência física do Brasil: o Prêmio Grascon-Superação.

Os primeiros veleiros Day Sailer adaptados a vários tipos de deficiências foram montados em 2001 – os memoráveis Romeu e Saracura. Os atletas paralímpicos passaram a competir nesta classe junto aos atletas sem deficiência. As equipes paralímpicas participaram, nos anos posteriores, de campeonatos regionais e nacionais realizados em importantes centros de vela, nas represas de Guarapiranga, Billings, Porto Primavera e no mar, em Ilha-Bela, Santos, Bertioga e Rio de Janeiro. Esses barcos foram utilizados até 2008, quando foram substituídos por modelos mais avançados, da classe POLI 19.

Em 2002, a assinatura de um convênio entre FBVM (Federação Brasileira de Vela e Motor) e CPB resultou na aquisição dos primeiros barcos da classe 2.4mR para o Brasil. Com esses veleiros foi possível realizar os Primeiros Jogos Paralímpicos do Brasil, em maio de 2004. Uma importante consequência desse campeonato foi o surgimento do segundo núcleo de vela brasileiro, no Rio de Janeiro. Em Dezembro de 2004, foi realizado na Guarapiranga o primeiro campeonato Brasileiro de 2.4mR, com dez atletas de São Paulo, Rio de Janeiro e Argentina.

A Tabela 26.1 mostra o resultado dos principais campeonatos de vela brasileiros.

A FBVM foi filiada ao CPB em Abril de 2005. Nesse ano foi contratado o primeiro técnico de vela para o núcleo de São Paulo: Vitor Hugo Marcelino. Em 2006, mais dois técnicos foram contratados para os núcleos do Rio de Janeiro e para o recém-criado de Minas Gerais. Em Fevereiro de 2007 foi realizado na Guarapiranga o primeiro Campeonato Brasileiro de Vela Paralímpica de Equipes, que selecionou dois times para representar o Brasil no Mundial da IFDS. Os campeões foram os cariocas Luis Cezar Faria, Darke B. de Mattos e Rossano S. Leitão. Os vice-campeões foram Ricardo Messias, Reinaldo dos Santos e Tui de Oliveira.

O Mundial da IFDS aconteceu, em Setembro de 2007, em Rochester (EUA) e era a última classifica-

Tabela 26.1
Resultados dos Campeonatos Brasileiros de Vela Paralímpica

Jogos Paralímpicos Brasileiros (SP-2004)	
2.4mR	1º – Maria Aparecida Di Moura 2º – Ademir Pereira
Equipes	1º – Luiz Cesar Faria, Douglas Amador 2º – Honório L.Rocha, Luiz Gouveia, José Maria Moreno
Campeonato Brasileiro de 2.4mR (SP-2004)	
2.4mR	1º – Luiz Cesar Faria 2º – Ricardo B. Messias 3º – Ademir Pereira
Campeonato Brasileiro de 2.4mR (SP-2005)	
2.4mR	1º – Ricardo B.Messias 2º – Luiz Neubauer 3º – Ademir Pereira
Campeonato Brasilerio de Equipes (Seletiva mundial IFDS – SP-2007)	
2.4mR	1º – Luiz Cesar Faria, Darke B.de Mattos, Rossano de Sá Leitão 2º – Ricardo B.Messias, Tui F. Oliveira, Reinaldo B. dos Santos 3º – Honório L. Rocha Luiz Gouveia, José Maria Moreno
Campeonato Brasileiro de 2.4mR (SP-2009)	
2.4mR	1º – Ricardo B.Messias 2º – Luiz Cesar Faria 3º – Luiz Neubauer
Campeonato Brasileiro Paralímpico de Equipes e 2.4mR (SP-2010)	
2.4mR	1º – Mario Czaschke 2º – Antonio Nuno de Castro 3º – Gustavo Richter
Equipes	1º – Luiz Cesar Faria, Ademir Pereira, Elisabete dos Santos 2º – Ricardo B.Messias, Zé Maria, Reinaldo B. dos Santos 3º – Tui F.Oliveira, Antonio Marcos do Carmo, Jorge Marinho

Figura 26.2. Equipe paralímpica na Rolex Sailing Week, Ilha-Bela, 2007.

A vela brasileira estreou nas paralimpíadas em 2008. Os resultados foram discretos, mas a participação em si foi uma grande vitória. Também nesse ano as equipes de vela paralímpica brasileiras passaram a treinar e competir em um novo barco, projetado e desenvolvido no Brasil pela Engenharia Naval da Universidade de São Paulo: o POLI 19.

Em Abril de 2009, a CBVA organizou seu primeiro campeonato brasileiro, com a participação de um novo núcleo, criado em Santa Catarina. Um ano depois, em Abril de 2010, mais dois núcleos estiveram representados no campeonato brasileiro de 2010: Brasília e Rio Grande do Sul. Atualmente, centenas de velejadores treinam e competem nos seis núcleos brasileiros de vela, nas três categorias paralímpicas: individual e equipes de dois ou três atletas.

O Barco à Vela

O barco à vela, ou veleiro, é composto por um casco, que lhe confere flutuabilidade, a mastreação e as velas, que propulsionam a embarcação, e o leme, responsável pelo controle e direcionamento do conjunto.

Com um veleiro é possível atingir qualquer destino que se queira, tanto a favor, quanto contra o vento; entretanto, um barco à vela não consegue se movimentar exatamente no sentido oposto ao do vento, pois as velas começam a bater (ou panejar) e ele para. Quando o velejador necessita ir contra a direção do vento, o que em náutica é chamado de contra-vento, ele deve velejar de modo que o ângulo entre a direção do barco e o vento seja o mais fechado possível (cerca de 45 graus) e manobrar o barco para avançar contra o vento em um verdadeiro zig-zag. No contra-vento, as manobras são chamadas de bor-

tória para os Jogos Paralímpicos de Pequim. O resultado dos times brasileiros foi um ótimo 12º lugar, suficiente para garantir uma das 14 vagas nos Jogos.

Ainda em 2007, a Confederação Brasileira de Vela Adaptada (CBVA) passou a representar a vela paralímpica junto ao CPB. Nesse ano também aconteceu a primeira participação de um barco de oceano tripulado apenas por pessoas com deficiência física na principal competição brasileira de vela oceânica: a Rolex Ilha Bela Sailing Week (Figura 26.2).

Figura 26.4. Barcos da classe 2.4mR no contra-vento se aproximando de uma boia de marcação de percurso.

Figura 26.3.

dos, e são importantes para aproximar o velejador de seu objetivo. Essas manobras são muito realizadas durante a competição de vela. No contra-vento as velas são tracionadas (ou "caçadas") para o centro do barco, funcionando como uma asa.

Quando o barco se desloca com o vento a favor (vento em popa), as velas são posicionadas bem abertas para receber o máximo de vento possível, o que empurrará o barco. Barcos modernos conseguem atingir grandes velocidades mesmo em ventos fracos; essas velocidades são muitas vezes superiores à própria velocidade do vento. Também conseguem ângulos muito fechados em relação ao vento quando velejam no contra-vento, o que melhora muito a eficiência numa competição.

As Competições

As competições de vela são chamadas de "regatas" e são disputadas em séries, normalmente com um mínimo de quatro provas. O local da competição é denominado "raia" e existem vários percursos possíveis, marcados por boias ou barcos. O trajeto mais comum é o "barla-sota", no qual os veleiros avançam inicialmente no contra-vento e retornam com vento em popa.

Vários fatores fazem um velejador vencer uma regata, os três principais são: velocidade do barco, realização das manobras e uma boa estratégia (ou tática) de regata.

A capacidade de dar velocidade ao veleiro é o que o iniciante aprende primeiro e depende do ajuste das velas e das outras partes do barco, assim como do equilíbrio dado pelo corpo do atleta. As manobras são necessárias para mudar a direção do veleiro e podem diminuir ou aumentar sua velocidade, em função da perfeição com que são executadas.

A tática de regata depende de anos de treinamento e do conhecimento do velejador. Como o vento varia de intensidade e direção, o velejador experiente aprende a buscar o melhor vento. Isso é feito pela leitura de vários sinais, como o contato da brisa com a superfície da água, o formato das nuvens, o andamento dos outros barcos, fumaças de chaminés, bandeiras etc. Também faz parte da tática de regata a marcação aos oponentes, retirando-lhes o vento ou forçando-os a alterar suas manobras ou táticas. Essa marcação é feita dentro das regras e aceita como parte da competição. A sorte entra como um último componente, porém de baixa intensidade.

De fato, na grande maioria das competições ganha aquele que melhor velejou. Para diminuir o efeito da sorte são realizadas várias regatas com a possibilidade de descarte de uma ou duas delas.

Regras Básicas de Competição

A Vela Paralímpica segue as regras da ISAF (*International Sailing Federation*) com algumas adaptações feitas pela Federação Internacional do Iatismo para Deficientes (IFDS) e pelas Confederações Nacionais, como a CBVA no Brasil (Confederação

Brasileira de Vela Adaptada). Existem vários tipos de regras, como as fundamentais, que asseguram boas práticas esportivas; regras de direito de passagem, que evitam colisões dos barcos e acidentes; e regras de condução da competição, que estabelecem os critérios para uma regata justa e imparcial. Quando um competidor desobedece a uma regra, ele pode ser penalizado, porém sempre terá espaço para se defender. Essas regras variam de acordo com as classes, as categorias e o tipo de competição ou percurso.

A pontuação em uma competição de vela segue um sistema linear, em que os barcos recebem pontos pela ordem de chegada. O vencedor é o velejador que receber menos pontos. Em várias competições existe a possibilidade de o velejador descartar os piores resultados.

Existem vários tipos de competições regionais, nacionais e internacionais. Na vela paralímpica, para um atleta ou equipe participar de uma competição internacional geralmente deve se qualificar em competições nacionais. Os Jogos Paralímpicos e os mundiais são as competições mais importantes. A IFDS realiza mundiais anuais para as três classes oficiais paralímpicas. Obrigatoriamente, os dois mundiais antes dos jogos são classificatórios para estes, e em cada um deles são preenchidas metade das vagas para as Paralimpíadas. A classificação obtida nesses mundiais é atribuída ao país e não ao atleta. Cabe a cada federação nacional estabelecer o critério de seleção dos velejadores que irão representá-las, o que, normalmente, é feito por seletivas nacionais um pouco antes dos jogos.

Os Veleiros Paralímpicos

Os barcos utilizados nas paralimpíadas são escolhidos vários anos antes da competição e normalmente são utilizados por, pelo menos, três edições dos Jogos. Isso é importante porque são equipamentos caros e se fossem trocados com mais frequência os países ricos seriam beneficiados.

Na vela olímpica, os veleiros são classificados em barcos de quilha e barcos sem quilha. A quilha é uma peça pesada, semelhante a uma barbatana, que fica sob o casco do barco e lhe confere equilíbrio, estabilidade e segurança. Na vela paralímpica são utilizados apenas veleiros de quilha.

Existem três classes de vela oficiais das Paralimpíadas: a 2.4mR, a Sonar e a SKUD 18.

2.4mR

Os barcos da classe 2.4mR são tripulados por um único atleta. Essa embarcação possui duas velas (mestra e buja), mede ao redor de 4,1 metros de comprimento e possui 260 quilos. Possui uma quilha que é um prolongamento do casco e na qual se encaixam peças de chumbo que somam 176 Kg de lastro.

O 2.4mR é um veleiro muito técnico, que exige um forte conhecimento de vela, embora não seja necessária uma grande capacidade física. Essa embarcação pode ser adaptada para todo tipo de deficiência, podendo, inclusive, ser conduzido com os pés; entretanto, pessoas com deficiências severas possuem mais dificuldade de controlá-lo, o que diminui suas chances de sucesso nas competições; por esse motivo, com o surgimento do SKUD 18, vários atletas nessa situação adotaram a nova classe.

Por ser uma classe aberta, existem vários tipos de 2.4mR, porém somente os modelos Norlin Mark 3 são utilizados nos Jogos Paralímpicos. Os primeiros 2.4mR chegaram ao Brasil em 2003. No início de 2010 existiam 12 barcos no país.

Figura 26.5. Velejador conduzindo um veleiro 2.4mR.

Sonar

Os barcos da classe Sonar são tripulados por equipes de três pessoas. São veleiros relativamente grandes, com cerca de 7 metros e pesam aproximadamente 900 quilos. É um barco moderno e rápido, que veleja com três velas: mestra, buja e balão; entretanto, essa última não é utilizada em regatas paralímpicas.

A tripulação é composta por um timoneiro, um proeiro e um ajustador de mestra. Cada velejador recebe uma pontuação de 1 a 7 em função de sua deficiência. Como a somatória desses pontos deve ser igual ou menor que 14, várias combinações de deficiências físicas são possíveis, inclusive viabilizando a participação de deficientes visuais. Foi na classe Sonar que o Brasil estreou nos Jogos Paralímpicos, participando das competições em Pequim (2008).

Figura 26.6. Equipe brasileira de Sonar velejando em Pequim (2008).

Figura 26.7. Equipe de SKUD 18.

SKUD 18

Desde o início da vela paralímpica, velejadores com deficiências severas, em especial os tetraplégicos, pediam à Federação Internacional uma classe específica à sua condição física. Logo após as Paralimpíadas de Atenas, o barco SKUD 18 foi selecionado para esse fim. Trata-se de um veleiro para equipe mista (homem e mulher). Os dois tripulantes são obrigatoriamente um timoneiro portador de deficiência severa (classificado como 1 ou 2) e um proeiro com uma incapacidade mínima.

Esse veleiro possui uma concepção muito moderna, pois uma longa quilha com bulbo de chumbo lhe confere grande estabilidade, suas três velas são bastante grandes, um balão assimétrico é utilizado quando o barco se desloca nas pernas de popa, além de conferir ao barco grande velocidade. Esse veleiro foi concebido para ser timoneado por velejadores com grande restrição de movimentos; para tanto, possui grande flexibilidade de adaptação.

O Barco Brasileiro POLI 19

O veleiro Poli 19 foi desenvolvido com tecnologia nacional, na Escola de Engenharia Naval da Universidade de São Paulo, e financiado com verbas federais da FINEP (Financiadora de Estudos e Projetos). Esse veleiro foi criado com o objetivo de ser um barco para treino e competições de equipes de três velejadores, semelhante ao SONAR, porém a um custo muito menor. O POLI 19 possui as seguintes características: *cockpit (deck)* amplo que pode receber qualquer tipo de adaptação. Quilha longa e retrátil com bulbo de chumbo que lhe confere muita estabilidade, segurança e facilidade de operação. Seu comprimento total é de 5,75 m e o peso é de 639 Kg, sendo 250 kg o peso da quilha.

Esse barco é utilizado nas competições por equipes no Brasil e também já foi adaptado para velejadores com deficiências severas, substituindo o SKUD 18 nos programas brasileiros de treinamento e competição de vela paralímpica.

Figura 26.8.

Adaptações

Os barcos podem ser adaptados aos velejadores; porém, as adaptações devem ser avaliadas pelos classificadores no momento da classificação funcional.

As adaptações podem ser:

- No atleta: acolchoamento nas roupas, adaptações nas mãos (tetraplégicos), cintos, adaptações na boca, no caso de atletas sem qualquer movimento de membros. O uso de próteses e órteses é possível, mas pode alterar a classificação do atleta.
- No equipamento/barco: travessas para passar de um lado para o outro, bancos com elevações ou depressões, proteções/acolchoamento nos bancos ou nas bordas, apoios para as mãos, adaptações no leme e assentos.

Figura 26.9. Proteção para quadris que se fixa na cintura e nas pernas do atleta (indicada para evitar lesões em paraplégicos).

Figura 26.10. Travessa para facilitar a passagem do atleta nas manobras e acessório na lateral do barco para apoio das mãos durante a escora.

Equipamentos específicos importantes: colete salva-vidas, luvas, sapatilhas, roupas com proteção para chuva e frio, boné, óculos.

Classificação Funcional

A vela adaptada tem como característica ser amplamente inclusiva. Os grupos de deficiências que podem competir são pessoas com deficiências físicas e visuais. Os barcos foram escolhidos de forma a integrar nas competições os mais diversos tipos e graus

Figura 26.11. Cadeira adaptada para tetraplégico no Sonar.

Figura 26.12. Adaptação de leme e assento para tetraplégico no barco POLI 19.

Figura 26.13. Adaptação de leme e assento para tetraplégico no barco Sonar.

de acometimentos físicos e visuais. Por isso, há um sistema de classificação funcional bastante detalhado elaborado pela International Federation for Disabled Sailing (IFDS). Este sistema classifica o atleta de acordo com suas habilidades para o esporte (IFDS 2009-12).

A finalidade da classificação funcional para os atletas com deficiência física é permitir a competição justa e equilibrada e incentivar a prática do esporte. O velejador é analisado em todas as funções que realiza durante uma regata.

Inicialmente é realizado um exame físico, em solo, no qual é avaliada a força muscular (FM), a amplitude de movimento (ADM) ou a coordenação motora, de acordo com o tipo de deficiência (Teste Anatômico Funcional).

A FM é avaliada nos atletas com lesões medulares, poliomielite ou lesões neurológicas. A avaliação da ADM é realizada no caso de deformidades congênitas e doenças articulares, como a artrite reumatoide. Em algumas lesões neurológicas são realizados os testes de ADM e de FM, sendo utilizado na classificação o teste que deu menor pontuação (demonstrou o maior comprometimento). Nas desordens neuromusculares que causem incoordenação, espasticidade, rigidez, tremores ou movimentos involuntários, como paralisia cerebral, esclerose múltipla, Parkinson ou traumas crânio-encefálicos é feita a avaliação da coordenação.

O resultado destes testes varia de menos de 160 a 320 pontos. Esta pontuação é a somatória do resultado da avaliação de cada estrutura corporal. Todos os acometimentos (FM, ADM ou coordenação) são medidos numa escala de 0 a 5. Por exemplo, a avaliação de FM é feita no pescoço, nos membros superiores (ombro, braço, cotovelo, punho, dedos), na região que dá a estabilidade (tronco) e que dá a mobilidade (membros inferiores). Apenas o acometimento de FM, ADM ou coordenação mais significante de cada movimento é utilizado (isto é, a menor pontuação).

Após o exame físico, é realizado o Teste Funcional em um barco de três tripulantes (o barco oficial para esta avaliação é o Sonar; no Brasil, o exame é realizado no Poli 19), em que são avaliadas as funções específicas do esporte, como: regular velas, prender e soltar cabos, capacidade de fazer escora, transferência no barco e levar o leme, nas três situações possíveis no barco que são as posições de proeiro, regulador de mestra e timoneiro. O resultado destes testes varia de 01-10 a 24 pontos.

Quando há diferença entre as duas pontuações (Teste Anatômico Funcional e Teste Funcional em solo/velejando), a definição é dada pelo Teste Funcional. Se restar dúvidas com relação à pontuação, o mesmo é avaliado velejando durante uma competição oficial. A classificação final varia de 1 a 7.

Para os atletas tetraplégicos completos e amputados é aplicado o *Benchmark*, que já define a classificação de acordo com os níveis de amputação, sem necessidade de realizar os demais testes.

Tabela 26.2
Resultado dos Testes Realizados no Barco de Três Velejadores

Classe	Teste Anatômico Funcional	Teste Funcional em solo/velejando
1	< 160	1-10
2	161-205	11-15
3	206-240	16-19
4	241-270	20-21
5	271-280	22
6	281-300	23
7	301-320	24

Para os atletas deficientes visuais, seguem-se as regras da IBSA (International Blind Sports Federation):

- *B1 – cego:* sem percepção da luz em ambos os olhos até a percepção da luz com incapacidade de reconhecer o formato da mão em qualquer distância e direção. O competidor não pode usar nenhum acessório visual para ajudar a velejar. Pontuação 3.

- *B2 – baixa visão:* habilidade de reconhecer o formato da mão até uma acuidade visual de 2/60 e/ou campo visual de menos de 5 graus *radiaus*. Pontuação 5.

	Tabela 26.3 – Classificação de Benchmark
1	• Tetraplegia completa • Amputação bilateral de ombros
2	• Amputação bilateral acima dos cotovelos • Amputação acima do cotovelo e abaixo do outro
3	• Amputação acima do joelho e acima do cotovelo • Amputação bilateral abaixo dos cotovelos
4	• Amputação de um ombro • Amputação bilateral acima dos joelhos • Amputação bilateral abaixo dos joelhos sem próteses • Amputação acima do joelho e abaixo do outro sem próteses
5	• Amputação acima de um cotovelo • Amputação acima de um joelho e abaixo do outro joelho, sem próteses
6	• Amputação bilateral abaixo dos joelhos com próteses • Amputação abaixo de um cotovelo
7	• Amputação acima de um joelho • Amputação abaixo de um joelho sem prótese (excluindo a amputação tipo Syme ou equivalente)

- B3 – *baixa visão:* acuidade visual de 2/60 até 6/60 e/ou campo visual de mais de 5 graus *radiaus* e menos de 20 graus rádios. Pontuação 7.

■ Classificação para barco com um velejador (2.4mR):
  • Na classe 2.4 mR deve haver uma incapacidade mínima para velejar. Velejadores classificados de 1 a 7 participam juntos das competições.

■ Classificação para barco de duas pessoas (SKUD18):
  • Tripulação mista: uma mulher e um homem.
  • Os velejadores são classificados em TPA (Two Person Boat A) e TPB (Two Person Boat B). Um velejador chamado de TPA (Two Person Boat) deve ter deficiência severa, classificado como 1 ou 2, pela classificação da IFDS 2009. O segundo velejador é classificado como TPB e deve ter uma incapacidade mínima.

■ Classificação para barco de três pessoas (Sonar)
  • Na classe Sonar, e no Brasil na classe POLI 19, a somatória dos pontos deve ser, no máximo, de 14 pontos. Desta forma, uma série de combinações é possível na formação da equipe. Algumas regras da classe também favorecem a homogeneização, como a proibição de escora por três atletas ao mesmo tempo (só é possível dois fazerem escora).

Capacidades Físicas e Adaptações
Perfis dos Atletas de Vela no Brasil

Por ser a vela um esporte bastante inclusivo, atletas com vários tipos de deficiência e em diferentes graus de acometimento podem ser encontrados na modalidade. Os principais acometimentos que participam da vela são: lesões medulares completas e incompletas, em todos os níveis, sequela de poliomielite ou com síndrome pós-pólio, lesões neurológicas periféricas ou centrais, paralisia cerebral de todas as formas de acometimento, sequelados de trauma crânio-encefálico, amputações dos mais variados graus, deformidades congênitas, doenças como artrite reumatoide, Parkinson, esclerose múltipla e todos os graus de deficiência visual.

Pessoas com deficiência intelectual ainda não participam da modalidade em competições paralímpicas, entretanto participam de atividades de recreio e passeio (cruzeiro).

As Figuras 26.14 e 26.15 mostram o tipo de deficiência dos atletas oficialmente classificados no Brasil (Abril de 2010) e a pontuação destes.

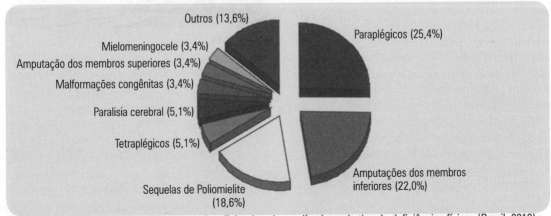

Figura 26.14. Perfil dos atletas do programa brasileiro de vela paralímpica pelo tipo de deficiências físicas (Brasil, 2010).

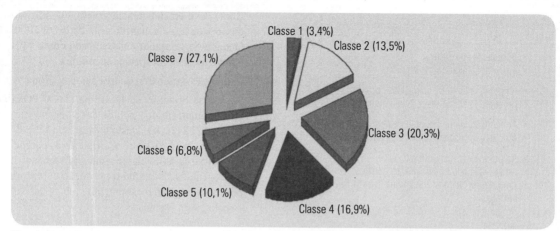

Figura 26.15. Perfil dos atletas do programa brasileiro de vela paralímpica pela classificação funcional (Brasil, 2010).

O futuro da Vela Paralímpica no Brasil

A Vela Paralímpica vem crescendo rapidamente nos últimos anos em todo o Brasil. Vários núcleos do esporte se formaram e outros estão se organizando. Atletas com diversos tipos de deficiências e classificações funcionais têm se interessado pelo esporte. É observado, em especial, um grande interesse daqueles com deficiências severas. A imagem de uma pessoa com deficiência severa mostrando autossuficiência, liberdade de movimentos e controle (respeitoso!) sobre a natureza dentro de um barco é poderosa e empolga tanto os que entram em contato pela primeira vez com a vela, quanto os velejadores veteranos e todos que se envolvem com o esporte.

■ **Fotos:** Berenice Chiarello, exceto a última (Letéia)

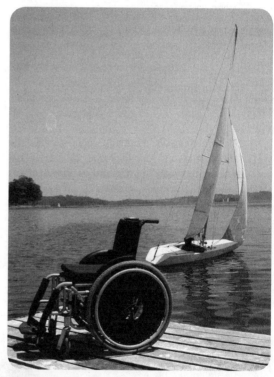

Figura 26.14.

capítulo 27

Rugby em Cadeira de Rodas

José Irineu Gorla
Mateus Betanho Campana
Luis Felipe Castelli Correia de Campos

O Rugby em Cadeira de Rodas (RCR) é praticado por pessoas com lesão medular (LM) caracterizada como tetraplegia, ou com quadros de tetraequivalência, como alguns tipos de paralisia cerebral, amputações/deformidades em seus quatro membros, sequelas de poliomielite, entre outras (IWRF, 2009). O RCR atende, assim, uma população que não consegue se inserir em outros tipos de esporte coletivo por apresentarem grandes déficits motores.

Atualmente, o RCR é praticado em 24 países. Em nível internacional ocorrem as seguintes competições: Campeonato Mundial, os Campeonatos Regionais, nos quais a seleção de cada país joga com as demais seleções de sua região (Américas, Europa, Ásia e Oceania) e as Paralimpíadas (IWRF, 2009).

Há, ainda, algumas competições com o caráter de promover o desenvolvimento do esporte, sem valerem para o *ranking* mundial. Um exemplo dessas competições é o Maximus Open QuadRugby, que já teve duas edições internacionais, uma na cidade de Bogotá, na Colômbia, em 2008 – com a participação das seleções dos Estados Unidos, Canadá, Colômbia, Argentina e Brasil – e outra edição na cidade de Niterói, no Rio de Janeiro, em 2009 – com a participação das seleções dos Estados Unidos, Grã-Bretanha, Colômbia, Argentina e Brasil, em 2010, o Maximus Open QuadRugby aconteceu na cidade de Miami, nos Estados Unidos (IWRF, 2009).

No decorrer deste capítulo, o RCR é apresentado de forma que possam ser informadas suas origens – no mundo e no Brasil, quais as patologias que tornam uma pessoa elegível para a sua prática, as principais regras a serem aprendidas para se dar início à aprendizagem do esporte, as principais patologias para um sujeito praticá-lo, os principais eventos que ocorrem no Brasil e no mundo e as equipes existen-

tes até o momento no País. Também são descritos os Princípios Técnicos que devem ser observados e ensinados para que alguém possa jogar o RCR.

Como o RCR ainda é novo no cenário mundial e principalmente no cenário nacional, e repleto de possibilidades, necessita de mais pesquisas, inferências e publicações para poder se desenvolver, se popularizar cada vez mais e se consagrar tanto quanto as outras modalidades esportivas em cadeira de rodas.

O Surgimento do Rugby em Cadeira de Rodas

O Rugby em Cadeira de Rodas (RCR) foi criado, em 1977, na cidade de Winnipeg, no Canadá, por um grupo de pessoas com tetraplegia que buscavam um novo esporte além do basquete em cadeira de rodas, pois, nesta modalidade, eles tinham poucas possibilidades devido ao seu tipo de lesão e seu comprometimento motor. A princípio esse novo esporte recebeu o nome de *Murderball,* mas, com o passar dos anos, e com um nome que remetia à violência, foi rebatizado, passando a ser chamado de Wheelchair Rugby ou Quadrugby (IWRF, 2009).

Em 1981 surgiu a primeira equipe de RCR nos Estados Unidos e em 1982 ocorreu o primeiro torneio internacional entre equipes de RCR do Canadá e dos Estados Unidos. Nos anos seguintes, o RCR surgiu em outros países. Em 1989, a equipe da Grã-Bretanha foi até o Canadá e, pela primeira vez, uma equipe de outro continente jogou com as equipes do Canadá e dos Estados Unidos (IWRF, 2009).

Em 1990, o RCR foi apresentado como modalidade de demonstração nos Jogos Mundiais em Cadeira de Rodas e em 1993, com 15 equipes de países diferentes, foi reconhecido oficialmente como um esporte internacional para pessoas com deficiência física. Nesse mesmo ano, a Federação Internacional de Rugby em Cadeira de Rodas – International Wheelchair Rugby Federation (IWRF) – foi criada e reconhecida pela Federação Internacional de Esportes em Cadeira de Rodas de Stoke Mandeville – International Stoke Mandeville Wheelchair Sports Federation (ISMWSF). Em 1994, o RCR foi oficialmente reconhecido pelo Comitê Paralímpico Internacional como uma modalidade paralímpica (IWRF, 2009).

O primeiro Campeonato Internacional de RCR aconteceu somente em 1995, na cidade Suíça de Notwil, e contou com oito equipes. Em 1996, o RCR foi incluído como modalidade de demonstração nos Jogos Paralímpicos de Atlanta e somente nos Jogos Paralímpicos de Sydney, em 2000, o RCR foi disputado valendo medalhas. Atualmente, a IWRF conta com 24 países filiados que apresentam o RCR consolidado e com oito países onde o esporte está em desenvolvimento (IWRF, 2009).

O Rugby em Cadeira de Rodas no Brasil

No Brasil, o RCR chegou somente em 2005 com os Jogos Mundiais em Cadeira de Rodas e Amputados – Tributo à Paz. Essa competição é a mais antiga do paradesporto e contou com o apoio e o reconhecimento da ISMWSF e da Organização Internacional de Esportes para Deficientes (ISOD). Essas duas entidades participaram na fundação do Comitê Paralímpico Internacional (Sant'Anna, 2009).

Segundo Sant'Anna (2009), uma equipe brasileira iria apenas se apresentar informalmente durante as competições, mas, após insistentes convites da IWRF, a equipe do Brasil aceitou participar oficialmente dos jogos.

Dessa competição, surgiram, mais tarde, as duas primeiras equipes de RCR do Brasil, o Rio Quadrugby Clube e o Guerreiros da Inclusão, ambos na cidade do Rio de Janeiro, com atletas remanescentes dos Jogos de 2005.

Após esse evento, o RCR no Brasil caiu em prostração e ficou em um estado de letargia, com pouquíssimos jogos ocorrendo entre as duas equipes e sem que houvesse boas perspectivas para a expansão e o desenvolvimento da modalidade no País. Esse quadro se manteve até o ano de 2008, com a criação da Associação Brasileira de Rugby em Cadeira de Rodas (ABRC, 2009).

A ABRC começou então uma campanha de fomento do esporte, e há pouco mais de um ano, a Faculdade de Educação Física da Universidade Estadual de Campinas (FEF/UNICAMP) recebeu a visita dos presidente e vice-presidente da ABRC para o início oficial dos treinos da terceira equipe de Rugby em Cadeira de Rodas do Brasil.

Em 2008 aconteceu o primeiro campeonato brasileiro de rugby em cadeira de rodas na cidade do Rio de Janeiro, com apenas três equipes; em 2009, o segundo campeonato brasileiro, com a participação de cinco equipes, na cidade de Paulínia-SP; e em 2010, o terceiro campeonato brasileiro na cidade de Ceilândia, no Distrito Federal, tendo a equipe da UNICAMP-ADEACAMP como a primeira equipe Bi-Campeã de rugby em cadeira de rodas.

O Rugby em Cadeira de Rodas na Atualidade

Atualmente, o RCR é praticado em 24 países, e mundialmente ocorrem os Campeonatos Regionais, onde a seleção de cada país joga com as demais seleções de sua região (Américas, Europa, Ásia e Oceania) e as Paralimpíadas (IWRF, 2009), além do Campeonato Mundial e existem também algumas competições com o caráter de promover o desenvolvimento do esporte, sem valerem para o ranking mundial. Um exemplo dessas competições é o Maximus Open QuadRugby.

A Modalidade

O RCR é um esporte que foi criado para possibilitar que pessoas com LM acima ou no segmento T1 (tetraplegia) pudessem praticar uma modalidade esportiva coletiva de forma afetiva (IWRF, 2009).

Inicialmente, o RCR era praticado unicamente por tetraplégicos, mas aos poucos isso foi mudando. Hoje pessoas com quadros equivalentes à tetraplegia também podem jogar. Os quadros equivalentes à tetraplegia são as amputações ou deformidades nos quatro membros do corpo, algumas sequelas de poliomielite, alguns casos de paralisia cerebral, artrogripose múltipla congênita* e alguns quadros deformantes congênitos, entre outros.

---

* Artrogripose Múltipla Congênita é uma síndrome rara e não progressiva, caracterizada por alterações da pele, tecido celular subcutâneo, que é inelástico, e aderido aos planos profundos, acompanhado de ausência das pregas cutâneas, músculos atrofiados e substituídos por tecido fibrogorduroso, articulações deformadas com limitação da mobilidade, rigidez e espessamento das estruturas periarticulares com sensibilidade conservada. As deformidades, geralmente, são simétricas e a gravidade das mesmas manifesta-se mais intensamente quanto mais distais as articulações na extremidade (Revista Brasileira de Ortopedia, 2009).

O processo de classificação dos atletas do RCR é feito por uma banca de classificadores que executam uma série de testes motores para estipular um perfil de classe inicial. Posteriormente, os atletas classificados são observados durante os jogos para que a classificação inicial seja confirmada ou ajustada.

Os testes realizados pela banca de classificadores incluem exames para verificar a motricidade dos membros superiores e seus grupos musculares, além de verificarem a existência ou não de controle da musculatura do tronco.

Conforme os testes são feitos, cada grupo muscular recebe uma nota (quanto maior a motricidade, maior é a nota) e a somatória dessas notas dá ao atleta sua classificação funcional.

A classificação funcional é dividida em sete classes (0.5, 1.0, 1.5, 2.0, 2.5, 3.0 e 3.5). Os atletas tipicamente de defesa são aqueles que recebem classificação esportiva entre 0.5 e 1.5 e os atletas tipicamente de ataque são aqueles que têm classificação esportiva entre 2.0 e 3.5.

Para manter a transparência durante o processo de classificação, o atleta que é avaliado está sempre acompanhado de um membro de sua equipe e há sempre a possibilidade de se pedir uma revisão de classificação através dos protestos, que podem ser feitos por qualquer equipe, dentro do prazo estipulado e anunciado pelos classificadores, tanto para atletas da própria equipe como para atletas de equipes adversárias.

Um atleta pode ser reclassificado quantas vezes forem necessárias até que ele receba a mesma classificação por três vezes seguidas, para então ser considerada como definitiva. Após a classificação do atleta ser definitiva, ela não poderá mais ser alterada ou sujeita a protestos. Para que isso aconteça, a banca de classificadores tem que ser sempre composta por classificadores do mesmo nível ou de nível superior ao da banca anterior (IWRF, 2009a).

Para ser um classificador, é necessário um bom conhecimento de anatomia, cinesiologia, biomecânica e neuroanatomia, além de domínio da língua inglesa. Os candidatos a classificadores devem buscar um curso de classificação introdutório e aos poucos irem se aperfeiçoando para atingirem o *status* de classificador internacional. Dentro dos classificadores, existem quatro níveis:

- *Nível 1* – classificador nacional atuando nas competições nacionais;
- *Nível 2* – classificador regional ou internacional atuando em competições continentais. Caso esse classificador trabalhe em algumas bancas com os demais membros sendo da mesma região, ele pode receber o *status* de classificador regional nível 2. Se o classificador tiver a oportunidade de trabalhar com bancas onde os demais classificadores são de nível internacional, ele pode receber o *status* de classificador internacional nível 2;
- *Nível 3* – classificador internacional atuando em competições mundiais sob supervisão de outro classificador internacional de nível superior;
- *Nível 4* – classificador internacional atuando plenamente em competições mundiais.

O processo para se tornar árbitro internacional de RCR segue os mesmos princípios dos classificadores, iniciando-se com cursos para a formação de árbitros nacionais. Esses devem, posteriormente, trabalhar em competições regionais com supervisão de árbitros internacionais. Se aprovados, terão o direito de arbitragem em jogos internacionais sob supervisão, o que garantirá a autonomia necessária para serem designados para as competições mais importantes, como o Campeonato Mundial e os Jogos Paralímpicos. Mais uma vez, o domínio da língua inglesa é essencial.

Regras Básicas do RCR

O RCR é jogado em uma quadra com as mesmas dimensões das quadras de basquete e utiliza uma bola semelhante à do vôlei. A quadra semelhante à de basquete possibilita maior número de possíveis locais para a prática do RCR e a bola redonda permite que mesmo os atletas mais comprometidos possam pegá-la e ter maior domínio sobre ela.

Cada partida é disputada em quatro tempos (ou períodos) de oito minutos de duração de jogo, e cada vez que a bola para, por falta, por ter saído da quadra ou por ter sido marcado um gol, o cronômetro regressivo também para.

Entre o 1º e o 2º períodos e o 3º e 4º períodos há um intervalo de dois minutos. Entre o 2º e o 3º períodos (que é a metade do jogo) há um intervalo de cinco minutos.

Os atletas de cada equipe têm direito de pedir quatro tempos de 30 segundos (desde que algum atleta da mesma equipe esteja com o domínio da bola) e o banco de reservas de pedir dois tempos de um minuto (que são pedidos pelo técnico) durante todo o jogo. Caso alguma equipe peça mais um tempo (de 30 segundos ou de um minuto) sem ter esse direito, é marcada falta técnica e a posse de bola passa para a equipe adversária.

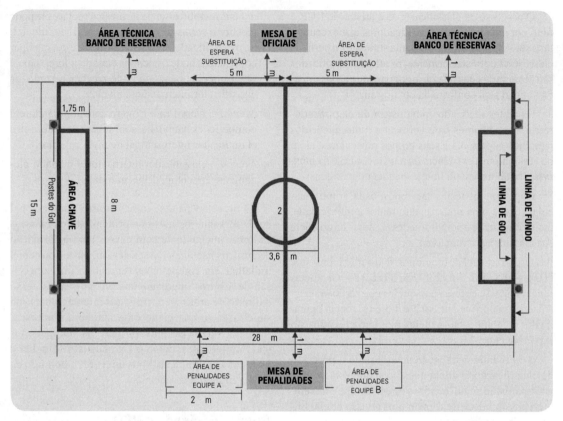

Figura 27.1. A quadra do rugby em cadeira de rodas (Fonte: http://www.rugbiabrc.org.br/downloads/CAMPORUGBY.pdf).

Cada equipe pode ter até 12 atletas inscritos para uma partida, mas somente quatro entram em quadra por vez. Não há limite para substituições; no entanto, a soma das pontuações dos quatro atletas que estão em quadra não pode exceder a oito pontos. Caso isso ocorra e a mesa de arbitragem perceba o erro, a equipe que ultrapassou os oito pontos em quadra é penalizada.

Cada equipe tem 12 segundos para atravessar a quadra para o lado do ataque e 40 segundos no total

a outra equipe, o relógio dos 40 segundos é reinicializado. Cada atleta também tem que bater a bola no chão ou passá-la para um companheiro de equipe antes de dez segundos. Caso contrário, a posse de bola passa a ser da outra equipe. Durante os dez segundos, o atleta pode conduzir a bola da maneira que lhe for mais conveniente.

Nas linhas de fundo da quadra são colocados dois cones que demarcam o espaço para o gol e a partir desses cones é demarcada a chamada *Área Chave*.

três atletas de defesa; caso um quarto atleta de defesa entre na Área Chave, ele será punido com um minuto

segundos dentro da Área Chave, e caso isso ocorra,

até que a sua equipe sofra um gol.

Em alguns casos, há o chamado *"Penalty Goal"*, que ocorre quando um atleta de defesa comete uma

forma de punição, uma vez que o atacante iria marcar o gol caso a falta não tivesse acontecido.

tempo regulamentar termina com o placar empatado, dá-se um intervalo de cinco minutos e inicia-se a prorrogação.

o Árbitro a coloca no colo do *inbounder* (atleta que

que algum atleta tenha sua posse. Caso nenhum atleta consiga dominá-la dentro dos dez segundos, o Árbitro sopra o apito novamente e a posse de bola passa para a equipe adversária.

MODALIDADES DO PROGRAMA PARALÍMPICO 241

Durante o jogo, o contato entre as cadeiras de rodas é constante e totalmente legal desde que aconteça após o Árbitro iniciar a jogada e seja na parte de trás da cadeira de rodas (sem tocar as rodas) ou entre a frente e o eixo das rodas maiores.

Caso o contato na parte de trás da cadeira de rodas seja muito violento ou atinja os pneus, o atleta que provocou a batida pode ser punido com falta. O mesmo ocorre caso o atleta atinja o adversário após o eixo das rodas grandes, fazendo com que ele gire (*spin*). Essa é uma falta que, dependendo da intensidade, pode excluir o atleta que cometeu a infração.

No RCR, um atleta que esteja com a bola em direção ao seu ataque não pode voltar com ela para a sua quadra de defesa ou passá-la para um companheiro de equipe que não esteja no ataque. Caso isso aconteça a posse de bola passa a ser da equipe adversária. Em algumas situações de jogo, o adversário pode forçar o atleta que está com a bola a voltar para sua quadra de defesa, fazendo com que cometa a falta e perca a posse da bola.

Durante o jogo, por muitas vezes, ocorrem quedas em virtude do contato entre as cadeiras de rodas, mas os Árbitros só interrompem o jogo se o atleta caído estiver em situação de perigo para sua integridade física; se ele cometer uma infração durante a queda, como tocar o adversário ou se, estando com a posse de bola, tocar o chão.

Os principais tipos de falta que ocorrem no RCR são (IWRF, 2009c):

- *Falta por excesso de carga:* não é permitido que um atleta bata na cadeira do oponente com velocidade ou força excessiva, colocando o oponente em riso;
- *Contato antes do apito:* não é permitido nenhum contato entre as cadeiras de rodas que promova uma flagrante vantagem sobre o adversário. Os contatos podem ocorrer legalmente assim que o Árbitro assopra o apito e devem parar tão logo o Árbitro assopre o apito novamente. Cada equipe recebe uma advertência em cada metade do jogo antes das punições começarem a ocorrer. A advertência do contato ilegal dada na segunda metade do jogo continua valendo caso a partida tenha prorrogação;
- *Quatro atletas na área chave:* dentro da Área Chave só podem ficar três atletas de defesa. Caso o 4º atleta de defesa entre na Área Chave, ele cometerá a falta;
- *Agarrar:* não é permitido que o atleta segure ou agarre seu oponente com as mãos ou outra parte do corpo de forma que os movimentos do corpo do adversário sejam impedidos;
- *Deixar a quadra:* um atleta não pode deixar a quadra sem autorização quando a bola está parada. Quando um atleta está com a posse da bola, ele não pode deixar a quadra de propósito para interromper o jogo ou para ganhar vantagem sobre o adversário. Ele pode deixar a quadra para evitar que se fira ou que fira um adversário. Caso isso aconteça, ele deve retornar à quadra no mesmo lugar por onde saiu e, ao retornar à quadra, não pode ter vantagem sobre um adversário, a não ser que se posicione primeiro; o atleta também não pode reivindicar a perda de uma vantagem por ter saído da quadra. O atleta da equipe que não tem a posse da bola não pode deixar a quadra cruzando a linha de fundo da sua quadra defensiva em nenhuma situação, a menos que a jogada esteja acontecendo longe da Área Chave. O atleta que tem um companheiro com a posse de bola, não pode deixar a quadra cruzando a linha de fundo da defesa adversária em nenhuma situação;
- *Uso ilegal das mãos:* não é permitido que um atleta utilize suas mãos ou braços para ter algum tipo de contato vantajoso sobre o adversário;
- *Spinning:* não é permitido nenhum tipo de contato com a cadeira de rodas do adversário nas rodas de impulsão após seu eixo, de modo que a cadeira do adversário faça um giro tanto na vertical quanto na horizontal, colocando em risco a integridade do atleta. Se o primeiro contato ocorrer antes do eixo da roda de impulsão e pelo movimento das cadeiras ocorrer o giro, não será falta;
- *Violação de 1 metro:* não é permitido que nenhum atleta, com exceção do *inbounder*, fique a menos de 1 metro de raio distância da linha lateral ou de fundo da quadra onde a bola será recolocada em jogo.

Em cada jogo há pelo menos sete pessoas responsáveis pela arbitragem. Um dos árbitros é responsável pelo cronômetro e placar do jogo; o outro é responsável pelo cronômetro dos 40 segundos e um terceiro é responsável pela súmula do jogo. Há também um árbitro responsável pela mesa de penalidades, dois árbitros de quadra e um árbitro geral.

Caso haja alguma dúvida ou irregularidade, os árbitros de quadra podem interromper o jogo e consultar os demais árbitros e, depois, reiniciar a partida. Eles também têm o direito de voltar uma jogada, arrumar o placar (acrescentando ou retirando pontos das equipes) e os cronômetros e, ainda, reverter uma posse de bola, caso seja necessário corrigir algum erro.

O manual com as regras do RCR também está disponível no *site* da IWRF (http://www.iwrf.com/). Lembramos que o mesmo se encontra em inglês e que há uma versão traduzida pela ABRC para o português.

Para se iniciar o RCR em qualquer lugar, é necessária uma quadra de piso duro com as dimensões de uma quadra de basquete, devidamente demarcada conforme o desenho acima, além das cadeiras de rodas, das bolas e quatro cones.

Atualmente, as cadeiras de rodas utilizadas pelas equipes de RCR do País não são as ideais e, em sua grande maioria, não estão de acordo com as regras. Apenas um fornecedor nacional se interessou pela fabricação dessas cadeiras, mas ainda não conseguiu atingir todos os requisitos que são exigidos. Assim, as cadeiras utilizadas pelos atletas da Seleção Brasileira foram adquiridas no exterior e são pouco acessíveis devido ao alto custo de compra e importação.

O essencial são as faixas para fixar o atleta ao acento de sua cadeira, as luvas para proteger suas mãos e os protetores de raios das rodas, para evitar que alguém se machuque ficando com alguma parte do corpo presa entre os mesmos. Além disso, a proteção dos raios também evita que as cadeiras se prendam uma nas outras, evitando assim que os raios se quebrem.

Quando o atleta senta em sua cadeira de rodas, deve-se observar que o acento dela deve ser elevado na frente e bem fundo na parte traseira, facilitando o controle da cadeira e a estabilização do atleta na mesma.

Um ajuste que deve ser feito é em relação à altura do apoio dos pés. Quanto mais elevado, mais estável o atleta fica na cadeira de rodas e mais domínio da bola ele tem. Assim, torna-se comum ver atletas de RCR que parecem não caber em suas cadeiras de tão perto que os joelhos ficam do rosto.

As cadeiras de rodas são divididas em dois tipos: as de ataque e as de defesa. Como pode ser observado nas figuras a seguir, a cadeira de defesa tem um acessório na sua parte frontal para ajudar a travar e impedir a progressão dos adversários. As cadeiras de ataque não têm esse acessório e sim um pára-choque frontal e essas "asas" para dificultar que fiquem presas.

O atleta pode escolher em qual tipo de cadeira ele quer treinar/jogar. Mas devemos lembrar que as principais características táticas de um atleta com pontuação baixa é a defesa, e seu trabalho dentro de quadra será muito mais eficiente se ele estiver utilizando uma cadeira de defesa. O mesmo se aplica aos atletas de pontuação alta, uma vez que as cadeiras de ataque são muito mais difíceis de serem travadas do que as de defesa.

Como visto aqui, o esporte paralímpico no Brasil, mesmo recente e carente de publicações específicas, já conquistou um lugar de destaque mundial, com pouco tempo de existência no País. Para que o seu crescimento e reconhecimento continuem a ocorrer, estes devem ser embasados em dados e estudos criteriosos para fomentarem seu contínuo desenvolvimento.

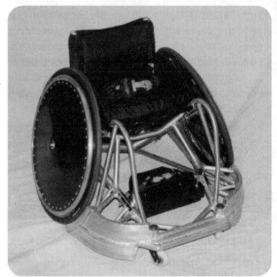

Figura 27.2. Cadeira de rodas de ataque (Fonte: http://www.eaglesportschairs.com/rugby2.html).

Material de Apoio

Um borrifador de água é outro material que deve ser sempre levado para a quadra em qualquer jogo ou treino, com o objetivo de ajudar a resfriar os atletas, que, devido à LM alta, têm o controle térmico do corpo

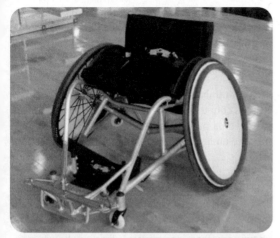

Figura 27.3. Cadeira de rodas de defesa (Fonte: http://www.eaglesportschairs.com/rugby2.html).

comprometido, e muitos não transpiram. Também é importante que todos os atletas tenham uma garrafinha com água ou outra bebida para se hidratarem. Vale lembrar que quanto maior o calor, maior o cuidado com o superaquecimento corporal dos atletas, como também deve ser maior a atenção quanto à hidratação. Maior hidratação resulta em aumento da quantidade de vezes em que os atletas têm de fazer o esvaziamento da bexiga, daí a importância de se treinar em um local onde exista um banheiro adaptado para os atletas.

Outro motivo para se ter um banheiro próximo é a falta de controle dos esfíncteres. Em algumas situações, o atleta pode perder urina e fezes devido ao esforço, necessitando, o mais rápido possível, de higienização.

Uma pequena caixa de ferramentas para possibilitar pequenos reparos e ajustes nas cadeiras de rodas, bem como o reparo de um pneu furado, extremamente comuns nesse esporte – e toalhas molhadas em água fria – para auxiliar no resfriamento dos atletas – devem estar entre os materiais utilizados em treinos e jogos.

Iniciação ao Treinamento de Rugby em Cadeira de Rodas

O rugby em cadeira de rodas é um esporte com características intermitentes e exige elevado nível de condicionamento físico e força, principalmente da musculatura dos membros superiores.

A resistência e a força necessária à musculatura dos membros superiores não se restringe somente ao treinamento, mas em todas as situações cotidianas, como, por exemplo, locomoção, transferência da cadeira de passeio para o carro, do carro para a cadeira de passeio, da cadeira de passeio para a cama, da cama para a cadeira de passeio, da cadeira de passeio para a cadeira de banho, da cadeira de banho para a cadeira de passeio e outros.

É necessário, e cabe ao treinador, dosar as sessões de treinamento, para que o repouso e a recuperação muscular possam ocorrer de forma adequada.

Portanto, o planejamento descrito abaixo não serve como uma receita de bolo, pois os fatores intrínsecos (o indivíduo e suas alterações fisiológicas) e extrínsecos (o ambiente que está inserido) que envolvem o treinamento são diferenciados, mas, sim, como um norte a ser considerado pelos profissionais que estarão atuando de forma direta nos treinamentos físicos.

Preparação e Competição

Durante a fase de iniciação ou de preparação geral, o foco deve estar em condicionar o atleta de forma global, para poder suportar as cargas de treino durante a fase pré-competitiva, assim como os jogos durante a competição.

Em vista da necessidade do esporte, da iniciação ao rugby em cadeira de rodas e da preparação geral dos atletas, os exercícios a serem utilizados na melhora dos aspectos físicos, segundo Gulick e cols. (2006), são: flexibilidade, pliométricos, fortalecimento e treinamentos aeróbios com foco no condicionamento e aumento gradativo da força global.

Com relação aos fundamentos técnicos, deve-se atentar no desenvolvimento das habilidades técnicas gerais, como manejo de bola, manejo de cadeira, passe, recepção, drible e finta.

Durante a fase pré-competitiva, os exercícios devem focar aspectos específicos da modalidade, ou seja, aproximar os atletas à realidade de jogo, proporcionando, assim, condicionamento ideal para gerar adaptações que possam retardar a fadiga muscular e o atleta poder suportar por um período maior a carga de jogo que está sendo estabelecida, ou seja, as ênfases dos exercícios devem estar ligadas à resistência aeróbia, de força, de velocidade e potência, visto que a determinância do jogo é anaeróbia e a predominância, aeróbia. Já nos aspectos técnicos, aperfeiçoar os gestos técnicos gerais.

É importante que na fase pré-competitiva o treinador estabeleça uma grande relação entre os aspectos físicos e técnicos, procurando contemplar dentro dos fundamentos técnicos exercícios que proporcionem melhora do rendimento físico, tornando o treinamento mais estimulante, devido ao trabalho contínuo com bola e situações claras de momentos que poderiam ocorrer dentro das partidas de rugby em cadeira de rodas.

Vale ressaltar que os exercícios podem ser realizados em máquinas, pesos livres, esteiras apropriadas, sempre fazendo uso de equipamentos de segurança próprias do rugby em cadeira de rodas (ver capítulo de prevenção paradesportivas). Não se esquecendo de que cada atleta tem um comprometimento diferente, com uma necessidade diferente, e essa individualidade deve ser respeitada, para que a maximização do desempenho seja obtida.

Periodização no Rugby em Cadeira de Rodas

A proposta do planejamento de iniciação é utilizada no treinamento de rugby em cadeira de rodas da equipe Adeacamp-Unicamp – Vice-Campeã Brasileira em 2008, Campeã Brasileira em 2009 e Campeã Brasileira em 2010 –, que consiste em quatro sessões de treinos semanais, divididos em duas partes, para a facilitação da possibilidade de os clubes estarem desenvolvendo com seus atletas (Tabela 27.1)

Durante a semana, devem ser realizadas três sessões com trabalho aeróbio em uma das partes e duas sessões com trabalhos de fortalecimento em uma das partes; uma parte da sessão com exercícios pliométricos, e uma sessão com flexibilidade.

O planejamento do trabalho de desenvolvimento das capacidades físicas nessa fase de iniciação é a base responsável para as adaptações do organismo, com a finalidade de preparar o atleta para as sessões específicas da modalidade. Diante disso, espera-se observar melhora nos níveis de força global, de resistência geral, coordenação dos movimentos e, consequentemente, da velocidade.

Com relação ao trabalho específico ou pré-competitivo, os objetivos estão em centrar as atividades na realidade do jogo, ou seja, devem-se realizar exercícios físicos relacionados com situações que podem ser encontradas nas partidas, caracterizando, assim, exercícios com maiores intensidades. Com relação às capacidades físicas, deve-se procurar atentar ao trabalho de força explosiva (indivíduo mais forte e mais veloz), ao aumento dos níveis de resistência de força e velocidade (tolerância maior à fadiga muscular), realizar exercícios preventivos (flexibilidade) e, paralelamente a isto, aperfeiçoar a coordenação dos atletas referente aos fundamentos técnicos. Na Tabela 27.2, observa-se sugestão de treinamento a ser realizado durante a fase específica:

De acordo com a tabela, devem ser realizados, semanalmente, trabalhos de resistência especial, que consiste em desenvolvimento da resistência de força e de velocidade, trabalho aeróbio com menor volume

Tabela 27.1 Planejamento/Fase de Iniciação							
Dia	Segunda	Terça	Quarta	Quinta	Sexta	Sábado	Domingo
Objetivo	Aeróbio	XXX	Aeróbio	Flexibilidade	XXX	Aeróbio	XXX
	Fortalecimento		Pliométrico	Flexibilidade		Fortalecimento	

Tabela 27.2 Planejamento/Fase Pré-Competitiva							
Dia	Segunda	Terça	Quarta	Quinta	Sexta	Sábado	Domingo
Objetivo	Resistência Especial	XXX	Potência	Flexibilidade	XXX	Resistência Especial	XXX
	Aeróbio		Pliométricos	Flexibilidade		Velocidade	

em relação à fase de iniciação, trabalho de potência, cujo objetivo está em garantir um atleta mais veloz e mais forte, trabalhos de flexibilidade para que o músculo esteja mais alongado e descontraído após a sessão de trabalhos intensos e sessão com trabalho de velocidade, com tiros aeróbios e anaeróbios, sob diversas intensidades.

Vale ressaltar que as maximizações dos resultados em qualquer fase do treinamento são diretamente proporcionais ao trabalho equilibrado dos fatores quantitativos e qualitativos do treinamento, ou seja, a carga imposta, o número de repetições dos exercícios, a duração dos exercícios, as pausas, entre outros. Como, também, realizar avaliações periódicas da composição corporal e desempenho motor.

Referências Bibliográficas

1. Associação Brasileira de Rugby em Cadeira de Rodas – ABRC. Disponível em www.rugbiabrc.org.br. Acessado em 02/11/2009.
2. Gulick D, Berge B, Borger A, Edwards J, Rigterink J. Quad Rugby: A Strength and Conditioning Program for the Elite Athlete. In: Strength and Conditioning Journal. v. 28, n. 4, p. 10-18, 2006.
3. IWRF a – International Wheelchair Rugby Federation. Disponível em ftp://iwrf.com/Layperson%20Guide%20 to%20Classification.pdf. Acessado em 11/11/2009.
4. IWRF b – International Wheelchair Rugby Federation. Disponível em http://www.iwrf.com/rankings.htm. Acessado em 11/11/2009.
5. IWRF c – International Wheelchair Rugby Federation. International Rules for the Sport of Wheelchair Rugby. Disponível em http://www.iwrf.com/ rules.htm. Acessado 09/06/2009.
6. Sant'Ana M. A História e a "Estória" do Rugby Adaptado no Brasil. Jornal da Luta, n. 12, ano III, outubro/novembro, 2009. Disponível em http://en.calameo.com/read/ 000003862eec8ef50a6d7. Acessado em 09/12/2009.
7. Revista Brasileira de Ortopedia. Disponível em http:// www.rbo.org.br. Acessado em 05/11/2009.

PARTE 4

CONSIDERAÇÕES FINAIS

capítulo 28

Primeiros Passos

Academia Paraolímpica Brasileira*

O livro Esporte Paraolímpico é um passo muito importante no caminho de consolidar o Brasil como Potência Paraolímpica, tanto pelo seu conteúdo, cuidadosamente planejado, quanto por ser o propulsor de uma linha editorial que buscará difundir o conhecimento acerca do movimento paraolímpico. Esta obra inclui as realizações técnico-científicas estudadas e utilizadas para a preparação de atletas paraolímpicos.

A construção do arcabouço teórico dessa obra contou com a participação de um grupo de autores de diferentes partes do Brasil. Esse grupo apresenta uma experiência muito diversificada, abrangendo o domínio do conhecimento adquirido, através de grande experiência prática com esportes olímpicos e/ou paraolímpicos e/ou carreira acadêmica em Universidades. Toda essa diversidade e sob um foco comum possibilitou a elaboração de um livro com diferentes pontos de vista sobre o esporte paraolímpico e sobre o atleta com deficiência. Embora observemos um objetivo semelhante e norteador nos estudos aqui apresentados, e que inclui a vontade de fazer o esporte paraolímpico cada vez maior e mais forte por parte de seus autores, revelam-se, os estudos, também por suas contribuições específicas e originais, inovando e criando possibilidades para novas reflexões sobre a temática "Esporte Paraolímpico".

Para possibilitar uma abordagem que contribuíssé com a formação de novos profissionais oriundos de faculdades da área da saúde e outras, tais como educação física, fisioterapia, medicina, terapia ocupacional, sociologia e pedagogia, entre outras, o livro foi dividido em três partes. Na primeira, foram tratados os aspectos básicos que permeiam o movimento paraolímpico, com um pouco da história do movimento e do esporte, sua organização, aspectos epidemiológicos e a inclusão da pessoa com deficiência. A segunda parte tratou de um dos aspectos chaves do esporte paraolímpico – a Classificação Esportiva, a qual permite aos atletas competirem em equidade de condições. Em seguida, foram apresentadas as características das deficiências e sua influência sobre a prática de atividades esportivas. A terceira seção tratou das 20 modalidades paraolímpicas do programa dos Jogos de Verão.

O objetivo dessa obra não foi explorar todo o conteúdo a respeito das 20 modalidades paraolímpicas, mas possibilitar o início de uma sistematização de conteúdos, inclusive sobre o registro de suas características específicas e o resgate de sua história no Brasil, enquanto agentes comuns ao desenvolvimento do esporte paraolímpico.

Nesse sentido, a Academia Paraolímpica Brasileira dá o tiro de partida para uma corrida que deve nos conduzir até os Jogos Paraolímpicos – Rio 2016. No entanto, não corremos somente atrás de medalhas ou de uma melhor condição esportiva para nossos atletas, queremos também consolidar, através da difusão do conhecimento, uma maior qualidade de prática e de acesso para a atividade física pela pessoa com deficiência no Brasil.

---

* Membros que compõem a Academia Paralímpica - APB, em 2010: Alberto Martins da Costa, Andrew Parsons, Ciro Winckler, Edilson Alves da Rocha, Edison Duarte, José Irineu Gorla, José Júlio Gavião de Almeida, Marco Túlio de Mello, Patrícia Silvestre de Freitas, Roberto Vital.

Índice Remisisvo

A

Atletismo, 65
    características físicas das provas do atletismo, 72
    classes esportivas, 65
        classe 20, 67
        classe 40, 67
        classes 11 a 13, 66
        classes 31 a 38, 67
            ambulantes, 67
        classes 41 a 46, 67
        classes 51 a 58, 67
            provas de campo (F), 68
            provas de pista (T), 67
    noções de regras, 69
    provas do programa paralímpico, 68

B

Basquete em cadeira de rodas, 75
    características do BCR, 80
    classificação funcional para o BCR, 77
    fundamentos do BCR, 80
    um pouco da história da modalidade, 75
        participações brasileiras nas principais competições, 77
        regras do BCR, 76
Bocha, 83
    a quadra, 86
    auxílio aos atletas de acordo com as classes, 90
        atletas BC1, 90
        atletas BC2 e BC4, 91
        atletas BC3, 90
    bocha paralímpica no Brasil, 83
    calhas ou rampas, 87
    contagem de pontos, 85
        desempate – tie-break, 85
    descrição do jogo de bocha, 84
    divisão de jogo de acordo com o perfil funcional do atleta, 89
    divisão do Jogo, 91
    filosofia do jogo de bocha, 91
    histórico, 83
    jogo da bocha e suas parciais, 85
        categorias individuais, 85
        duplas, 85
        equipes, 86
    materiais e equipamentos, 86
    o desenvolvimento do jogo, 85
        início do jogo, 85
    perfis de classificação, 88
        Perfil Funcional – Classe 1 (C1), 88
        Perfil Funcional – Classe 2 (C2), 88
    ponteira ou antena, 88
    sistema de classificação funcional para o jogo de bocha, 88
    tempo de jogo, 86

C

Ciclismo, 93
    as participações e as principais conquistas brasileiras, 94
        histórico cronológico, 94
    das primeiras participações aos dias de hoje, 94
    gestão da modalidade no Brasil, 96
        a busca da excelência, 103
        análises funcionais e biomecânicas no ciclismo paralímpico, 100
            demandas fisiológicas do ciclismo paralímpico, 101
        as classificações funcionais no ciclismo paralímpico, 97
            atletas não elegíveis – classe funcional (NE), 98
        as provas paralímpicas de ciclismo, 97
        características das provas de estrada, 101
        contra o relógio, 101
            características das provas de pista, 101
            implicações biomecânicas para o desempenho, 102
        handbikes, 100
        largadas em grupo (pelotão), 101
        perfis das classes funcionais do ciclismo paralímpico, 98
        posição do ciclista na bicicleta e aerodinâmica, 102
        tandem, 99
        treinamento adaptado, 103
        triciclos, 100
    o ciclismo paralímpico, 93
        o ciclismo paralímpico no Brasil, 94
    principais nomes do ciclismo paralímpico brasileiro, 96

D

Deficiência, incapacidades e limitações que influenciam na prática do esporte paralímpico, 51
    deficiência física, 54
        definição, 54
            classificação topográfica das paralisias, 54
        descrição dos tipos, 55
            acidente vascular encefálico (ave), 55
            amputação, 56
            distrofia muscular, 56
            hidrocefalia, 56
            lesão medular, 55
            poliomielite, 56
            síndrome pós-pólio, 56
            traumatismo crânio-encefálico (tce), 55
        limitações físicas e fisiológicas associadas, 57
        principais causas, 55
    deficiência intelectual, 58
        definição, 58
        descrição dos tipos, 58
        limitações físicas e fisiológicas associadas, 59
        principais causas, 59
    deficiência visual, 51
        definição, 51
        descrição dos tipos, 51
        limitações físicas e fisiológicas associadas, 52
        principais causas, 52

E

Educação física e o esporte paralímpico, 15
    contextualização da educação física e do esporte para pessoas com deficiência, 15
    esporte para pessoas com deficiência, 17
    integração das manifestações, 19
Esgrima em cadeira de rodas, 105
    a extensão das adaptações na esgrima em cadeira de rodas, 111
    características gerais da esgrima, 108
    regras básicas da esgrima em cadeira de rodas, 110
    sistema de classificação da esgrima em cadeira de rodas, 109
    uma pequena viagem na história da esgrima, 105
        esgrima em cadeira de rodas no mundo, 108
Especificidades do esporte paralímpico, 43
Esporte e a pessoa com deficiência – contexto histórico, 3
    esporte paralímpico no Brasil, 9

F

Fundamentos básicos da classificação esportiva para atletas paralímpicos, 45
    classificação esportiva, 45
        classificação médica para atletas com deficiências visuais, 45
    classificação funcional para atletas com deficiência física, 46
    classificação para atletas com deficiência intelectual, 48
        classificação, 48
    princípios gerais da classificação esportiva para a deficiência física, 47
    processo de classificação esportiva paralímpica, 47

avaliação médica, 47
    avaliação de força (teste de banco), 48
    avaliação funcional, 48
    testes de coordenação e equilíbrio, 48
revisão durante as competições, 49
Futebol de cinco, 115
    capacidades físicas no futebol de cinco, 123
        atletas de destaque, 124
    características do futebol de cinco, 116
        a classificação dos jogadores, 119
        a disputa de bola, 119
        a duração da partida, 119
        a formação das equipes, 119
        a função de orientação, 120
        a quadra de jogo, 116
        fundamentos técnicos, 120
        o implemento de jogo, 119
        os esquemas táticos, 122
    histórico, 115
Futebol de sete, 125
    capacidades físicas, 128
    características do futebol de sete, 126
        classificação funcional, 127
        regras oficiais, 127
        sistemas táticos de jogo, 128
    histórico da modalidade, 125
    o Brasil no futebol de sete, 126

G

Goalball, 131
    capacidades físicas no goalball, 138
    características do goalball, 132
        a atuação da arbitragem, 135
        a classificação dos jogadores, 134
        a duração da partida, 135
        a formação das equipes, 134
        a organização das equipes, 136
        a quadra de jogo, 133
        as estratégias tático-técnicas, 137
        as infrações, 135
        as penalidades, 135
        o implemento de jogo, 134
    histórico, 131

H

Halterofilismo, 141
    a barra, 144
    a modalidade, 141
    anilhas, 144
    as regras, 142
    as tentativas, 142
    benefícios da atividade física para o atleta com deficiência, 146
    classificação funcional, 146
        músculos envolvidos no supino, 146
        o treinamento, 146
    participação do Brasil em paralimpíadas, 141
    procedimentos da prova, 145
    um pouco da história da modalidade, 141
    uniforme e acessórios de competição, 143

ÍNDICE REMISSIVO

plataforma-tablado, 144

Hipismo, 149
  adestramento, 149
    histórico do adestramento, 149
    histórico paralímpico, 151
  classificação, 152
  o adestramento paraequestre e as pessoas com deficiência, 157
    proposta de ensino do adestramento paraequestre para pessoas com deficiência, 158
  regras, 153

1

Introdução ao esporte, 1

J / K

Judô, 161
  adaptações às regras da fij, 164
  estratégias de treinamento, 167
    avaliações, 167
    competições, 167
    principais capacidades físicas, 167
    treinamento técnico, 167
  estratégias pedagógicas, 166
    aprendizagem, 166
    atividades adaptadas, 166
  judô, 161
    judô olímpico, 163
    judô paralímpico, 164
    judô: a origem e seus princípios, 161
    judô: o esporte, 162
    principais regras do judô, 162
  o judô para pessoas com deficiência visual, 165

L

Les autres, 214
Limitações físicas e fisiológicas associadas, 57, 59
Luva de tiro, 203

M

Modalidades do programa paralímpico, 63

N

Natação paralímpica, 169
  classificação, 171
    classificação funcional, 171
    classificação oftalmológica, 172
    critérios de elegibilidade, 172
  iniciação ao esporte, 176
  iniciação ao treinamento, 177
  regras, 172
    competições, 175
    durante a prova, 175
    saídas, 173
    virada/chegada, 174

O

Organização administrativa do desporto paralímpico, 35

P

Pessoas com deficiência: aspectos epidemiológicos, 27
  epidemiologia da deficiência no esporte paralímpico, 31
  esperança de vida livre de incapacidade, 31
  pessoas com deficiência, 28
    deficiência auditiva, 30
    deficiência física, 30
    deficiência motora, 30
    deficiência intelectual, 30
Prática do esporte pela pessoa com deficiência na perspectiva da inclusão, 21
  a pessoa com deficiência, seu corpo e o universo de possibilidades, 22
  o respeito à individualidade e a garantia de participação, 23
  regras adaptadas e adaptação de regras, 22
  um convite à prática do esporte na perspectiva da inclusão, 24
Primeiros passos, 249

Q

Quadra, 86

R

Remo, 221
  as principais regras, 224
  cenário nacional, 222
    atletas das águas, 222
  classificação funcional, 222
    a classificação funcional 2008/2012, 223
    embarcações e classes funcionais, 222
    fatores de análise, 222
  introdução, 221
  origens, 221
  os barcos e as categorias, 223
    características de cada barco, 224
Rugby em cadeira de rodas, 237
  a modalidade, 238
  iniciação ao treinamento de rugby em cadeira de rodas, 243
  material de apoio, 242
  o rugby em cadeira de rodas na atualidade, 238
  o rugby em cadeira de rodas no Brasil, 238
  o surgimento do rugby em cadeira de rodas, 237
  periodização no rugby em cadeira de rodas, 244
  preparação e competição, 243
  regras básicas do RCR, 239

S

Sistemas táticos de jogo, 128
Surgimento do rugby em cadeira de rodas, 237

T

Tênis de mesa, 187
  a introdução no Brasil, 187

254 ÍNDICE REMISSIVO

a introdução no movimento paralímpico internacional, 187
a introdução no movimento paralímpico nacional, 188
a origem do tênis de mesa, 187
capacidades motoras, 194
    habilidade, 195
    orientação espacial, 195
    potência, 195
    resistência de força, 195
    velocidade, 194
classificação funcional, 191
    Classe I – Tetraplégicos, 191
    Classe II – Tetraplégicos, 191
    Classe III – Paraplégicos, 192
    Classe IV – Paraplégicos, 192
    Classe IX, 193
    Classe V – Paraplégicos, 192
    Classe VI, 192
    Classe VII, 193
    Classe VIII, 193
    Classe X, 193
    Classe XI, 194
diferenças de regras paralímpicas, 190
equipamentos e materiais adaptados utilizados, 190
o tênis de mesa paralímpico, 189
participações dos mesatenistas em eventos internacionais, 188
principal atleta do mesatenismo paralímpico brasileiro, 188
regras simplificadas, 189
    bola, 189
    mesa, 189
    obstrução, 190
    partida, 189
    ponto, 190
    raquete, 189
    rede, 189
    saque, 189
Tênis em cadeira de rodas, 179
    classificação funcional, 181
    elegibilidade, 181
    equipamento, 183
    história, 179
        história no Brasil, 180
    regras, 182
    semelhanças e diferenças, 182
        diferenças, 183
        semelhanças, 182
Tiro com arco, 205
    breve histórico do tiro com arco paralímpico, 205
        categorias de competição, 208
        o arco paralímpico no Brasil, 206
        o tiro com arco paralímpico, 206
        perfis de classificação esportiva, 208
        sistema de classificação funcional, 208
    o tiro com arco como esporte, 205
        a modalidade é um excelente meio de integração entre
        os esportes paralímpicos e olímpicos, 205
        adaptações necessárias, 205
        competições nacionais e internacionais, 205
    regras do tiro com arco paralímpico, 209
        as distâncias, 211
        competição de time, 209
        competição individual, 209

Tiro esportivo, 197
    equipamentos de competição, 202
        armas, 203
        cadeira de tiro, 202
        jaqueta de tiro, 203
        luva de tiro, 203
        mesa de tiro, 202
    regras da modalidade, 200
        sistema de disputa, 201
    sistema de classificação, 199
        deficiência mínima, 199
        perfil das classes, 199
    tiro olímpico no Brasil, 197
    tiro olímpico, 197
    tiro paralímpico, 198
        tiro paralímpico no Brasil, 198

U

Uniforme e acessórios de competição, 143

V / W / X / Y / Z

Vela, 227
    a vela paralímpica no Brasil, 228
    a vela paralímpica, 227
    adaptações, 233
    as competições, 230
        regras básicas de competição, 230
    capacidades físicas e adaptações, 235
        perfis dos atletas de vela no Brasil, 235
    classificação funcional, 233
    o barco à vela, 229
    o futuro da vela paralímpica no Brasil, 236
    os veleiros paralímpicos, 231
        2.4mR, 231
        o barco brasileiro POLI 19, 232
        SKUD 18, 232
        sonar, 231
Voleibol sentado, 213
    classificação funcional do voleibol sentado, 213
        classificação geral, 214
        elegíveis com mínima deficiência, 214
        les autres, 214
    estrutura do voleibol sentado, 218
    fundamentos e técnicas, 216
        ataque, 218
        bloqueio, 218
        defesa, 218
        deslocamento, 216
        levantamento, 217
        posição básica de jogo, 216
        recepção (passe), 217
        saque, 216
    introdução, 213
        histórico do voleibol sentado, 213
    o jogo, 215
        diferenças, 215
        semelhanças, 216

Impresso nas oficinas da
SERMOGRAF - ARTES GRÁFICAS E EDITORA LTDA.
Rua São Sebastião, 199 - Petrópolis - RJ
Tel.: (24)2237-3769